KB012389

최초의 역사 수메르

THE HISTORY OF

SUMER

김산해 지음

최초의 역사 수메르

ㅐ

여는 글

역사왜곡으로 잃어버린 수메르 역사를 복원하다

'최초의 역사'는 에덴쟁탈전이었다. 에덴은 수많은 물길로 연결된 수메르의 들판이었다. 수메르인은 에덴의 수로에서 목을 축이고, 황금 들판에서 자란 곡식으로 배를 채웠다. 에덴에서 가축을 키워 자산을 늘렸고, 에덴을 통과하는 강으로 자본을 날랐다. 에덴을 차지하는 도시는 풍요로웠다. 에덴이 없었다면 문명은 탄생할 수 없었다. '최초의 도시문명국' 수메르의 번영은 '비옥토'인 에덴 덕택이었다. 문자가 발명되자 에덴은 곧바로 점토판에 새겨졌다. 수메르 왕들은 저마다 에덴을 손안에 넣으려고 혈안이 되었다. 수메르 안팎의 모든 메소포타미아 도시들이 에덴의 자본을 탐냈다.

약 4,600년 전부터 에덴쟁탈전이 가열되기 시작했다. '에덴의 길목'인 구에덴나(Gu'edena)에서 연신 전쟁이 일어났다. 전쟁터는 기르수(Girsu)와 기샤(Giššа) 두 도시 사이에 끼어 있었다. 구에덴나 들판과 수로는 피로 물들었다. 승자는 에덴 들판에 적군의 무덤을 만들었다. 패자가 달아나면서 버린 전차는 에덴 들판을 가로지르는 운하의 제방 위에 방치되었다. 에덴쟁탈전은 약 250년 동안 이어졌다.

불과 150년 전까지만 해도 인류 역사에서 '4,000년 전'은 원시시대로 취급받았다. 그 당시 유대교, 그리스도교, 이슬람교의 경전인 '구약성서'가 모든 진리의 척도였다. 그러나 수메르가 역사의 수면 위로 떠오르자 서구사회는 혼란에 빠졌다. 수메르가 '역사의 제자리'로 돌아오는 데 가장 큰 공헌을 한 사료를 꼽으라면 〈길가메쉬 서사시〉와 〈수메르 왕명록〉이다.

1872년 12월 3일 '초대형 사건'이 발생했다. 젊은 영국인 조지 스미스(George Smith)가 세상을 뒤흔들었다. 그로 인해 〈길가메쉬 서사시〉의 대홍수 이야기가 세상에 알려지자 구약성서는 '최고(最古)'의 권위를 잃기 시작했다. 지식인들은 좌충우돌했다. 제국의 식자들은 너나 할 것 없이 '수메르의 땅' 이라크로 모여들었다. 한데 구약성서에 나오지 않는 왕들의 이름이 빼곡히 적힌 유물이 이라크, 이란, 시리아에서 발굴되었다. 일명 〈수메르 왕명록〉이었다. 지식인들은 2,000여 년 동안 믿고 있던 절대 진리가 완전히 무너져 다시 갈팡질팡했다.

수메르는 환상이 아니었다. 〈수메르 왕명록〉에 기록된 왕들의 행적을 알 수 있는 다른 증거물들이 쉽없이 출토되었다. 결국 역사가들은 〈수메르 왕명록〉을 기준으로 역사를 다시 써야 했다. 그들은 발굴된 〈수메르 왕명록〉들 중에서 가장 많은 내용이 실려 있는 영국 옥스퍼드대학 에쉬몰리언박물관에 있는 〈수메르 왕명록 Ashm 1923-0444〉을 수메르의 표준 역사 교과서로 인정했다. 세계 최고의 수메르 연구가들은 이를 통해 수메르 왕조의 이름을 정했다. 그리고 〈수메르 왕명록〉에 기록된 순서대로 수메르 왕권이 이동했다고 규정했다.

에리두 → 바드티비라 → 라라크 → 씨파르 → 슈루파크 → 대홍수 → 키쉬(1) → 우루크(1) → 우르(1) → 아완 → 키쉬(2) → 하마지 → 우루크(2) → 우르(2) → 아답 → 마리 → 키쉬(3) → 아크샤크 → 키쉬(4) → 우루크(3) → 악카드 → 우루크(4) → 구티 → 우루크(5) → 우르(3) → 이씬

* (1)은 1왕조

이리하여 B.C.E. 1817년 이씬(Isin)의 필경사 누르-닌슈부르(Nur-Ninšubur)가 제작한 〈수메르 왕명록〉이 수메르 역사의 표준이 되었다. 〈길가메쉬 서사시〉가 구약성서 중심의 세계관을 무너뜨렸다면 〈수메르 왕명록〉은 수메르 역사를 세계 역사의 맨 앞자리로 이동시켰다.

1877년 프랑스의 에르네스트 드 사르제크(Ernest de Sarzec)가 '실제' 수메르 역사를 부각시키기 시작했다. 그는 '라가쉬의 성도(聖都)' 기르수에서 진정한 의미의 수메르 역사를 찾아냈다. 사르제크가 발굴한 것은 '에덴쟁탈전'을 증명하는 문자 사료였다. 전쟁은 도시국가 라가쉬(Lagaš)와 움마(Umma) 사이에서 벌어졌다. 에덴쟁탈전은 비단 이 두 도시만의 전쟁이 아니었다. 수메르의 모든 도시들이 이 전쟁에 얽히고설켜 있었다. 라가쉬-움마의 전쟁사는 '에덴의 전쟁사'였고, 생생한 수메르의 역사였다.

에덴쟁탈전으로 시작된 '유의미한 최초의 역사'는 대부분 라가쉬

의 필경사들이 기록했다. 그들이 남긴 기록은 B.C.E. 2600년에서 B.C.E. 2334년에 실제로 벌어진 전쟁사였다. 그들은 전쟁을 온몸으로 겪으며 울고 웃었던 당대 사람들이었다. 라가쉬의 필경사들은 전쟁이 본격적으로 시작될 때부터 전쟁이 종료될 때까지 줄곧 '실제 상황'을 기록했다. 그들은 수메르인이 겪은 가장 긴 전쟁을 역사에 고스란히 남겼다. 어느 필경사는 조국이 멸망하는 순간조차 피눈물을 흘리며 당시의 상황을 기록하기도 했다. '에덴쟁탈전'의 최종 승자는 움마였다. 그러나 얼마 지나지 않아 '이방의 악카드인'인 사르곤(Sargon)이 수메르 최초의 역사시대를 종식시켰다(B.C.E. 2334).

라가쉬의 필경사들은 '최초의 역사가'였다. 그들의 '에덴전쟁사'가 없었다면 '최초의 역사시대'를 제대로 파악할 수 없었을 것이다. 라가쉬 역사가들의 기록을 제쳐두면 '최초의 역사'를 이야기할 수 없다. 우루크(Uruk)와 우르(Ur)의 필경사들은 대부분 회계장부나 다름없는 경제 문서를 남겼기 때문에 그들의 기록으로는 최초의 역사시대를 조명할 수 없다. 지구별 역사에서 B.C.E. 2600년에서 B.C.E. 2334년의 '에덴전쟁사'보다 더 오래된 '실제 기록의 역사'는 존재하지 않는다. '에덴전쟁사'는 에덴쟁탈전을 직접 겪은 '그 당시에 살았던 역사가들의 생생한 기록'이다.

그런데 수메르의 실제 역사인 '에덴전쟁사'와 〈수메르 왕명록〉이 충돌했다. 〈수메르 왕명록〉에는 '에덴쟁탈전'의 당사자였던 라가쉬와 움마의 기록이 없었다. 놀라운 일이었다. 라가쉬는 수메르에서 최대의 영토를 소유한 도시국가였다. 메소포타미아에서 최초로 제국을 건설한 황제는 라가쉬의 에안나툼(Eannatum)이었고, 역사에 길이 남을 최초의 성군은 라가쉬의 엔메테나(Enmetena)였다. 그러나 〈수메르 왕명록〉에서는 '라가쉬'라는 국명도, '최초의 황제'도, '최초의 성군'도 찾아볼 수 없었다.

〈수메르 왕명록〉의 필경사는 참으로 이상했다. 그는 수메르 왕들뿐만 아니라 수메르를 침략한 이방의 왕들의 왕명과 통치기간까지도 꼼꼼히 기록했지만 라가쉬 1왕조의 통치자 11명과 움마 1왕조의 통치자 12명은 언급조차 하지 않았다. 다만 움마의 마지막 왕이자 수메르 황제였던 루갈자게씨(Lugalzagesi)는 우루크의 왕으로 기록되어 있었다. 이외에도 에덴쟁탈전에 관여한 다른 수메르 왕조의 왕들도 찾아볼 수 없었다. B.C.E. 2600년에서 B.C.E. 2334년 당시의 역사가들이 기록한 '에덴전쟁사'에 분명히 존재하는 왕들이 B.C.E. 1817년 이씬의 필경사 누르-닌슈부르가 기록한 〈수메르 왕명록〉에는 모두 누락되어 있었다. 라가쉬와 움마는 아예 국명까지 통째로 빠져 있었다. 도대체 어찌 된 일인가.

2007년 말 나는 수메르 역사를 쓰기 시작했다. 에덴쟁탈전이 일어났던 '당시의 문자 사료를 근거로 한 최초의 역사시대'를 복원하고 싶었다. 나는 〈수메르 왕명록〉에만 매달린 '웹사이트에서 찾을 수 있는 뻔한' 수메르의 역사 이야기는 쓰고 싶지 않았다. 내 앞에 〈수메르 왕명록〉보다 520년에서 780년 앞선 점토판과 석판에 기록된 '에덴전쟁사' 사료들이 첩첩했다. 나는 사료들의 복사본과 필사본의 설형문자를 하나하나 짚어가며 읽기 시작했다. '에덴전쟁사'와 〈수메르 왕명록〉 둘 중에 어느 쪽이 사실인지는 두말 할 필요도 없었다.

여느 수메르 연구가들처럼 나 역시 오랫동안 〈수메르 왕명록〉을 끼고 살았다. 〈수메르 왕명록〉을 기록한 이씬의 필경사 누르-닌슈부르의 속마음을 정말 알고 싶었다. 그가 파놓은 함정은 너무 깊었다. 나의 시계는 허무하게 빨리 돌아갔다. 설형문자 행간에 숨어 있던 그 옛날 그 순간들이 차츰 모습을 드러내기 시작했다. 나는 '최초의 역사가'라는 고대 그리스의 헤로도토스(Herodotos)보다 2,000년 이전에 존재했던 수메르의 역사가들을 만나고 있었다. 그들이 남긴 '에덴전쟁사'를 끝까지 분석해서 〈수메르 왕명록〉의 함정에서 빠져나오고 싶었다. 나는 제대로 된 수메르의 역사 이야기를 꼭 쓰고 싶었다.

누르-닌슈부르가 〈수메르 왕명록〉을 기록할 당시 그의 조국 이씬은 국력이 땅에 떨어져 위기에 처해 있었다. 그는 조국의 '정체성·정당성·정통성 찾기'에 지나치게 몰입해 있었다. '애국자'는 역사왜곡의 길을 택했다. 그는 자신의 조국이 수메르의 왕권을 가진 '수메르 왕조'라고 주장할 결심을 했다(정체성). 그것도 올바른 방법으로 수메르 왕권을 쟁취했다는 기록을 남기고자 했다(정당성). 게다가 수메르의 마지막 왕조인 우르 3왕조의 진짜 후계자임을 알리고자 했다(정통성).

이씬은 마리(Mari) 출신으로 악카드인의 피가 흐르는 '수메르의 배신자' 이쉬비-에라(Išbi-Erra)가 세운 이방의 왕조였다. 이쉬비-에라는 자신을 믿어준 우르 3왕조의 마지막 왕 입비-씬을 배신하고 빈곤에 허덕이던 우르의 마지막 자본(보리)을 빼돌린 사기꾼이었다. 그가 이 자본을 바탕으로 이씬 왕조를 세우자 우르 경제는 회생불능의 늪에 빠지고 말았다. 이로 인해 수메르의 멸망은 시간문제였다.

'애국자의 조국' 이씬은 〈수메르 왕명록〉에 등재될 수 없는 존재였다. 더욱이 수메르 왕조도 아니었다. 누르-닌슈부르의 선택은 〈수메르 왕명록〉을 개작하는 것이었다. 그는 이씬 왕조를 우르 3왕조 다음에 이어 붙였다. 〈수메르 왕명록〉은 '고대 셈족' 악카드인의 역사가 되고 말았다. 그가 저지른 〈수메르 왕명록〉의 역사왜곡에서 최대 희생양은 바로 라가쉬였다. 누르-닌슈부르는 수메르 초기 역사시대의 진짜배기 역사였던 '에덴전쟁사'를 깨끗이 지워버렸다. 라가쉬와 움마가 역사왜곡의 덫에 걸려들었다.

오늘날 〈수메르 왕명록〉은 '수메르의 표준 역사 교과서'로 사용된다. 나는 약 3,840년 전에 자행된 역사왜곡의 생명력에 몸서리쳤다.

B.C.E. 2600년에서 B.C.E. 2334년의 '에덴전쟁사'를 통해 '최초의 역사'가 환하게 펼쳐졌다. 라가쉬 통치자들은 조국을 대국으로 만들었고, 세습 왕조를 정립했으며, 수메르를 통일했고, 위대한 영웅이 되었으며, 노예해방을 선언했고, 사회를 개혁했으며, 성군이 되었고, 부정부패를 범했으며, 최악의 폭정을 저질렀고, 쿠데타를 일으켰으며, 정권욕을 불태웠다. 라가쉬와 움마는 에덴의 들판에서 끝없이 싸웠고, 끝없이 욕망했다. 그 과정에서 다른 수메르 도시국가들이 에덴의 '황금 들판'을 노리며 기웃거렸다.

B.C.E. 2334년부터 214년 동안 수메르는 암흑기였다. 악카드와 구티(Gutian)가 수메르를 농락했다. B.C.E. 2120년 우루크의 왕 우투-헤갈이 구티 왕 티리간을 몰아내고 수메르를 해방시켰다. B.C.E. 2112년 우투-헤갈의 신하로 우르 총독이었던 우르-남무가 수메르를 통일했다. 수메르에서 문예부흥이 일어났지만 우르의 통치자들은 수메르 암흑기에 악카드에게 당했던 '과거사 청산'에 실

패하고 말았다. 우르에게 시달리던 자그로스산맥 일대에서 살던 종족들(고대 이란인)이 힘을 합쳐 쳐들어왔다. 이로써 수메르는 통일된 지 108년 만에 역사에서 자취를 감추었다.

나는 〈수메르 왕명록〉의 역사왜곡으로 잃어버린 '최초의 역사'를 복원하면서 인류 역사상 '최초의 목록' 57가지를 찾아냈다.

최초의 역사가, 최초의 전쟁사, 최초의 역사왜곡, 최초의 에덴, 최초로 왕이 된 땅부자, 최초의 사제, 최초의 자본전쟁, 최초의 왕홀, 최초의 휴전협상 중재자, 이름이 확인된 최초의 왕실 가족, 최초의 용병, 최초의 대상인, 최초의 해전(海戰), 최초로 사제가 된 공주, 최초의 왕실 주술사, 최초의 국적 세탁자, 최초의 왕실 필경사, 최초의 꿈의 신탁, 최초로 여신의 남편이 된 왕, 최초의 수메르 통일 황제, 최초의 영웅, 최초의 '평화의 전령' 비둘기, 최초의 역사관 충돌, 최초의 제국, 최초의 이발사, 최초의 방진(方陣), 최초의 불평등조약, 최초의 전차부대, 최초의 대교(大橋), 최초의 외교조약, 최초의 왕위 찬탈자, 최초의 노예해방자, 최초의 일부일처제, 최초의 사회개혁가, 최초의 사회개혁 칙령, 최초의 성군, 최초의 휴머니스트, 최초의 왕명 세습, 최초의 치사랑과 내리사랑, 최초의 왕실 족보, 최초의 정략결혼, 최초의 편지, 최초의 세무 비리, 최초의 적폐 폭군, 최초의 부동산 갈취사건, 최초의 독재자와 재벌 2세의 결혼, 최초의 치맛바람, 최초의 현금 세탁자, 최초로 외교력을 과시한 왕비, 최초의 정경유착, 최초의 생일 기록, 최초의 왕실 요리사, 최초의 사면(赦免), 최초의 종묘제례, 최초의 지역감정 싸움, 최초의 과거사 청산 실패, 최초의 왕명록 (부록의 인류 역사상 '최초의 목록 57가지' 해설 참조)

이 책은 '수메르의 시작에서 수메르의 멸망까지' 약 4,500년 동안(B.C.E. 6500년에서 B.C.E. 2004년)의 역사 이야기이다.

- B.C.E. 4600년에서 B.C.E. 2334년 라가쉬의 필경사들이 '최초로' 역사를 기록했다.
- '최초의 도시문명국'은 수메르였다.
- '최초의 역사'는 에덴전쟁사였다.
- '최초의 역사시대'에 에덴은 전쟁터였다.
- '최초의 제국'은 라가쉬의 왕 에안나툼의 수메르였다.
- '최초의 성군'은 수메르의 라가쉬 왕 엔메테나였다.
- 수메르가 멸망하게 된 근본적인 원인은 '과거사 청산 실패'였다.
- '고대 셈족' 악카드인이 〈수메르 왕명록〉으로 수메르 역사를 왜곡했다.
- 인류 역사상 '최초의 목록 57가지'를 발굴 및 소개했다.

어느 역사가라도 조국의 정체성·정당성·정통성에만 물불가리지 않고 몰입한다면 역사는 왜곡될 수밖에 없다. 이 책의 제목에 '수메르 에세이'라는 수식어를 붙였다. 4,000여 년 전(B.C.E. 2004)에 '이미' 멸망한 수메르를 만나는 일이다. 역사는 계속 변한다. 새로운 증거가 나타나고 새로운 논리가 더 강해지면 나의 주장은 '구닥다리'가 된다. 역사가는 그가 평생 옳다고 읊어대던 사실이 바뀌면 그 즉시 목에 세운 핏대를 누그러뜨려야 한다. 나는 수메르에 정통한 명망가들의 주장을 일부 뒤집었다. 역사는 끊임없이 수정된다. 이 졸저의 기록도 훗날 나 자신 또는 다른 연구가들에 의해 수정될 것이다. 나는 비난받고 비판받을 준비가 되어 있다. 소름끼치는 침묵보다 위험한 발설을 택했으므로.

나는 오직 수메르 역사에 집중했다. 나는 4,000년 전보다 더 오래된 좁은 세계에서 벗어나지 못하고 있다. 나는 팔색조보다 더 매력적인 역사에 깊이 빠져 있다. 또한 카멜레온보다 더 변화무쌍한 역사의 깊은 수렁에서 헤매고 있다. 그러나 용기를 내어 '최초의 역사'와 그 '역사왜곡'을 세상에 알린다.

2007년 12월 28일 나는 '최초의 역사'를 향해 달리기 시작했다. 2021년 6월 25일 나는 끝나지 않을 것만 같았던 긴 여행을 멈추었다. 13년이라는 세월이 설형문자 쐐기꼴에 뒤죽박죽 섞인 채 바람처럼 지나갔다. 그동안 여러 번 이 책의 출간을 포기할 뻔했다. 나는 3번의 시한부 선고로 병마와 싸워야 했고, 초고 분실로 몹시 힘겨웠다. 그러나 물심양면으로 아낌없이 지원해주고 기다려준 휴머니스트출판그룹 덕분으로 이 책이 빛을 보게 되었다. 매번 용기와 격려를 해준 김학원 대표님과 여러모로 부족한 원고를 수차례 검토하여 날카롭고도 정확한 조언을 해준 편집실 여러분, 그리고 이 책을 만드느라 고생한 모든 분들께 감사드린다.

수메르 만년 학생 김산해

차례

여는글 역사왜곡으로 잃어버린 수메르 역사를 복원하다 4

1부 최초의 도시문명국

1. 원수메르인, 정착하다 23
2. 최초의 도시, 에리두 26
3. 우바이드 문화, 퍼지다 28
4. 우루크, 에리두를 밀어내다 31
5. 급변 34
6. 경작지의 한계 39
7. 쟁기와 짐수레 바퀴 42
8. 해양무역의 혁명 45
9. 청동기와 물레 48
10. 문자 탄생지, 우루크 51
11. 거래기억장치, 물표 54
12. 점토판과 인장 58
13. 상형문자와 설형문자 62
14. 문명의 조건 64
15. 문명 탄생지, 우루크 68
16. 대사제, 왕이 되다 71
17. 최초의 도시문명국, 수메르 74

2부 최초의 역사

1. 유프라테스강과 수메르인의 운명 79
2. 슈루파크의 비극 82
3. 키쉬의 부상 86
4. 왕조의 시작 90
5. 영웅-왕, 길가메쉬 93
6. 에덴쟁탈전 99
7. 라가쉬의 개척자, 엔헤갈 106
8. 메실림의 내정간섭 113
9. 우쉬의 라가쉬 침공 120
10. 우르-난쉐의 비상 125
11. 우르와 움마의 라가쉬 협공 129
12. 최초의 왕실 가족 137
13. 에안나툼의 신통한 출발 146
14. 움마의 반기 154
15. 신탁의 실현 160
16. 승자 에안나툼의 불안증 171
17. 최초의 황제, 에안나툼 179
18. 흔들리는 제국 189
19. 움마 왕, 우르룸마의 분노 198
20. 움마의 왕위 찬탈자 208
21. 성군 엔메테나 220
22. 왕이 된 이인자 234
23. 최악의 폭정 245
24. 적폐의 치맛바람 253
25. 개혁 실패 260
26. 움마의 약진 272
27. 난세의 영웅 279
28. 황제 루갈자게씨 284
29. 수메르 황제의 치욕 294
30. 사르곤의 수메르 정복 299

3부 수메르 암흑기

1. 악카드 제국과 사르곤의 식민통치 305
2. 리무쉬와 수메르 독립전쟁 311
3. 마니쉬투슈의 남방 무역전쟁 315
4. 나람-씬과 수메르 독립전쟁 319
5. 나람-씬의 과대망상 324
6. 제국의 어두운 그림자 329
7. 악카드, 사라지다 333
8. 구데아, 희망을 품다 338
9. 구데아의 꿈 342
10. 꿈이 이루어지다 345
11. 유일한 빛이 저물다 348

4부 해방과 통일 그리고 종말

1. 해방자, 우투-헤갈 355
2. 통일 황제, 우르-남무 359
3. 수메르 재건 362
4. 우르-남무 법전 365
5. 슐기의 내치 370
6. 슐기의 광기 377
7. 우르의 분열 386
8. 배신자, 이쉬비-에라 391
9. 수메르, 사라지다 398

덧붙이는 글: '최초의 역사'를 되찾은 기쁨

이쉬비-에라의 본색 404
악카드인의 기질 407
과거사 청산 실패와 망국 410
수메르의 배신자와 〈수메르 왕명록〉 413
우르 3왕조판 〈수메르 왕명록〉과 역사왜곡 417
우르와 라가쉬의 지역감정 싸움 419
수메르 역사에서 라가쉬의 증발 422
〈수메르 왕명록〉 역사왜곡의 진범 423
애국심은 사악한 자의 미덕 426
라가쉬 애국 청년의 분노 429
대혼란 431
수메르족이 먼저냐, 셈족이 먼저냐 434
유치찬란한 제국의 속성 437
'기억의 역사'도, '기록의 역사'도 허구였다 439
'최초의 역사'를 되찾은 기쁨 442

맺는글 제국·전쟁·국경 없는 세상을 꿈꾼다 444

부록

인류 역사상 '최초의 목록 57가지' 해설 450
수메르와 메소포타미아 남부의 간략한 연표 461
이 책에 나오는 사람 467
이 책에 나오는 도시·국가·유적지 486
이 책에 나오는 신 493
이 책에 나오는 신전·왕궁 496
이 책에 나오는 강·운하·해협·바다·산 498
이 책에 나오는 기타 목록 500
이 책에 나오는 박물관·컬렉션 504
사진 출처 506

참고문헌 520

일러두기

- 본문의 이야기 전개를 위해 전문적인 설명은 각주와 사진으로 대체했다.
- 수메르어 명문(銘文)은 설형문자를 하나하나 짚어가며 '있는 그대로' 직역했다. 직역보다 의역이 의미를 더욱 잘 전달할 수 있는 경우 의역을 하고 각주에 의역임을 밝혔다.
- 점토판이나 석판이 깨져 읽을 수 없는 명문은 다음처럼 구분했다.
  [···]는 내용을 알 수 없고 그 길이가 짧은 경우에 썼다.
  [······]는 내용을 알 수 없고 그 길이가 긴 경우에 썼다.
  [라가쉬]는 내용이 확실한 경우에 [ ] 속에 '라가쉬'를 넣었다.
  (라가쉬)는 내용 파악에 도움이 되는 경우에 ( ) 속에 '라가쉬'를 넣었다.
- 고유명사의 표기법은 되도록 수메르어나 악카드어의 음가에 가깝게 표기하려고 노력했다. 국립국어원의 외래어 표기법을 포기했다기보다는 조금 더 정확한 용어를 쓰기 위해서이다. '길가메쉬'의 경우를 예를 들면 '길가메쉬'의 영문 표기는 'Gilgamesh'이다. 일반적으로 한국 작가들이 즐겨 쓰는 표기는 '길가메시' 혹은 '길가메슈'이다. 그러나 실제로 길가메쉬 서사시 판본을 보면 '^{d}Gilgameš'로 이를 발음하면 '길가메쉬'에 가깝다.
- 연도 표기는 '○○○○년 전'으로 표기했다. 상황에 따라 'B.C.E. ○○○○년'을 추가했다.
- 연대 표기는 일반적으로 사용하는 '중간 연대'를 썼다. 예를 들어 수메르(우르 3왕조)의 멸망은 '중간 연대'인 B.C.E. 2004년을 썼다. 이 역사적인 사건의 '긴/오래된 연대'는 B.C.E. 2054년이고, '짧은 연대'는 B.C.E. 1940년이며, '가장 짧은 연대'는 B.C.E. 1911년이다.
- 이 책에 나오는 '남부'는 '메소포타미아 남부'를 뜻한다. '북부'는 '메소포타미아 북부'이며, '서부'는 '메소포타미아 서부'이다.
- 본문에서 주로 인용한 〈수메르 왕명록〉은 영국 옥스퍼드대학 애쉬몰리언박물관의 Ashm 1923-0444이다.
- 〈수메르 왕명록 Ashm 1923-0444〉이 실제 수메르 역사와 다른 부분이나 왜곡된 내용은 각주와 사진 설명에서 아래처럼 기록했다.
  예) 〈수메르 왕명록〉에 나오지 않는다.
- 각주는 위첨자[1)]로 표시하고 설명했다.
- 사진은 아래첨자$_{\Delta 000}$로 표시하고 설명했다.

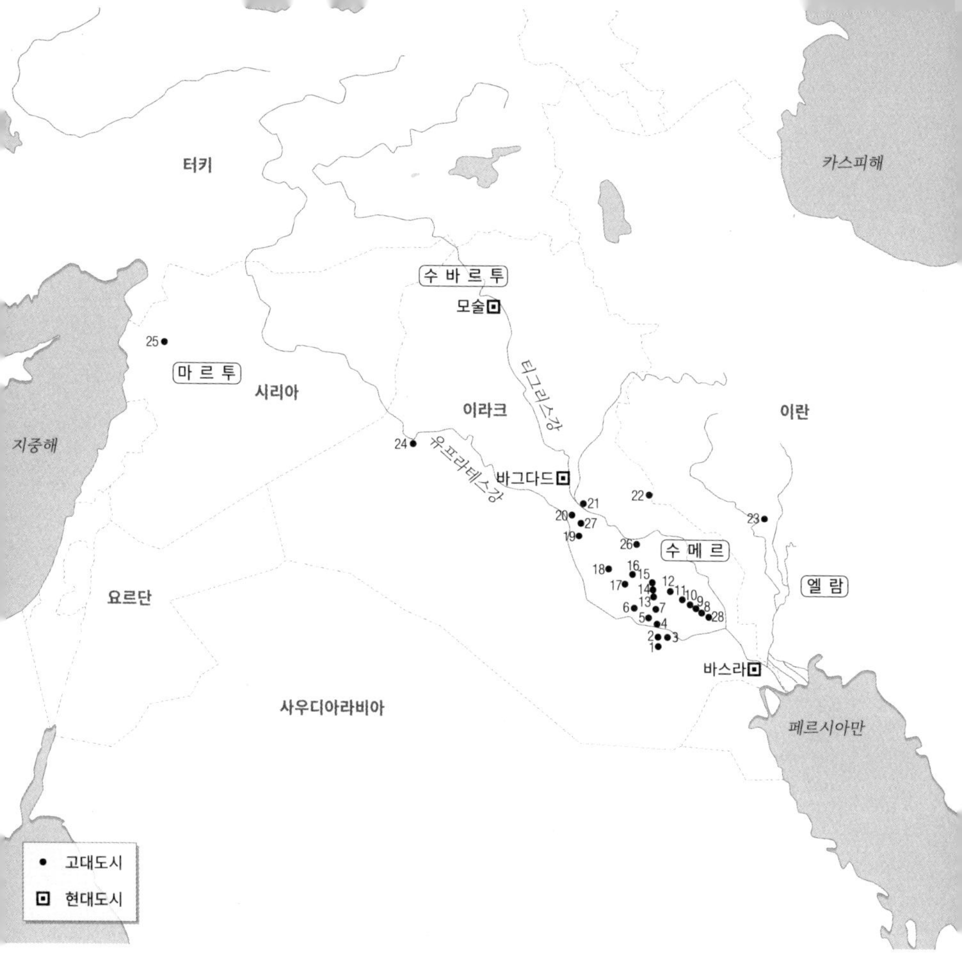

메소포타미아 지역의 고대도시(B.C.E. 2334)와 오늘날의 도시

1) 에리두
2) 우바이드
3) 우르
4) 오우에일리
5) 라르싸
6) 우루크
7) 바드티비라
8) 에닌키마르
9) 구압바
10) 닝인
11) 라가쉬
12) 기르수
13) 기샤
14) 움마
15) 자발라
16) 아답
17) 슈루파크
18) 니푸르
19) 키쉬
20) 씨파르
21) 아크샤크(위치 불분명)
22) 데르
23) 수사
24) 마리
25) 에블라
26) 라라크(위치 불분명)
27) 아가데(위치 불분명)
28) 에닌키마르(위치 불분명)

1부

최초의 도시문명국

B.C.E. 6500~B.C.E. 3000

문명은 도시인이 끝없이 멋을 부리면서 무르익어간다.

1. 원수메르인, 정착하다

8,500년 전 메소포타미아[1] 남부의 유프라테스 강가에 한 마을이 있었다. 지금의 오우에일리('Oueili)였다.[2] 이곳의 여름은 불구덩이

1) 메소포타미아(Mesopotamia)는 '강들 사이(의 땅)'을 의미하는 고대 그리스어 'Μεσοποταμία'에서 유래한다. B.C.E. 280년경 유대인 학자 70명이 히브리어 성서를 최초로 그리스어로 옮기기 시작했다. 이 번역판은 '70'을 의미하는 라틴어 셉투아진타(Septuaginta)를 따서 〈칠십인역(Septuagint)〉이라고 불린다. 그 당시 히브리어가 사어가 되어 팔레스타인에서는 아람어가 사용되었으며, 히브리어를 모르는 많은 유대인들이 이집트의 알렉산드리아를 비롯한 그리스어권역에서 살게 되자 벌어진 작업으로 여겨진다. 〈칠십인역〉을 옮긴 학자들은 히브리 성서에 5번 나오는 '아람-나하라임(Aram-Naharaim, 두 강의 아람 (땅))'을 대개 '메소포타미아'로 번역했다. 그렇지만 이는 바빌로니아를 제외한 메소포타미아 북(서)부로 보인다. 이 책에 나오는 메소포타미아는 남부에 인접한 페르시아만에서 북서부의 터키와 북동부의 이란 산지까지 펼쳐져 있는 티그리스강과 유프라테스강 사이의 지역 전체를 포함한다.

2) 이라크 남부 디카르주(Dhi Qar Governorate)에 위치한 텔 엘-오우에일리(Tell el'Oueili, Tell Awayli라고도 함)의 옛 지명은 아직 알려진 것이 없다. 오우에일리는 1967년 프랑스의 고고학자 앙드레 파로(André Parrot)가 발견했으며, 에리두(Eridu) 북쪽 48킬로미터 지점, 유프라테스강 건너편에 위치해 있다. 과거에는 7,400년 전의 에리두가 원(原)수메르 문화(우바이드 문화)의 시작으로 알려졌으나 지금은 오우에일리가 그 자리를 차지했다. 이로써 원수메르 문화의 출발점은 '적어도' 8,500년 전까지 거슬러 올라간다(우바이드 0기). 그러나 오우에일리 최초의 주거지층은 지하수면 아래에 있어 아직 발굴하지 못하고 있다. 즉 원수메르인이 오우에일리에 처음 정착한 시점은 8,500년 전보다 더 오래되었다는 말이다.

였다. 1년 내내 비는 거의 내리지 않았으며, 사람들은 햇빛에 말린 벽돌로 집과 곡물창고를 짓고 살았다. 오우에일리에 거주했던 사람들은 남부 최초의 농부였다. 그들은 보리와 밀을 수확했다. 또한 가축을 길렀고 물고기를 잡았으며 도자기를 만들어 사용했다.[3)]

유프라테스강은 유유히 흐르며 땅을 적셨다. 강물은 푸른빛[4)]이 감돌았으며, 강둑에는 대추야자나무들이 늘어서 키 자랑을 했다. 이 대추야자나무들은 1년의 날수만큼 다양한 에너지를 공급했다.[5)]

---

3) 오우에일리의 여름은 섭씨 50도를 오르내릴 정도로 무덥고, 비는 1년에 250밀리미터 이상 내리지 않는다. 오우에일리 사람들은 매우 정교한 건축술을 터득했는데, 그들은 뙤약볕에 말린 길이 60센티미터, 두께 15센티미터 정도의 벽돌로 건물을 지었다. 놀랍게도 메소포타미아 남부 평원에서 가장 오래된 농업의 흔적은 오우에일리에서 발견되었다. 그곳 사람들은 소(45.5퍼센트)와 돼지(37.6퍼센트)는 많이 키웠으나 습지가 많아 '양과 염소(16.8퍼센트)'는 상대적으로 적었다(Jean-Louis Huot, Biblical Archaeologists 55, 193). 베일 속에 가려져 있던 우바이드 문화의 기원은 오우에일리의 발굴(1976~1989)로 분명해졌다. 그러나 안타깝게도 이 발굴은 걸프전쟁의 소용돌이 속에 멈추었다. 오우에일리의 삶은 8,500년 전보다 더 오래된 어느 시점에서 5,000년 전까지 3,500년 동안 이어졌다. 오우에일리의 발굴에 관한 연구는 Jean-Louis Huot의 *Tell el'Oueili* (Iraq): les Premiers Résultats, (Paléorient. vol. 6. 1980)와 "The First Famers at 'Oueili." Biblical Archaeologists 55 (1992): 188~195, 그리고 Régis Vallet & Jean-Louis Huot의 *Les Habitations à salles hypostyles d'époque Obeid 0 de Tell El'Oueili*, (Paléorient. vol. 16. 1990)를 참고할 것.

4) 유프라테스강(Buranun, Euphrátēs)은 터키의 아르메니아고원에서 발원해 2,760킬로미터를 흐르는 서아시아에서 가장 긴 강이다. 수메르인은 유프라테스강을 '푸른 강(Id-Ugina)'이라고도 불렀다. 바빌로니아인과 앗시리아인은 이 강을 '푸랏투(Akk. Purattu)'라고 불렀다. 고대 페르시아어는 '우프라투(Ufrātu)'이며, 이 단어가 고대 그리스의 '유프라테스(Εὐφράτης)'가 되었다.

5) 대추야자(^{geš}ĝešnimbar, ^{geš}gešimmar)는 메소포타미아 남부의 대표적인 나무로 150년 동안 30미터까지 자랄 정도로 위풍당당하다. 보통 나무 한 그루에서 무려 100년 동안 40~80킬로그램 정도의 열매를 계속 얻는다. 나무에 달린 송이마다 1,000개가 넘는 열매가 맺히는데, 열매는 2개만 먹어도 한 끼 식사의 칼로리를 충분히 섭취할 수 있다. 열매는 부의 원천이자 중요한 식량이다. 아랍인들은 이 나무의 용도가 1년의 날수만큼 많다고 한다. 당분, 탄수화물, 비타민, 무기질, 지방, 시럽, 알코올, 식초, 독주, 수액, 샐러드, 타닌, 수지, 밀랍, 바

Δ1 원(原)수메르 문화의 출발지, 텔 엘-오우에일리

그들의 삶은 여유로웠다. 오우에일리는 남부 최남단에 위치해 있었다. 원(原)수메르인이 지은 최초의 마을이었다.Δ1

구니, 밧줄, 매트, 접시, 연료, 가축사료 등 셀 수 없을 정도이다. 대추야자는 메소포타미아의 신성한 나무로 '생명의 나무'이며, '부활'과 '승리'의 의미를 지니고 있다. 이 나무는 히브리 성서의 '종려나무(대추야자의 오역)'이기도 하다. '히브리 에덴의 원고향'인 수메르의 에덴 들판에 있는 나무가 바로 대추야자나무이다.

2. 최초의 도시, 에리두

7,400년 전 오우에일리 남쪽 강 건너편에 큰 마을이 들어섰다. 그러자 사람들이 큰 마을로 몰려들어 마을은 더욱 커져 도시로 변했다. 큰 마을은 바로 에리두(Eridu)였다.[6] **Δ2**

에리두는 바다에 인접해 있었다. 장터는 농부, 목동, 어부들로 왁자지껄했다. 그들 중에는 바닷길로 들어온 상인들도 있었다. 에리두의 인구가 계속 늘어났다. 많은 사람들이 한곳에 모여 머리를 맞댔다. 그들은 신의 축복으로 먹고 살았다. 에리두에 목소리가 큰 사람들이 나타났다. 그들은 다른 이들보다 똑똑했다. 그들이 신전[7]을 세웠다. 그리고 신단을 조성해 신에게 제물을 바쳤다. 에리두의 신

6) 에리두(지금의 Tell Abu Shahrain)는 페르시아만에 인접한 '남부 최초의 도시'였다. 1854년 영국의 외무부 관리(동인도회사 대리인)이며 고고학자인 존 조지 테일러(John George Taylor)가 에리두를 발견한 뒤 이듬해 세상에 알렸다.

7) 에압주(E-abzu). '에엔구라(E-engura)'라고도 불린다. '압주(abzu)'는 우주의 근원인 '지하수' 또는 담수(淡水, 민물)를 말하며, 실제로는 당시 유프라테스강이 페르시아만으로 흘러드는 바닷가에 인접한 에리두의 지정학적 입지를 대변한다. '에(e_2)'는 '집, 신전'을 의미한다. 에압주의 기초 아래에서 18단계의 주거지층들이 발굴되었다. 에리두인은 약 5,200년 전(B.C.E. 3200)까지 이 신전을 17번이나 개축했다.

NUN－KI　　　　DINGIR－EN－KI

eridug^{ki}　　　　^{d}enki

에리두　　　　엔키

Δ2 에리두와 엔키의 설형문자

은 엔키(Enki)였다.[8] 에리두는 실로 사람이 사람답게 살 수 있는 그럴듯한 도시였다.[9] 에리두는 '분명코' 문화의 향기를 가득 품고 있었다.

---

8) 에리두의 수호신 엔키(Enki)는 인간의 창조주로 '지혜·생명·물(지하수)·구세주'의 신성(神性)을 가지고 있다. 엔키는 이집트의 신 프타(Ptah), 그리스의 신 프로메테우스(Prometheus)와 포세이돈(Poseidon), 히브리의 신 야붸(Yahweh)로 여전히 인간의 마음속에 남아 있다. 엔키는 인간을 창조하고 인간에게 지혜를 주고, 대홍수로부터 인간을 구한 인간의 조물주이며 구세주였다. 악카드어로는 에아(Ea)라고 한다.

9) 에리두인의 삶은 7,400년 전부터 2,600년 전까지 4,800년 동안 지속되었다.

3. 우바이드 문화, 퍼지다

에리두가 생긴 지 400년가량이 흘렀다. 남부인은 이렇다 할 자연재해나 외침이 없는 평온한 삶을 누렸다. 7,000년 전 에리두 북서쪽 강 건너편에 우루크(Uruk)[10]라는 큰 마을이 나타났다. 그곳에 신전이 들어섰다. 에리두 바로 위쪽 우바이드(Tell al-'Ubaid)[11]에도 마을이 생겼다. 남부인의 삶은 갈수록 활기찼다. 그들은 물길을 따라 곳곳을 연결하는 운하망을 구축했다. 관개농업이 급속도로 발전했고, 노동력 집중으로 자본이 증가했다. 게다가 우바이드 토기가 유행을 하는 등 에리두에서 번성한 남부의 우바이드 문화가 북부로 퍼져나갔다. 남부 문화가 메소포타미아 전역으로 확산되었다. 북부의 테페 가우라(Tepe Gawra)에도 에리두에 버금가는 큰 마을이 들

10) 우루크(지금의 Warka)는 7,000년 전부터 1,300년 전까지 5,700년 동안 지속되었다.

11) 이 유적지는 지금의 텔 알-우바이드(Tell al-'Ubaid)에 있다. 옛 지명은 명확하게 알려져 있지 않다. 다만 수메르의 우르 3왕조 때(B.C.E. 2112~B.C.E. 2004)에는 누투르(Nutur)라고 했다(4부 각주 35 참조). 그곳에 수메르의 모신(母神)인 닌후르쌍(Ninḫursaĝ)을 모시는 신전이 있었다. 우바이드를 처음 발굴한 사람은 1919년 영국박물관 소속의 고고학자 헨리 R. H. 홀(Henry R. H. Hall)이다.

어섰다.[12] 우바이드의 생필품과 사치품이 서부의 지중해 연안과 남부의 페르시아만을 통해 딜문(Dilmun)[13]과 마간(Magan)[14]으로 수출되었다. 우바이드 문화는 아라비아해[15]를 건너 인더스강 유역까지 전해졌다. 남부 문화가 안개처럼 육로와 바닷길로 퍼져나갔다. 그 때까지 단 한 번도 없던 일이었다.[16] 남부 문화는 사방으로 퍼져 지상에서 가장 거대한 문화가 되었다.**Δ3** 세상 사람들이 남부 문화를 즐기고 있었다.

---

12) 남부 우바이드 문화의 대표 도시는 에리두였고, 북부 우바이드 문화로 유명한 유적지는 이라크 제2의 도시 모술(Mosul)에서 북동쪽으로 24킬로미터 떨어져 있는 테페 가우라(B.C.E. 7000~B.C.E. 1500)에 있었다. 할라프 문화에서 대체된 북부 우바이드 문화는 남부보다 짧은 '7,300년 전부터 4,300년 전까지' 지속되었다.

13) 딜문은 지금의 바레인과 그 주변이다.

14) 마간은 지금의 오만과 그 주변이다.

15) 아라비아해(Arabian Sea)는 페르시아만에서 딜문을 거쳐 마간(오만)과 호르무즈해협을 빠져나와 동쪽의 인도까지 펼쳐진 바다로, 메소포타미아와 인도를 연결하는 항로였다. 오만과 예멘의 앞바다를 지나 아프리카와 이집트로 향하는 항로를 열어주는 역할도 한다. 원수메르 시대에도 마찬가지였다.

16) 7만 년 전 '슬기사람(Homo sapiens)'이 문화생활을 시작했다. 4만 5,000년 전 '슬기슬기사람(Homo sapiens sapiens)'이 출현해 문화를 향유했다. 1만 1,500년 전 터키의 남동부 아나톨리아 지역에 있는 괴베클리 테페(Göbekli Tepe)에서 신전을 중심으로 한 문화가 나타났다. 비슷한 시기에 팔레스타인의 예리코(Jericho)에 최초로 성벽도시가 세워졌다. 약 2,000년 후 터키의 차탈휘익(Çatalhöyük)과 이라크의 자르모(Jarmo)에서 문화가 이어졌다. 문화는 점점 이라크 쪽으로 이동했다. 할라프(Halaf) 문화는 하수나(Hassuna) 문화와 사마라(Samarra) 문화가 겹쳐 있던 메소포타미아 중부까지 내려왔다. 하지만 이 문화들은 메소포타미아 전역으로 확산되지 못하고 사라졌다. 얼마 전까지만 해도 우바이드 문화가 할라프·하수나·사마라 문화보다 후대의 것으로 여겨졌다. 그러나 8,500년 전 메소포타미아 남부의 오우에일리에는 '이미' 우바이드 문화가 형성되어 있었다. 6,500년 전 남부의 우바이드 문화는 2,000년 동안 단절 없이 이어져서 메소포타미아 전역에 최초로 확대되었다. 우바이드 문화는 아직 발굴하지 못한 오우에일리 최초의 주거지층을 감안하면 '최소한 8,500년 이전에 시작해' 5,800년 전까지 지속되어 메소포타미아에 출현한 문화들 중에서 가장 오랫동안 존재했다.

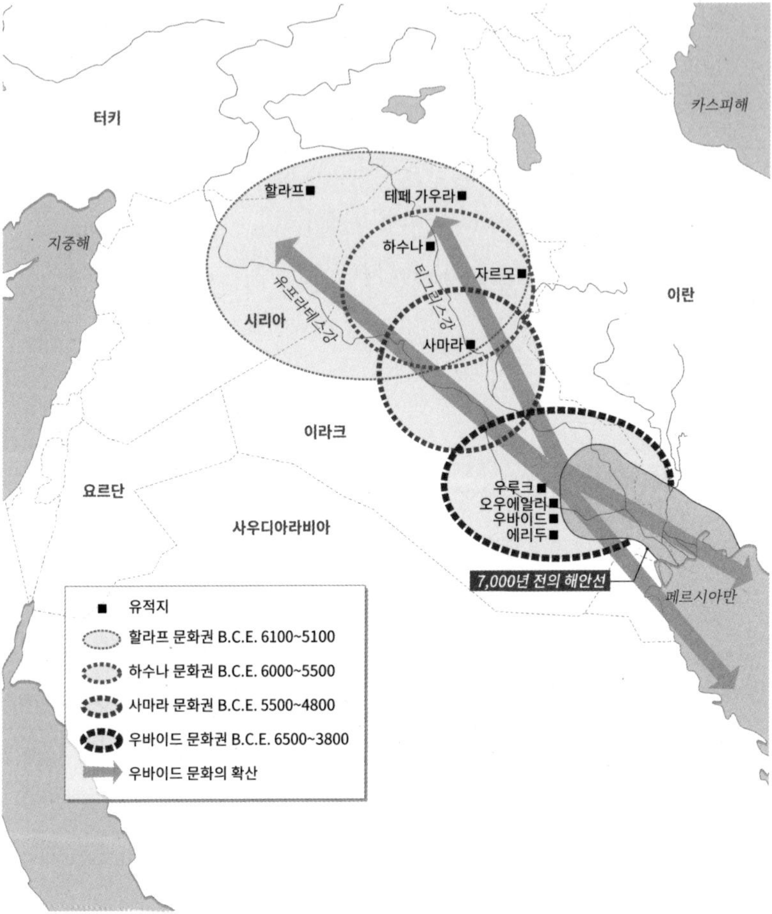

Δ3 8,500년 전에서 5,800년 전까지 메소포타미아 문화권과 우바이드 문화의 확산

4. 우루크, 에리두를 밀어내다

우루크가 남부 문화의 중심지 에리두를 밀어냈다. 우루크가 출현한 지 1,000년 만의 일이었다. 6,000년 전 우루크는 세상에서 가장 큰 도시가 될 준비를 했다. 우루크 거리에 사람들이 들끓었다.

우루크에서 가장 큰 마을인 에안나(Eanna)[17]에 사는 사람들은 풍요의 여신인 위대한 인안나(Inanna)를 섬겼다.[18] 그들은 인안나를 위해 신전을 지었다. 에리두를 정복한 우루크인의 자부심이었다.[19] 신전의 기본적인 구조는 에리두의 엔키 신전과 동일했다. 에안나 서쪽에는 쿨라바(Kullaba/Kulaba/Kulab)라는 큰 마을이 있었는데, 그

17) 에안나는 우루크에서 가장 큰 마을로 인안나 신전이 있는 지역이며, 인안나 신전 자체를 가리키기도 한다.

18) 인안나는 가장 유명한 수메르의 여신으로 메소포타미아 전역에서 숭배되었다.

19) 우루크가 에리두를 제치고 메소포타미아의 중심이 된 역사적인 사실이 신화로 남아 있다. 우루크의 수호신 인안나가 에리두로 잠입해서 엔키로부터 '메(me)'라고 불리는 문명과 문화의 결정적인 필수요소들을 넘겨받아 우루크로 가지고 왔다는 내용이다. 이에 관한 자세한 내용은 필자의 졸저《수메르, 최초의 사랑을 외치다》(휴머니스트, 2008)의 1부(4장. 인안나, 에리두로 잠입하다, 5장. 인안나, '메'를 손에 넣다)를 참조할 것.

Δ4 우루크의 흔적

햇빛에 말린 벽돌로 지은 우루크 폐허가 그대로 드러나 있다. 영국의 지질학자 윌리엄 K. 로프터스(William K. Loftus)는 1849년 우루크 유적을 처음 발굴한 뒤 1850년에서 1854년에도 발굴했다. 1857년에 그가 발간한 출판물 표지에 우루크는 "와르카, 니므롯의 에레크(WARKA, THE "ERECH" OF NIMROD)"로 표기되어 있다. 와르카는 우루크의 현재 지명이며, '니므롯(님로드)의 에레크'는 히브리 성서 〈창세기〉에 나오는 인물과 지명이다. 당시만 하더라도 히브리 성서 〈창세기〉가 만고의 진리이며 모든 가치의 기준이었다. 메소포타미아 발굴도 성서의 내용을 확인하기 위한 차원이었다.

곳 사람들도 신전을 지었다. 신들의 멘 윗대 조상인 '안(An)'을 모시는 신전이었다. '안'은 명목상 '신들의 아버지'였지만 실질적인 우루크의 수호신은 인안나였다.[20)]

---

20) 수메르 신화에서 '안'은 엔키의 아버지이다. 인안나는 '안'의 또 다른 아들 '엔릴(Enlil)'의 손녀로 엔릴의 아들 난나(Nanna)의 딸이다. 즉 '안'의 증손녀이다.

신전은 삶의 중심이었고 모든 삶의 고충을 덜어주는 유일한 공간이었다. 사람들은 신전 중앙에 높게 솟은 탑을 만들었다. 그들은 꼭대기에 신단을 마련해놓고 가파른 계단을 하나씩 밟고 올라가 신에게 봉헌했다. 우루크 사람들은 에안나와 쿨라바를 하나로 통합했다. 덩달아 주변에 있는 작은 마을들도 우루크로 흡수되었다. 우루크의 도시 영역이 확대되었다. 우루크는 세상에서 가장 큰 도시였다.**Δ4** 이제부터 가장 위대한 신은 '에리두의 수호신' 엔키가 아니라 '우루크의 수호신' 인안나였다. 남부에서 우루크 문화가 번성했다. 이에 우루크 사람들은 문화생활을 만끽했다. 이제 문화의 중심지는 우루크였다. 삶은 복잡해지고, 세상은 좁아지고 있었다.

5. 급변

급변이었다. 자고 나면 마을이 새로 생겨났다. 마을은 10배 이상 늘어났다.[21] 인구도 마찬가지였다. 그때까지 사람들은 아무 탈 없이 살아왔다. 이런 일은 처음이었다. 엄청난 일이 벌어지고 있었다.

이유가 있었다. 남부는 살 만했다. 농업, 목축업, 어업, 상업, 무역업으로 풍요로운 땅이었다. 흙과 모래가 강물에 쓸려 쌓인 땅은 비옥했다. 바로 '에덴(Eden)'의 황금 들판이었다. 유달리 적은 강수량은 문제가 되지 않았다. 남부는 매년 풍년이 들었다. 남부인은 배고픔을 잊은 지 오래였다.

그들은 운하를 개척하고, 수문과 수로를 만드는 등 치수에 능한 관개농업의 대가들이었다. 많은 가축을 길렀고 어족도 매우 다양했

21) 약 5,770년 전(B.C.E. 3750)에 벌어진 일이다. 이 사건은 7,000년 전부터 4,100년 전까지 약 3,000년에 걸쳐 메소포타미아 충적 저지대에서 일어난 초기 도시 상황을 인류학적으로 접근하고 심도 있게 연구한 Susan Pollock의 *Ancient Mesopotamia: The Eden That Never Was* (Cambridge University Press, 1999) 56~58, Georges Roux의 *Ancient Iraq* (Penguin, 1992)의 66~68, Marc Van de Mieroop의 *A history of the ancient Near East, ca. 3000-323 B.C.* (Malden, MA : Blackwell Pub., 2004) 19~25를 참조할 것.

다. 남부인은 예전부터 먼 곳까지 배를 타고 나갔으므로 무역과 통상은 일상이었다. 물물교환은 궁핍에서 벗어날 수 있게 해주었다. 덤으로 얻은 자본은 가난을 조롱했으며, 생존을 위해 다른 곳을 찾을 필요가 없었다. 그들의 앞날은 희망적이었다. 아버지는 아들을 낳았고, 아들은 또 아들을 낳았다. 인구는 그렇게 '조금씩' 늘어났다.

남부가 풍요롭다는 소문은 서부 유목인들에게 전해졌다. 그들은 가축을 기르며 농사도 짓는 반유목 상태의 생활을 하고 있었으며, 시시로 더 나은 기회가 생기면 바로 움직였다. 그들은 때때로 물과 풀밭을 찾아 헤매는 고역을 그만두고 싶었다. 철철이 생존하기 위해 눈치도 빨랐다. 그들은 언제라도 이런 방랑의 삶을 끝내고 싶었다. 그래서 서부 사람들이 남부로 몰려들었다. 인구는 '조금씩 더' 늘어났다.

소문은 북부로도 전해졌다. 북부의 농부들은 남부 땅을 부러워했다. 하늘이 심술을 부려도 끄떡없이 살아가는 남쪽이 좋았다. 누구에게나 풍물이 넘치는 남부로 향하고 싶었다. 북부 사람들은 남쪽으로 내려가 새로운 삶을 찾고 싶었다. 그들이 남부로 발길을 옮겼다. 인구는 '더욱더' 늘어났다.

우루크 문화의 소문은 더 이상 소문이 아니었다. 남부의 풍요로움은 딜문과 페르시아만을 지나 마간과 호르무즈해협[22]을 뚫고 오

22) 호르무즈해협(Strait of Hormuz)은 페르시아만과 아라비아해를 잇는 해협으로, 수메르 항구에서 인도로 가는 유일한 길목이었다. 서남아시아에서 인도 그리고 아프리카 동부와 이집트를 해상으로 연결하는 전략적·경제적 요충지이기도 하다. 원수메르 시대에도 마찬가지였다.

만만[23]을 빠져나와 아라비아해를 건너 멀리 인도까지 알려졌다. 바닷가 사람들이 남부로 모여들었다. 설령 고향을 등진다고 해도 남부로 갈 만했고 또 남부로 가야 했다. 남부에서 인구 증가 요인이 겹쳐 일어났다.

원주민은 지속적으로 늘어났다. 서부에서는 방랑자가 들어오고, 북부에서는 농부가 남하했다. 바닷가에 사는 사람들이 페르시아만을 통해 배를 타고 유입되었다. 사방팔방에서 외지인이 남부로 모여들었다.[24]

23) 오만만(Gulf of Oman)은 페르시아만과 아라비아해를 잇는 만(灣)으로, 이란과 오만(마간) 사이에 놓여 있었다. 딜문을 지나 마간과 호르무즈해협을 통과한 수메르의 배들이 인더스강 유역이나 아라비아반도를 돌아 아프리카 북동부와 이집트로 가는 바닷길의 시작점이었다.

24) 1869년 프랑스의 쥘 오페르트(Jules Oppert)가 수메르인과 수메르어를 언급하기 시작한 이후 약 150년 동안 풀리지 않는 '수메르 문제'가 있다. 수메르인은 누구인가? 그들은 어디에서 왔는가? 이라크에서 수많은 유적지와 유물이 발굴되었고 문자가 해독되었으며, 수메르가 세계 최초 문명으로 인정받고 있음에도 '수메르인의 기원'은 오리무중이다. 고고학과 언어학을 비롯한 다양한 학문의 권위 있는 학자들이 추측했으나 현재까지도 혼란에 빠져 있다. 수메르인의 존재 자체를 부정하거나 셈족을 수메르문명의 창시자로 주장하는 사람들도 있었다. 혹은 수메르인이 존재했다는 점은 인정하면서도 셈족이 들어와 수메르인을 정복하고 문명을 세웠다는 부류도 있었다. 수메르인이 우바이드 시대 초기에 이란고원에서 들어왔다, 우루크 시대 초기에 메소포타미아 북쪽에서 들어왔다, 인도 서북부의 인더스강 계곡에서 페르시아만으로 들어왔다, 중앙아시아에서 들어왔다는 등의 주장들이 난무했다. 심지어 한국인이 수메르문명을 건설했다거나 외계인이 수메르문명을 건설했다는 주장까지도 등장했다. 그동안 학자들이 주장한 근거는 언어·외모·관습·문화의 유사성에 기인했지만 이런 기준들이 '수메르 문제'를 해결하는 결정적인 답을 제시하지는 못했다. 때때로 권위 있는 학자의 특정한 주장에 이끌리는 경향마저도 시간이 지나면서 다른 주장이 나오면 뒤집어졌다. 그럴수록 '수메르 문제'는 영영 풀릴 것 같지 않은 난제가 되었다. 1970년대에는 '수메르 문제'에 대한 논의 자체가 수그러들었다. 그러나 인간이 유전자를 분석해내는 능력을 발휘하기 시작하면서 한 가지 희망이 보였다. "과거의 집단 이동을 확인하는 방법으로 고대 DNA가 고고학이나 언어학이라는 전통적인 도구보다 믿을 수 있는 정보원이 되었다"(데이비드 라이크, 김명주 옮김, 《믹스처-우

동시다발적으로 나타난 형국이었다. 욕망의 힘은 무서웠다. 우루크 문화의 위력은 실로 대단했다. 마을이 10배 이상 늘어날 만도

리는 누구인가에 대한 고대 DNA의 대답》, 동녘사이언스, 2020, 11쪽).

그래서 지구별에 사는 종족들은 자신들의 선조를 찾는 작업도 가능해졌다. 그렇다면 수메르인의 선조는 어떨까. 수메르의 본거지는 메소포타미아 남부의 남쪽이다. 남부 원주민은 오우에일리를 시작으로 에리두, 우바이드, 우루크, 우르(Ur), 기르수, 라가쉬(Lagash), 구압바(Guabba), 에닌키마르(Eninkimar), 움마(Umma), 라르싸(Larsa), 바드티비라(Bad-tibira) 지역에서 살았다. 현재 이 지역에 사는 원주민은 삶의 영역이 주로 습지로 이루어져 있어 '습지대 아랍인(Marsh Arabs)'으로 불린다. 그들은 '적어도' 8,500년 동안 그곳에서 살고 있다. 수메르는 오우에일리에 정착한 이후 이렇다 할 '문화의 단절 없이' 그대로 문명으로 발전했다. 7,400년 전에 들어선 에리두 신전과 7,000년 전에 들어선 우루크 신전은 약 4,000년 동안 애초에 배치된 도면을 기준으로 개축을 거듭했다. 특히 기억해야 할 일이 있다. 실질적인 원수메르인의 출발지인 오우에일리, 에리두, 우바이드, 우루크는 페르시아만에 인접한 곳으로, 그곳의 원주민은 바닷가 사람들이었다. 그들은 수메르문명이 탄생하기 훨씬 전부터 바다로 나가 해양무역을 하며 도시를 발전시켰다. 그러므로 원수메르 문화는 대륙 문화보다는 해양 문화에 가까웠다. 2011년 여러 전문가들이 '습지대 아랍인'의 유전자를 분석한 결과는 다음과 같다. "결론적으로 우리의 자료는 현재 이라크 항구에 거주하는 '습지대 아랍인'들이 주로 중동에서 기원하는 미토콘드리아 DNA와 Y염색체를 보유하고 있다는 것을 보여준다(Al-Zahery, N., et al, In search of the genetic footprints of Sumerians: a survey of Y-chromosome and mtDNA variation in the Marsh Arabs of Iraq, BMC Evolutionary Biology volume 11, Article number: 288, 2011)."

그러나 이 조사의 샘플이 현대인의 것이었으므로 '수메르 문제'의 해결책이 사실상 없는 지금의 상황에서 볼 때 남부 바닷가 지역에 살았던 '고대인(수메르인)의 DNA'를 확보해 분석하는 과제가 남아 있다.

"먼 과거, 인간 집단에 일어난 변화를 밝히는 일에서 인간 게놈의 차이를 분석하는 방법은 고대사회의 인공물을 조사하는 고고학의 전통적 도구를 능가하고 있다. … 2009년부터 게놈 데이터가 고고학, 역사학, 인류학, 심지어 언어학에서까지 오랫동안 지지받던 견해에 도전하기 시작했고, 나아가 그 분야의 오래된 논쟁을 해결하기까지 했다. 고대 DNA 혁명은 과거에 대한 우리의 추정을 잇달아 파괴하고 있다. … 특히 매우 다른 집단들 사이의 교접이 인류의 과거에 반복적으로 일어난 과정이라는 연구 결과는 주목할 만하다. … 현대 집단은 과거 집단의 혼합물이고, 과거 집단은 다시 더 과거 집단의 혼합물이었다"(《믹스처》, 2020, 16~19쪽).

지난날 특정 분야의 학자가 주장했던 수메르인의 기원은 이제 무의미하다. 그럼에도 필자는 수메르인이 '어느 한 지역'에서 이주한 특정한 사람들은 아니라고 생각한다. 즉 습지대 아랍인(현재 집단)이 수메르인(더 과거 집단)의 혼합물이라는 가정하에 "수메르인은

했다. 남부의 인구는 폭발적으로 급격히 늘어났다. 전에 없던 천지 개벽이었다.

8,500년 전부터(오우에일리 최초의 주거지층이 수면 아래에 있어 아직 발굴되지 않았으므로 분명 좀더 오래되었으리라) 오우에일리에 정착하기 시작한 남부의 원수메르인과 이주해 온 '상당수'의 해양민족, '다수'의 서부인, '소수'의 북부인, '소수'의 동부인 사이에 집단 혼혈이 일어나 인구가 늘어나고 도시가 커지면서 수메르인과 수메르문명이 탄생했다"는 가설을 감히 제시한다. 즉 원수메르인은 우바이드 문화 초기부터 원래 남부에 살고 있었고, 우루크 문화가 번창하자 여러 곳의 이주민들이 원주민과 섞여 수메르인이 되었다고 생각한다. 아울러 수메르인의 게놈 연구로 조만간 좀더 정확한 결론이 나오길 기대한다.

6. 경작지의 한계

'풍요의 땅' 에덴을 찾아 남부로 몰려든 이주민들이 살아갈 자리를 잡았다. 그들은 원주민 거주지 옆에 정착했다. 혹은 아예 처음부터 원주민 마을로 들어가 함께 사는 자들도 있었다. 정든 고향을 등지고 떠나온 이방인들은 외롭지 않았다. 강 주변은 원주민과 이주민들로 들붐볐다.

페르시아만으로 들어온 사람들은 바다에서 가까운 '남부의 남쪽'에 자리를 잡았다. 그들은 원주민과 잘 어울렸다. 북부나 서부에서 들어온 사람들은 '남부의 북쪽'에 자리를 잡았다.[25] '남부의 남쪽'보

25) 메소포타미아 '남부의 북쪽'에 있는 도시와 마을 중에 바그다드에서 남쪽으로 80킬로미터 떨어진 곳에 있는 키쉬(Kiš, 지금의 Tell al-Uhaymir & Ingharra)가 가장 컸다. 키쉬는 40개의 크고 작은 '텔(Tell)'로 이루어져 있다. '텔'은 30~50미터 높이의 유적지로 폐허가 된 언덕을 말한다. 도시는 기본적으로 물을 구할 수 있고 무역과 통상이 유리한 곳에 세워졌다. 그 주변에 농사를 지을 수 있는 비옥토가 있다면 더욱 좋았다. 게다가 적의 공격을 막아낼 수 있는 지형이라면 더더욱 좋았다. 키쉬는 6,700여 년 전에 건설되었으며, 약 5,800년 전부터 서부의 반유목민과 북부의 농부들이 들어오기 시작했다. 그들은 원주민과 어울려 '남부의 북쪽'에 살았는데, 서부인이 북부인보다 많았으며 점차 주류층이 되었다. 그들은 수메르 문화를 습득하고 수메르 종교를 받아들여 새로운 운명을 개척했다. 약 4,355년 전(B.C.E. 2334) 사르곤(Sargon)이 수메르 황제 루갈자게씨(Lugalzagesi, 움마의

다 상대적으로 원주민이 적은 곳이었다. 이주민에게 별다른 장벽은 없었다.

남부에는 오래된 마을이 있었다. 그중의 큰 마을은 도시나 다름없었다. 촌락은 도시 바깥에 있었다. 촌사람들은 흙바닥 위에 갈대를 엮어 오두막을 지었다. 수많은 오두막들이 강줄기와 수로를 따라 널려 있었다. 촌사람들은 틈만 나면 도시로 모여들어 도시의 장터에서 물품을 주고받았다. 그들은 도시가 없다면 생계를 이어나갈 수 없었다. 도시는 생존을 위한 최신 정보들로 가득했다. 또한 도시에는 촌에서 들어온 산물이 넘쳐났다. 외국산 수입품도 널려 있었다. 심지어 노예까지도 사고팔 수 있었다. 도시인이든 촌사람이든 너나없이 도시가 삶의 중심이었다.

도시마다 신전이 도시 한복판에 자리하고 있었다. 자연이 심술을 부려 신전이 무너지면 사람들은 신전을 다시 세웠다. 신전은 '예전의 그 자리' 위에 거듭 세워졌다. 1,000년이 훨씬 넘는 세월 동안 그랬다. 신을 숭배하며 사는 일이야말로 기쁨의 끝이었다. 사람이라면 누구나 신전에서 정신적인 고통을 덜 수 있었다. 신에게 내뱉은 번뇌의 무게는 단숨에 새털처럼 가벼워졌다. 한 번의 토설로 내일은 미래다웠다. 세상에는 큰 신과 작은 신이 있었다. 큰 신은 도시의 수호신으로, 사람들은 큰 신을 도시의 정중앙에 모셨다. 도시의 중요한 결정은 큰 신의 몫이었다. 또한 사람들은 집집마다 자기만

왕, 우루크 3왕조의 창건자)를 물리치고 최초로 그들만의 왕조를 세워 '악카드 문명'을 열었다. 수메르 문명을 등에 업고 탄생한 악카드 문명은 불과 180년 만에 수메르 북동쪽 자그로스(Zagros) 산악지대의 야만적인 구티인에 의해 멸망했다.

의 신을 모셨는데, 작은 신이며 개인 수호신이었다. 이주민도 생존을 위해 필요에 따라 원주민의 도시로 드나들었다. 그들도 원주민의 큰 신을 숭배했다. 원주민과 이주민은 신앙을 공유했다.

사람들은 너나없이 뒤섞여 살았다. 이주민에게 남부는 더 이상 산 설고 물 설은 곳이 아니었다. 원주민과 이주민은 평화롭게 교류했다. 이주민은 '타관(他官)바치'라고 따돌림당하지 않았다. 그들은 잘 적응했다. 도시와 신전이 없다면 불가능한 일이었다.

도시의 인구는 계속 늘어났다. 도시는 점점 커지고 있었다. 더 많은 사람들이 신전을 찾았다. 남부의 앞날은 막힘이 없어 보였다. 그런데 한계는 금세 찾아왔다. 남부의 삼각주는 충적토였고 또 비옥토였다. 기본적으로 먹을거리는 풍족했다. 그럼에도 난제가 기다리고 있었다. 거주민들이 늘어난다고 경작지도 넓어지는 것은 아니었다. 하물며 곡식 생산량이 증가하는 것도 아니었다. 풀칠할 입만 많아졌을 뿐 먹을거리는 그대로였다. 경작할 수 없는 늪지는 너무 넓었다. 예상하지 못한 위기였다. 사람들은 불모지를 농토로 바꾸어야 했으며, 운하를 파서 물길을 만들어야 했다. 늪지가 넓은 만큼 수로도 길어야 했다. 물길 개척은 험난하고 고된 일이었다. 사람의 노동력만으로는 감당할 수 없는 고통이었다. 사실상 물길 개척은 무의미해 보였다. 현실적으로 새 농토를 확보하는 것은 불가능했다. 그만큼 늪지는 넓디넓었다. 사람들은 더 이상 경작지를 넓힐 수 없었다. 그렇다고 삶을 포기할 수도 없었다. 남부의 현실은 비참해지고 있었다. 어쨌든 그들은 먹고살아갈 방법을 찾아야 했다.

7. 쟁기와 짐수레 바퀴

풍요의 땅 남부는 풍요롭지 못했다. 사람들이 허우적거리고 있었다. 계속해서 인구가 늘어난다면 삶은 엉망진창이 될 터였다. 여차하면 다 같이 굶어죽을 판이었다. 그러나 길은 있었다. 산 입에 거미줄 치지 않을 방법이 있었다. 이가 없으니 잇몸으로라도 견뎌내야 했다. 사람들은 고통 속에서도 인내하며 머리를 굴렸다. 그들에게 기막힌 생각이 떠올랐다.

인간은 도구를 만드는 발명가였다. 그들은 진작부터 막대기를 대신할 수 있는 괭이를 만들어 사용하고 있었다. 괭이의 등장으로 농경생활이 진일보했다. 땅파기가 수월해졌다. 그러다가 인간은 괭이를 내던지고 폭이 좁고 길쭉한 곡괭이를 발명했다. 그리하여 단단한 땅도 쉽게 파낼 수 있었다. 사람들은 또다시 곡괭이를 던져버렸다. '곡괭이질 농사법'으로는 인구 급변으로 야기된 위기에서 탈출할 수 없었다. 더 빨리, 더 많이, 더 깊게 땅을 갈아엎을 도구가 필요했다. 남부인의 '발명의 유전자'가 생존을 위해 요동쳤다. 곡괭이를 대체할 혁명적인 최신 발명품은 쟁기였다. 소가 곡괭이질을 한

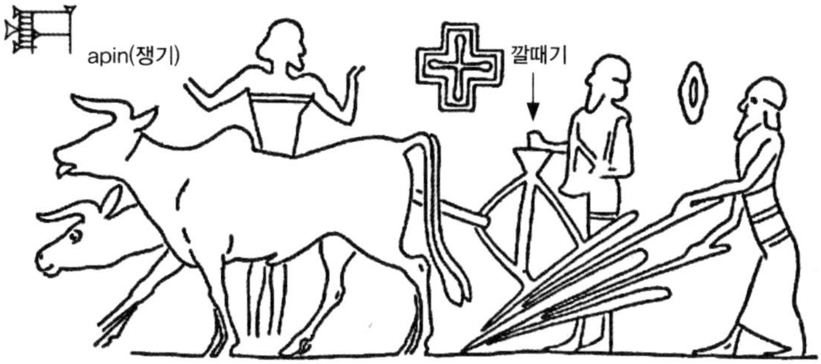

Δ5 쟁기질과 파종

적은 없었으나 쟁기질을 시작했다. 돌이나 바위가 없는 남부 땅에는 제격이었다. 쟁기질하는 소는 땅을 손쉽고 빠르게 갈아엎었다. 잡초는 순식간에 제거되었다. 놀라운 점은 쟁기에 파종용 깔때기가 달려 있어 사람들은 쟁기질과 파종을 동시에 할 수 있었다.**Δ5** 한 번의 쟁기질과 파종으로 빠르게 농사를 짓고, 기대 이상의 많은 작물을 수확할 수 있었다. 일타쌍피가 아닌 일석십조 이상이었다. 예전에는 상상조차 할 수 없는 일이었다.

차츰 희망이 보이는 듯했고 난제가 해결된 듯도 했으나 그들에게는 여전히 숙제가 남아 있었다. 급격히 늘어난 수확물을 옮기는 지혜로운 방법을 찾아야 했다. 사람들은 곡괭이를 던지듯 손수레를 내던졌다. 새로운 발명품은 바퀴달린 짐수레였다. 손수레를 끈 적이 없던 소가 바퀴달린 짐수레를 끌기 시작했다. 그야말로 최첨단 운송수단이었다. 바퀴는 통나무 원판을 잘라 연결했다. 4개의 바퀴가 달린 수레는 무거운 짐을 가볍게 운반했다. 게다가 이전보다 신속했다. 수레바퀴가 돌면 돌수록 갈대로 지은 곳간은 커져갔다. 곳간에 곡물이 넘쳐났다. 더불어 농부의 웃음소리도 커져갔다. 쟁기와 짐수레 바퀴의 발명으로 희망이 생겼고 숙제도 풀리고 있었다.

8. 해양무역의 혁명

남부는 농산물 저장법이 발달해 있었다. 수확량이 늘어난 농산물은 저장하고도 남아돌았다. 사람들은 농산물을 빨리 소비할 방법을 고안해내야 했다. 즐거운 고민이었다. 그들은 남아도는 농산물을 도시의 큰 장터로 운반해 외국에서 들어온 물자와 교환했다. 그래도 남은 작물을 처리할 수 있는 더 적극적인 방법이 필요했다. 그들은 이미 1,000여 년 동안 그랬듯이 바다로 눈을 돌렸다. 그들은 전보다 더 빠르게 항해하는 법을 터득했다. 남부 사람들은 '발명의 잔머리'를 굴려 바람을 다루기 시작했다.

배에 돛이 달렸다. 페르시아만에 나타난 범선은 경쟁하듯 무역항 딜문으로 향했다. 이 범선은 예전의 배보다 빨랐다. 뱃사람들은 돛을 이용해 수월하게 방향을 잡았다. 최신형 범선은 딜문을 출발해 마간까지 나아갔다. 마간과 호르무즈해협은 아라비아해로 통하는 길목이었다. 마간에서 오만만을 거쳐 갈바람을 타면 곧장 바다를 가로지를 수 있었다. 동쪽의 멜루하[26]로 가는 가장 빠른 뱃길이었다. 항로는 옛날과 똑같았다.[27] **Δ6** 남부의 범선이 줄줄이 인더스강 유역에 닿았다. 거래가 끝나면 뱃사람들은 샛바람을 기다린 뒤 다시 돛을 올려 고향으로 돌아갔다. 오가는 시간은 몇 배로 줄어들었다. 그럴수록 귀국선에 실린 물품도 늘어났다.

한편 남부에는 나무가 부족했다. 남부에는 신전을 지을 만한 나무조차 자라지 않았다. 대추야자가 지천에 깔려 있었으나 건축용으로는 적합하지 않았다. 남부에서 찾기 힘든 또 한 가지는 돌이었다. 건물의 주춧돌조차 구할 수 없을 정도였다. 광석이든 쇠붙이든 눈을 씻고 찾아보아도 찾을 수 없었다. 남부에는 평평한 경작지와 질펀한 늪

26) 멜루하(Meluḫḫa)는 파키스탄 남부와 인도 북서부 사이를 흘러 아라비아해로 들어오는 인더스강 유역을 말한다.

27) 갈대로 엮은 배에 돛을 달고 메소포타미아 남부 사람들이 다니던 항로를 그대로 따라나선 사람이 있다. 세계적인 인류학자이며 고고학자로 탐험가였던 노르웨이 출신의 토르 헤위에르달(Thor Heyerdahl)이다. 1977년 11월 그는 페르시아만 습지의 갈대로 배를 만들어 지구라트와 태양의 문양을 넣은 돛을 달았다. 길이 약 18미터의 소형 범선 '티그리스호'였다. 토르의 범선에는 다양한 직업을 가진 다국적 승무원 11명이 승선했다. 토르와 선원들은 티그리스 강둑에서 배를 띄워 항해하기 시작했다. 그들은 유프라테스강과 티그리스강이 합류하는 지점을 빠져나와 페르시아만으로 진입했다. 그런 뒤 바레인(딜문)을 지나 호르무즈해협과 오만(마간) 앞바다를 빠져나왔다. 오만만을 지난 그들과 '티그리스호'는 아라비아해를 횡단했고, 파키스탄의 최대 도시 카라치(Karachi, 고대 멜루하의 일부) 항구에 도착했다. 오로지 바람과 해류를 동력으로 이용한 위대한 모험이었다. 토르 일행은 수메르인과 그 선조들이 행한 방법 그대로 범선으로도 바닷길을 왕래할 수 있다는 것을 증명했다. 더 놀라운 일은 그들의 항해가 그것으로 끝나지 않았나는 것이다. 그들은 '티그리스호'를 남서쪽으로 돌려 아프리카로 향했다. 그러나 토르 일행은 홍해 주변에서 크나큰 장애물을 만났다. 에티오피아, 에리트레아, 소말리아, 예멘까지 모두 국제분쟁에 휩싸여 있어 그들은 더 이상 항해를 할 수 없었다. 1978년 4월 토르 일행은 결국 아프리카의 작은 중립국 지부티에 상륙했다. 그리고 '티그리스호'를 불로 태워 제국의 전쟁놀이에 격렬히 항의했다. 토르 헤위에르달 일행이 감행한 5개월 동안의 모험은 수메르 범선이 인도뿐만 아니라 아프리카 북동부와 이집트까지도 왕래했다는 것을 증명했다. 토르 헤위에르달의 위대한 항해는 그의 저서 *The Tigris Expedition: In Search of Our Beginnings* (Doubleday: 1st edition, August 1. 1984)와 *In the Footsteps of Adam: A Memoir* (Warwick Publishing. 2002)를 참조할 것.

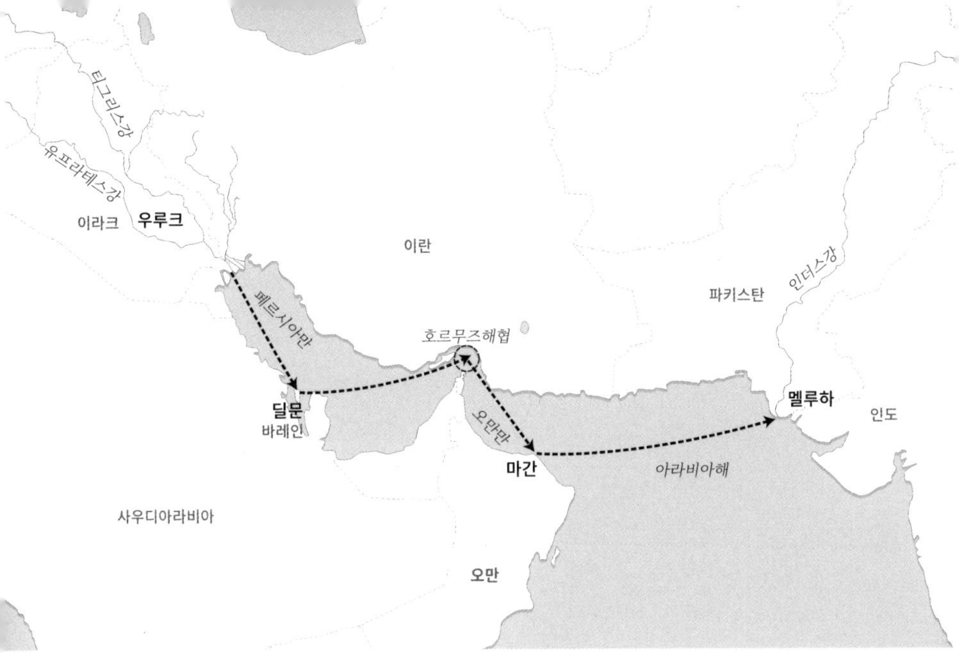

Δ6 당시 범선의 추정 항로

지뿐으로 흙과 갈대 천지였다. 건축에 쓸모 있는 것이라고는 흙과 갈대뿐이었다. 수입 물자가 없다면 남부에서는 신전을 지을 수 없었다.

남부 사람들은 남아도는 생산물을 내다 팔았다. 밀, 보리, 아마, 대추야자 열매 이외에도 양모제품과 소금 등을 내다 팔았다. 대신 그들은 삼나무나 고급 목재 그리고 금, 은, 구리, 청금석, 흑요석, 주석 등을 구입했으며 석회암과 설화석고도 구입해왔다. 수입품이 없다면 일상도 신앙도 유지될 수 없었다. 외부세계와 교역이 없다면 삶을 이어나갈 수 없었다. 범선의 발명으로 무역은 날로 번성했다. 4개의 바퀴가 달린 짐수레는 획기적인 운송수단이었으며, 범선은 해양무역의 혁명이었다.

9. 청동기와 물레

대변혁기였다. 이때 두 가지 수입품이 '대형사고'를 쳤다. 구리는 북서쪽의 아나톨리아에서 들여왔는데, 남동쪽의 마간을 통해서도 들여왔다. 주석은 엘람[28]에서 들여왔다. 사람들은 구리와 주석을 섞어 청동을 만들었다. 그들은 청동으로 무기에서부터 심지어 제기(祭器)에 이르기까지 별별 것을 다 만들었다. 인류사에 새로운 시대가 열렸다. 청동기시대가 시작된 것이다. 남부 땅 곳곳에 청동제품이 등장했다.

'남부의 땅이 풍요롭다'는 소문은 사실이었다. 인구는 하루가 다르게 불어났다. 그만큼 그들의 삶도 복잡해졌다. '발명의 귀재'는 밥상머리에서도 걱정을 안고 있었다. 이제는 늘어난 머릿수만큼 밥

28) 엘람(Elam^{ki})은 메소포타미아 남동쪽 경계에 있는 이란 남서부의 고대 지명이다. 수메르와 엘람은 대대손손 앙숙관계였으며, 엘람은 수메르 정세가 불안할 때마다 쳐들어와 수메르를 수없이 괴롭혔다. 수메르 왕들은 엘람을 정벌해 영웅 대접을 받으려고 안달했다. 결국 수메르의 마지막 왕조였던 우르 3왕조 때 수메르가 내부 분열과 경제난으로 휘청거리자 엘람연합국(자그로스 종족 동맹군)이 침공해 수메르를 멸망시켰다. '수메르와 엘람'은 지금의 '이라크와 이란'이다. 두 나라의 대립은 여전히 현재진행형이다.

Δ7 문자 '닌다'의 시대별 변화

'빵, 음식'에 해당하는 가장 일반적인 수메르어는 '닌다(ninda)'이다. 먹을거리를 해결하지 못한다면 문화든 문명이든 모든 것이 허사일 뿐이다. 남부의 인구 증가로 가장 먼저 불어닥친 문제는 먹고사는 일이었다.

그릇이 필요했다. 사람들은 밥그릇도 빨리빨리 만들어내야 했다. 밥그릇 역사에서 가장 혁명적인 발명은 물레로, 이는 발명 목록에 당당히 이름이 올랐다. 물레는 서민을 위한 발명품이었다. 반면 그들이 발명한 청동으로 제작된 물품은 중상류층을 위한 사치품이었다. 남부의 흙은 남아돌았다. 물레가 돌면 돌수록 점토는 밥그릇으로 쏟아져 나왔다. 도기 제작 시간은 획기적으로 단축되었다. 얇고 가벼운 그릇이 머릿수보다 더 많이 더 쉽게 제작되었다. 남부에서 밥그릇 싸움은 이내 사라졌다. 적어도 굶주리는 사람은 없었다. '가난하고 배고픈 자들의 필수품'인 밥그릇 문제가 해결되었다.

남부인은 쟁기, 짐수레 바퀴, 범선(돛단배), 청동기, 물레를 발명했다. 한계는 절망이 아니라 희망의 출발점이었다. 농산물 생산량은 예전과 비교할 수 없을 정도로 늘어났다. 밥걱정도 할 필요가 없었다.**Δ7** 수레나 배의 운송 속도도 훨씬 빨라졌다. 무역과 통상은 확대일로에 놓여 있었다. 청동제품이 넘쳐났고 밥그릇도 남아돌았다. 이제는 정말 살 만한 세상이었다. 가난이 파고들 틈이 어디에도 없었다. 과거 그 어느 때에도 이런 적은 없었다. 남부 사람들은 급격한 인구 증가로 인한 한계를 무난히 극복해냈다.

10. 문자 탄생지, 우루크

새로운 세상이었다. 더 많은 사람들이 더 자주 도시로 모여들었다. 별별스런 사람들이 별별스런 물건을 거래했다. 별별스런 직업이 생겨났다. 도시는 더욱 커졌다. 남부에 도시들이 속속 들어섰다. 별별스런 도시들이 더더욱 커졌다. 우후죽순이었다.

도시마다 성(城)이 있었다. 성안에 사는 사람과 성 밖에 사는 사람의 운명은 판이했다. 성 밖 촌락에 사는 농부의 팔자는 사나웠다. 양치기나 어부도 다를 바 없었다. 그들은 일평생 노동에서 벗어날 수 없었다. 하늘이 무너지지 않는 한 노동은 그들의 운명이었다. 반면 노동과는 거리가 먼 성안의 도시인이 있었다. 각양각색의 직업을 가진 사람들이 도시에서 살았다. 성안에서 가장 팔자가 늘어진 사람은 신전의 사제였다. 성안의 신전에는 각 분야의 전문가들이 모여들었다. 제법 그럴싸한 사람들이었다.

사제와 전문가 무리는 도시의 중심 세력이었다. 그들은 평범한 도시민과 촌사람을 다스리고 싶었다. 팔자 늘어진 사람은 팔자 사나운 사람을 지배하고 싶었다. 세력가들의 목에 힘이 들어갔다. 신전의 권위와 사제의 권력은 더욱 강해지고 커졌다. 먹고살 만해지니 인간끼리 어깨겨룸을 시작했다. 세상은 지배하는 자와 지배당하는 자로 나뉘었다. 인간의 욕망은 끝없이 치달렸다.

그때 남부는 도시로 요동쳤다. 남부 사람들은 3,000여 년 동안 별 탈 없이 살았다. 인구 폭발로 급변이 생겼을 때에도 이를 잘 극복해냈고 아무 문제 없었다. 그 후로도 별 탈 없었다. 늘어난 도시들도 역시 별 탈 없었다.

세상만사가 우루크에 집중되었다. 도시 팽창의 단대목에 우루크는 온 세상의 중심이었다. 우루크의 에안나에는 석회암 위에 지은 신전이 있었다. 신전의 기초 아래에는 허무한 세월이 첩첩했다. 그곳에는 18단계의 주거지층이 있었는데 맨 아래층은 7,000년 전의 흔적이었다. 그 후 17번이나 새로운 신전이 올라섰다. 우루크 사람들은 계속 그곳에서 살았다. 17번 무너진 신전을 17번 개축하며 살았다. 17번 사라진 터전을 17번 되살려 욕망을 표출했다. 그들은 신전이 무너지면 잔해를 치우지 않았다. 신전을 지을 때 사용한 흙벽돌은 비바람과 열풍에 견디다 세월의 무게에 서서히 무너졌다. 흙벽돌은 남부 최고의 자본이었다. 그들은 신전을 재건축하기 위해 무너진 신전 비닥을 고르고 판판하게 다졌다. 그리고 평평해진 기초 위에 다시 흙벽돌을 쌓아 신전을 지었다. '흙벽돌의 잔해 재활용'이 반복되면서 신전 터는 점점 위로 올라갔다.[29]

29) 우루크의 신전 개축은 에리두인이 에압주 신전을 짓고 17번 개축한 것과 똑같았다. 수메르의 도시는 거주민이 도시를 버리고 떠나면 땅속에 묻혔고 '텔(폐허가 된 언덕)'이 되었다.

Δ8 문자 탄생지, 우루크 에안나 신전

우루크 석회암 신전의 4번째 주거지층에서 놀라운 발견이 이루어졌다. 그곳에서 문자가 새겨져 있는 점토판이 출토되었다. 5,500년 전 우루크에서 문자가 나타났는데, 당시 우루크 사람들은 '이미' 문자를 사용하고 있었다.Δ8

11. 거래기억장치, 물표

어느 날 갑자기 문자가 인간 앞에 불쑥 나타난 것은 아니다. 인간은 문자로 개명(開明)될 때까지 지루하게 기다렸다. 4만 5,000년 전 '슬기슬기사람(Homo sapiens sapiens)'이 지상에 나타났다.[30] 3만 5,000년 전 인간은 더 똑똑해졌다. 인간은 오랫동안 언어를 구사했다. '슬기슬기사람'은 머리를 잘 굴렸다. 그들은 자신의 기억을 동굴 속에 남겼다. 그들은 상징을 표현할 줄 아는 예술가였다.[31] 인간

30) 4만 5,000년 전 '슬기슬기사람(호모 사피엔스 사피엔스)'은 자신들이 문화생활을 하면서 '축적한 기억을 상징으로' 표현했다. 그들이 표현한 상징은 새로운 문화로 발전했고, 인간은 결국 문자를 만들어냈다.

31) 2018년 11월 7일 BBC 뉴스는 며칠 동안 잠을 설치게 했다. 인도네시아 보르네오섬과 술라웨시섬에서 인류 역사상 가장 오래된 예술작품이 발견되었다. 그리고 11월 8일 세계적인 과학저널 《네이처(Nature)》에도 같은 내용의 기사가 실렸다. 오스트레일리아 그리피스대학, 인도네시아 국립고고학연구센터, 반둥공과대학을 비롯한 공동 연구팀은 이 두 섬에서 수천 개의 벽화를 발견했다. 실제 사물을 있는 그대로 표현한 구상화였다. 연대 측정 결과 이 벽화들은 5만 2,000년 전에서 4만 년 전의 작품으로 판명되었다. 3만 년 전 프랑스의 쇼베 동굴벽화와 1만 5,000년 전의 라스코 동굴벽화, 3만 년 전 스페인의 알타미라 동굴벽화를 뛰어넘는 놀라운 발견이었다. 2018년 2월 23일 세계 유수의 과학저널 《사이언스(Science)》는 스페인의 동굴에서 6만 4,800년 전의 벽화를 발견했다고 전한 바 있다.

은 '기억의 기호'를 동굴 벽에 그렸다. '슬기슬기사람'은 경제활동과 신앙생활도 영위했다.

언어가 문자로 연결될 때까지 긴 세월이 필요했다. 최소한 4만 년 정도 기다려야 했다. 숱한 해와 더 숱한 달이 거듭 바뀌었다. 생존 경쟁의 이기적인 기억이 뇌 밖으로 튀어나왔다. '슬기슬기사람'의 기억은 어딘가에 표시되었다. 문자 유전자가 잉태되었다. '개명꾼'들이 늘어났다. 아니나 다를까, 문자 탄생의 조짐이 나타났다. 경제활동이 한몫했고, 점토가 한몫했고, 욕망이 한몫했다.

북부인들의 '거래기억장치'는 조약돌이었다. 북부인들은 이기적인 욕망의 기억을 강가의 돌 위에 새겼다. 몇 가지 단순한 문양이 숫자를 대신했다. 사람들은 물물교환으로 욕망을 채워나갔다. 마을은 욕망을 충족시키기 위한 경제공동체였다. 욕망과 욕망은 빈번히 충돌했다. 사람들은 상대방의 불신을 털어낼 매개체가 절실히 필요해졌다.

1만 년 전 사람들은 물표(物票)를 만들어냈다. 북부에서 삼각형, 원형, 원뿔형, 원반형의 물표가 등장했다. 사람들은 물표 표면에 선이나 구멍을 새겼다.[32] 물표는 신뢰의 상징이었다. 즉 공동 이익의 증거물이었다. 남부인들도 물표를 쓰기 시작했다. 돌이 없는 남부에서는 점토로 만든 물표가 등장했다. 흙 천지인 남부의 땅에서는 안성맞춤이었다. 점토는 부드럽고 차져 쓰기에 좋았다. 점토로 만

32) 7,000년 전 우바이드 문화의 가장 유명한 유적지는 메소포타미아 남부의 에리두와 북부의 테페 가우라였다. 테페(Tepe)는 '텔'의 터키어이다. 가우라에서 여러 형태의 작은(1~3 센티미터) 물표들이 발굴되었다.

든 물표 모양은 다양했다. 물표 위의 기록도 늘어났다. 물표는 개인의 인생을 관리하는 도구였다. 세상살이도 마찬가지였다. 물표 없이 신전의 행정이나 회계를 처리할 수 없을 정도였다. 복잡한 일들이 물표에 담겨 정리되었다. 사람들은 하나의 물표에 하나의 대상만 기록하는 바람에 불에 구워 단단한 '점토 물표'는 점점 늘어났다.

늘어나는 물표를 보관해야 하는 문제가 생겼다. 사람들은 보관 방법을 궁리한 끝에 물표함을 만들었다. 물표함의 재료도 점토였다. 물표는 구형(球形)의 점토 물표함에 집어넣고 입구를 봉했다. 물표의 개수는 물표함 표면에 기록했다. 숫자문자의 시작이었다. 물표마다 구멍을 뚫어 끈으로 연결하는 방법도 있었다. 물표를 쓰면 쓸수록 경제는 탄력을 받았다. 구형 물표함과 '끈으로 연결한 물표 뭉치'가 넘쳐났다. 물표함은 '최초의 손금고'였다.

사람들은 현실에 더 예민해졌다. 먹고살 만할수록 현실에 더 집착했다. 세상살이는 늘어난 인구만큼, 많아진 직업만큼 피곤했다. 삶은 거대해진 도시만큼 골칫거리들로 가득 찼다. 사람들은 타인과의 관계를 더 명확하게 설정하고 싶었다. 물표도, 구형 물표함도, '물표 뭉치'도 거추장스러웠다.**Δ9** 이제는 '물표함 쌓기'를 버려야 했다.

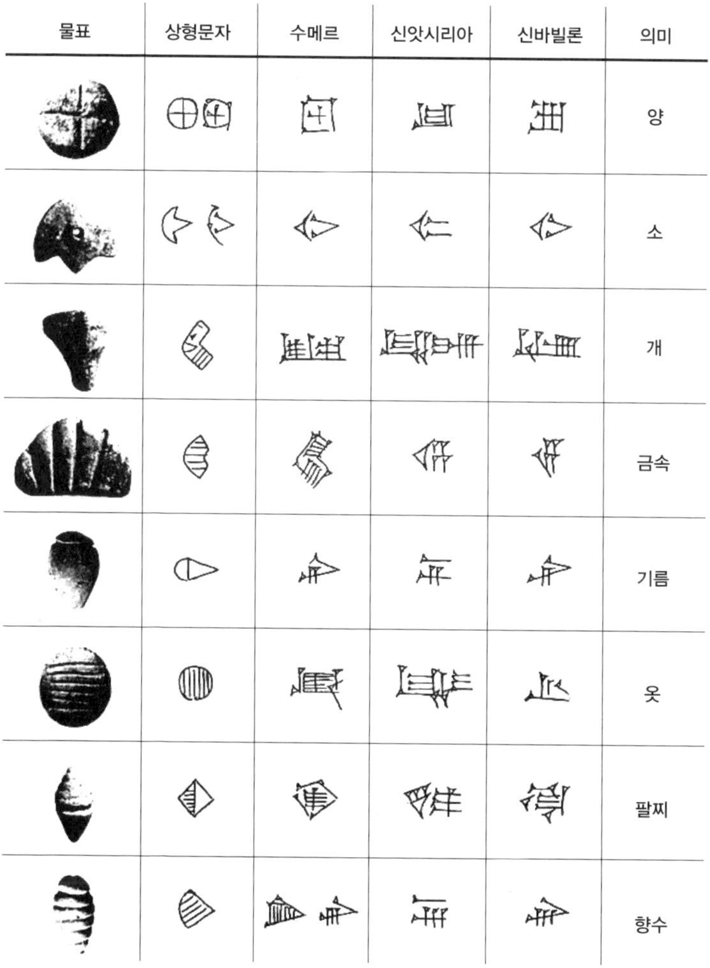

Δ9 물표가 문자로 변하다

12. 점토판과 인장

사람들은 다시 머리를 굴렸다. 이번에는 점토로 넓적한 판을 만들었다. 하나의 물표에 하나의 대상만 표시하던 시절은 지나갔다. 다양한 경제활동으로 점토판 하나의 공간에도 많은 기록을 남기게 되었다. 점토판이 등장하자 물표함이나 물표 뭉치를 사용할 이유가 사라졌다.

점토판은 '최초의 공책'이었다. 갈대 첨필(尖筆)은 '최초의 필기구'였다.**Δ10** 사람들은 점토판 표면에 첨필로 상징을 표현했다. 숫자는 그림 옆에 찍는 방법으로 대신했다. 점토판은 탁월한 선택이었다. 점토판은 물표를 사용하던 시절처럼 단순하지 않았다. 넓은 공간만큼 쓸 수 있는 내용도 다양하게 변했다. 거래 품목은 그림으로 그렸고 가격은 숫자로 표시했다.

점토판이 늘어났다. 사람들은 점토판에 자신의 이름과 상대방의 이름을 적었다. 앞날을 위해 증인의 이름도 함께 적었다. 채권자의 권리와 채무자의 의무를 지키기 위해서였다. 약속 불이행 시를 대비해 보상금도 적어두었다. 신의 저주를 운운하는 경고도 있었는

Δ10 점토판과 갈대 첨필

점토판(최초의 공책) 사용으로 '기억저장용량'은 획기적으로 늘어났다. 하나의 공간에 다수의 기억을 표현할 수 있었으니까. 사진을 보면 적어도 다섯 가지 문자(숫자 '1' 2개, 양, 신(神), 인안나, 신전)(독일 베를린 고고학연구소 HD: W 21446)가 점토판에 새겨져 있다. 어떤 사람이 인안나 여신에게 신전에 바칠 양 2마리를 가지고 왔다는 내용을 필경사는 세 종류의 갈대 첨필(최초의 필기구)로 선을 긋거나 찍거나 눌러서 점토판 공간을 채웠다.

데, 변조나 도난을 막기 위해 제격이었다. 점토판 주인은 그마저도 불안했던지 점토판 위에 인장(印章)을 굴려 찍었다. 상형문자와 숫자문자 초보 단계가 나타났다. 5,500년 전이었다. 지구별에 문자다운 문자가 탄생했다. 수메르의 상형문자였다.

물표가 문자 탄생에 기여했다. 인장의 역할도 매우 컸다. 8,500년 전 북부에서 인장이 나타났다. 인장은 도장이자 부적이었다. 시간이 지날수록 인장에 갖가지 문양이 나타났다. 사람들은 인장에 구멍을 뚫어 목에 걸고 다녔다. 또 끈으로 인장을 묶어 손과 허리춤에 차기도 했다. 그들은 자신의 정체성을 확인하기 위해 인장을 사용했다. 인간은 지혜와 욕망을 동시에 가진 유일한 동물이었다. 인장으로 정신세계와 소유물을 지켜냈다. 인장은 개인의 모든 에너지가 함축된 도구였다.

남부에서는 다른 형태의 인장이 나타났다. 구형 물표함이 점토판으로 대체되자 인장도 바람을 탔다. 인장은 도장에서 원통형 모양으로 진화했다. 원통 인장을 넙적한 점토판 위로 굴리면 원하는 문양이 나타났다. 인장 제작은 흙으로 점토판을 만들 듯 쉽지는 않았다. 제작자는 예술적 기질과 장인정신을 겸비한 식자였다. 수메르 땅에서는 원통 인장의 재료를 구할 수 없었다. 인장은 외국에서 수입한 단단한 돌과 보석으로 제작되었다.Δ11

수많은 장인들이 인장 제작에 심혈을 기울였다. 인장 문양은 제작 의뢰자의 '집약된 모든 삶'이었다. 원통 인장이 수시로 점토판 위를 굴렀다. 사람들은 인장을 지니고 다니다가 적시에 사용했다. 인장은 물건을 사고팔 때나 교환할 때도 점토판 위에서 굴렀다. 결혼서약서, 부동산 계약서, 세금납부서, 회계장부 위에서도 굴렀다. 모든 문서에 인장이 쓰였다. 그래야만 공생공존할 수 있었다. 그래야만 삶을 이어갈 수 있었다.

Δ11 원통 인장

수메르인은 보석이나 석재로 원통 인장을 만들었다. 그 재료는 주로 청금석, 홍옥수, 흑요석, 적철광, 동석, 자수정, 석회암, 자철석 같은 수입품이었다. 사람들은 신분이나 주머니 사정에 따라 여러 재질의 인장을 가지고 있었다. 인장에는 자신을 내세울 수 있는 문양이 음각되어 있어 인장을 점토판에 굴리면 양각으로 나타났다. 사진은 5,300년에서 4,900년 전에 사용된 인장들이다. 맨 위 인장(미국 예일대학 바빌로니아컬렉션 소장, NCBS 669)과 가운데 인장(미국 예일대학 바빌로니아컬렉션 소장, NBC 2579)은 석회암 성분의 대리석으로, 맨 아래 인장(영국 옥스퍼드대학 에쉬몰리언박물관 소장, AN 1964.744)은 자철석과 청동으로 제작되었다. 가운데 인장은 인장 위에 고리가 있는 점으로 보아 목걸이 인장이었던 듯하다. 맨 아래 인장은 특이하게도 인장 위에 풍만한 여성을 조각한 청동 손잡이가 달려 있다. 부자들은 값비싼 원석과 금으로 만든 목걸이 인장을 목에 걸고 다니며 폼을 잡았다.

13. 상형문자와 설형문자

인간은 문자를 쓰기 위한 도구, 즉 물표, 물표함, 점토판, 갈대 첨필, 도장, 원통 인장 등을 만들었다. 인간은 이 도구들을 활용해 문자를 발명해냈다. 그 증거물이 우루크의 석회암 신전 4번째 지층에 묻혀 있었다. 그곳은 위대한 여신 인안나의 신전 '에안나'였다.

세상만사가 점토판 위에 각인되었다. 시간이 지날수록 갈대 첨필로 점토판에 일일이 문자를 새겨 넣는 일이 번거로워졌다. 점토판에 기록을 남기는 데 많은 시간이 허비되었다. 경제활동은 한층 복잡해졌고, 사람들은 더욱 바빠졌다. 그럴수록 점토판은 날로 늘어갔다.

사람들은 '어지없이' 머리를 굴렸다. 그들은 글자를 시계 반대 방향으로 90도 돌려 점토판에 적기 시작했는데 글자 쓰기가 훨씬 편했다. 글 쓰는 법도 바뀌어 '위에서 아래로 쓰기' 대신 왼쪽에서 오른쪽으로 썼다. 또한 갈대 첨필로 그리는 것이 아닌 찍어 누르기를 택했다. 문자 모양은 쐐기[楔]꼴로 변해갔다. 상형문자는 설형문자로 바뀌었다.

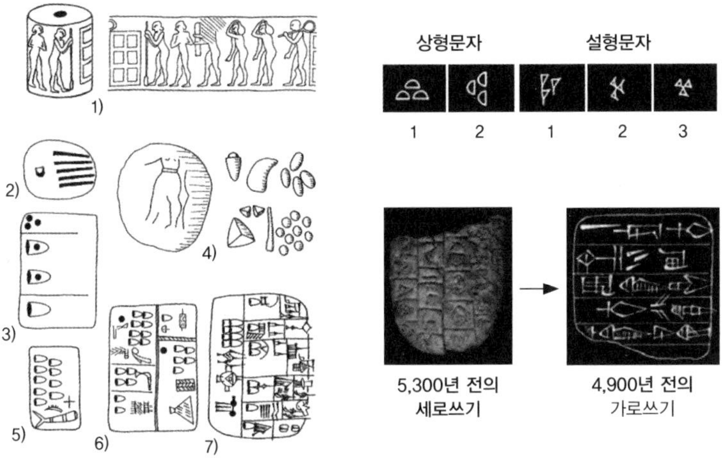

Δ12 문자 기록의 변화

1) 원통 인장, 2) 단순한 숫자문자 점토판, 3) 세 부분으로 구별해 쓴 숫자문자 점토판, 4) 점토 봉투와 점토 물표, 5) 단순한 경제문서 점토판, 6) 복잡한 경제문서 점토판, 7) 한층 더 복잡한 경제문서 점토판. 수메르어는 상형문자에서 설형(쐐기)문자로 진화했다. '산(山, kur)'은 '상형문자1'에서 '상형문자2'로 바뀌었다. 시계 반대 방향으로 90도 돌려 쓴 것이다. 그 후 상형문자는 쐐기모양(설형문자 1~3)으로 바뀌었다. 글 쓰는 방법도 세로쓰기에서 가로쓰기로 변했다.

문자는 '적어도' 4만 년 이상 허공을 맴돌았다. 5,500년 전 문자가 드디어 점토판 위에 똬리를 틀고 들어앉았다.**Δ12** 문명이 열렸다. 역사시대가 시작되었다. 남부의 도시 우루크에서였다.

14. 문명의 조건

문명을 차지하는 자는 유달랐다. 허망하게 어영부영 살아가는 자들은 문명을 손에 넣지 못했다. 문명은 하루살이로 욕망을 채우고 만족하는 자의 몫도 아니었다. 문명이 때아닌 곳에 나타날 리도 만무했다. 굶주리는 곳에서 문명은 자라날 틈이 없다. 문명은 빈창자를 채우는 일에만 집착하는 환경을 비웃는다. 인간이 떠돌면서 끼니걱정만 한다면 문명은 존재할 수 없다. 문명은 가난과 허기로 찢어진 가랑이 사이로 들어오지 않는다. 인간이 한곳에 정착해 땅을 경작한다면, 좋다. 식량을 비축해 '한겨울'을 걱정하지 않는다면, 더 좋다. 그런 '한겨울'이 반복된다면, 더더욱 좋다. 그때야 비로소 문명은 '조금씩' 다가서기 시작한다.[33]

33) "어떤 민족이 질서 잡힌 제도나 고상한 도덕 체계를 아무리 잘 갖추고 심지어 아메리카 인디언처럼 독특한 예술적 재능을 타고났다 해도, 그 민족이 수렵 단계에 계속 머물러 항상 운이 좋을 수만은 없는 사냥에 생사를 맡긴다면, 이 민족이 야만성을 벗어나 문명을 이루는 일은 결코 없을 것이다. … 식량의 지속적 공급이라는 문명의 기본적 필수 조건이 받쳐주지 못하면, 위험한 사냥을 감행하고 꾀를 써서 교역을 하는 데 지력을 허비해야 할 것이다. 문명이 자랑하는 화려한 치장과 갖가지 예의범절·기술·안락함을 추구

Δ13 유프라테스강과 어부

수메르 문명은 유프라테스강의 기적이었다. 유프라테스강이 없었다면 수메르도 문명도 존재할 수 없었다. 수메르인은 유프라테스강 옆에 살면서 문명을 일으켰다. 그들은 유프라테스강 주변에 도시를 세웠고, 유프라테스강을 통해 바다로 나가 문명을 키웠다. 더불어 티그리스강이 유프라테스강과 쌍둥이처럼 흐르며 문명을 일으키는 데 일조했다.

문명이 기지개를 켠다. 물과 강이 없다면 문명은 인간을 외면한다.Δ13 물은 땅을 기름지게 만든다. 물은 생명을 일으켜 삶을 지켜준다. 강은 삶의 영역을 넓혀준다. 강은 외부세계와 연결하는 통로로 안성맞춤이다. 강 근처에 도시가 발달해 있으면, 좋다. 강과 만

할 여지는 조금도 남지 않는 것이다"(《문명이야기(1-1)-동양문명, 수메르에서 일본까지》, 윌 듀런트, 왕수민 옮김, 민음사, 2011, 82~83쪽). 남부는 '식량의 지속적인 공급'이 가능한 땅이었다. 이러한 이유로 서부인, 북부인, 해양민족 등이 비옥토 에덴을 소유한 남부로 몰려들었고, 원주민(원수메르인)과 함께 문명을 일구었다.

나는 해안선이 도시 가까이에 있으면, 더 좋다.[34] 도시 근교에 비옥토가 있다면, 금상첨화이다. 문명은 그렇게 '조금씩 더' 다가선다.

문명은 비옥한 땅으로 향한다. 거듭된 풍년으로 농산물이 남아돈다. 사람들은 갖지 못한 것을 더 원한다. 소유욕은 멈추지 않는다. 마음은 타국으로 멀리 떠난다. 남아도는 농산물은 근처에 있는 도시로 이동한다. 물자는 강을 끼고 있는 도시에서 빠르게 항구로 옮겨져 배에 실린다. 뱃길이 익숙한 선원은 즐겁게 휘파람을 불고, 선장은 만면에 미소를 짓는다. 수출품은 듣지도 보지도 못한 타국의 물품과 교환된다. 타국의 물품이 부두에 정박한 배에 실린다. 문명의 한줄기 빛은 바다로 떠난 범선과 함께 돌아온다. 이로써 소유욕은 충족된다. 시간이 지날수록 더 큰 소유욕이 꿈틀댄다. 사람들은 다시 바다로 떠난다. 타국의 신제품이 속속 들어온다. 그들은 점점 무역과 통상에 익숙해지며 욕망을 채워나간다. 문명은 바닷길을 통해 들락거리며 '더욱더 조금씩' 다가선다.

문명의 진정한 신호탄은 인간이 멋을 부리면서 울린다. 멋쟁이가 되고 싶은 사람들이 도시로 몰려든다. 머리가 똑똑한 사람은 성공을 위해 도시로 떠난다. 촌사람은 도시로 들어가 멋있게 살고 싶은

34) "토양에 양분이나 미네랄이 풍부하고, 강이 교역의 지름길 역할을 해주고, 해안선이 내륙 쪽으로 움푹 패여 무역선이 쉽게 드나들고, 무엇보다도 아테나와 카르타고, 피렌쩨나 베네찌아처럼 세계 무역의 요충지에 자리 잡고 있을 경우, 지리는 문명을 창조하는 역할까지는 결코 못하더라도 문명에 호의를 보이고 나아가 문명을 키워주는 역할을 한다"(앞의 책, 82쪽). 남부의 수메르 도시국가들은 '내륙 쪽으로 움푹 패여 있는' 페르시아만 해안선 지척에 줄줄이 자리하고 있었고, 수메르 무역선들은 손쉽고 빠르게 딜문과 마간을 거쳐 아라비아해로 나갈 수 있었다.

꿈을 꾼다. 자본은 농촌이나 어촌에서 도시로 이동한다. 사람들은 예전보다 더 좋은 옷을 입고 폼을 잰다. 더 큰 집을 짓고 너스레를 떤다. 더 많은 재물을 소유하고 어깨를 으쓱거린다. 도시에는 사람과 자본이 넘쳐난다. 도시의 여유로움에서 발명과 창조가 싹튼다. 덩달아 산업이 발달하고 직업이 늘어난다. 그때부터 인간의 의식이 다방면으로 빠르게 확산된다. 문명이 도시에서 자리를 잡는다. 문명은 촌락에 사는 농부, 양치기, 어부의 자본에서부터 출발한다. 문명은 도시인이 끝없이 멋을 부리면서 무르익어간다.[35]

35) "문화하면 농경이 떠오르지만, 문명하면 도시가 떠오른다. 문명은 예의의 습관화라 할 수 있는데, 예의란 곧 세련된 행동을 말한다. 그리고 예의라는 말을 만들어낸 도시인들은 세련된 행동이 오로지 도시에서만 가능하다고 생각했다. 온당하든 부당하든 시골에서 생겨난 부와 인재가 모여드는 곳이 바로 도시이기 때문이다. 도시에서는 발명이 이루어지고 사업이 일어나면서 갖가지 편의와 사치, 여가가 함께 늘어난다. 상인들이 만나 물품과 생각을 교환하는 곳도 도시다. 그리고 무역의 교차로에서 이루어지는 그러한 이화 수분을 통해 지성이 가다듬어져 창조적 힘의 자극제가 된다. 도시에는 물건을 만들어내는 일에서 벗어나 과학, 철학, 문학, 예술에 힘을 쏟을 수 있는 사람들이 생겨나게 마련이다. 문명은 농부의 오두막에서 시작되지만, 오로지 도시에서만 꽃을 피울 수 있다"(앞의 책, 83쪽). 수메르 도시국가에서 문명이 시작된 이유를 이보다 더 잘 설명할 수 있는 문장이 있을까. '최초의 도시문명국' 수메르는 문명이 발생할 수밖에 없는 조건들을 갖추고 있었다.

15. 문명 탄생지, 우루크

장구한 세월이었다. 8,500년 전 원수메르인이 남부의 오우에일리에 정착한 뒤로 3,000여 년이 흘렀다. 남부 사람들은 남부를 결코 떠나지 않았고 강을 버리지 않았다. 그들은 큰 고비가 생기면 물러서지 않고 머리를 굴려 이겨냈다. 혼란의 시대는 지나가고, 불안의 시대는 저물었다. 그들은 힘겨웠던 옛일을 잊었다. 현실은 괜찮았다. 앞날은 설레었다. 삶의 의욕과 애착 그리고 호기심이 저절로 생겨났다.

남부 사람들은 사람답게 사는 법을 터득했다. 그들은 문화생활을 만끽했다. 오만가지를 기억했고, 세상만사를 기록했다. 타인의 욕망을 욕망했으며, 생존법칙을 대물림했다. 또한 그들은 희로애락을 느꼈다. 우루크에서 문자가 출현했고, 문명이 탄생했다. 우루크 문화가 기어이 문명을 일으켰다. 수메르는 최초의 문명국이었다. 우루크는 최초의 문명도시였고, 문명의 도가니였다.Δ14

남부에 도시들이 들어찼다. 도시마다 자본이 넘쳐났고 경제는 안정되었으며, 정치는 질서와 체계가 잡혀 있었다. 삶에는 나름대로 규범과 규칙이 있었다. 사람들은 같은 신을 섬겼고, 같은 문자를 사용했다. 그들의 지혜와 지식은 늘어났다. 아버지는 아들에게, 선생은 제자에게 전통을 물려주었다. 도시 없는 삶이란 상상할 수 없는 일이었다. 도시 없는 문명이란 불가능한 일이었다. 사지(四肢)를 펴고 사는 사람들이 많아졌다. 이제는 현실에 만족하며 살 만한 시절이었다.

최초의 문명은 동서남북으로 퍼져나갔다. 동쪽으로는 이란과 아프가니스탄으로 퍼져나갔고, 서쪽으로는 시리아, 팔레스타인, 키프로스, 이집트로 퍼져나갔다.**Δ15** 남쪽으로는 바레인과 오만으로 퍼져나갔다. 아라비아해를 건너 파키스탄 남부와 인도 서부로도 퍼져나갔다. 북쪽으로는 터키와 아르메니아, 흑해 주변까지 퍼져나갔다. 이렇듯 문명은 곳곳에 정착되었다. 선사시대는 저물고 역사시대가 열렸다. 문명의 본향은 수메르였다.[36)]

36) "위대한 민족이 문명을 만드는 게 아니라, 위대한 문명이 사람을 만든다. 다시 말해, 지리적 및 경제적인 여러 여건이 문화를 만들어내고, 또다시 문화는 하나의 틀을 만들어낸다는 이야기다. 영국인이 영국 문명을 만드는 게 아니라, 영국 문명이 영국인을 만드는 것이다. … 문명과 인종을 관련시킬 수 있는 부분은 한 가지뿐이다. 바로 문명 형성 전에는 먼저 이질적인 집단 사이에 서서히 혼인이 이루어지고, 이들이 천천히 융화해 상대적으로 단일한 민족이 되는 경우가 많다는 것이다"(앞의 책, 84쪽). 수메르인이 문명을 만든 것이 아니라 수메르문명이 수메르인을 만들었다. 수메르문명이 형성되기 오래전부터 남부의 지리적·경제적인 여러 여건이 원수메르 문화를 만들어냈고, 다시 그 문화는 수메르문명을 만들어냈다. 그 과정에서 원수메르인만 살고 있던 남부 땅으로 외지인들이 몰려들어와 섞이면서 원수메르 문화가 수메르문명으로 확대되었다. 말하자면 원수메르인의 문화와 외지인들의 문화 사이에 융합이 일어나서 문명이 발생했고 수메르인이 탄생했다.

우루크 (unug^{ki})	B.C.E. 3300~3100	B.C.E. 3100~2900	B.C.E. 2900~2000	B.C.E. 2000~500

Δ14 문자 '우루크'의 시대별 변화

우루크에는 여신 인안나와 천제(天帝) '안'을 모시는 신전과 지구라트가 있다. 우루크는 신전을 중심으로 문명이 일어났다. 최초의 '우루크' 문자를 보면 지구라트 위에 신단이 올라가 있는 모습이다. '우루크' 상형문자는 시계 반대 방향으로 90도 돌려졌고, 다시 설형문자로 변했다. 최종적으로 악카드어 쐐기꼴로 바뀌었다.

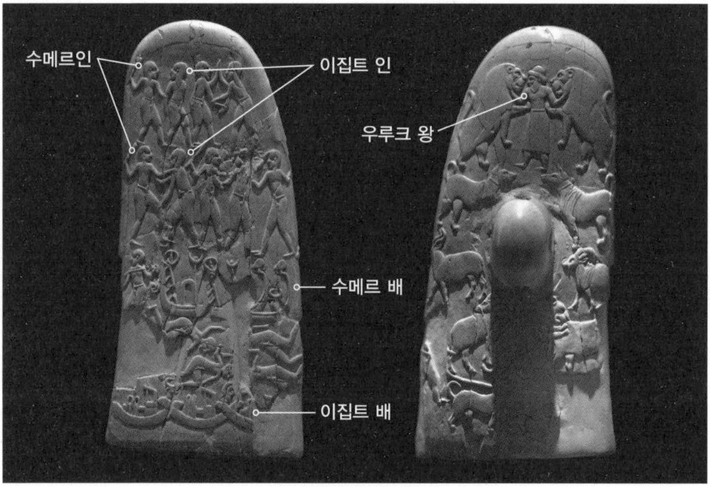

Δ15 수메르와 이집트의 만남

수메르문명이 정말 이집트까지 퍼져나갔을까. 일명 '게벨 엘-아라크(Gebel el-Arak)의 단도(單刀)'라는 사료(3,450~3,200년 전, 프랑스 루브르박물관 E 11517)가 있다. 이 사료는 1914년 루브르박물관이 카이로의 어느 고미술상으로부터 구입했다. 칼날은 부싯돌로, 손잡이는 상아(象牙)로 제작되었다. 용도는 실제로 사용하는 칼이 아니라 의례용으로 짐작된다. 이 유물의 발굴지는 게벨 엘-아라크에서 북쪽으로 40킬로미터 떨어진 아비도스(Abydos)의 움 엘-캅(Umm el-Qaab)으로 추정된다. 이 사료에는 수메르의 '우루크 사제-왕'이 사냥하는 장면(오른쪽)과 수메르인과 이집트인(긴 머리)의 전쟁 장면(왼쪽)이 묘사되어 있다. 더욱이 수메르의 배와 이집트의 배까지 등장한 것은 양국 사이에 해전이 벌어졌었다는 증거이기도 하다. 즉 그들은 이집트의 바다와 육지에서 싸웠다는 말이 된다. 수메르인은 딜문과 마간을 거쳐 아라비아해와 홍해를 통해 이집트로 간 것으로 보인다.

16. 대사제, 왕이 되다

하늘이 심술을 부리기 시작했다. 지독한 가뭄이 이어졌다. 강물이 줄어들고 메마른 땅이 늘어났다. 고통이 찾아왔다. 메소포타미아는 뒤숭숭했다. 사람들은 가뭄철 물웅덩이의 올챙이 신세가 되었다. 가뭄을 등에 업고 가난이 파고들었다. 그러나 남부의 비옥토는 아직 가뭄의 그늘에서 벗어나 있었다.

새로운 사람들이 남부 땅으로 다시 몰려들었다. 남부는 이미 도시화의 길로 들어선 뒤였다. 인구가 더 늘어났다. 마을마다 사람들이 북적였다. 농부도 늘어났고, 목동도 늘어났고, 어부도 늘어났다. 생존경쟁은 한층 더 치열해졌다. 그때 가뭄은 하필 남부에 치명타를 가했다. 엎친 데 덮친 격이었다. 남부에도 큰 가뭄이 들었다. 유프라테스강의 물이 줄어들었다. 지류들이 말라 강바닥이 훤히 들여다 보였다. 유프라테스 강줄기가 서쪽으로 이동했고, 사람들의 마음도 따라 이동했다.

인간은 자신의 운명을 결정할 수 없었다. 인간의 운명은 자연의 변화에 달려 있었다. 인간의 의지와 노력에는 한계가 있었다. 물길이 바뀌면 삶의 터전도 따라 바뀔 수밖에 없었다. 자연의 힘은 모든 것을 사라지게 했다. 가장 잔인하게 쓸어버릴 수도 있었다. 가뭄은 순식간에 삶을 멈추게 할 수도 있었다. 가뭄이 더욱 깊어졌다. 남부의 모든 마을에서 물을 찾을 수 없었다. 사람들이 하나둘씩 떠나기 시작하자 이내 마을들이 사라졌다. 사람들이 갈 수 있는 곳은 오직 도시뿐이었다. 도시는 더욱 커질 수밖에 없었다. 도시는 포화상태였다.

가뭄으로 물길이 바뀌었다. 물을 끌어들일 큰 운하가 필요한 시점이었다. 그러려면 많은 노동자들이 필요했다. 그들을 관리할 사람도 필요했다. 경작지는 줄어들었다. 사람들은 새 물길을 내기 위해 힘을 모았다. 어렵사리 큰 운하가 완성되었다. 생명 같은 물이 흘러들었다. 새 운하로 끌어들인 물은 골고루 나누어 써야 했다. 늘어난 도시민의 삶을 강력하게 통제할 수 있는 존재가 절실했다. 빈부의 격차가 심해지고 있었다. 도시에는 노동을 하지 않고 배를 채우는 사람들이 있었다. 신전의 대사제가 도시민의 삶을 이끌고 있었다. 그는 도시의 중요한 결정권을 손에 쥐고 있었다. 그는 팔자 늘어진 그럴싸한 사람들의 우두머리였다. 도시마다 대사제가 왕 노릇을 하고 있었다. 그러나 우루크 사제-왕은 '이미' 6,000년 전부터 그래왔다.

신전의 역할이 점점 커지고 있었다. 별별스런 직업을 가진 사람들이 늘고 있었다. 대사제의 판단은 도시 전체의 운명을 쥐락펴락했다. 인간사의 최종 결정권자는 큰 신이었다. 도시마다 신전 중앙에 우뚝 솟아 있는 성탑(聖塔, 지구라트)의 위용은 대단했다.**Δ16** 도

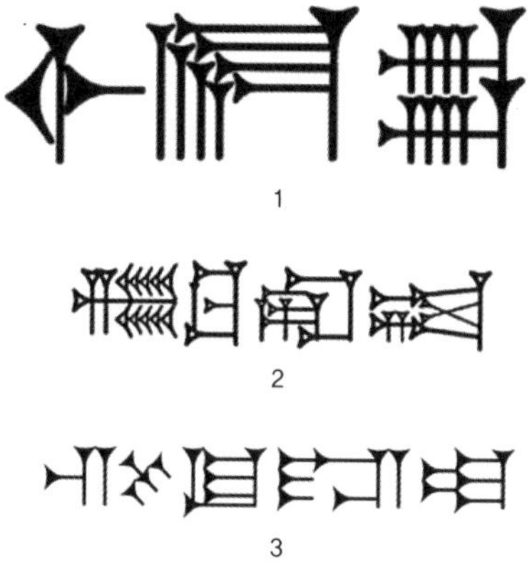

Δ16 설형문자 '우-니르'와 '지쿠라투'

지구라트는 피라미드 형식으로 지은 계단식 신전 탑이다. 수메르어로 '우-니르(u_6-nir)'라고 한다(1). 악카드인은 '지쿠라투(ziqqurratu, zi-qú-ra-at)'라고 했고(2~3), 지금의 '지구라트'가 되었다.

시마다 큰 신들이 성탑 꼭대기에서 세상을 내려다보았다. 대사제는 큰 신과 대면할 수 있는 유일한 인간이었다. 그는 큰 신의 하명으로 대단한 권세를 누렸다. 그는 도시의 총책임자였다. 영락없는 도시의 왕이었다.

17. 최초의 도시문명국, 수메르

도시들 사이에 경계심이 드러나기 시작했다. 도시들은 요새처럼 변해갔다. 도시의 지배자들은 성탑을 높이려고 혈안이 되어 있었다. 세상만사가 도시에 몰려 있었다. 도시는 삶의 중심이었다. 도시와 도시가 경쟁하고 있었다. 남부 땅, 수메르는 도시 천지였다.

사람들은 어떻게든 도시에서 살아가야 했다. 가뭄을 이겨내고 도시에서 날개를 펴야 했다. 도시들이 다투고 있었다. 도시의 지배자들이 서로 으르렁대고 있었다. 수메르는 도시들 간의 경연장이었다. 문화는 도시를 낳았다. 도시는 문명을 낳았다. 이윽고 문명은 역사를 낳았다. 수메르에서 시작된 일이었다. 세상은 더욱더 좁아지고 있었다.

도시의 성벽은 점점 높아만 갔다. 성벽에는 외부의 침입을 방어하기 위한 진지까지 갖추어져 있었다. 도시의 성벽 너머 가장 바깥쪽은 갈대숲과 물고기가 사는 습지였다. 그 옆은 가축들이 생존경쟁을 벌이는 초원이었다. 여기저기 불모지가 넓게 펼쳐져 있었다. 더 안쪽에는 수로에서 물이 공급되는 경작지가 있었다. 그곳에 수많은 촌락이 형성되어 있었다. 도시의 성벽은 촌락을 가로막고 높게 세워져 있었다. 도시는 대추야자숲으로 둘러싸여 있었다. 성 밖으로는 강물이 흐르고 있었다. 성안으로 강물이 흐르는 도시도 있었다. 성벽 안에는 도시민들의 주거지가 자리하고 있었다. 도시는 부촌이 있었고 빈촌이 있었다. 도시는 인구 밀집으로 몸살을 앓고 있었다. 도시마다 도시의 수호신이 있었고 지배자가 있었다. 처음에는 대사제가 왕 노릇을 했지만 시간이 지나면서 도시의 세력가도 왕이 되었다.

남부 땅에 도시들이 들어차 있었다. 많은 도시가 강 주변에 늘어서 있었다. 남부 도시들이 커지고 팽창하면서 북부에도 큰 도시들이 생겨났다. 남부의 도시문명은 북부의 도시문명을 부추겼다. 대부분의 도시는 유프라테스강을 따라 형성되어 있었지만 몇몇 도시는 티그리스강[37] 주변에 세워져 있었다. 이 두 강이 쌍둥이처럼 붙어 흐르며 도시를 만들어냈고 키웠다. 수메르문명의 젖줄은 유프라테스강이 주(主)였고, 티그리스강은 종(從)이었다. 수메르는 '유프라테스-티그리스 문명'이었다. 수메르문명은 척박한 자연환경과

37) '티그리스강(idigna)'은 터키의 아나톨리아에 위치한 하제르(Hazer) 호수와 반(Van) 호수 두 곳에서 발원해 약 1,850킬로미터를 흘러 이라크 남부의 알 쿠르나(Al-Qurna)에서 유프라테스강과 합류하는 긴 강이다. 한 몸이 된 두 강의 새 이름은 '샤트알아랍(Shatt al-Arab)강'으로, 알 쿠르나에서 페르시아만까지 흐른다. 고대의 티그리스강은 지금처럼 유프라테스강과 합류하지 않고 떨어져 있었다. 두 강은 각자 페르시아만으로 직접 흘러들었다. 고대 바빌로니아와 앗시리아에서 티그리스강의 이름은 '이디클라트(Idiqlat)'였다. 고대 페르시아어는 '티그라(Tigrā, 화살)'이며, 고대 그리스어의 '티그리스(Tigris)'가 되었다. 티그리스강은 물살이 '화살'처럼 빠를 뿐만 아니라 범람의 위험이 항상 도사리고 있다.

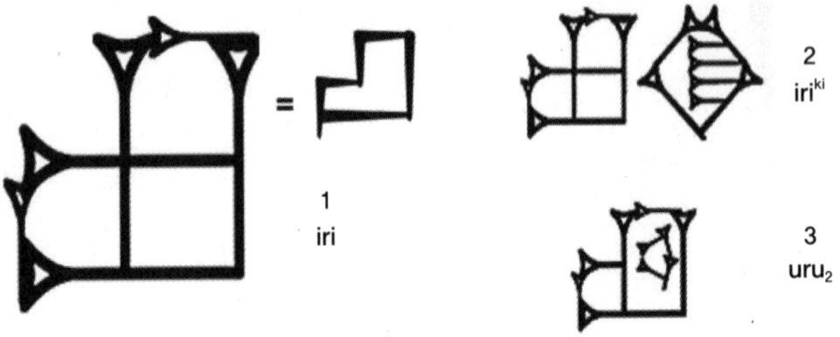

Δ17 설형문자 '도시'

1~3번까지 모두 '도시'라는 뜻이다. 1번은 5,000년 전에 이미 널리 사용되었다. 4,000년 전까지 가장 많이 사용한 단어이다. 2번은 4,500년 전부터 서서히 나타나더니 4,000년 전에는 1번 다음으로 많이 사용되었다. 3번은 4,000년 전에 출현해서 1번과 2번 다음으로 많이 활용되었다.

가뭄을 이겨내고 에덴의 들판에서 일어났다. 문명의 기적은 도시에서 완성되었다. 가뭄이 들었고 도시가 커졌으며, 도시 천국이 되었다. 가뭄주의보는 도시 밀집의 신호탄이었다. 가뭄은 수많은 촌민을 도시민으로 만들었다. 수메르는 가뭄을 이겨낸 최초의 도시문명국이었다.**Δ17**

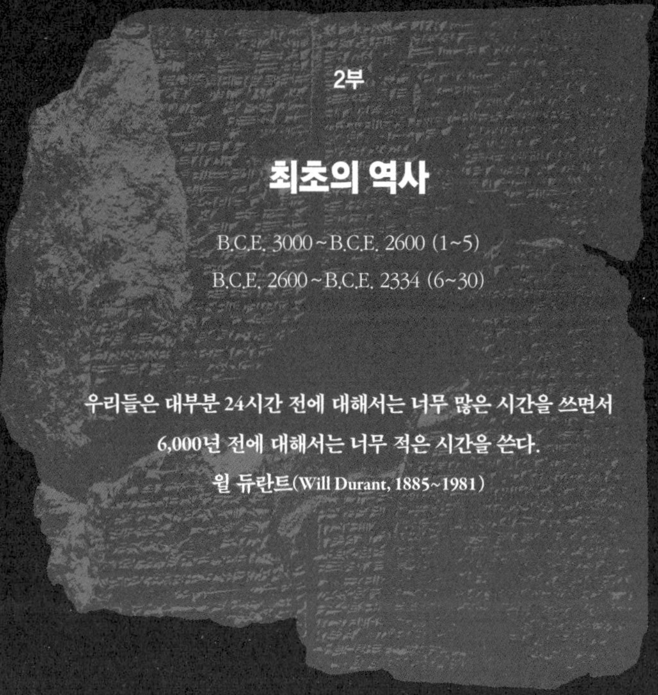

2부

최초의 역사

B.C.E. 3000 ~ B.C.E. 2600 (1~5)

B.C.E. 2600 ~ B.C.E. 2334 (6~30)

우리들은 대부분 24시간 전에 대해서는 너무 많은 시간을 쓰면서
6,000년 전에 대해서는 너무 적은 시간을 쓴다.
윌 듀란트(Will Durant, 1885~1981)

1. 유프라테스강과 수메르인의 운명

수메르는 물의 나라였고 수로의 나라였으며 운하의 나라였다. 물길을 따라 문명이 생겨났고 완성되었다. 물이 마르면 물길은 바뀌었고, 물길이 바뀌면 삶이 바뀌었다. 만사(萬事)가 물로 시작된 문명이었다. 문명이 시작된 뒤 도시는 더욱 팽창했다. 도시들은 경쟁하며 발전했다. 그럼에도 별 탈은 없었다.

수메르의 도시는 유프라테스강의 상류 상황에 따라 변했다. 터키의 아르메니아고원이 도시의 명줄을 잡고 있었다. 상류의 강우량과 강설량은 하류에 있는 수메르의 운명을 좌우했다. 강의 상류는 그다지 문제가 없었다. 그 주변에는 암반과 절벽이 많아 강물이 범람할 걱정이 없었다. 상류의 물길은 긴 세월 동안 변함이 없었다. 물길이 바뀌어 삶의 공간이 이동하는 일은 없었다. 물길은 도시를 떠나지 않았다. 강은 삶을 배반하지 않았다. 상류의 도시는 '전쟁에 의한 파괴'만 없었다면 제자리를 잃지 않았다.

유프라테스강과 티그리스강이 근접하는 곳부터 문제였다. 유프라테스강의 하류가 시작되는 지점으로 바로 남부의 문명이 시작되는 곳이었다. 하류는 평평한 땅 위에서 지류를 만들었다. 강물은 갈라지고 또 갈라졌다. 강바닥이 평야보다 높은 곳이 태반이었다. 강물의 범람은 자연스러웠다. 상류의 기후변화로 피해가 본격화되는 곳이었다. 물길이 바뀌면 삶이 송두리째 바뀌는 곳이었다. 물길이 도시를 떠나면 사람들도 도시를 버려야 했다. 도시를 버리고 새 물길 옆에 새로운 도시를 다시 세워야했다.[1)]

유프라테스강 하류의 남부인은 지혜로웠다. 문명을 일으키고 새로운 세상을 일궈낼 만큼 위대했다. 그들은 운하를 만들어 끼리끼리 연결했다. 제방을 쌓았고 저수지를 만들었다. 수로는 실타래처럼 엉켜 있었다. 수문은 물을 다스렸다. 몇 년 동안 비가 오지 않아도 가뭄을 이겨낼 수 있었다. 남부인은 관개농업으로 두 해 동안 경작하고 한 해를 휴경하고도 먹고살 수 있었다. 남부의 에덴 들판에는 식량이 넘쳐났다. 소, 양, 염소도 많았고 물고기도 풍부했다. 과일과 야채 역시 다양했다. 남부인은 언제라도 충분한 영양분을 섭취할 수 있었다.

문제는 가뭄이 아니었다. 홍수가 심술을 부리면 해결할 수 있는 방법이 없었다. 홍수는 갈대와 흙으로 만든 가옥을 순식간에 삼켜

1) 수메르 최초의 도시들은 강에서 떨어져 폐허에 묻혀 있었다. 남부의 도시들은 강에서 떨어진 곳에 폐허가 된 채 흙과 모래가 쌓여 있는 언덕(텔) 아래에서 발굴되었다. 이 도시들은 본래 '지금의 물길보다 동편 또는 다른 곳'에 있었다. 물길이 서쪽 또는 다른 곳으로 이동한 까닭이었다. 현재 강가에서 발굴된 도시들은 수메르보다 한참 후대에 건설된 새로운 유적지였다. 상류의 도시와 하류의 도시는 애초부터 운명이 달랐다. 전자는 대부분 인위적인 파괴가 아니라면 살아남을 운명이었다. 후자는 자연의 힘에 의해 사라질 운명이었다. 도시들은 강과 물길의 변화에 운명이 걸려 있었다.

버린다. 사람도 가축도 먹을거리도 남김없이 다 떠내려간다. 강의 유량이 변덕을 부리면 부릴수록 희망은 멀어진다. 삶의 근거지와 생명, 재산을 모두 잃으면 남는 것은 절망뿐이다. 3년 가뭄은 살아도 석 달 장마는 살 수 없었다. 가뭄의 문제는 풀 수 있어도 홍수의 숙제는 결코 풀 수 없었다. 한번 홍수가 나 물귀신이 설쳐대면 끝장이었다. 남부인이 물난리를 극복할 수 있는 방법은 없었다. 세상에서 가장 지혜로운 사람들이었지만 역부족이었다. 강 하류의 운명이었고 남부의 운명이었으며, 남부인의 운명이었고 수메르인의 운명이었다.

2. 슈루파크의 비극

결국 큰 사건이 터졌다. 약 4,900년 전 남부에 물난리가 났다. 물귀신이 마구 몰려들었다. 수메르가 대홍수로 흔들렸다. 물길은 수메르 중심부에 치명타를 날렸다. 그때 수메르 왕권은 슈루파크(Šuruppak)에 집중되어 있었다. 대홍수는 도시의 멸망을 의미했다. 물귀신은 남부 한가운데에 있던 슈루파크를 쓸어버렸다.[2)]**Δ1** 슈루파크의 강력한 왕권은 하루아침에 사라져버렸다.

필경사들은 수메르 왕권의 이동 경로를 기록했다. 그들의 기억은 세월의 벽을 무시한 듯했다. 슈루파크의 기억은 처참했다. 왕권의 출발지는 에리두였다. '수메르 최초의 왕'은 에리두의 아룰림(Alulim)이었다.**Δ2** 아룰림에 이어 아랄가르(Alalgar)가 에리두를 다스렸다. 에리두가 무너지자 왕권은 바드티비라(Badtibira)의 엔멘

2) 수메르 대홍수 이야기의 발생지 슈루파크(지금의 Tell Fara)는 메소포타미아 '남부의 남쪽' 중앙에 위치한 도시국가로 유프라테스 강둑에 있었다. 슈루파크는 1900년부터 알려져 있었고, 1902년에는 독일의 고고학자 로베르트 콜데바이(Robert Koldewey)와 독일 탐사대가 본격적으로 발굴하기 시작했다.

SU.KUR.RU[ki]

슈루파크

Δ1 슈루파크의 홍수 흔적

1931년 미국 펜실베이니아대학 박물관 소속의 에릭 슈미트(Eric Shmidt)가 5,000~4,900년 전의 슈루파크 지층에서 물난리가 났던 흔적을 발견했다. 당시 비문연구가 새뮤얼 노아 크레이머(Samuel Noah Kramer)가 함께했다.

루안나(Enmenluanna)의 수중에 들어갔다. 그 뒤를 이어 엔멘갈안나(Enmengalanna)가 세상의 주인이 되었다. 다시 왕권은 양치기 두무지(Dumuzi(d))에게로 넘어갔다. 바드티비라가 무너졌다. 왕권은 라라크(Larak)의 엔시파지안나(Ensipazianna)가 차지했다. 라라크가 힘을 잃자 왕권은 씨파르(Sippar, 짐비르(Zimbir))의 엔멘두르안나(Enmenduranna)에게 넘어갔다. 그리고 다섯 번째로 왕권을 잡은 도시는 슈루파크였다. 슈루파크의 왕홀(王笏)은 우바라-투투(Ubara-tutu)의 손안에 있었다. 이어서 지우쑤드라(Ziusudra)가 위정자가 되었다.**Δ3**

큰물이 슈루파크를 덮쳤다. 그 결과 슈루파크와 사람들이 사라졌다. 수메르 왕권은 비극의 현장인 슈루파크를 떠났다. 유일한 생존

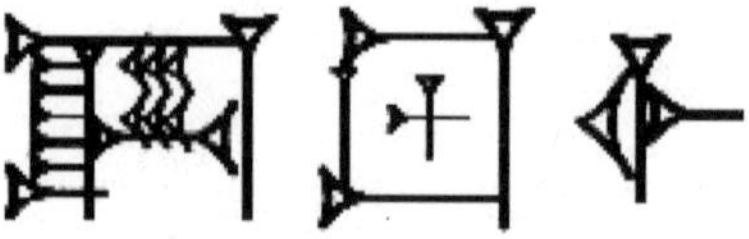

A_2 – lu – lim

Δ2 수메르 최초의 왕, '아룰림'의 설형문자

자가 있었으니 바로 지우쑤드라였다.[3)]

폭풍우와 강풍이 한꺼번에 일어났고, 홍수가 […]을 휩쓸었다. 홍수가 땅을 휩쓸었고, 7일 낮 7일 밤 동안 파도와 폭풍우가 거대한 배를 흔들고 난 뒤에, 태양신 우투(Utu)가 나와 하늘과 땅에 빛을 비추었다. 지우쑤(드)라($zi-u_4-su_3-ra_2$)가 거대한 배에 구멍(출구)을 뚫었고, 영웅 우투가 그의 빛과 함께 배로 들어갔다. 지우쑤(드)라 왕이 우투 앞에 엎드렸다. 왕은 소들을 잡아 바쳤고, 수많은 양들을 바쳤다.[4)]

3) 수메르 후대 사람들은 대홍수의 유일한 생존자였던 슈루파크의 지우쑤드라(Ziusudra)를 우트나피쉬팀(Utnapishitim), 아트라하시스(Atra-Hasis)로 개명해서 추억했다. 바빌로니아의 작가 베로수스(Berossus)는 지우쑤드라를 크시수트로스(Xisuthros)로, 히브리 작가는 노아(Noah)로 개명했다. 그리스 홍수 신화의 주인공이었던 데우칼리온(Deucalion) 이야기도 메소포타미아 대홍수 이야기에 나오는 주인공들의 사연과 매우 유사한 구조를 가지고 있다.

4) 미국 펜실베이니아대학 인류고고학박물관 CBS 10673+CBS 10867 명문의 네 번째 단편 1~11행.

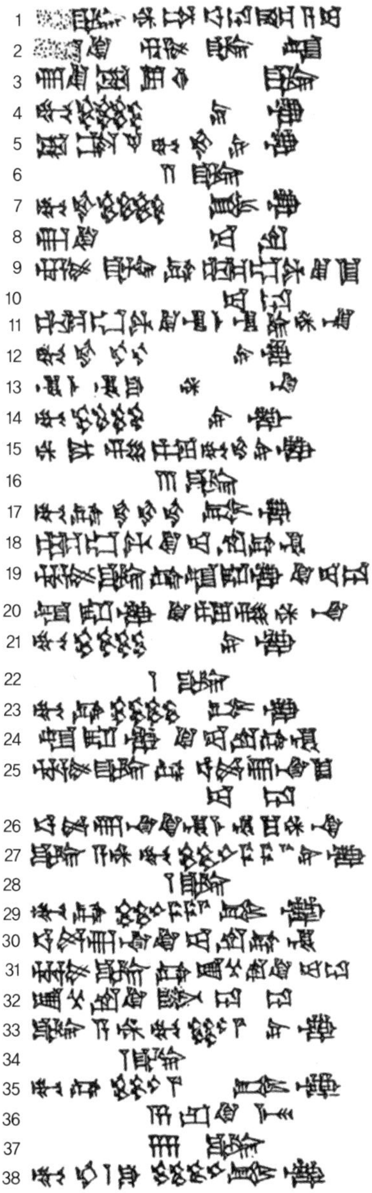

1) 왕권이 하늘에서 내려온 후에
2) 왕권은 에리두에 있었다
3) 에리두에서 '아룰림'이 왕이었다
4) 그는 2만 8,800년을 다스렸다
5) '아랄가르'가 3만 6,000년을 다스렸다
6) 2명의 왕이
7) 도합 6만 4,800년을 다스렸다
8) 에리두가 몰락했다
9) 그리고 왕권은 바드티비라로
10) 넘어갔다
11) 바드티비라에서 '엔멘루안나'가
12) 4만 3,200년을 다스렸다
13) '엔멘갈안나'가
14) 2만 8,800년을 다스렸다
15) 양치기 '두무지'가 3만 6,000년을 다스렸다
16) 3명의 왕이
17) 10만 8,000년을 다스렸다
18) 바드티비라가 몰락했고
19) 왕권은 라라크로 넘어갔다
20) 라라크에서 '엔시파지안나'가
21) 2만 8,800년을 다스렸다
22) 1명의 왕이
23) 2만 8,800년을 다스렸다
24) 라라크가 몰락했고
25) 왕권은 씨파르(짐비르)로 넘어갔다
26) 씨파르에서 '엔멘두르안나'가
27) 왕이었고 2만 1,000년을 다스렸다
28) 1명의 왕이
29) 2만 1,000년을 다스렸다
30) 씨파르가 몰락했고
31) 왕권은 슈루파크로 넘어갔다
32) 슈루파크에서 '우바라-투투/우바르-투투'가
33) 왕이었고 1만 8,600년을 다스렸다
34) 1명의 왕이
35) 1만 8,600년을 다스렸다
36) 다섯 도시에서
37) 8명의 왕이
38) 24만 1,200년을 다스렸다

Δ3 〈수메르 왕명록〉 대홍수 이전의 기록

가장 많이 알려진 〈수메르 왕명록〉은 영국 옥스퍼드대학 에쉬몰리언박물관의 Ashm 1923-0444, 1~38행이다. 수메르어 '$\check{s}ar_2$'는 '3,600'이고 'šar'u'는 '3만 6,000'이며, 'mu'는 '해, 년(年)'을 뜻한다.

3. 키쉬의 부상

큰물이 빠졌다. 수메르 왕권의 새 주인은 키쉬(Kiš)였다.**Δ4** 수메르에는 많은 도시가 있었다. 그중에 남부 북쪽의 키쉬, 남부 중앙의 슈루파크, 남부 남쪽의 우루크 세 도시가 유달랐다. 수메르의 왕권을 쥐고 있던 슈루파크가 힘을 잃자 남부의 북쪽에 있던 키쉬가 왕권을 잡았다. 바야흐로 키쉬의 세상이었다.

메소포타미아에는 강력한 권력의 자기장이 흐르는 곳이 있었는데,**Δ5** 유프라테스강과 티그리스강이 가깝게 만나는 곳이다. 이유는 단순하고 합당하다. 메소포타미아는 두 강 사이에 놓여 있고, 도시는 두 강을 따라 형성되었다. 도시로 드나드는 물자는 대부분 강물 위로 이동했다. 메소포타미아인은 이 방법으로 삶을 유지했다. 강이 없는 메소포타미아는 상상할 수조차 없었다. 쌍둥이 같은 두 강이 근접하는 곳은 가장 매혹적이었다. 그곳은 물류, 유통, 교역, 상업의 중심지였다. 말하자면 자본과 욕망이 꿈틀대는 곳이었다. 그곳에 바로 수메르의 새 왕도(王都) 키쉬가 있었다.

그즈음 키쉬 북서쪽에 도시 마리(Mari)[5]가 들어섰다. 서부의 반

Δ4 키쉬의 수메르 왕권 쟁취

영국 옥스퍼드대학 에쉬몰리언박물관 〈수메르 왕명록 Ashm 1923-0444〉의 39~42행 내용을 보면 다음과 같다.

39) 그때, 홍수가 휩쓸었다 a-ma-ru ba-ur$_3$-ra-ta

40) 홍수가 휩쓸고 간 후에 egir a-ma-ru ba-ur$_3$-ra-ta

41) 하늘에서 왕권이 내려왔고 nam-lugal an-ta e$_{11}$-de$_3$-a-ba

42) 왕권은 키쉬에 있었다 kiš^{ki} nam-lugal-la

Δ5 메소포타미아의 중심 키쉬

두 강이 근접한 곳(네모칸 안쪽)에 메소포타미아의 모든 자본과 욕망이 집결해 있다. 그 옛날 대홍수 이후의 키쉬에서 그랬고, 지금은 바그다드에서 그렇다.

유목민이 세운 도시였다. 북부의 자본이 유프라테스 강변에 있는 도시 마리로 몰려들었다. 수입된 물자들은 배에 실려 씨파르[6]로 집결되었다. 씨파르는 유프라테스와 티그리스 두 강이 가장 근접한 곳에 위치해 있었다. 한때 씨파르가 왕권을 장악하고 있었다는 기억은 그럴듯했다. 수입된 물자들은 다시 씨파르에서 키쉬로 이동했다. 키쉬를 지나면서 두 강의 간격은 서서히 벌어진다. 북부의 자본은 키쉬에서 강물을 따라 남부의 도시로 퍼졌다. 그리고 남부의 최남단까지 확산되었다. 한편 '남부의 남쪽' 자본도 강물을 따라 북상했다. 페르시아만으로 수입된 물자도 같은 경로를 통해 이동했다. 이 물자들은 강변의 도시들을 거치면서 '남부의 북쪽' 키쉬로 모여들었다. 그리고 다시 씨파르를 지나 마리로 이동했다. 남부의 자본이 북부로 퍼져나갔다.

키쉬는 자본이 움직이는 요지에 자리하고 있었다. 자본이 남부에서 북부로, 북부에서 남부로 이동하는 길목에 바로 키쉬가 있었다.

5) 약 4,900년 전 마리(지금의 Tell Hariri)는 수메르 북서쪽, 지금의 시리아 땅에 있던 반유목민들이 유프라테스강 서편에 세운 도시였다. 마리는 수메르인이 지중해 연안 국가들과 교류하기 위해서는 반드시 거쳐가야 할 만큼 매우 중요한 상업과 무역의 요충지였다. 도시의 규모는 60헥타르 정도였다.

6) 지금의 유프라테스강 동쪽에 있는 씨파르(Sippar, 수메르어는 Zimbir, 지금의 Tell Abu Habbah)는 〈수메르 왕명록〉에 등재된 가장 오래된 수메르 도시에 속한다. 이 도시는 메소포타미아 남부가 시작하는 지점에 위치해 있다. 북서부의 물자는 마리를 거쳐 씨파르를 통과해야만 키쉬로 들어올 수 있었다. 씨파르는 사실상 '수메르의 초입'이라고 볼 수 있는 중요한 도시였다. 씨파르의 수호신은 '태양신' 우투(Utu, 악카드어의 Šamaš)였다. 〈수메르 왕명록〉의 필경사는 대홍수 이전 씨파르가 한때 수메르 왕권을 차지하고 엔멘두르안나 왕이 수메르를 통치했다고 기록했다(영국 옥스퍼드대학 에쉬몰리언박물관 Ashm 1923-0444, 25~29행).

Δ6 키쉬의 폐허와 설형문자

사람들도 자본을 따라 이동했다. 키쉬는 자연스레 다문화 도시가 되고 있었다. 누구라도 이 길목을 수중에 넣으면 수메르의 남과 북을 차지할 수 있었고, 수메르의 지배자가 되려면 이 요지를 품어야 했다. 대홍수 이후 키쉬가 기회를 잡았고 수메르를 장악했다. 키쉬는 문명의 발상지 우루크를 뛰어넘고 있었다.**Δ6**

4. 왕조의 시작

'남부의 남쪽' 우루크에서 문명이 일어났다. 우루크에는 이미 오래전부터 이름 모를 사제-왕들이 있었다.[7] Δ7 수메르에 가뭄과 홍수가 덮쳤다. 슈루파크가 몰락하고 키쉬가 득세했다. 키쉬에는 원

7) 6,000년 전부터 우루크에 '이름 모를 사제-왕들'이 계속 왔다가 사라졌다. 현재 그들의 이름을 알 수 없으나 그 당시에는 '우루크 사제-왕'이 수메르의 권력자였다. **〈수메르 왕명록〉의 필경사는 과거의 〈수메르 왕명록〉을 개작하면서 대홍수 이전의 왕들을 기록했다. 필자는 이 글의 제목을 '왕조의 시작'으로 정했다. 이는 대홍수 이후를 기준으로 한 것이다. 수메르 왕조의 시작은 대홍수 이전의 에리두였다. 그러나 안타깝게도 수메르 후대의 역사가들은 대홍수 이전 문명의 발상지 우루크에 살았던 '사제-왕들'의 이름을 남기지 않았다. 키쉬에서 수메르 왕조가 '처음' 시작되었다고 생각한다면 큰 착각이다.** 키쉬 1왕조 이전에, 대홍수가 일어나기 훨씬 이전부터 수메르에서는 이미 에리두를 비롯한 여러 왕조들(바드티비라, 라라크, 씨파르, 슈루파크)이 있었고, 수많은 '우루크 사제-왕'이 있었다. 1부의 '게벨 엘-아라크의 단도'에서도 확인했듯이 대홍수 이전에 이집트까지 진출한 수메르 왕도 바로 '우루크 사제-왕'이었다. **약 3,840년 전(B.C.E. 1817) 〈수메르 왕명록〉의 필경사는 대홍수 이전의 '전설적인' 수메르 도시국가들과 왕들의 이름, 통치기간을 일일이 기억하고 기록했으면서도 대홍수 이전의 우루크와 그 통치자들에 대해서는 한 마디도 언급하지 않았다.** 기억의 한계였을까. 우루크는 대홍수 이전 약 1,000년 동안 세상에서 가장 큰 도시국가였고, 문자를 발명하고 역사시대를 연 문명의 발상지였다. 또한 **우루크는 대홍수 이전의 '전설적인 도시국가'가 아니라 실제로 존재했던 문명 도시였기에 〈수메르 왕명록〉 필경사의 의도를 더욱 이해할 수 없다.** 우루크 사제-왕의 모습이 담긴 '유물'이 다수 출토되었지만 비록 왕의 이름은 알 수 없으나 수많은 우루크 사제-왕들이 분명히 존재했다.

Δ7 우루크 '사제-왕'

5,300년 전 설화석고로 제작된 우루크 '사제-왕'의 모습(이라크 바그다드 국립박물관 IM 61986). 그들은 신전의 대사제였고 왕이었다. 이름 모를 왕의 모습은 근엄해 보이고 그의 눈빛은 형형(炯炯)하다.

주민과 북서부의 반유목민, 그리고 여러 이방인들이 함께 살고 있었다.

대홍수 이전, 에리두에서 수메르 왕권이 시작되었다. 대홍수 이후, 키쉬에서 왕조가 시작되었다. 5,200년 전 키쉬가 건설되었다. 4,900년 전 키쉬에서 왕조가 열렸다. 태조(太祖)는 구슈르(Ĝušur/Gešur)였다. 약 300년 동안 23명의 왕들이 키쉬를 다스렸다.[8] 13대

8) 〈수메르 왕명록 Ashm 1923-0444〉(영국 옥스퍼드대학 에쉬몰리언박물관) 40~94행에 대홍수가 끝나자 하늘에서 키쉬로 왕권이 내려왔고, 키쉬 1왕조에 23명의 왕이 있었다는 기록이 남아 있다. 그들의 명단을 차례대로 보면 구슈르/게슈르(Ĝušur/Gešur, 1), 쿨라씨나-벨(Kul$_2$-la-si$_2$-na-be-el, 2), 낭이쉬리쉬마(Na-an-ĝiš-li-iš-ma, 3), 엔타락안나(En-tarah-an-na, 4), 바붐(Ba-bu-um, 5), 푸안눔(Pu-an-nu-um, 6), 칼리붐(Ka$_3$-li$_2$-bu-um, 7), 칼루뭄(Ka-lu-mu-um, 8), 주콰킾(Zu$_2$-qa$_2$-qi$_4$-ip, 9), 아탑(A$_2$-tab, 10), 마쉬다(Maš-da$_3$, 11), 아르위움(Ar-wi-u$_2$-um, 12), 에타나(E-ta-na, 13), 발릭(Ba-li-ih, 14), 엔메눈나(En-me-nun-na, 15), 멜렘-키쉬(Me-lem$_4$-Kiš^{ki}, 16), 바르살눈나(Bar-sal-nun-na, 17), 자묵(Zamug, 18), 티즈콰

왕 에타나(Etana)는 수메르의 강력한 권력자로 모든 외국 땅을 통합했다.[9] 22대왕 엔메바라게씨(Enmebaragesi)는 수메르 동쪽의 엘람을 굴복시켰다.

우루크에서도 왕조가 열렸다. 수메르 왕권은 키쉬에서 우루크로 넘어왔다. 태조는 메쉬키악가쉐르(Meškiaggašer)였다. 2대왕 엔메르카르(Enmerkar)는 '미지의 도시' 아라타(Arrata)와 다투며 외교전에서 승리했다. 뒤이어 루갈반다(Lugalbanda)와 두무지가 왕위에 올랐다. 5대왕은 유명한 영웅-왕 길가메쉬(Gilgameš)였다. 대홍수 이후 키쉬 1왕조와 우루크 1왕조가 수메르 초기 왕조시대를 열었다.

르(ti-iz-qar, 19), 일쿠(il-ku-u_2, 20), 일타사둠(Il-ta-sa-dum, 21), 엔메바라게씨(En-me-en-barag-ge-si, 22), 아가(ag-ga_3, 23) 등이다. **이들 중 '당대의 문자 사료'를 통해 역사의 인물로 증명된 왕은 '엔메바라게씨'와 '아가'뿐이다.** 엔메바라게씨는 이라크 바그다드 국립박물관에 2개의 증거물이 남아 있다. 하나는 소장번호가 알려지지 않은 설화석고 그릇 조각에 'ME-bara-si'로 기록되어 있다. 다른 하나는 같은 재질의 IM 30590이다. 역시 내용은 간단하다. "ME-bara-si, LUGAL, [K]iš: [키]쉬 왕, [엔]메바라게씨"이다. 〈길가메쉬 서사시〉에서 우루크의 길가메쉬와 전쟁을 벌인 왕으로 알려진 그의 아들 '아가'는 뉴욕 메트로폴리탄미술관 MMA 58.29의 일명 〈우슘갈 비석(Stele of Ušumgal)〉에 등장한다. 〈수메르 왕명록〉에서 엔메바라세씨와 아가를 제외한 나머지 키쉬 1왕조 통치자들의 정체성을 확인할 수 있는 당대 사료는 현재 존재하지 않는다. **〈수메르 왕명록〉에는 실려 있지 않지만 당대 사료로 증명된 이 시기의 키쉬 왕으로는 '루갈우드(LUGAL-UD), 우투크(Utuk, 또는 욱후브(Uḫub)), 루갈남니르숨(Lugal-namnir-sum), 엔나일(Enna-il)'이 더 있다. 〈수메르 왕명록〉의 키쉬 왕에 대한 기록은 실제 역사와 동떨어져 있다는 느낌을 지울 수 없다.**

9) 〈수메르 왕명록 Ashm 1923-0444〉(영국 옥스퍼드대학 에쉬몰리언박물관) 64~67행에 키쉬 1왕조의 13대왕 "에타나, 목자(牧者)가, 하늘로 올라갔고, 모든 외국 땅을 통합해서, 왕이 되었다. 그는 1,500년을 다스렸다(e-ta-na sipad lu_2 an-$še_3$, ba-ed_3-de_3, lu_2 kur-kur mu-un-gen_6-na, lugal-am_3 mu 1500 i_3-ak)"라는 구절이 나온다. 이는 '전설적인' 에타나 왕이 키쉬의 정권을 잡고 수메르의 최고 권력자가 되었다는 점을 암시한다.

5. 영웅-왕, 길가메쉬

키쉬와 우루크가 대립했다. '남부의 북쪽'에 있는 키쉬와 '남부의 남쪽'에 있는 우루크가 수메르 정세를 주도하고 있었다. 우루크가 키쉬를 누르고 수메르 왕권을 차지했다. 그러나 키쉬는 여전히 강했다. 그때 우루크에서 불세출의 영웅이 등장했다. 바로 우루크 5대왕 길가메쉬였다.

어느 날 키쉬의 '아가' 왕이 우루크로 특사를 파견했다.[10] '아가'는 우루크의 점토를 탐내고 있었다. 수메르의 점토는 모든 삶의 근본이었다. 수메르에 점토가 없었다면 수메르 자체가 존재할 수 없었다. 수메르의 도시들은 양질의 점토를 확보하는 것이 국력이나 다름없었다. 우루크 사람들은 갑작스런 '아가'의 위협에 당황했다. 이에 우루크 장자들은 길가메쉬에게 키쉬의 요구를 받아들여야 한

10) 길가메쉬와 아가의 전쟁을 기록한 점토판은 매우 많다. 그중 하나인 노르웨이 오슬로 쇼엔컬렉션 MS 2652/1의 서두는 이렇게 시작한다. "엔메바라게씨의 아들 '아가'의 칙사가 (lu_2 kin-gi_4-a ag-ga dumu en-me-$bara_2$-ge_4-si-ke_4), 키쉬에서 우루크의 길가메쉬에게 왔다 ($kiš^{ki}$-ta ^{d}gilgameš unu^{ki}-$še_3$ mu-un-ši-re_7-eš)."

다고 주장했다. 그러나 길가메쉬는 이를 받아들이지 않았다. 반면 우루크의 젊은이들은 무기를 들고 키쉬에 대항해야 한다고 주장했다. 그러자 길가메쉬가 이를 받아들였다. 결국 키쉬와 전쟁이 일어났다. '아가' 왕이 우루크로 쳐들어왔다.Δ8

전쟁은 우루크의 승리로 끝났다. 길가메쉬는 '아가'를 죽이지 않고 키쉬로 돌려보냈다. 키쉬가 우루크에 굴복했다. 이제 수메르에서 우루크보다 강한 도시는 없었다.

길가메쉬는 수메르 최강의 권력자였다. 왕은 영웅이 되었다.[11] 길가메쉬는 문명이 동서남북으로 퍼져나간 모든 곳에서도 영웅이었다. 그는 인류 역사에 나타난 모든 영웅들의 영웅이었다.Δ9

수메르의 영웅시대는 키쉬와 우루크의 경쟁 시대였다. 그때부터 수메르와 엘람이 싸우기 시작했다. 그리고 문자와 언어가 혼란스러워지고 갈라졌다. 도시의 수호신들도 저마다 신통력을 발휘했다. 영웅시대는 '기억의 역사' 끝자락에 놓여 있었다. 영웅시대는 신화와 역사에 양다리를 걸치고 있던 묘한 때였다.

11) 길가메쉬의 영웅적인 삶은 수메르인과 그 후대인의 기억 속에 생생하게 남아 있었다. 그의 역사적인 영웅담은 메소포타미아 전역뿐만 아니라 이집트, 그리스, 소아시아와 가나안, 이란 등 동서남북으로 널리 퍼졌다. 길가메쉬는 전쟁영웅이 아니다. 그는 왕이었지만 친구 엔키두(Enkidu)의 죽음을 계기로 모든 부귀영화를 버리고 영생을 얻기 위해 '세상에서 가장 위험한 여행을 한 자'이다. 그는 자신만 영생하기 위해 발버둥친 인간이 아니라 모든 백성을 위해 어느 누구도 감행하지 못했던 '죽음의 강을 살아서 건너간 자'이다. 그는 비록 불로초를 우루크로 가져오지는 못했지만 '죽음이라는 절대고독'을 뛰어넘기 위해 현실의 기득권을 헌신짝처럼 내팽개치고 모험을 감행한 위대한 인간이었다. 진정한 영웅이란 타국을 정복해 자신과 자신의 나라에 큰 이익을 가져다준 자가 아니라 죽을 수밖에 없는 인간의 삶과 운명을 통찰한 자이다.

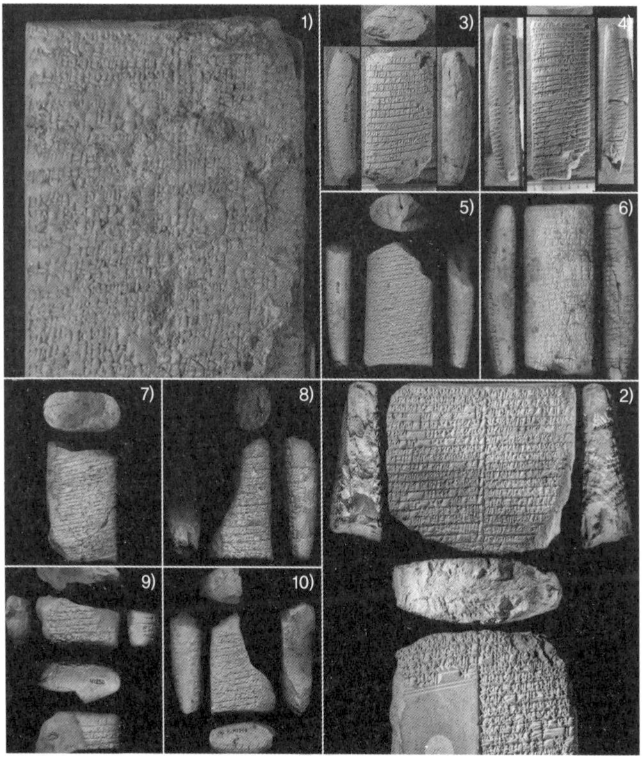

Δ8 길가메쉬와 아가의 전쟁을 기록한 점토판

우루크 왕 길가메쉬와 키쉬 왕 아가의 전쟁을 수메르어로 기록한 점토판들(3,900~3,600년 전 제작). 30여 년 전 〈길가메쉬 서사시〉를 공부하면서 모은 설형문자 사료를 재구성했다. 1)은 이라크에서 바그다드 국립박물관에 이어 두 번째로 큰 술라이마니야 고고학박물관의 '아름다운' 문자 사료이다(일련번호는 알려지지 않음). 2)는 영국 맨체스터대학의 존 라이랜즈도서관 JRL 0931, 3)과 4)는 각각 노르웨이 오슬로 쇼엔컬렉션의 MS 3369와 MS 2652/1이다. 5), 6), 7), 8), 9), 10)은 각각 미국의 펜실베이니아대학 인류고고학박물관 CBS 04564, CBS 06140, N 3591, CBS 15164, N 1250, N 3563이다. 또한 지면이 부족해 소개하지 못했으나 이곳에는 CBS 10355와 N 4236이 더 있다. 터키 이스탄불 고고학박물관의 Ni 2302, Ni 2334, Ni 4351, Ni 4396, Ni 4402, Ni 4448, Ni 9743도 있고, 독일 예나대학 힐프레히트컬렉션의 HS 1485, HS 1515도 모두 길가메쉬와 아가의 전쟁을 다루고 있다. 수메르인과 수메르 후대 사람들 그리고 수메르문명의 영향을 받은 모든 지식인들은 길가메쉬의 영웅담을 대대로 기억했다. 길가메쉬의 일거수일투족은 설형문자로 기록되었다. 〈길가메쉬 서사시〉는 인류 역사상 최장기 베스트셀러이자 스테디셀러였고, 모든 영웅전설의 시작이었다. 필자는 〈길가메쉬 서사시〉의 수메르어 판본에 나오는 두 왕의 전쟁사를 정리해 소개한 바 있다. 그 내용은 《최초의 신화 길가메쉬 서사시》(김산해, 휴머니스트, 2020. 201~209쪽)를 참조할 것.

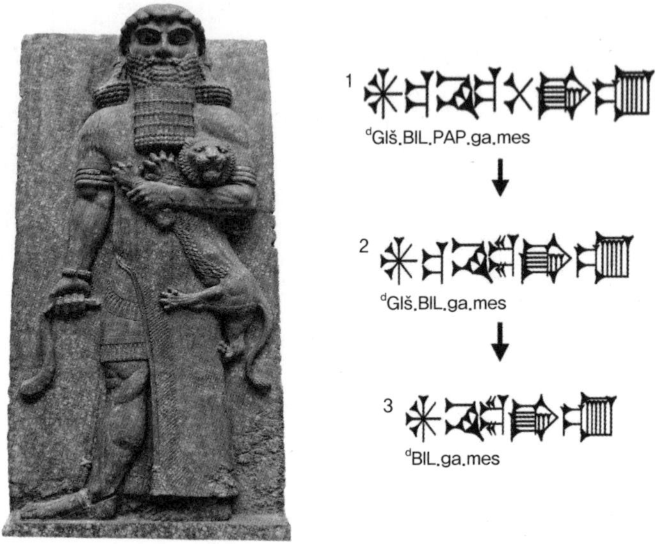

Δ9 영웅-왕의 원조 길가메쉬의 모습과 설형문자의 변화

길가메쉬는 신화와 역사가 뒤엉킨 시대에 나타난 '최초의 영웅'이었다. 수메르인은 길가메쉬 사후에도 그를 가장 위대한 영웅으로 추앙했다. 길가메쉬의 이름은 약 4,500년 전부터 적어도 60가지의 다양한 쐐기꼴로 기록되었다. 길가메쉬의 본명은 수메르어의 '빌가메쉬(^{d}Bilgames, ^{d}Bilgameš$_3$)'이다(3). 가장 이른 시기의 이름(1)부터 '빌가메쉬' 쐐기꼴의 간단한 변화 과정을 기록했다.

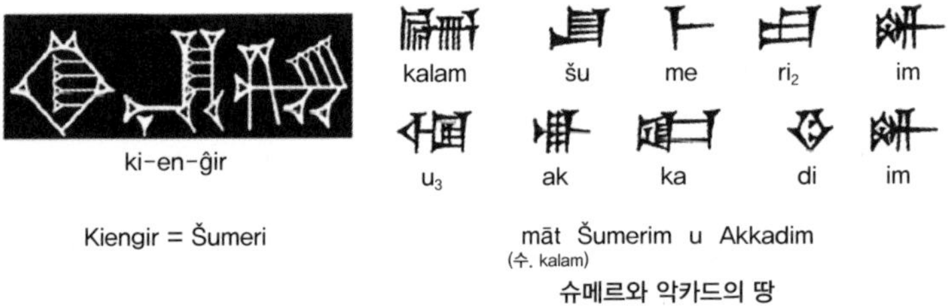

Δ10 수메르어 '키엔기'와 악카드어 '슈메리'

길가메쉬가 세상을 떠난 뒤 우루크에는 7명의 왕이 더 있었다. 우루크 1왕조에는 모두 12명의 왕들이 있었다.[12] 옛날 옛적 수메르 Δ10의 도시국가에서 역사가 시작되고 있었다.[13]

---

12) 〈수메르 왕명록 Ashm 1923-0444〉(영국 옥스퍼드대학 에쉬몰리언박물관) 95~133행에 우루크 1왕조에 12명의 왕이 있었다는 기록이 남아 있다. 그들의 명단을 차례대로 보면 메쉬키악가쉐르(Meš-ki-ag_2-ga-še-er, 1), 엔메르카르(En-me-kar_2, 2), 루갈반다(^{d}lugal-ban_3-da, 3), 두무지(^{d}dumu-zid, 4), 길가메쉬(^{d}$gilgameš_3$, 5), 우르눈갈(Ur-^{d}nun-gal, 6), 우둘칼라마(U-dul_3-kalam-ma, 7), 라바슘(La-ba-šum, 8), 엔눈타락안나(En-nun-tarah-an-na, 9), 메쉬헤(Meš-ḫe, 10), 멜렘안나(Me-lem_4-an-na, 11), 루갈키툰(Lugal-ki-tun_3, 12) 등이다.

13) '수메르'의 본래 이름은 수메르어로 '키엔기(Kiengir)'이다. 악카드어로는 '슈메리($Šumeri_2$) 또는 '슈메루(šumerû)'이다. 그런데 수메르인이 그리스도교의 구약성서에 나오는 노아의 아들인 '셈'을 그들의 선조로 기억하고, 자신을 스스로 '수메르인'이라고 불렀다는 엉뚱한 주장을 하는 한국인들이 있다. 그들이 주장하는 근거는 1963년 출간된 새뮤얼 노아 크레이머의 저서 《수메르인들(The Sumerians)》(298~299)에 실린 내용 때문이다. 정말 그럴까? 크레이머의 가설은 다음과 같다. "'신(神)'을 뜻하는 단어 'dingir'는 실제로는 'dingi'로 발음한다. 마지막 'r'는 묵음이다. 'Sumer'나 'Shumer'가 'Shem'과 동일하려면 두 가지 숙제를 풀어야 한다. 첫째, 모음 'e'와 'u'가 서로 교환될 수 있는가. 둘째, 'er'를 생략해도 되는가. 둘 다 가능하다. 설형문자 'u'는 히브리어에서 종종 'e'가 된다. 'Shumer'도 'Shumi' 또는 'Shum'으로 발음한다."

그러면서 크레이머는 "히브리인이 수메르어에서 'Shem'을 얻었다"고 했다. 그는 계속해서 "'Shem'은 마지막 자음을 빼고 수메르어에서 빌린 유일한 히브리어 이름이 아니다. 성서에서 오랫동안 아브라함의 고향으로 알려져 있는 '우르'의 수메르 이름은 'Ur'가 아니라 'Urim'이다"라고 말했다.

'Shumer, Sumer'와 'Shem'이 동일하다는 가정은 크레이머가 처음이 아니었다. 1941년 그의 스승 아르노 포벨(Arno Poebel)이 미국셈어학회지(American Journal of Semitic Languages. LVIII 1941. 20~26)에서 유사한 가설을 제시한 바 있다. 이어서 크레이머는 결론을 내렸다. "포벨의 가설이 정확하다고 판명되고, 'Shumer, Sumer'와 'Shem'이 동일하다면 우리는 성서를 쓴 히브리인들 또는 적어도 그 일부는 수메르인을 히브리인의 조상으로 여겼다고 보아야 한다. …… 수메르 문화와 문명으로 보건대 원(原)히브리인은 의심의 여지없이 수메르인의 많은 생활방식을 흡수하고 그에 동화되었다."

그런데 구약성서에 집착한 '몇몇' 한국인들의 주장은 전혀 다르다. 그들은 수메르는 '셈족이 세운 나라'라고 하면서 수메르인이 노아의 아들 '셈'의 이름을 따서 그들의 거주지를 '수메르'라고 불렀다고 한다. 더 나아가 수메르인과 한국인이 모두 셈 계열의 동일 종족이라고까지 이야기한다. 일부 한국인들이 약 60년 전의 크레이머 가설을 잘못 이

해하고 마치 수메르인의 조상이 '셈'인 것처럼 호도하는 웃지 못할 상황이 대한민국에서 벌어지고 있다. 이와 같은 주장은 토론이나 논쟁의 대상이 되지 못한다. '태양이 먼저냐, 지구가 먼저냐'와 같은 질문에 답해야 하는 심정이라면 어떨까. 메소포타미아 서부의 반유목민들은 생존을 위해 남부로 들어와 정착했다. 그들은 남부의 수메르 설형문자를 배우고 차용해서 악카드어로 발전시켰다. 그 당시 '셈, 셈족, 셈어'라는 용어는 존재하지 않았다. 먼 훗날 히브리 경전이 만들어졌고, 그 경전 속의 '셈'이 세상 밖으로 나왔다. '셈어'라는 말은 에스파냐의 학자 이븐 하즘(Ibn Hazm)이 처음 사용했으나 1781년 독일의 역사학자 아우구스트 루트비히 폰 슐뢰처(August Ludwig von Schlözer)가 사용하면서 본격적으로 세상에 알려지게 되었다. 수메르인은 '노아'라는 이름을 알지 못했다. 당연한 말이지만 그들은 노아의 아들 '셈'도 알지 못했다. 그런데 2007년 더글러스 R. 프레인(Douglas R. Frayne)은 '악카드의 사르곤' 이전의 왕조에 관한 책《Presargonic Period (2700－2350 BC)》(Royal Inscriptions of Mesopotamia. Early Periods, 1)(Toronto : University Press of Toronto, 2007, 10)에서 새로운 가설을 제시했다. "악카드어로 '수메르와 악카드 땅의 왕'은 'šar māt šumerim u akkadîm'이다. '수메르 땅(māt šumerim)'의 'māt'가 수메르어 키엔기(Kienĝir)의 '키(Ki)'이다. 'māt šumerim'에서 'māt'를 빼면 'šumerim'이 남는다. 'Kienĝir'에서 'Ki'를 빼면 'enĝir'가 남는다. 그렇다면 'šumerim=enĝir'이다. 'enĝir는 en(e) ĝi(r)'이다. 수메르어 방언에서 'n'은 'š'와 연결된다. 'ĝ'는 'm'과 연결된다. 따라서 수메르는 이런 식으로 변화의 과정을 거쳤을 수도 있다. enĝir → ešumer → šumer."

크레이머의 가설은 약 60년 전의 것이고, 프레인의 가설은 약 14년 전의 것이다. 둘 다 현대인의 가설에 불과할 뿐이다. 앞으로 또 어떤 가설이 나올지는 알 수 없다. 그러나 최소한 수메르가 '셈'에서 유래했다는 주장만은 도저히 받아들일 수 없는 억측이다. 4,000년 전에 '이미 사라진' 수메르와 3,000년 전에 출생신고를 한 히브리를 비교하며 우선순위를 정하는 자체가 무의미하다. "두 민족이 유사한 사상과 제도를 가지고 있는 경우 두 민족은 서로 배웠다고 생각하기 십상이다. 예컨대 중국인이 일본인을, 그리스인이 로마인을, 로마인이 게르만인을 가르쳤다고 생각하기 쉽다. 하지만 배우는 민족은 가르쳐준 것을 그대로 아무런 변경도 하지 않고 받아들이지 않는다"(이탈리아의 철학자 잠바티스타 비코(Giambattista Vico)).

6. 에덴쟁탈전

우루크의 국력이 날로 쇠약해지고 있었다. 수메르에서 전쟁이 일어났다. 내전이었다. 이 전쟁의 당사자는 라가쉬(Lagaš)[14]와 움마(Umma)[15]로 라가쉬는 수메르 남동쪽에 자리하고 있었고,**Δ11** 움마는 라가쉬 북서쪽에 붙어 있었다. 라가쉬와 움마는 가장 가깝고도 먼 이웃이었다. 전쟁은 길고 지루했다.[16]

라가쉬에 기르수(Girsu)[17]라는 도시가 있었다.**Δ12** 라가쉬 사람들은 기르수를 성도(聖都)로 삼았다. 라가쉬의 신앙과 종교의 중심지

14) 라가쉬는 수메르에서 가장 큰 도시국가로 여러 도시로 구성되어 있었으며, 수메르 남동쪽에 위치해 있었다. 라가쉬는 두 가지 의미로 쓰였는데 하나는 도시국가의 이름이고, 다른 하나는 '라가쉬의 수도' 라가쉬(지금의 Al-Hiba)의 이름이다. 즉 수도명을 국명으로 쓴 셈이다.

15) 움마는 수메르의 도시국가로 라가쉬 북서쪽에 인접해 있었다. 움마는 국명이다. 또 다른 움마는 '도시 움마(지금의 Tell Jokha)'를 가리킨다.

16) 라가쉬와 움마는 4,600년 전부터 대략 250년 동안 싸웠다. 그러나 양국은 4,900년에서 4,600년 전에 '이미' 이름 없는 왕들이 있었고, 에덴을 차지하기 위해 계속 대립했다.

17) 기르수(지금의 Tello)는 라가쉬에서 가장 북서쪽에 위치해 에덴을 사이에 두고 도시국가 움마의 중심 도시 기샤(Gišša)와 맞닿아 있었다.

nu$_{11}$.bur.la-ki
lagaš^{ki}
라가쉬

Δ11 도시 '라가쉬'의 폐허와 설형문자

도시 '라가쉬'는 1887년 독일의 고고학자 로베르트 콜데바이가 처음 발굴했고, 1953년과 1968년에서 1976년에 재차 발굴되었다. 그러나 발굴은 1980년부터 이란-이라크 전쟁으로 멈추었다. 1990년에도 미국인들이 발굴을 재개했지만 제1차 걸프전쟁으로 또다시 멈추었다. 도시 '라가쉬'는 미국인이 가장 많이 발굴하고 미국이 주도한 전쟁으로 유적지가 파괴되는 해괴한 일이 벌어졌다. 도시 '라가쉬'에는 인안나를 모시는 이브갈(Ibgal) 신전과 라가쉬의 수호신 닌기르수를 모시는 바가라(Bagara) 신전이 있었다. 바가라 신전은 맥주 양조장까지 갖추고 있었다.

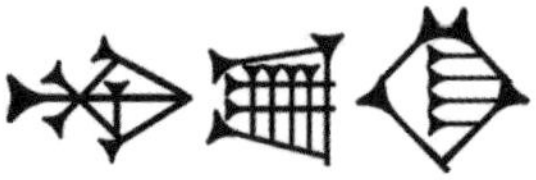

ĝir$_2$-su-ki
girsu^{ki}
기르수

Δ12 기르수 사람들과 설형문자 '기르수'

기르수는 오랜 세월 명맥을 유지했다. 슈루파크를 무너뜨린 물난리의 졸지풍파가 멈추자 기르수는 빠르게 발전하기 시작했다.[18] 그러나 한동안 비가 내리지 않아 큰 가뭄이 땅을 덮쳤다.

> 그때, 라가쉬로 물이 들어오지 않아, 기르수에 기근이 들었다. 운하를 파지 않았고, 제방과 수로는 불결했다. 큰 경작지는 [···] 없었다. 경작해야 할 모든 들판에 물을 충분히 댈 수 없었다.[19] **Δ13-1**

절망적이었다. 운하·제방·수로가 모두 방치되었다. 기르수 사람들은 밭고랑을 열 수 없었다. 가뭄으로 에덴의 보리가 자라지 않았다. 사람들은 나날이 무기력해져갔다. 앞날은 어둡기만 했다.

> 에덴을 경작하지 않았고, 수확량도 없었다.[20] **Δ13-2**

혹독한 가뭄이었다. '수메르의 비옥토' 에덴이 바싹 말라 있었다. 사람들의 뱃속은 허허했고 눈이 뒤집혔다. 기근의 고통은 움마도 마찬가지였다. 에덴 들판은 라가쉬와 움마 사이에 넓게 펼쳐져 있었다. '에덴의 길목'은 구에덴나(Gu'edena)였다.

---

18) 7,300년에서 6,800년 전 기르수에 사람들이 정착해 살기 시작했다. 2,000여 년 동안 기르수는 완만하게 상승곡선을 그리며 유지되었다. 그러다가 4,900년 전부터 기르수 문화의 리듬은 급격히 빨라지면서 라가쉬 종교와 신앙의 중심지로 부상했다.

19) 영국박물관(대영박물관) BM 23103, 〈라가쉬 왕명록〉 20~26행.

20) 영국박물관 BM 23103, 〈라가쉬 왕명록〉 30~31행.

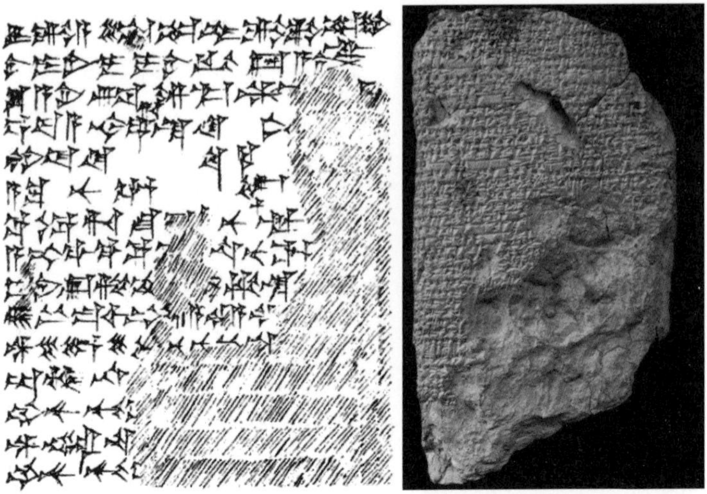

Δ13 기근의 증거

〈라가쉬 왕명록〉으로 알려진 BM 23103 명문에서 기근의 증거가 나오는 부분을 별도로 재구성했다.

GIŠ.KUŠU$_2$.KI

기샤 ↤ 약 4,300여 년 전 ↦ 움마

Δ14 움마의 두 도시, '기샤' 그리고 '움마'와 설형문자

설형문자 '움마(GIŠ.KUŠU$_2$.KI)'는 약 4,300여 년 전까지는 기샤를 가리키며, 그 이후로는 움마를 가리킨다. 처음에는 '도시 기샤'가 도시국가 움마의 중심지였다가 나중에 '도시 움마'가 도시국가 움마의 중심지가 되었다는 의미이다. 오른쪽은 2003년 미국의 이라크 침공으로 약탈당한 도시 움마의 모습이며, 왼쪽은 탱크 자국이 선명한 도시 기샤의 모습이다.

그 당시 움마의 중심 도시는 기샤(Giššа)였다.[21] **Δ14** 기샤는 라가쉬의 성도 기르수에서 서쪽으로 구에덴나를 가로지르면 곧바로 나타났다. 구에덴나는 라가쉬의 기르수와 움마의 기샤 사이에 끼어 있었다.

구에덴나는 드넓은 비옥토 에덴의 초입으로 유프라테스강과 티그리스강의 지류가 교차하는 곳에 자리하고 있었다. 큰 운하, 작은 수로, 셀 수 없을 정도로 많은 물길이 에덴의 들판을 적셨다. 사시사철 흐르는 물은 에덴 들판의 곡식이 언제라도 숨을 쉴 수 있도록 자양분을 공급했다. 수메르인의 운명은 에덴의 경작지와 물길에 달려 있었다.

라가쉬와 움마가 구에덴나에서 충돌했다. 하늘의 심술로 먹고살기 힘든 판에 그나마 비옥토라도 차지해야 앞날을 기약할 수 있었다. 양국의 백성은 가뭄과 기근으로 이성을 잃고 말았다. 오로지 생

21) 기샤(지금의 Umm al-Aqarib)는 라가쉬의 기르수와 인접한 움마의 중심 도시였다. 최초의 역사시대에서 기샤는 움마를 대변한다. 움마의 중심지 기샤는 약 4,300여 년 전에 갑자기 파괴되었다. 기샤를 조사한 고고학자들의 보고에 의하면 기샤는 외침의 흔적이 전혀 없었다. 그들은 갑자기 불어난 강물로 인해 강둑이 무너져 기샤 전체가 삽시간에 습지로 변한 것으로 보고 있다. 움마인들은 졸지에 기샤 바로 위에 있는 도시 움마(지금의 Tell Jokha)로 이동해야만 했다. 그 시기는 움마 왕 루갈자게씨가 우루크 왕이 된 후 수메르 황제의 자리를 차지하고 있을 때로 추정된다. 그렇다면 당연히 외침은 없었다. 기샤와 움마의 가장 가까운 거리는 2~3킬로미터 정도이다. 기샤를 지칭하는 수메르어는 'GIŠ.KUŠU$_2$.KI'이다. 기샤가 사라지자 이 단어는 움마를 지칭하는 단어로 사용되었다. 즉 GIŠ.KUŠU$_2$.KI'는 약 4,300여 년 전 기샤가 사라지기 전까지는 기샤를 가리키며, 그 후는 움마를 가리킨다는 말이다. 이와 같은 기샤와 움마의 관계에 대해서는 Haider Oraibi Almamori의 "*Giššа (Umm Al-Aqarib), Umma (Jokha), and Lagaš in the Early Dynastic III Period*" (Al-Rāfi dān 35, 2014, 1~37)와 "*The Early Dynastic Monumental Buildings At Umm Al-Aqarib*" (Iraq, 76, December 2014, 149~187)를 참조할 것.

존본능에만 충실해야 하는 상황이었다. 그들은 가장 가까운 이웃과 철천지원수가 되어 에덴쟁탈전을 벌이고 있었다.[22] **Δ15**

22) 수메르 전장에 무슨 이유로 에덴이 등장한 것일까. '에덴'을 언급한 최초의 기록은 5,200년 전부터 남아 있었다. 수메르의 에덴은 히브리의 에덴보다 '적어도' 2,600년 전부터 늘 쓰던 단어였다. '에덴'은 4,600년에서 4,500년 전의 여러 행정문서에 실려 있었다. 5,200년 전의 '수메르 에덴'과 2,600년 전의 '히브리 에덴' 사이에 놓인 2,600년 세월의 무게를 감당하기 어려울 지경이다. 수메르의 에덴에는 인간과 동물이 대화를 나누는 동산도, 유일신도, 뱀의 유혹도, 선악과도 없었다. 남자의 갈비뼈로 만든 여자가 등장하지도, 유일신이 '수메르의 에덴'에서 인간을 추방하지도 않았다. 수메르의 에덴은 농사짓기에 금싸라기 같은 땅, 물이 유유히 흐르는 최고의 경작지였다. 그런데 수메르의 에덴은 수메르가 멸망한 지 1,400년 후에 히브리에서 '재탄생'했다. 에덴이 로마로 흡수된 뒤 다시 2,000년 동안 길을 잃었다. 아직도 에덴의 의미나 위치에 대한 수많은 주장이 제기되고 있다. 누가 '원조 에덴의 진면목'을 틀어버린 것일까. 수메르가 멸망한 뒤 에덴이 히브리 경전에서 '재탄생'하던 순간에 그 답이 있다. 먼 옛날 수메르인이 비옥토 에덴에서 농사를 지으며 살았다. 5,200년 전 수메르인이 에덴을 기록하기 시작했다. 그들은 에덴을 차지하기 위해 싸웠다. 4,600년 전 수메르에서 에덴쟁탈전이 가열되었다. 에덴이 없었다면 최초의 역사도 없다. 2,600년 전 히브리인이 '최후의 에덴'을 만들었다. 이것이 에덴의 역사이다.

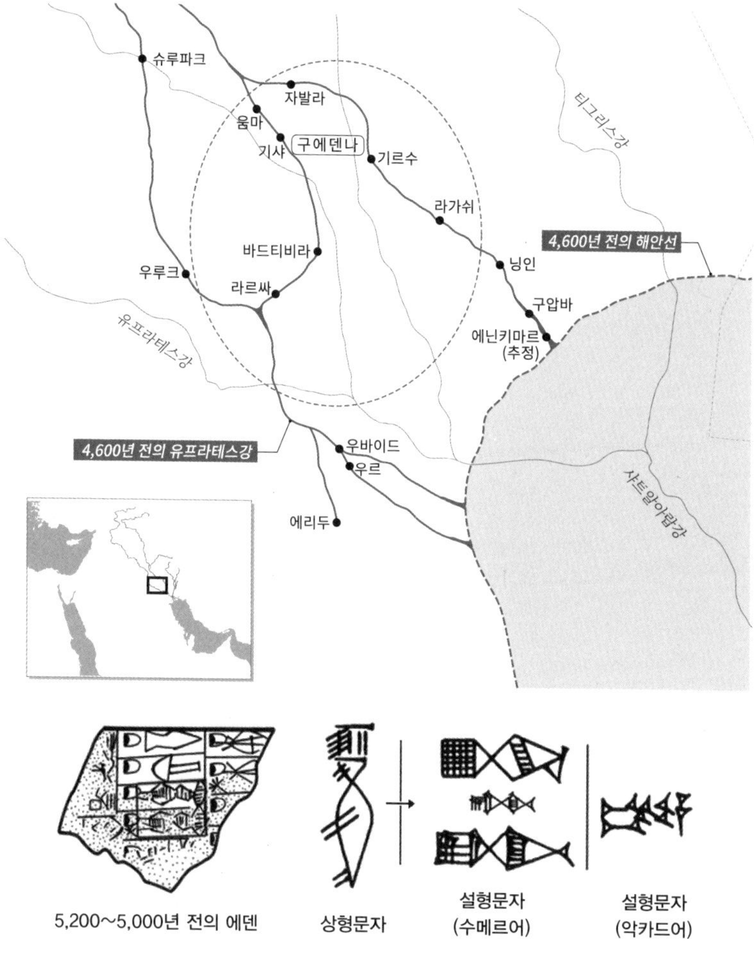

Δ15 에덴의 역사

에덴은 지도의 '원형 안의 지역'에서 경작이 불가능한 늪지와 습지를 제외한 지역으로, 특히 수많은 물길이 유유히 흐르는 라가쉬와 움마 사이의 넓은 들판이 바로 에덴의 중심이다. 수메르인은 '적어도' 8,500년 전부터 선조들이 닦아놓은 터전을 그대로 물려받아 살았다. 에덴의 길목 구에덴나(gu_2-edin-na)에서 라가쉬와 움마가 벌인 에덴쟁탈전을 기록한 문자 사료를 근거로 한 최초의 역사가 펼쳐졌다. 아래의 왼쪽 사진은 5,200년에서 5,000년 전쯤 우루크 점토판에 나타난 '에덴'이다. 위에서 아래로 3~4행에 '에덴'이 연달아 보인다. 에덴은 시계 반대 방향으로 90도 눕혀져 기록되었고(중앙의 수메르어), 다시 간편한 쐐기꼴로 변했다(오른쪽의 악카드어).

7. 라가쉬의 개척자, 엔헤갈

그때[23] 엔헤갈(Enhegal)[24]이라는 라가쉬 왕이 있었다.**Δ16** 왕은 라가쉬에서 최고 부자였다. 그는 8명의 대지주로부터 무려 1000헥타르가량의 땅을 구입했다. 그는 땅 매입금으로 값비싼 수입품인 구리를 2톤 정도 지불했다.[25] 수메르에서 처음 있는 일이었다.

23) 라가쉬는 수메르 초기 왕조의 영웅시대였던 4,900년에서 4,600년 전에는 키쉬와 우루크에 밀려 기를 피지 못했다. 그러다가 영웅시대가 끝나고 수메르에 이렇다 할 강력한 왕조가 없던 '4,600년 전부터' 라가쉬가 수메르에서 가장 넓은 영토를 차지해 최대 도시국가 반열에 올랐다.

24) **라가쉬 1왕조의 첫 번째 왕 엔헤갈(En-hegal)은 라가쉬의 개척자로 〈수메르 왕명록〉에는 나오지 않는다.**

25) 미국 펜실베이니아대학 인류고고학박물관 CBS 10000의 핵심적인 내용을 간략히 소개했다. CBS 10000은 4,600년 전 당대의 역사적인 명문이 기록된 사료이다. CBS 10000 석판의 주인공 엔헤갈은 역사상 '최초로 왕이 된 땅부자'인 동시에 라가쉬의 개척자였다. 즉 고대판 '땅부자 대통령'인 셈이다. 4,600년 전 CBS 10000과 같은 문자 사료는 수메르 이외의 어디에서도 존재하지 않는다. 5,500년 전 문자 발명으로 역사의 작은 파편들이 수많은 문자로 남아 있다. 그러나 역사 이야기로 꾸려질 만한 '가장 그럴싸한' 당대의 문자 사료는 CBS 10000 엔헤갈 석판으로 시작된다. 무려 4,600년 전 당대의 역사 기록을 찾는 일은 상상을 초월한다. 먼저 500년 전에는 스페인이 멕시코를 정복한다. 그때까지 신대륙의 역사는 깜깜밤중이었다. 미국은 존재하지도 않았다. 1,000년 전에는 어땠을까. 통일신라가 망하고 고려가 한반도의 주인이었다. 1,000년을 2번 거슬러올라가면

Δ16 라가쉬 개척자 엔헤갈의 기록

미국 펜실베이니아대학 인류고고학박물관 CBS 10000 명문. 4,600년 전 엔헤갈 생존 당시 제작된 기념비적인 문자 사료이다.

로마제국의 통치하에 예수가 해방을 외친다. 신라·고구려·백제가 건국한다. 여기서부터 '전설'이라는 단어가 자주 등장한다. 1,000년을 3번 거슬러올라가면 다윗과 솔로몬이 이스라엘을 다스린다. 둘의 이름 앞에도 '전설적인'이라는 수식어가 붙는다. 다시 1,000년을 4번 거슬러올라가면 '수메르인 아브람'이 도시국가 우르를 떠나 가나안으로 간다. 최초의 문명국가 수메르가 멸망한다. 아브람(Abram)은 히브리 최초의 족장으로 '열국(列國)의 아버지' 아브라함(Abraham)이 된다. 그에 관한 '당대의 기록'은 현재 전하지 않는다. 4,000년을 거슬러왔어도 지금 우리가 이성계의 조선 개국 현장을 찾아가는 정도의 세월이 또 기다리고 있다. 약 4,600년 전의 전장(戰場)이 우리의 목적지이다. 최초의 역사를 찾아 이라크 땅에 무대를 설치했다. 역사적인 첫 장면을 기록한 대본은 이라크에서 구하고 싶었으나 금세의 최강국 미국 땅에서 엔헤갈 왕을 무대에 올렸다. 험난한 여정을 직감한다. 수메르 역사를 낚은 제국의 보물창고로 출입을 거듭하며 헤매야 한다. 세계 최고의 도굴꾼들이 이룩한 실적을 등에 업고 최초의 역사를 찾아야 한다. 제국의 '박물관전쟁'을 거울삼아 매 장면을 무대에 올려야 한다. 그들의 도굴을 비난하기보다는 그나마 다행이라며 자위해본다. 조국과 자신의 명예를 위해 먼 이국의 땅을 파헤쳤을 도굴의 대가들에게 꺼림칙스런 존경심을 표하면서 말이다. 최초의 역사는 이라크가 아닌 '엉뚱한 곳'에서 부활하리라.

엔헤갈은 순식간에 라가쉬의 국토를 매우 넓게 확장시켰다. 왕이 구입한 땅은 곧바로 라가쉬로 귀속되었다. 라가쉬는 거대해졌다. 엔헤갈은 라가쉬의 실질적인 개척자였다. 그는 새로 편입된 땅으로 물을 끌어들였다. 사방으로 펼쳐진 드넓고 평평한 땅이 비옥토로 변했다.

엔헤갈 왕은 땅의 '관개를 개선한 사람'이며, '땅을 합친 사람'이며, 지위가 높은 왕으로 최고위 고문관이며, 정복자로 대단한 지도자이며 위대한 주인이다.[26)]

그 당시 라가쉬는 움마와 계속 다투고 있었다. 엔헤갈이 땅을 끌어모으는 상황에서도 다툼은 여전했다.

라가쉬 왕 엔헤갈의 소중한 땅, 구에덴나[27)]의 늙은 종려나무숲에 접해 있는, 움마로부터 가로챈 왕실 땅 3부르(bur).[28)] [29)] **Δ17**

---

26) 미국 펜실베이니아대학 인류고고학박물관 CBS 10000 명문의 3번 수직칸 5~9행.

27) '구에덴나'의 가장 오래된 사료는 4,500년에서 4,355년 전의 수메르 명문 61개에서 71회 발견했다. 이후 180년 정도 지속된 악카드 시대의 명문 10개에서 10회 확인했다. 그 후 대였던 우르 3왕조 108년 동안의 명문 602개에서는 721회나 '눈호강'을 할 수 있었다. 그런데 4,500년 전보다 더 이전의 기록을 찾을 수 없었다. 많은 시간을 투자한 끝에 드디어 미국 펜실베이니아대학 인류고고학박물관에서 '물건'을 만났다. 1915년 대학 박물관은 바빌로니아 연작물을 발행했는데, 제9권 1부에서 구에덴나를 찾을 수 있었다. 점토판의 명문일 것이라는 예상은 빗나갔다. 구에덴나는 석회암판(CBS 10000)에 자리하고 있었다. 석회암은 수메르에서는 구할 수 없는 지금의 이란에 있는 자그로스산맥에서 수입하던 암석이었다. 연작물의 서문에는 "B.C.E. 3200년 또는 그 이전, 라가쉬 왕 엔헤갈 시대의 명문"이라고 쓰여 있었다(George A. Barton, *Sumerian Business and Administrative*

엔헤갈은 움마로부터 구에덴나에 붙어 있는 땅을 빼앗아 라가쉬 왕실 소유로 삼았다. 왕과 함께 부동산 거래에 관여한 사제도 있었다. 그는 '라가쉬의 성도' 기르수의 신전에서 닌기르수(Ningirsu)**Δ18**를 섬기던 자였다.[30)]

엔헤갈은 움마의 이름 모를 왕과 싸웠다. 양국의 왕은 에덴과 구에덴나를 차지하려고 혈안이었다. 그들은 이 비옥토를 손에 넣어 백성들의 배고픔을 해결해야 했다.

'에덴의 길목' 구에덴나는 한순간도 빼앗겨서는 안 될 곳이었다. 수메르 위정자의 고단한 삶이었다. 라가쉬 왕이 된 엔헤갈은 과감하게 결단을 내렸다. 그는 광활한 땅을 구입해 수메르에서 가장 넓은 영토를 소유하게 되었다.

그러나 에덴은 양보의 대상이 절대 아니었다. 에덴을 끼고 있는 라가쉬와 움마는 피할 수 없는 숙명의 적수였다. 에덴전쟁은 물전쟁

Documents from the Earliest Times to the Dynasty of Agade, Publications of the Babylonian Section, Vol. 9, No. 1, University of Pennsylvania Press, 1915, 7). '5,200년 전(B.C.E. 3200)'은 엔헤갈이 출현한 '약 4,600년 전'으로 수정되어야 한다.

28) 수메르의 '1부르'는 약 '6.48헥타르'로, 엔헤갈이 움마와 다투던 왕실 땅을 계산해보면 3부르는 19.5헥타르 정도로 약 6만 평에 가까운 땅이었다(1헥타르=3,025평, 19.5헥타르=58,987.5평).

29) 미국 펜실베이니아대학 인류고고학박물관 CBS 10000 명문의 4번 수직칸 6~10행.

30) 미국 펜실베이니아대학 인류고고학박물관 CBS 10000 명문의 뒷면 2번 수직칸 1~3행. 한 가지 흥미로운 사실은 이 명문에 라가쉬의 수호신 닌기르수를 섬기는 사제 루갈키갈라(Lugalkigalla)가 나온다. 그 역시 엔헤갈의 부동산 거래에 관여했다. 또 다른 사제로는 4,900년에서 4,700년 전 움마의 수호신 샤라(Šara)를 섬기던 '우슘갈(Ušumgal)'이 있었다. 이 사제도 땅과 집, 가축 거래에 관여했다(뉴욕 메트로폴리탄미술관 MMA 58.29). 이들은 이름이 확인된 '최초의 사제'였다. 그 먼 옛날에도 성직자들이 '활발하게' 경제활동을 했다. 자본을 향한 욕망은 예나 지금이나 변함이 없다.

이었고 식량전쟁이었으며, 영토전쟁이었다. 수메르에서 벌어진 '자본전쟁의 시작'이었다.[31)] **Δ19**

31) 전쟁은 그전에도 있었다. 우루크의 엔메르카르가 아라타와 싸웠다. 키쉬의 엔메바라게씨가 엘람을 꺾었다. 우루크의 길가메쉬는 키쉬의 아가를 이겼다. 수메르의 후대인들은 영웅시대의 발자취를 추억하며 기록했다. 영웅들의 전쟁은 역사로 남았다. 실제 상황과 그 기록 시기 사이에 수백 년이라는 세월의 간극이 있었다. 4,600년 이전은 신화와 역사가 공존하던 수메르 영웅시대였다. 그리고 그 이야기는 수메르 초기 왕조를 거쳐 악카드 왕조와 수메르 문예부흥 시대를 맞이한 우르 3왕조까지 계속 회자되었다. 약 4,130년 전(B.C.E. 2112) 우르 3왕조의 우르-남무(Ur-Nammu)가 수메르 문화를 부활시키자 먼 옛날의 영웅시대가 '본격적으로' 기록되기 시작했다. 수메르인은 적어도 500년 동안 조상들의 위대한 이야기를 잊지 않았다. 그들의 기억은 '세월의 간극'을 극복하고 문자 사료로 남았나. **그러나 라가쉬-움마 전쟁은 달랐다. 둘의 전쟁사는 당대에 기록되었다! 다른 수메르 도시국가에서 '이런 일'은 벌어지지 않았다. 하여 라가쉬-움마 전쟁사를 빼놓으면 수메르 초기 왕조의 역사는 사상누각이다! 말하자면 '수메르의 역사 이야기'가 없단 말이다. 따라서 당대 사료를 근거로 실제 역사와 후대(B.C.E. 1817)에 기록된 〈수메르 왕명록〉의 차이를 차근차근 밝혀내리라.** 전쟁의 한복판에 있던 라가쉬 필경사들은 당시의 전쟁 상황을 점토 표면에 남겼고, 외국에서 수입한 돌에도 새겨 넣었다. 그 증거물들이 폐허 속에서 발견되었다. 그들이 겪은 승리의 환희와 패배의 비애가 고스란히 드러났다. 지금껏 알려지지 않았던 왕들이 역사의 현장에 얼굴을 내밀었다. 전혀 몰랐던 수많은 사람들이 유명(有名)과 무명(無名)으로 부활했다. 인간은 전쟁을 기록한다. 전쟁은 역사가 된다. 세월이 흐를수록 승자의 역사는 각인되고 패자의 역사는 시나브로 지워진다.

6

7

8

9

10

엔헤갈, 라가쉬의 왕

6) 왕실 땅 3부르, 움마로부터 가로챈(?)
7) 늙은 종려나무숲에 접해 있는
8) 구에덴나의, 소중한 땅
9) 엔헤갈의
10) 라가쉬의 왕

Δ17 엔헤갈의 구에덴나 탈환

미국 펜실베이니아대학 인류고고학박물관 CBS 10000 명문의 4번 수직칸 6~10행.

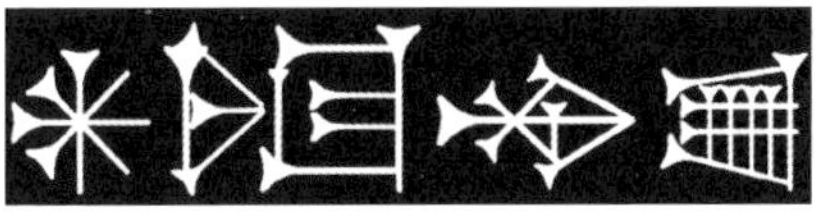

diĝir nin $ĝir_2$ su

Δ18 설형문자 '닌기르수'

닌기르수(^{d}Ningir)는 '기르수의 주님(nin)'으로 라가쉬의 성도 기르수의 수호신이자 라가쉬의 국가 수호신이다. 그의 신명 앞에 신(神)을 뜻하는 '딩기(diĝir: dingir)'가 붙어 있다.

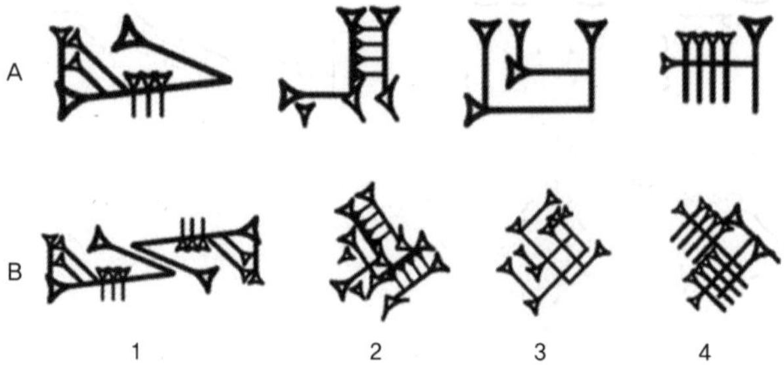

Δ19 설형문자 '전쟁', '싸움', '투쟁', '다툼'

'전쟁, 싸움, 투쟁, 다툼'과 연관된 설형문자(B그룹)들이다. B그룹의 문자는 A그룹의 문자 2개가 서로 마주보거나 겹쳐 있다. A의 1번은 '사람(lu)'이다. 이 단어가 마주보면 B의 1번(adamin/gigam/inbir)이 된다. 마찬가지로 A의 2번 '왕(en)'이 겹치면 B의 2번(adamin$_5$)이 되고, A의 3번 '그(ur)'가 겹치면 B의 3번(urbigu)이 되며, A의 4번 '왕자(nun)'가 겹치면 B의 4번(adamin$_4$/urgilim)이 된다. 즉 A그룹의 문자 하나가 B그룹의 두 문자처럼 마주보거나 겹치면 B그룹의 '전쟁, 싸움, 투쟁, 다툼'의 뜻을 가진 단어가 된다. 사람과 사람, 왕과 왕, 그와 그, 왕자와 왕자가 전쟁하고 싸우고 투쟁하고 다툰다.

8. 메실림의 내정간섭

라가쉬-움마의 전쟁은 치열했다. 싸움은 멈추지 않았다. 한 치의 양보도 없었다. 라가쉬와 움마는 비옥토 에덴을 차지하려고 혈안이었다. 그 바람에 양국의 국력은 급속도로 낭비되었다. 이 틈에 키쉬에서 메실림(Mesilim)[32]이라는 강력한 권력자가 나타났다. 키쉬는 라가쉬와 움마에서 북서쪽으로 멀리 떨어져 있는 도시였다. 왕은 키쉬의 수호신 닌후르쌍(Ninḫursaĝ)[33]의 총애와 후원을 받고 있었다.

32) **메실림(Me-silim)은 〈수메르 왕명록〉에 나오지 않는 키쉬의 왕으로, 메살림(Mesalim)이라고도 한다.**

33) 수메르의 모신이자 키쉬의 수호신. 메실림의 정체성을 확인할 수 있는 시카고대학 동양학연구소 사료(OIM A00192)의 내용을 보면 필경사는 메실림이 닌후르쌍의 사랑하는 '아들'이라고 기술해 언뜻 메실림이 신의 자식일 것이라는 착각을 하게 만든다. 그러나 이런 표현은 자신의 주군이 가장 위대하다고 강조하려는 수메르 필경사의 '상투적인 필법'일 뿐이다. 미국 시카고대학 동양학연구소 사료의 명문을 추가로 더 읽고 메실림의 정체성을 확인했다.

"메실림, 키쉬 왕, 닌후르쌍의 사랑스런 아들 [……]."(OIM A00192, 1~5행).

"(메실림), 키쉬의 왕, 에샤르 [……]."(OIM A00228, 1~3행).

"키쉬의 메실림 왕이 이 그릇을 에사르 신전으로 보냈다. 아답의 통치자는 닌키살시였다."(OIM A00211, 1~6행).

그런데 OIM A00211 5~6행(5행: nin-kisal-si, 6행: ensi-gar adab)이 의미심장했다. 수메르

메실림의 권세는 날로 높아지고 있었다.

키쉬 남동쪽 아래로 흐르는 물길을 따라 도시들이 줄줄이 늘어서 있었다. 메실림은 그곳으로 눈을 돌렸다. 라가쉬와 키쉬 사이에 아답(Adab)이라는 도시가 있었다. 메실림은 아답을 압박했다. 당시 아답은 닌키살시(Ninkisalsi)[34]라는 지배자가 다스리고 있었다. 아답의 수호신은 위대한 수메르의 여신 인안나였다. 어느 날 아답 사람**Δ20**들이 인안나를 받드는 의식을 치르기 위해 에사르(Esar)[35]로 모여들었다. 키쉬 왕 메실림은 아답을 조종하고 위세를 부렸다. 그는 아답의 국가 행사에 사신을 보냈다. 내정간섭이었다. 메실림의 바람이 아답을 흔들었다.

메실림의 남동풍은 라가쉬까지 몰아쳤다. 왕은 '라가쉬의 성도' 기르수를 탐냈다. 메실림의 바람은 거셌다. 권력자는 라가쉬를 옥죄었다. 그는 라가쉬의 닌기르수 신전을 '다시' 건축했다.[36] 라가쉬

도시의 통치자에게 붙이는 일반적인 호칭은 '엔시(Ensi=PA.TE.SI)'이다. 그런데 닌키살시에게는 '엔시-가르(ensi-gar=GAR.PA.TE.SI)'가 붙어 있었다. 이는 수메르의 강력한 권력자(루갈)에 의해 임명된 군주 혹은 총독을 의미한다. 즉 닌키살시는 메실림에 의해 아답의 통치자가 된 자라는 뜻이 함축되어 있다.

34) **닌키살시(Nin-KISAL-si)는 〈수메르 왕명록〉에 나오지 않는 아답 왕으로, 키쉬 왕 메실림과 동시대인이다. 아답에는 닌키살시 이외에도 〈수메르 왕명록〉에 나오지 않는 8명의 통치자 '메두르바(Me-durba 또는 Me-ba-LAK 551), 바라헤니두(Bara-ḫenidu), 루갈달루(Lugal-dalu), 룸마(Lum-ma), 묵씨(Mug-si), 에이기님파에(E-IGI.NIM-pa'e), 메스키갈라(Mes-kigala), 우르-두무(Ur-Dumu)'가 더 있었다는 사실이 여러 사료를 통해 증명되었다. 〈수메르 왕명록〉에 나오는 아답 왕은 루갈안네문두(Lugal-Anne-mundu)가 유일하다. 〈수메르 왕명록〉과 실제 수메르 역사와의 차이를 실감한다.**

35) 아답의 수호신인 인안나를 모시는 신전이다. 위대한 수메르의 여신 인안나는 아답뿐만 아니라 여러 도시의 수호신이었다.

36) 수메르에서 신전 건축이나 재건축의 의미는 시공자가 그 신전이 있는 도시국가의 권력

Δ20 아답인과 설형문자 '아답'

아답(지금의 Bismya, Bismaya)은 라가쉬와 키쉬 사이에 위치한 수메르의 도시국가이다.

의 치욕이었다. 라가쉬는 키쉬의 속국이 되었다. 당시 라가쉬의 지배자는 루갈샤엔구르(Lugalšaengur)[37]였다. 메실림은 한 수 더 떴다. 그는 '라가쉬의 수호신' 닌기르수에게 왕홀을 바치고 라가쉬의 통치권을 주장했다. 루갈샤엔구르는 엔헤갈의 뒤를 이은 라가쉬의 지배자였지만 메실림의 꼭두각시가 되었다.[38] **Δ21**

자라고 선포하는 것과 같았다. 메실림은 라가쉬의 성도 기르수에 있던 '라가쉬의 국가 수호신' 닌기르수의 신전을 개축해서 자신이 라가쉬를 수중에 넣었다고 알리고 싶었던 것이다.

37) **루갈샤엔구르(Lugal-sha-engur)는 〈수메르 왕명록〉에 나오지 않는 라가쉬 1왕조의 두 번째 왕으로 키쉬의 메실림과 동시대인이다.** '라가쉬의 개척자' 엔헤갈과 루갈샤엔구르와의 관계는 확인되지 않았다.

38) 4,550년 전 이 왕홀 머리에 명문을 쓴 키쉬의 필경사는 자국의 왕을 '루갈(Lugal)'이라고, 라가쉬의 지배자는 '엔시(Ensi)'라고 기록했다. '루갈'은 '엔시'보다 강력한 수메르의 권력자에게 붙이는 칭호였다. 그는 왕홀의 주인 메실림이 '라가쉬의 실질적인 통치자'라고 라가쉬의 신 닌기르수에게 고하는 의미로 왕홀을 제작한 것으로 보인다. 1881년 프랑스인 에르네스트 드 사르제크(Ernest de Sarzec)는 이 왕홀 머리를 기르수에서 발굴했다. 왕

엔헤갈이 국토를 넓혀 나라를 우쩍 일으켜 라가쉬가 역사의 중앙 무대로 나오려는 순간 키쉬가 큰 바위 얼굴을 내밀었다. 아답은 키쉬의 그늘 아래에서 힘없이 발을 내디뎠다. 라가쉬는 아직 제대로 흥할 기세를 잡지 못하고 있었다. 라가쉬는 메실림의 손안에 있었다. 메실림에게 한 가지 골치 아픈 일이 있었는데 그것은 바로 라가쉬와 움마의 끝없는 에덴쟁탈전이었다. 이에 메실림이 팔을 걷어붙였다. 왕은 수메르 내전을 수습할 방법을 찾고 있었다. 메실림은 군사를 동원하지 않고[39] 라가쉬와 움마를 달랬다. 그는 양국의 내전을 잠시 멈추는 데 성공했다. 메실림이 국경선을 정했다. 그는 휴전협정의 증거로 직접 경계비를 세웠다.

홀 머리는 지름 16센티미터, 높이 19센티미터의 돌덩어리였다. 왕홀은 왕권을 상징하는 의전용 물건으로 역사상 거의 모든 위정자들이 왕홀을 들었다. 종교의 우두머리들도 마찬가지이다. 왕홀의 원조는 수메르로 수메르의 왕홀은 5,100년 전에도 있었다. 프랑스 루브르박물관에는 4,900년에서 4,700년 전 기르수에서 사용된 왕홀을 새긴 석판 AO 00221이 보관되어 있다. 엔헤갈 이전에도 라가쉬에는 이미 '이름이 알려지지 않은 왕들'이 있었다. 1872년 사르제크는 이라크 최대 항구도시 바스라의 부영사로 파견되어 5년 뒤인 1877년부터 기르수 발굴에 착수했다. 그러자 수메르 역사가 부활하기 시작했다. 그는 최초의 역사를 복원하는 위대한 과업의 일등공신으로 그가 없었다면 수메르는 쉽게 잠에서 깨어나지 못했을 것이다. '프랑스 국보 1호' 루브르박물관과 사르제크를 잃으면 '최초의 역사'를 찾는 일은 공염불에 불과하다. **문자 사료를 근거로 한 역사시대를 탐구하기 시작하면서 4명의 왕과 2명의 사제를 만났다. 미국 펜실베이니아대학 인류고고학박물관(엔헤갈 왕, 사제 루갈키갈라)에서 추억했고, 루브르박물관(루갈샤엔구르 왕, 메실림 왕)에서 회상했으며, 시카고대학 동양학연구소(닌키살시 왕, 메실림 왕)에서 확인했고, 뉴욕 메트로폴리탄미술관(사제 우슘갈)에서 알아냈다. 모두 '수메르의 땅' 이라크가 아니었다. 역사의 아이러니였다. 그들은 한결같이 〈수메르 왕명록〉에 한 번도 나오지 않는 인물들이었다. 〈수메르 왕명록〉만으로는 수메르의 실제 역사를 '절대' 알 수 없다!**

39) 메실림 사료에서 그의 정복전쟁에 관한 증거를 찾을 수 없었다.

라가쉬의 지배자(엔시) 루갈샤엔구르 키쉬 왕(루갈) 메실림

AO 02349

키쉬 왕(루갈) 메실림

Δ21 메실림과 루갈샤엔구르

프랑스 루브르박물관 AO 02349 명문, 1~9행. "키쉬 왕(루갈) 메실림은 닌기르수 신전의 건설자로 닌기르수 신을 위해 (왕홀을) 세웠다. 라가쉬의 지배자(엔시)는 루갈샤엔구르였다."

엔릴(Enlil),[40] 모든 땅의 왕, 모든 신들의 아버지는 정의로운 명으로 닌기르수와 샤라(Šara)[41]를 위해 땅의 경계를 그었다. 키쉬의 메실림 왕은

40) 수메르의 천신 '안(An)'의 아들로, 수메르 만신전의 제왕이며 신들의 실질적인 권력자이다. 또한 수메르 북쪽에 있던 수메르의 성도로 알려진 니푸르(Nippur)의 수호신이기도 하다. 신들은 그의 명령에 복종해야 했다. 엔릴은 에쿠르(Ekur) 신전에 머물면서 세상을 통치했다. 수메르의 모든 중대사는 엔릴의 인가를 통해 이루어졌으며, 그의 명령은 번복되는 일이 없었다. 엔릴은 이복형제인 엔키와 경쟁하고 화합하면서 수메르 신계(神界)를 이끌었다.

이쉬타란(Ištaran)[42]의 명령에 따라 측량줄로 재었고, 그곳에 경계비를 세웠다.[43] **Δ22, 23**

신들이 이 사건을 주도했다. 큰 신들이 모여 회의를 열고 수메르의 중대사를 결정했다. 최종 결정권은 '신들의 제왕' 엔릴에게 있었다. 모든 권력은 엔릴에게서 나왔다. 엔릴이 명령을 내리면 그 누구도 거역할 수 없었다. 이 휴전협정 역시 엔릴이 결정했다.[44] 엔릴의 완장에 합당한 일이었다. 하급 신들인 닌기르수·샤라·이쉬타란이 엔릴의 엄명을 받들었다. 신들은 모두 엔릴의 결정에 복종했다. 휴전 결정을 실행에 옮긴 왕은 메실림이었다. 메실림은 사실상 수메르의 실권자였다.

41) 수메르의 도시국가 움마의 수호신이다.

42) 엘람의 경계선에 접해 있던 수메르 북동쪽의 도시국가 데르(Der)의 수호신이다. 이쉬타란은 수메르의 국경선을 관장하는 신이기도 하다.

43) 프랑스 루브르박물관 AO 03004 명문, 1~12행.

44) "엔릴이 결정했다"는 의미는 메실림이 '수메르의 성도' 니푸르 사제단의 동의를 받았다는 뜻이다. 수메르는 신정국가이었기에 당연한 과정이었다. 또는 필경사가 메실림의 행위에 정당성을 부여하기 위해 일부러 지어낸 '상투적인 표현'으로도 볼 수 있다. 수메르의 권력자들은 대부분 '엔릴의 인가'를 동원해 자신의 정권욕을 드러냈다.

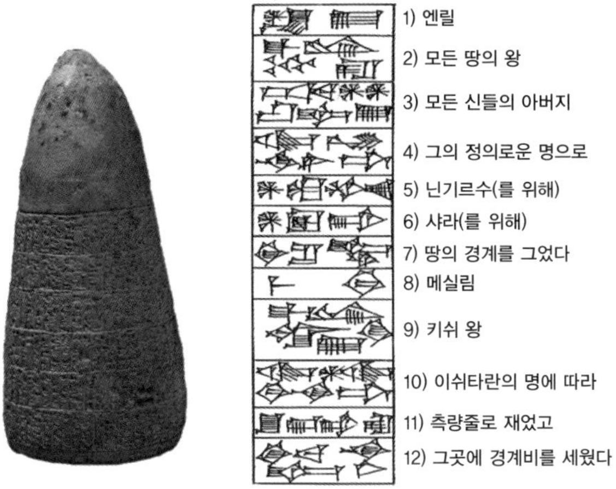

Δ22 '최초의 휴전협상 중재자' 메실림 1

프랑스 루브르박물관 AO 03004 명문, 1~12행. 4,400년 전에도 라가쉬와 움마의 전쟁은 계속되었다. **그때 라가쉬에는 〈수메르 왕명록〉에 나오지 않는 '엔메테나(Enmetena)'라는 위대한 왕이 있었다.** 그의 '이름 모를' 충성스런 필경사가 라가쉬 조상들과 당대의 역사적인 라가쉬-움마 전쟁사를 남겼다.

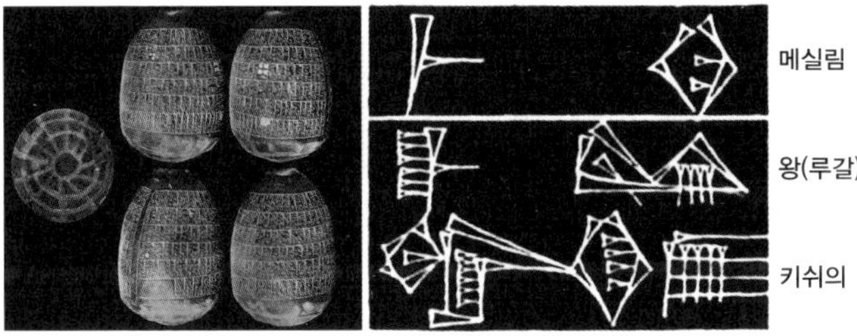

Δ23 '최초의 휴전협상 중재자' 메실림 2

프랑스 루브르박물관 AO 03004의 명문과 동일한 내용이 담긴 점토 사료(왼쪽은 미국 예일대학 바빌로니아컬렉션 NBC 02501)이다. 4,600년에서 4,400년 전의 역사가 빼곡하게 실려 있다. 이 또한 '최초의 휴전협상 중재자' 메실림의 기록을 담고 있다. AO 03004의 필경사는 4,400여 년 전의 라가쉬 역사가였다. 그는 '신들의 제왕' 엔릴을 비롯한 여러 신들을 역사 무대로 끌어들였다. 그는 키쉬 왕 메실림을 휴전협상의 중재자로 소개했다. 이는 메실림이 수메르의 도시국가들을 지배하고 있었다는 우회적인 표현이다. 4,400여 년 전 AO 03004의 필경사는 대놓고 키쉬의 메실림이 라가쉬를 지배했다고 기록할 수 없었으며, 움마와 전쟁을 벌인 조상들의 역사적인 사건을 기록하기 위해 복수의 문자 사료(AO 03004, NBC 02501)를 만들었다. 두 사료의 명문 내용은 똑같았으며 아쉽게도 필경사의 이름이 모두 빠져 있다. 한 명의 필경사가 두 명문을 모두 기록한 것이거나 복수의 필경사가 동일한 사실을 기록한 것일지도 모른다. 같은 시기에 쓰였고, 같은 장소(기르수)에서 출토된 사료였다. 이 사료는 현재 하나는 프랑스에서, 하나는 미국에서 보유하고 있다.

9. 우쉬의 라가쉬 침공

전쟁은 일단 멈추었다. 그즈음 우쉬(Uš)[45]라는 이름의 움마 왕이 있었다. 평화는 잠시뿐이었다. 결국 사달이 났다. 우쉬가 다시 전쟁을 일으켰다.

움마의 군주 우쉬는 '말(?)'에서 크게 벗어난 일을 저질렀다. 그는 경계비를 뽑아버렸고, 라가쉬의 에덴으로 들어갔다. 엔릴의 영웅 닌기르수는, 그(엔릴)의 공정한 명령에 따라, 움마와 전쟁을 벌였다. 그는 엔릴의 명을 받들어 그들에게 커다란 포획 그물을 던졌고, 에덴 위에 많은 무덤을 쌓아올렸다.**Δ24**

알고 보면 전쟁이 다시 일어난 것은 예견된 수순이었다. 라가쉬

45) **우쉬는 〈수메르 왕명록〉에 나오지 않는 움마 1왕조의 첫 번째 왕이다.** 대부분의 수메르 연구가들은 그를 움마 1왕조의 두 번째 왕으로 지목한다. 필자의 주장은 뒤의 각주(47, 62, 92, 98)를 참조할 것. 우쉬가 라가쉬를 침공했다는 것은 키쉬의 메실림이 죽고 키쉬의 영향력이 사라졌음을 의미한다.

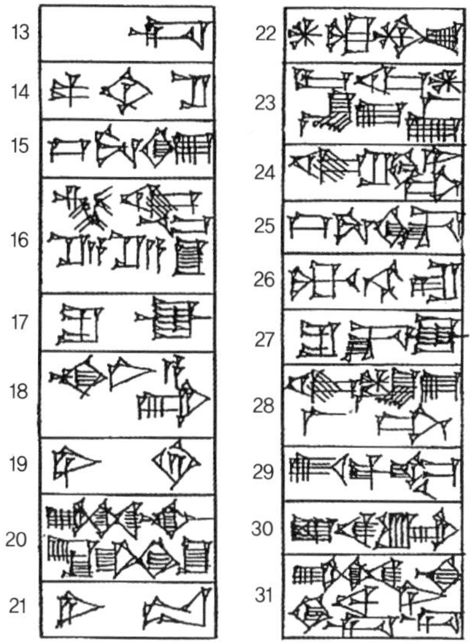

프랑스 루브르박물관 AO 03004 13~31행
13) 우쉬
14) 지배자는
15) 움마의
16) 말(?)에서 크게 벗어난 짓을
17) 저질렀다
18) 그 경계비를
19) 그는 뽑아버렸다
20) 라가쉬의 에덴으로
21) 그는 들어갔다
22) 닌기르수
23) 엔릴의 영웅은
24) 그(엔릴)의 공정한 명령에 따라
25) 움마와
26) 전쟁을
27) 벌였다
28) 엔릴의 명을 받들어
29) 그는 커다란 포획 그물을 던졌고
30) 많은 무덤을
31) 에덴 위에 쌓아올렸다

Δ24 우쉬의 침공

는 수메르의 최대국가[46]였다.**Δ25** 움마는 평범한 도시국가에 불과했다. 휴전협정이 공정할 리 없었다. 메실림이 경계선을 긋기 위해 직접 측량줄을 들었지만 공평할 리 없었다. 어느 쪽에 유불리가 있었는지 불을 보듯 뻔했다. 인간이 약육강식을 하지 않은 때가 있었던가. 약자는 참다못해 꿈틀거렸다. 마침내 불리(不利)는 유리(有利)를 증오했다.

46) 수메르는 50~600헥타르 크기의 도시들이 강 주변에 늘어서 있었다. 라가쉬는 수메르에서 가장 컸다. 수메르 국가들은 1개의 도시로 구성되어 있었다. 어떤 도시국가는 타국의 위성도시로 전락하기도 했다. 라가쉬는 여느 도시국가와는 달랐다. 라가쉬에는 도시들이 즐비했으며, '당대 사료에서 확인된 역사적인 도시들'이 있었다. 라가쉬 제1의 중심 도시는 라가쉬 최북단의 '기르수'였다. 기르수는 라가쉬의 종교와 신앙의 중심지였

우쉬의 귓전에 엔릴의 신명—'말(?)'—따위는 들리지 않았다. 최초로 수메르 내전을 멈추게 한 메실림의 명예는 헛된 것이었다. 약자는 꿈틀거리다가 곧바로 일어섰다. 그의 분노 앞에 평화의 경계비는 쓸모없는 돌덩어리로 변했다. 에덴은 순식간에 전쟁터가 되었다. 우쉬는 비옥토를 뭉개버렸다. 에덴 벌판은 피로 물들고 무덤 천지로 변해버렸다. 그런데 무덤의 주인은 '약자' 움마의 전사들이었다. 엔릴의 신명에서 벗어나면 죽음의 외길뿐이었다. 라가쉬의 수호신 닌기르수가 '신들의 제왕 엔릴의 명'을 받들었다. 신이 인간을 상대로 칼을 휘둘렀다. 우쉬는 신의 무기를 피할 수 없었다. '포획 그물'이 그를 덮쳤다. 신과 인간의 전쟁이었다. 이해할 수 없는 전쟁이었다.[47)]

다. 기르수 남동쪽에 나라명과 동일한 수도 '라가쉬'가 있었다. '도성인 라가쉬' 남동쪽에 '닝인(Niĝin)'이 있었고, 닝인 남동쪽에는 '구압바'가 있었다. 라가쉬 도시들은 닌아기나(Ninagina)운하를 따라 남동쪽으로 들어서 있었다. 기르수-라가쉬-닝인-구압바 라인은 라가쉬의 대동맥이었다. 그 종착역은 최남단의 '에닌키마르'라는 이름의 항구도시였다. 에닌키마르는 수메르 역사에서 가장 유명한 어항이었다. 메소포타미아 전체에서도 최고였다. 이 항구는 아직 모습을 드러내지 않고 있다. 현재 그 당시의 페르시아만 해안선은 남쪽으로 물러나 있다. 라가쉬는 대도시 옆에 작은 도시가 빼곡하게 들어서 있었는데, 도시와 도시 사이로 운하와 수로가 그물망처럼 엉켜 있었다. **〈수메르 왕명록〉에는 라가쉬 자체가 통째로 빠져 있고, 역사적인 라가쉬 도시들 역시 한 곳도 찾을 수 없다.** 유프라테스강은 마리와 씨파르를 거쳐 하류로 진입했으며, 강물은 키쉬와 니푸르를 지나면서 여러 지류로 흩어졌다. 남쪽으로 내려올수록 셀 수 없는 작은 지류들이 갈라지고 또 갈라졌다. 유프라테스강 남동쪽의 지류와 티그리스강의 지류 사이에 라가쉬의 수많은 도시가 줄줄이 늘어서 있었다. 라가쉬의 땅끝에 있던 구압바와 에닌키마르는 남동쪽 해상무역의 전진기지였다. 유프라테스강 남서쪽의 큰 지류는 슈루파크와 우루크를 지나 우르에 이르렀다. 그리고 쿠아라(Kuara)와 '우르 남동쪽의 이름이 알려지지 않은 항구도시'에서 페르시아만으로 흘러들었다. 우르, 쿠아라, 미지의 항구도시는 남서쪽 해상무역의 전진기지였다. 즉 우르와 라가쉬는 '수메르 해상무역의 좌청룡 우백호'였다. 2012년 우르에서 동쪽으로 15킬로미터 떨어진 곳(Tal Abu Tbeirah)에서 약 45헥타르 크기의 이름을 알 수 없는 수메르 항구도시가 발굴되었다.

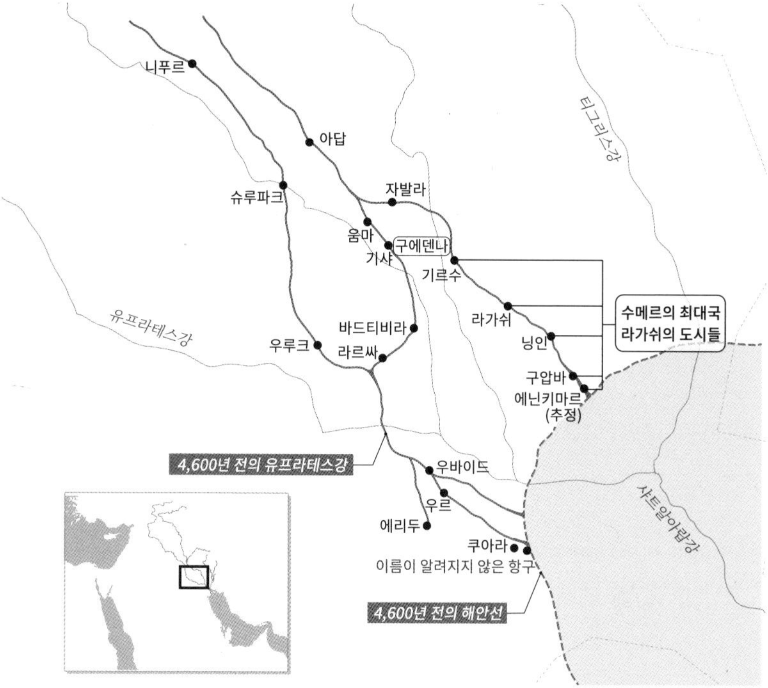

Δ25 4,600년 전 수메르 남쪽의 주요 도시와 라가쉬의 도시들[48)]

47) 실제로 움마 왕 우쉬와 전쟁을 벌인 라가쉬 왕은 누구였을까? 서구의 모든 수메르 연구가들은 너나없이 우쉬를 실제보다 더 후대의 인물로 간주한다. 이는 프랑스 루브르박물관 AO 03004 명문이 약 4,400년 전의 라가쉬 왕 엔메테나 시절에 쓰였기 때문에 생긴 오해로 보인다. 이 명문의 필경사는 라가쉬 조상들의 라가쉬-움마 전쟁사를 기록하면서 최소한의 요점만 나열했다. 엔메테나는 라가쉬의 세습 왕조인 우르-난쉐(Ur-Nanše) 왕조의 5대왕이었다. 당시 필경사는 라가쉬의 개척자 엔헤갈 시절부터 계속 이어진 라가쉬-움마 전쟁사를 기록하면서 엔헤갈과 루갈샤엔구르의 왕명을 전혀 언급하지 않았다. 왜냐하면 두 왕은 우르-난쉐 세습 왕조의 혈통이 아니었기 때문이다. 필경사는 라가쉬가 움마를 꺾은 것은 자랑하고 싶었으나 자신의 세습 왕조와는 상관없는 두 왕을 거론하기 싫었던 것이다. 반면 그는 적국인 움마 왕 '우쉬의 왕명'은 버젓이 기록했다. 그리고 우쉬를 꺾은 라가쉬 왕명을 제시하는 대신 엉뚱하게도 라가쉬의 수호신인 닌기르수를 대타로 내세우고 말았다. 그래서 인간 우쉬와 신 닌기르수가 전쟁을 치르는 이해할 수 없는 문자 사료를 만들어내고 말았다. 이런 라가쉬 필경사들의 정치적인 편향은 수없이 자행되었다. 이 전쟁은 실상 루갈샤엔구르와 우쉬의 전쟁이었다. 이런 면을 간과하고 서구의 연구가들은 '한결같이' 우쉬를 움마 1왕조의 2대왕이자 우르-난쉐 후대의 왕으로

간주하면서 '물음표(?)'를 붙여놓는다. 4,400년 전 라가쉬 역사가의 편향성이 지금도 영향을 끼치고 있는 셈이다. 그렇다면 '루갈샤엔구르-우쉬 전쟁' 직전에 있었던 메실림의 휴전협상 중재 테이블에 앉았던 라가쉬 왕과 움마 왕은 누구였을까? AO 03004의 필경사는 이 점에 대해서도 침묵하고 있으나 루갈샤엔구르와 우쉬일 수밖에 없지 않은가. 우쉬는 자신이 협상에 임했던 '불리한 중재 결정'을 견딜 수 없었던 것이다.

48) 남부는 북쪽과 남쪽으로 나뉜다. 우루크 문화 전성기가 지난 후 수메르의 중심은 슈루파크였다. 대홍수로 슈루파크의 기세가 꺾이자 수메르 초기 왕조의 전반기(4,900년 전에서 4,600년 전, ED I~ED II)가 이어졌다. 그 당시 북쪽의 대표적인 도시국가는 키쉬였고, 남쪽의 대표적인 도시국가는 우루크였다. 이 시절이 일명 '수메르 영웅시대'였다. 그 후 수메르 초기 왕조의 후반기(4,600년 전에서 4,355년 전, ED III)는 '유의미한 문자 사료 역사시대'였다. 그 중심은 남부의 남쪽이었다. 그중에서도 기르수와 라가쉬에서 문자 사료가 대거 발굴되면서 '최초의 역사'가 빛을 발하기 시작했다. 필자는 이에 맞는 지도를 만들었다. 당시 유프라테스강의 위치는 지금과는 달랐다. 페르시아만의 해안선도 많이 올라와 있었다. 수메르 원주민은 '8,500년 전부터 이미' 남부의 북쪽이 아니라 이 지도에 나오는 남부의 남쪽에 살고 있었다. 그곳에 도시들이 가득했다. **언뜻 보아도 라가쉬 도시들(기르수, 라가쉬, 닝인, 구압바, 에닌키마르)이 압도적으로 많다는 것을 알 수 있다. 라가쉬는 수메르에서 가장 큰 도시국가였다. 〈수메르 왕명록〉에 존재하지 않는 왕들을 어렵사리 찾을 수 있었다. 라가쉬의 엔헤갈을 필두로 키쉬의 메실림, 라가쉬의 루갈샤엔구르, 아답의 닌키살시, 움마의 우쉬가 바로 그들이다. 특히 엔헤갈을 제외한 4명은 동시대인이었다.** 키쉬 왕 메실림이 아답과 라가쉬를 접수했으므로, 필자가 그린 지도에서 볼 수 있듯이 그 사이에 놓여 있는 니푸르와 자발라(Zabala, Zabalam) 역시 메실림의 수중에 있었던 것으로 볼 수 있다. 더구나 이미 신들의 제왕 엔릴이 메실림을 수메르의 실권자로 인정해준 터였다. 그리고 라가쉬가 수메르의 대국이었다는 역사적인 사실도 확인할 수 있었다. 이 모든 것은 라가쉬의 필경사들이 남긴 사료에 적혀 있는 문자를 근거로 밝혀졌다. 라가쉬의 역사가들이 없었다면 '최초의 역사'는 알 수 없을 것이다. 라가쉬-움마의 전쟁사를 빼놓고 수메르 역사시대를 운운할 수 없다. 5,500년 전에 수메르 문자가 발명되어 이미 쓰였고, 4,600년 전까지 수많은 문자가 기록으로 남았다. 그래서 수메르 곳곳에 단편적인 역사 사료가 무수히 존재했다. 그러나 역사가 하나의 이야기로 전개될 수 있는 유의미한 진정한 역사적인 문자 사료는 대부분 라가쉬에서 발굴되었다. 한마디로 라가쉬의 필경사들이 '문자 사료 역사시대'를 주도한 셈이다. 그들의 기록은 유의미한 '최초의 전쟁사'였고, '최초의 역사'였다. 라가쉬의 필경사들은 분명 '최초의 역사가'였다. 4,600년 전부터 시작된 라가쉬의 발흥기는 '당대 문자 사료로 증명된 최초의 역사시대'의 중심이었다. 수메르의 대국 라가쉬에서 최초의 역사가들이 본격적으로 필경의 실력을 뽐냈다. '당대의 실제 사료를 근거로 한 최고(最古) 최초의 유의미한 역사 이야기'는 라가쉬와 움마가 주인공이었다.

10. 우르-난쉐의 비상

4,500년 전쯤이었다. 라가쉬에 '뜬금없이' 우르-난쉐(Ur-Nanše)[49] 라는 인물이 나타났다. 그때까지 '수도 라가쉬'의 왕궁에서 그의 그림자를 본 사람은 아무도 없었다. '성도 기르수'의 신전에서도 그의 숨소리를 들은 자 또한 아무도 없었다. 우르-난쉐는 전왕(前王) 루갈샤엔구르의 자식도 형제도 아니었다. 전전왕(前前王) 엔헤갈의 숨겨진 핏줄도 아니었다. 닌기르수 신전의 사제도 신전 관리도 아니었다. 우르-난쉐의 아버지는 구니두(Gunidu)[50]라는 사람이었다. 그의 신분 역시 오리무중으로 이들은 '의문의 부자'였다. 우르-난쉐가 어떤 경로로 왕이 되었는지도 알 수 없다. 어쨌든 불현듯 나타

49) **우르-난쉐(Ur-^{d}nanše)는 〈수메르 왕명록〉에 나오지 않는 라가쉬 1왕조의 3대왕이자 우르-난쉐 세습 왕조의 시조이다.** 우르-난쉐의 이름은 '난쉐의 용사'라는 뜻이다. 그의 이름에 있는 '난쉐(Nanše)'는 라가쉬의 신으로, 라가쉬에서 큰 도시였던 닝인(Nina라고도 한다. 지금의 Tell Zurghul)의 수호신이었다. 난쉐는 인간의 창조주 엔키의 딸로, '새, 물고기, 습지'를 다스리는 신이다. 우르-난쉐는 출신지가 불확실하나 그의 이름으로 보아 닝인 출신일 가능성이 매우 높다.

50) 우르-난쉐의 명문은 50개 이상 해독되었다. 명문 곳곳에서 '우르-난쉐의 아버지'로 '구니두'라는 이름이 드러나 있으나 그의 다른 정보는 확인할 수 없었다.

난 우르-난쉐가 라가쉬의 정권을 움켜쥐고 있었다.**Δ26**

우르-난쉐는 왕이 되자마자 구운 벽돌로 신전을 다시 견고하게 세웠다. 이는 수메르 왕들이 정권을 잡으면 가장 먼저 하는 일이었다. 그들은 이미 세워져 있는 신전의 규모를 확장하거나 전쟁으로 부서진 신전을 복구했다. 그래야만 새 정권을 불안해하는 백성의 마음을 진정시킬 수 있었다. 새 왕의 신전 건축은 정권 안정의 지름길이었다. 또한 신이 하사한 왕의 권위를 드러내기 위한 최상의 수단이었다. 우르-난쉐는 여러 곳에 신전을 짓고 신상을 만들었다. 위정자가 밟아야 할 당연한 수순이었다. 그다음 왕의 행보는 운하와 수로를 만드는 일이었다. 물길은 백성의 생명줄이었다. 운하는 모든 경제행위의 근간이었다. 우르-난쉐는 최소 9개의 운하를 건설했다. 도시와 도시가 새 운하로 사통팔달했다.**Δ27**

> [우르]난쉐, [라가쉬 왕], [구니두의 아들], 구르사르(Gursar)[51]의 아들, 그는 구운 벽돌로 바가라(Bagara, 신전)[52]를 세웠다. 바가라 [···] 그가 (수로를) 팠다.**Δ28**

우르-난쉐는 왕권을 강화하고 세습의 틀을 다지기 위해 동분서

51) '구르사르'가 우르-난쉐의 할아버지를 말하는 것인지, 우르-난쉐의 고향을 말하는 것인지는 확실하지 않다. 만일 고향을 가리킨다면 도시 닝인에 속한 한 마을이거나 작은 도시의 이름일 가능성이 높다.

52) '바가라'는 라가쉬의 성도 기르수에서 '라가쉬의 국가 수호신'이며 '기르수의 수호신'이기도 한 닌기르수를 모시는 신전이다.

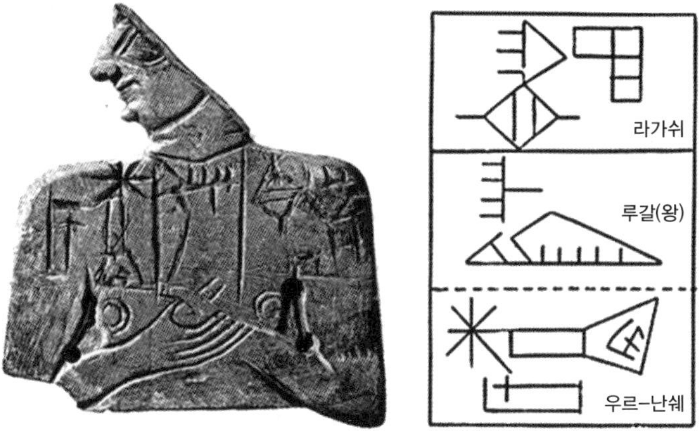

Δ26 우르-난쉐의 모습과 설형문자

프랑스 루브르박물관 AO 04109 명문의 우르-난쉐 인물상. 그의 어깨와 가슴에 '우르-난쉐, 루갈(왕), 라가쉬'라고 적혀 있다.

신전, 집

e_2

강, 운하, 물길

id_2

Δ27 설형문자 '신전(집)'과 '운하(강, 물길)'

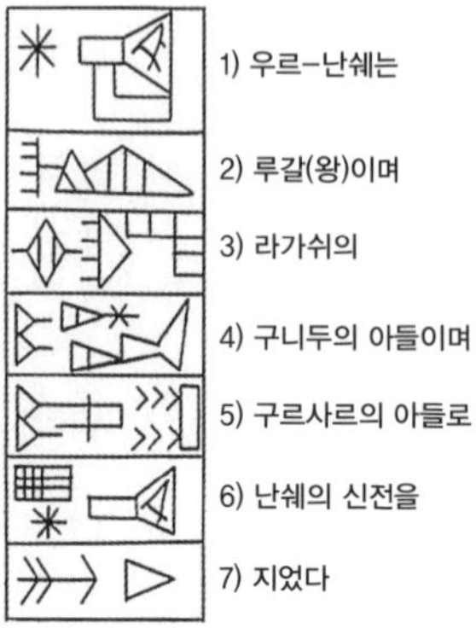

Δ28 우르-난쉐의 정체성

이라크 바그다드 국립박물관 IM_ 발굴번호 4 H-T 001, 앞면. 우르-난쉐는 '라가쉬의 성도' 기르수에 바가라 신전을 세웠고, 수로를 건설했다. 터키 이스탄불 고고학박물관 Ist EŞEM 00429의 1~7행에서도 우르-난쉐의 정체성을 확인할 수 있다. 왕은 구니두의 아들이며 '구르사르'의 아들이었다. 그는 라가쉬 남동부의 큰 도시 닝인에 난쉐의 신전 에시라라(E-Sirara)를 지었다.

주했다. 그의 삶은 고단했다. 왕은 움마의 도전을 뿌리치고 비옥토 에덴을 잘 지켜야 했다. 다른 도시국가들과의 경쟁에서도 이겨야 했다. 그는 왕조의 영화와 번영을 위해 노심초사했다. 우르-난쉐가 세습 왕조를 활짝 꽃피웠다.

11. 우르와 움마의 라가쉬 협공

우르-난쉐가 열정적으로 라가쉬를 강하게 만들었다. 움마가 우르-난쉐의 일거수일투족을 유심히 지켜보고 있었다. 그런데 또 다른 눈이 라가쉬를 노려보고 있었다. 우르(Ur)였다.[53] **Δ29**

53) 약 4,600년 전 우르(지금의 Tell al-Muqayyar)는 남부의 남서쪽 유프라테스 강가, 페르시아만 해안에 근접해 있었다. 수메르를 논할 때 사람들은 으레 우르를 먼저 떠올린다. 그 이유는 유대교, 그리스도교, 이슬람교에서 '최초의 족장'이라고 주장하는 아브라함 때문이다. 우르는 '수메르인 아브람'의 고향이다. 수메르는 약 4,025년 전(B.C.E. 2004)에 멸망했다. '수메르인 아브람의 우르'는 수메르 마지막 왕조(우르 3왕조)의 수도였다. 지금껏 알려진 수메르의 문자 사료는 주로 '악카드 후대의 우르 3왕조'에 집중되어 있다. 사람들은 '4,000년 전 수메르의 우르에서'라는 표현을 자주 쓰는데 수메르 역사를 '싸잡아' 말하려는 의도라면 큰 잘못이다. '그런 의도로' 정확하게 말하자면 '4,000년 전 수메르의 우르에서'라는 문구는 '4,000년 전 이미 멸망한 수메르의 우르에서'라고 해야 한다. 4,000년만 강조하다보면 그때가 마치 수메르 역사의 기준점이 되고 만다. 약 4,000년 전에 이미 사라진 우르가 논점에서 흐려지면 사람들의 관심은 그 이전 '악카드의 사르곤'에게로 돌아간다. 그리고 악카드 왕조의 출발점인 약 4,355년 전(B.C.E. 2334)보다 이전으로 거슬러올라가면 실제로 역사시대가 맞는지 고개를 갸우뚱한다. 왜냐하면 B.C.E. 2334년 이전의 역사 이야기를 제대로 접할 기회가 없었기 때문이다. 그러나 설령 이 시기의 정보를 얻었다고 해도 그것은 극히 단편적인 것들뿐이다. **반면 라가쉬 역사가들이 남긴 문자 사료는 이 당시의 역사를 '이야기'로 전개시킬 수 있는 결정적인 정보를 제공해준다. 라가쉬와 움마를 역사에서 모두 지워버린 〈수메르 왕명록〉으로는 최초의 역사를 절대 복원할 수 없다.**

ŠEŠ.UNUG - KI
$urim_2^{ki}$
우르

Δ29 우르 왕실 공동묘지와 설형문자 '우르'

4,550년 전 우르는 페르시아만에 인접해 있었다.[54] 우르는 늪지와 습지로 둘러싸여 있었는데, 유프라테스강은 우르를 지나자마자 '이름이 알려지지 않은 큰 항구'를 끼고 바다로 흘러들었다. 그때 우르에서 메스안네파다(Mesannepada)[55]라는 왕이 왕조를 열었다. 우

54) 당시 우르는 60헥타르의 작은 도시였다. 500헥타르의 우루크, 900~1000헥타르의 라가쉬와 비교할 수 없을 정도였다.

55) 〈수메르 왕명록〉에 따르면 메스안네파다가 우르 1왕조의 창시자이다. "우르에서, 메스안네파다가, 왕이었고, 그가 80년을 다스렸다(uri_2^{ki}-ma mes-an-ne_2-pa_3-da lugal-am_3 mu 1($geš_2$) 2(u) i_3-ak)"(Ashm 1923-0444, 134~136행). 그러나 우르 왕실 공동묘지(PG 755)에서 〈수메르 왕명록〉에서는 찾아볼 수 없는 그의 아버지 메스칼람두(Meskalamdug)라는 왕의 원통 인장이 발굴되었다. 묘지에는 그의 왕비(또는 사제) 닌반다(Ninbanda)와 메스칼람두의 후궁(또는 사제)으로 추정되는 푸아비(Puabi)라는 여성도 있었다. 또한 메스칼람두의 또 다른 아들인 아칼람두(Akalamdug, PG 1332)도 있었다. 이들은 4,500년 전보다 더 이른 시기에 우르를 통치한 사람들로 왕실 공동묘지에 안장될 만한 자격을 갖춘 인물들이었다. 말하자면 메스안네파다 이전의 지배 세력이었다. 그런데 왕실 공동묘지에는 메스칼람두의 전왕으로 보이는 우르-파빌쌍(Ur-Pabilsaĝ, PG 779), 우르-파빌쌍의 전왕으로 보이는 아-안주(A-Anzu, 또는 A-Imdugud라고도 함, PG 1236)까지 〈수메르 왕명록〉에 등재되지 않은 우르 왕들이 잠들어 있었다. 따라서 우르 1왕조의 왕은 '아-안주→우르-파빌쌍→메스칼람두→아칼람두→메스안네파다' 순

르는 해상무역으로 부를 축적했다. 우르가 도시국가 반열에 올랐다. 메스안네파다는 강력했다. 왕은 차곡차곡 힘을 키워 키쉬와 우루크를 넘어섰다. 메스안네파다는 키쉬의 메실림 이후 수메르의 최강자로 급부상했다. 수메르 북서쪽의 무역도시 마리까지도 영향력을 행사할 정도였다.

우르-난쉐의 라가쉬를 주시하던 두 눈이 마주쳤다. 일순간 둘은 동시에 한곳으로 시선을 돌렸다. 움마와 우르가 라가쉬를 침공했다.**Δ30** 라가쉬에서 다시 전쟁이 발발했다. 이번 상대는 둘이었다. 우르가 먼저 라가쉬를 공격했다. 수메르 전쟁터에 우르가 처음으로 등장했다. 이에 맞서 우르-난쉐가 군대를 이끌고 전장으로 나갔다.

> 라가쉬의 [우르-난쉐가], 우르 사람과 움마 사람을 상대해 싸웠다. 라가쉬 사람이 우르 사람을 패배시켰고 사로잡았다. 그는 '엔시 마구르(ensi$_2$ ma$_2$-gur$_8$)'를 붙잡았다.**Δ31** 아마바라시(Amabarasi), 키쉬브갈(Kišibgal),

으로 왕조가 열렸다고 볼 수 있다. 〈수메르 왕명록〉과는 사뭇 다른 실제 역사였다. 이와 같은 우르 발굴에 결정적인 역할을 한 사람은 C. L. 울리(Charles Leonard Woolley)라는 영국의 고고학자였다. 1922년 40대 초반의 울리는 영국박물관과 미국 펜실베이니아대학의 합동 탐사대를 이끌었는데 그가 이룬 우르 발굴의 업적은 위대했다. 울리 이외에도 프랑스의 에르네스트 드 사르제크는 울리가 태어나기 전부터 수메르의 역사를 세상에 알렸다. 사르제크는 '라가쉬 발굴의 영웅'으로 '수메르 역사 복원의 아버지'였다. 반면 영국의 울리는 '우르 발굴의 영웅'이라는 명예를 얻기에 충분했다. **라가쉬는 엔헤갈과 루갈샤엔구르를 거쳐 우르-난쉐에 의해 왕조가 열렸다. 그 시기 또한 우르와 거의 비슷했다. 〈수메르 왕명록〉의 기록만으로는 도저히 알 수 없는 수메르의 실제 역사였다.** 메소포타미아 발굴과 도굴의 맞상대였던 프랑스와 영국, 사르제크와 울리, 라가쉬와 우르는 묘한 균형을 이루고 있다. **그러나 현재 남아 있는 〈수메르 왕명록〉에는 우르 1왕조와 메스안네파다가 실려 있으나 라가쉬 1왕조는 통째로 빠져 있다.**

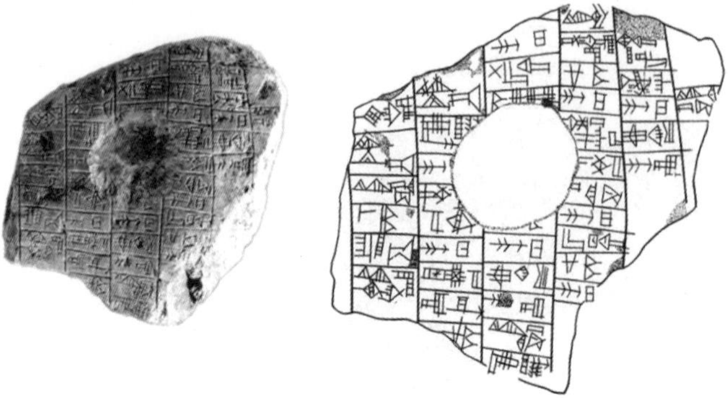

Δ30 우르와 움마의 침공

우르와 움마가 라가쉬를 침공하자 우르-난쉐가 직접 전쟁터로 나가 승리했다고 기록되어 있는 석판의 뒷면이다.

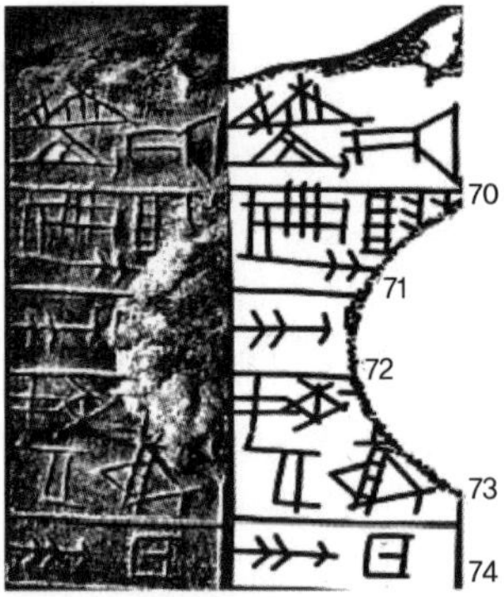

70) 우르 사람을
71) 패배시켰고
72) 붙잡았으며
73) 엔시 마구르를
74) 붙잡았다

Δ31 우르의 제독

라가쉬 왕 우르-난쉐가 우르의 제독 '엔시 마구르'를 붙잡았다. 위에서 네 번째 칸(73행)에 '엔시 마구르'의 설형문자가 보인다. '엔시'의 쐐기꼴은 'PA.TE.SI'인데 마지막 글자가 석판의 구멍으로 인해 깨져 있다. '마구르'는 '행렬을 이루고 있는 배'를 뜻한다.

[누]반다(nu-banda$_3$)들을 붙잡았다.[56] 파프우르사그(Papursag), 우우우(U$_2$-U$_2$-U$_2$)의 아들을 [붙잡았다] [···] 누반다를 붙잡았다. 그는 무덤을 쌓아올렸다.[57]

라가쉬-우르 전쟁이었다. 둘은 라가쉬 남동쪽 끝에 있는 항구 에닌키마르 앞바다에서 싸웠다.**Δ32** 전쟁은 라가쉬의 승리로 끝났다.[58] 우르-난쉐가 우르의 공격을 막아냈다. 왕은 적군의 무덤을 쌓아올려 자신의 역사적인 승리를 각인시켰다.

그러나 라가쉬의 반쪽짜리 승전보였다. 라가쉬의 주적 움마가 기다리고 있었다. 뒤이어 움마가 쳐들어왔다. 우르의 해군을 물리친 우르-난쉐의 라가쉬는 기세등등했다.

그(우르-난쉐)는 움마 사람을 패배시켰다. 그는 루파(Lupa), 빌랄라(Billala), 누반다들을 붙잡았다. 그는 파빌갈투쿠(Pabilgaltuku), '움마

56) 우르-난쉐는 '아마바라시'라는 '인장 관리자(키쉬브갈)'를 붙잡았다. 그는 '누반다'였다. '누반다'는 '장수'나 '지휘관'을 뜻한다. '우우우'라는 자의 아들 '파프우르사그'라는 자도 '누반다'이다.

57) 이라크 바그다드 국립박물관 IM_ 명문의 62~86행. 이 사료의 박물관 고유번호는 알려져 있지 않다(IM_). 이 명문을 기록한 라가쉬의 필경사는 문자 사료에 처음으로 우르 사람들의 이름과 직책을 남겼다. 우르-난쉐가 적군의 무덤을 쌓아올린 것은 승전의 흔적을 남겨 자신을 과시하기 위함이다. 수메르 왕들이 늘 하던 행위였다.

58) 이 당시 우르 왕이 누구였는지 알려져 있지 않다. 라가쉬-우르 전쟁이 발발한 시점은 수메르의 강력한 권력자였던 우르의 메스안네파다가 힘을 잃고 있던 시기이거나 그의 아들 아안네파다(A'annepada)가 우르의 정권을 잡은 지 얼마 지나지 않은 때인 것으로 보인다. **〈수메르 왕명록〉에는 아안네파다가 없고 메스안네파다의 또 다른 아들 메스키악-난나(Meskiag-Nanna)가 36년 동안 다스렸다고 적혀 있다(Ashm 1923-0444, 137~140행).** 아안네파다와 메스키악-난나가 동일 인물인지는 확인되지 않았다.

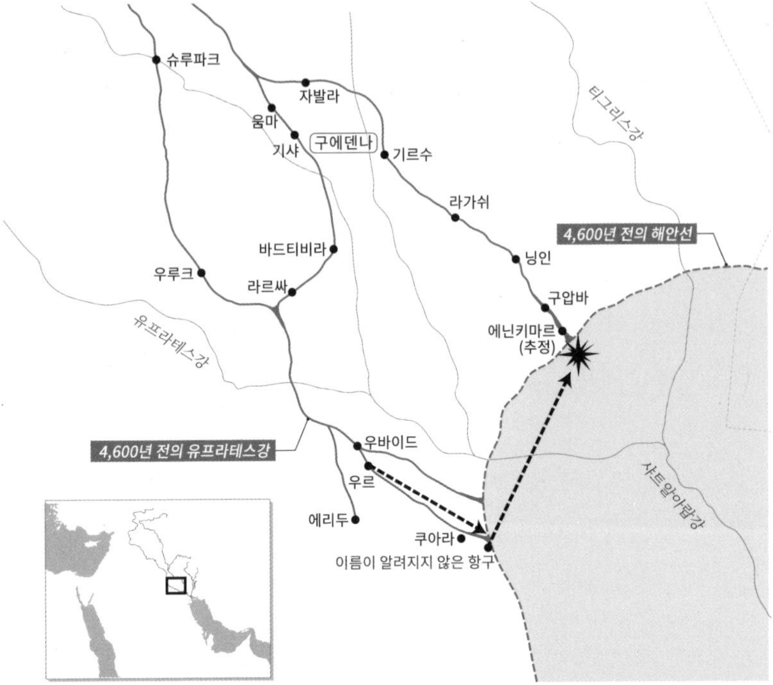

Δ32 최초의 해전

4,500년 전 페르시아만의 해안선은 우르, 쿠아라, 이름이 알려지지 않은 항구 그리고 라가쉬의 에닌키마르 항구에 닿아 있었다. 우르의 해군은 배를 몰고 바다로 나가(화살표 방향) 곧장 쳐들어갔다. 라가쉬 최남단 도시 구압바의 에닌키마르 항구 앞바다에서 우르와 라가쉬가 충돌했다. 우르는 가장 민첩하게 라가쉬를 공략하기 위해 해전을 택했다. 문자 사료에 근거한 역사적인 '최초의 해전(海戰)'이었다.

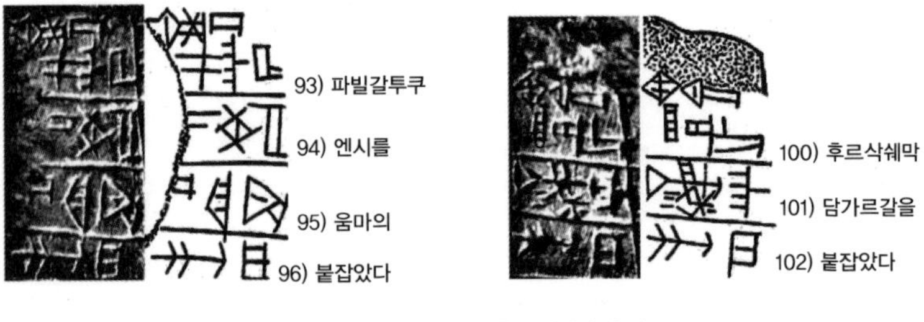

Δ33 파빌갈투쿠와 후르삭쉐막의 생포

의 엔시'를 붙잡았다. 그는 우르-푸사그(Ur-pusag), 누반다를 붙잡았다.[59] 그는 후르삭쉐막(Ḫursagšemaḫ), 담가르갈(dam-gar_3-gal)을 붙잡았다.[60] Δ33 그는 무덤을 쌓아올렸다. 움마 사람 […][61]

우르-난쉐는 움마도 물리쳤다. 왕은 적군을 생포했다. 놀라운 일이 있었다. 포로들 중에는 움마 왕 파빌갈투쿠도 있었다.[62] 우르-난쉐는 이번에도 움마군의 무덤을 만들었다.[63]

한때 수메르의 맹주였던 우르는 물러갔다. 우르의 전쟁 가담에

59) 우르-난쉐는 움마도 제압했다. 석판의 필경사는 우르전(戰)에 썼던 문체를 그대로 이어갔다. 왕은 움마의 '누반다(장수, 지휘관)'들을 붙잡았다. 그들의 이름은 루파, 빌라라, 우르-푸사그라는 자들이었다.

60) '움마의 포로' 후르삭쉐막은 대상인(담가르갈)이었다. '담가르(dam-gar_3)'는 '상인, 무역업자'를 뜻한다. '갈(gal)'은 '대(大)'의 의미를 가지고 있다. 합치면 '대상인(大商人)'이다. 수메르 전쟁터에 상인이 등장했다. '담가르갈'은 '무역업의 큰손'으로 나랏밥도 먹었다. 담가르갈의 역할은 지금의 산업통상자원부에 소속된 최고위 공무원이 무기중개업이나 무역업을 하는 것과 같았다. 라가쉬-움마 전쟁은 에덴 들판을 차지하기 위한 자본전쟁이었다. 대상인이 전장에 끼어든 것은 당연한 일이었다. 그는 문자 사료로 본 유의미한 최초의 역사시대에 나타난 '최초의 대상인'이었다.

61) 이라크 바그다드 국립박물관 IM_ 명문, 87~105행.

62) 우르-난쉐가 움마와의 전쟁 중에 '움마 군주(엔시)' 파빌갈투쿠를 생포했다. 라가쉬-움마 전쟁에서 양국의 위정자가 전쟁 당사자가 되어 처음으로 함께 전장에 등장했다. 라가쉬 왕 우르-난쉐와 움마 왕 파빌갈투쿠의 대결이었다. 파빌갈투쿠에 대한 정보는 더 이상 없으나 그는 움마 1왕조의 우쉬 다음 왕으로 우쉬의 아들일지도 모른다. 대다수의 수메르 연구가들은 파빌갈투쿠를 우쉬 이전의 움마 왕으로 올려놓고 우쉬를 파빌갈투쿠의 후임자로 정해서 물음표(?)를 붙여 놓는다. 그러나 우쉬는 움마 1왕조의 첫 번째 왕이다. 우쉬는 우르-난쉐의 전왕이었던 루갈샤엔구르와 싸운 움마 왕이다. 루갈샤엔구르 다음의 라가쉬 왕인 우르-난쉐와 싸운 파빌갈투쿠는 당연히 우쉬의 후계자이다. 한편 **라가쉬 왕들처럼 움마 왕들도 〈수메르 왕명록〉에 등재되지 못했다. 우쉬도 파빌갈투쿠도 마찬가지였다. 움마 역시 라가쉬처럼 〈수메르 왕명록〉에서는 국명조차 찾을 수 없다. '최초의 문자 사료 역사시대'의 두 주인공이 빠져 있는 셈이다. 라가쉬와 움마를 함께 제쳐둔 이유는 무엇일까.**

힘입어 라가쉬를 제압하려던 움마의 기대는 보기 좋게 무너졌다. 우르-난쉐가 움마와 우르를 모두 물리쳤다. 라가쉬가 수메르의 신흥 강자로 떠올랐다.

63) 우르-난쉐의 진후 처리는 우르진 상황과 똑같았다. 그는 포로들을 죽이고 무덤을 높이 쌓아올렸다. 승자는 목이나 코, 귀를 잘라 자랑하지는 않았다. 시체 매장지는 전쟁에서 승리한 바로 그 장소였다. 승자는 적을 무찌른 장소를 알리고 싶었고, 자신의 위업을 자랑하고 싶었다. 적군의 무덤이 승전의 증거라고 외치고도 싶었다. 그렇다고 적군의 무덤까지 만들어주는 행위가 '수메르 연맹체(Kengir league: Thorkild Jacobsen, "*Early Political Development in Mesopotamia*", Zeitschrift für Assyriologie 52, 1957, 109)'와 관련이 있다고 생각한다면 큰 오산이다. 수메르 연구가들 중에는 종종 그런 착각을 하는 사람들이 있다. 승자인 우르-난쉐가 '우리는 수메르인'이라는 연대의식에서 적군에게 아량을 베풀었다고 가정하지는 말아야 한다. 전쟁은 절대 미화될 수 없다. 움마 왕 파빌갈투쿠도 죽음을 면치 못했다. 전쟁 군주는 비정하다. 안타깝게도 더 이상 명문을 읽을 공간이 없다.

12. 최초의 왕실 가족

어느 날 우르-난쉐가 궁궐 밖으로 행차했다. 왕족과 신하들이 왕의 뒤를 따랐다. 우르-난쉐 일행은 신전 건축 현장으로 향했다. 라가쉬의 백성은 우르 및 움마와 연이어 치른 전쟁으로 지쳐 있었다. 왕은 흐트러진 백성의 기운을 북돋울 필요가 있었다. 그 무엇보다도 시급한 일이었다. 신전 건축은 국론 결집의 지름길이었다.[64)]

우르-난쉐가 신성한 공사를 직접 지휘했다. 왕은 정결한 몸과 마음으로 임했다. 그는 삭발을 하고 왕실 의복은 모두 벗어던진 채 달랑 아랫도리에 양털 주름 무늬 옷만 입었다. 그리고 맨발이었다. 우르-난쉐는 첫 번째 흙바구니를 머리 위에 올리고 오른손[65)]으

64) 라가쉬의 필경사들은 틈만 나면 라가쉬 왕들이 신전을 건축했다며 반복해서 기록했다. 당시 수메르의 도시국가들은 신정정치(神政政治)를 했던 까닭에 신전 건축은 가장 중요한 국가적인 대행사였다. 특히 새 왕이 등극하거나 전쟁을 치른 뒤에는 반드시 신전 건축이 뒤따랐다. 그래야만 흐트러진 국론을 한데 모으고 백성의 사기를 진작시킬 수 있었다. 수메르의 역사가들은 왕의 치적을 남길 때 신전 건축과 관련된 항목을 '절대' 빼놓지 않았다.

65) 수메르에서 오른쪽은 '행운'을 의미한다. 그러므로 신전을 건축하는 동안 무사고로 완공되길 바라는 자리인만큼 우르-난쉐는 신전 건축에 쓰일 흙을 나르는 신성한 바구니는 오른손으로 잡았다. 왕세자 아쿠르갈도 오른손으로 술잔을 들고 의례에 임했다.

로 바구니를 붙잡고 왼손은 경건하게 심장에 대고 있었다. 아브다(Abda) 공주[66]가 왕 앞에서 공사의 시작을 알렸다. 그녀는 놀랍게도 사제였다. 이어서 공주 뒤에 있던 왕자가 오른손으로 술잔을 들어 신에게 헌주했다. 그는 왕세자로 책봉된 아쿠르갈(Akurgal)[67]이었다. 그 역시 왼손은 경건하게 심장에 대고 있었다. 왕세자 뒤에서 3명의 왕자들[68]이 두 손을 가슴에 모으고 의식에 참여하고 있었다. 왕의 뒤편에는 신하 아니타(Anita)가 역시 오른손으로 술잔을 들어 신전 건축의 시작을 축하했다. 이들은 공주 아브다만 제외하고 모두 왕처럼 삭발을 한 채였고 맨발이었다. 라가쉬에서 열린 신전 기공식이었다.**Δ34-1**

신전 공사를 무사히 끝마치고 준공식이 열렸다.**Δ34-2** 우르-난쉐는 만면에 미소를 머금고 오른손으로 술잔을 들었다. 왕은 의자에 편안히 앉아 기뻐했다. 그의 뒤에서 신하 사그딘기르투쿠(Sag-dingir-tuku)가 왕을 보좌하고 있었다. 그도 오른손으로 술잔을 들고 축하했다. 왕의 바로 앞에서 '뱀을 다루는 주술사들의 대표' 자격으

66) 프랑스 루브르박물관 AO 02344 명문에는 왕과 공주를 제외한 모든 등장인물의 이름과 직책이 아랫도리에 기록되어 있다. 공주의 머리 뒤쪽에는 "아브다(Abda), 딸(dumu)"이라고 쓰여 있었다. 수메르어 'dumu'는 '자식'을 가리키는 단어로 아들과 딸에게 모두 쓸 수 있다. 아브다는 공주인 동시에 사제였던 최초의 여성이었다.

67) "아쿠르갈(Akurgal), 아들(dumu)." 신전 기공식에 참석한 왕자들 중에 아쿠르갈만 술잔을 들고 다른 왕자들보다 앞에 서 있다. 이는 그가 왕세자라는 사실을 가리킨다. 그의 왜소한 몸집과 작은 키로 보아 아쿠르갈은 막내 왕자로 우르-난쉐의 정실부인의 아들이며, 나머지는 후실 부인의 아들일 것이라는 추측도 가능하다. 아쿠르갈은 라가쉬 세습 왕조 최초의 왕세자이다.

68) 이들은 아쿠르갈 다음 서열의 왕자들로 "루갈에젬(Lugal-ezem), 아들(Dumu), 아니쿠르라(Anikurra/Anikura), 아들(dumu), 무쿠르슈바타(Mu-kuršubata), 아들(Dumu)." 순이다.

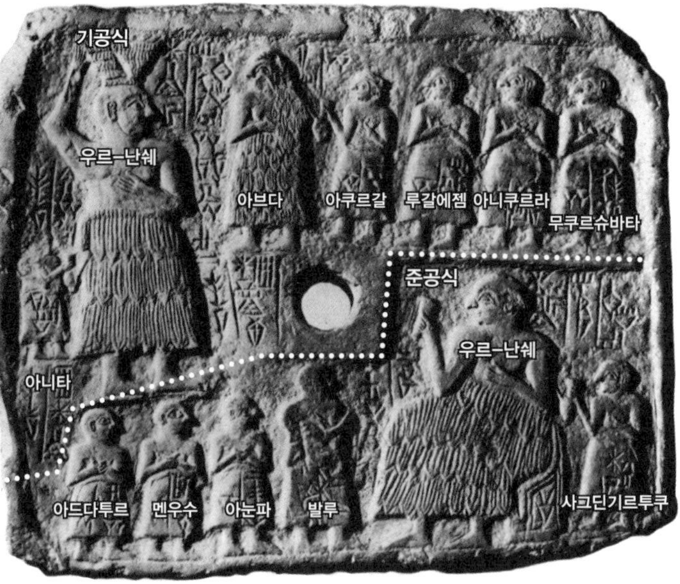

Δ34 신전 기공식과 준공식

약 4,500년 전에 생존했던 왕과 왕족, 고위 관료가 한 장면에 등장한 역사적인 사료이다(프랑스 루브르박물관 AO 02344). 우르-난쉐 일행이 신전 기공식(위)과 준공식(아래)을 치르고 있다. 사료에 적혀 있는 수메르어는 다음과 같은 내용이다. "라가쉬 왕 우르-난쉐는 구니두의 아들이며, 구르사르의 '아들'로, 닌기르수 신전을 세웠고, 압주반다 신전을 세웠으며, 난쉐의 신전을 세웠다. 라가쉬 왕 우르-난쉐는 딜문의 배로 산지에서 목재들을 구해왔다."

로 발루(balu)[69]라는 자가 신전의 준공을 축하하는 주문을 외웠다. 그리고 그의 뒤쪽에 3명의 왕자[70]가 경건하게 두 손을 가슴에 모으고 서 있었다.**Δ35**

69) "발루(balu), 뱀을 다루는 주술사의 대표(muš-lah$_5$-gal)." 발루(ba-lu$_5$)의 직업은 '뱀을 다루는 주술사(^{lu2}muš-lah$_5$)의 대표(gal=muš-lah$_5$-gal)'이다. 그 당시 수많은 '뱀을 다루는 주술사들'이 수메르의 정치 상황을 판단하거나 위정자의 앞날을 예측하는 역할을 했다.

Δ35 신전 건축 현장에 참석한 우르-난쉐와 그 일행

프랑스 루브르박물관 AO 02344 이외에도 우르-난쉐와 그 일행이 신전 건축 현장에 참석했다는 증거는 더 있다. 사진 A(프랑스 루브르박물관 AO 02345)에서는 왕자 굴라(gu-la)와 직업을 알 수 없는 바라사그누디(barasagnudi)라는 자를 더 확인했다. 사진 B(터키 이스탄불 고고학박물관 Ist EŞEM 01633)는 또 다른 증거이다. 사진 C(터키 이스탄불 고고학박물관 Ist EŞEM 00401)에서는 설형문자가 깨져 알 수 없지만 왕자로 추정되는 루키나툼(lukinatum)을, 그리고 AO 02344에서 보았던 아니타(신하), 발루(뱀주술사 대표), 아쿠르갈(왕세자)과 다른 왕자들을 재확인했다. 그런데 왕실 필경사 남아주와 '움마의 대상인'이었던 후르삭쉐막도 신전 건축 현장에 참석했다.

우르-난쉐는 신전 건축 현장에 남아주(Namazu)[71]라는 이름의 필경사를 대동했다. 남아주는 왕실 서기관으로 왕의 측근이었다. 그는 필경사의 대표 자격으로 왕의 업적을 남기기 위해 신전 건축 현장에 참석했다.

신전 건축 현장에는 '뱀을 다루는 주술사의 대표(발루)' 이외에도 여러 신하들이 참석했다. 그런데 의외의 인물이 있었다. 우르-난쉐가 움마와 전쟁을 치르면서 생포한 '후르삭쉐막'이라는 대상인(담가르갈)이었다.**Δ36** 왕은 움마 왕 파빌갈투쿠를 비롯한 포로들을 모두 죽여 에덴 들판에 무덤을 만들어 자신의 승리를 자랑했다. 그런데 후르삭쉐막은 기적적으로 살아 있었다. 그는 움마 포로들 중 유일한 생존자였다. 그런 자가 우르-난쉐와 고위층 인사들이 참석한 신성한 행사장에 버젓이 나타났다.

우르-난쉐는 후르삭쉐막을 죽이지 않았다. 왕은 그가 비록 움마군으로 참전했으나 수메르 해상무역의 요충지인 딜문을 수시로 드나들던 대상인이라는 것을 알았다. 우르-난쉐는 그를 죽이지 않고 라가쉬의 대상인으로 일하게 했다. 후르삭쉐막은 조국인 움마를 버리고 국적을 세탁했다. 그는 목숨을 건졌고, '적국의 개'가 되었다.

70) "아눈파(Anunpa), 아들(dumu), 멘우수(Men-usu), 아들(dumu), 아드다투르(Addatur), 아들(dumu)."

71) '남아주'는 문자 사료 역사시대에 등장한 최초의 왕실 필경사로 상징적인 인물이다. 터키 이스탄불 고고학박물관 Ist EŞEM 00401의 필경사는 '남아주(nam-a-zu_5)'를 '필경사들(dub-sar)의 사람(lu_2)=lu_2 dub-sar'이라고 기록했다. 즉 그는 필경사들의 대표로, 라가쉬 왕실의 고위층 인사였다는 말이다. 필자는 '남아주'보다 더 오래전의 필경사를 찾아보았다. 그보다 600년 전(5,100년 전) 아마-가르/가르-아마(ama-gar: GAR.AMA)라는 이름의 필경사가 점토판에 남긴 자필 서명을 확인했다(노르웨이 오슬로 쇼엔컬렉션 MS 2429/4).

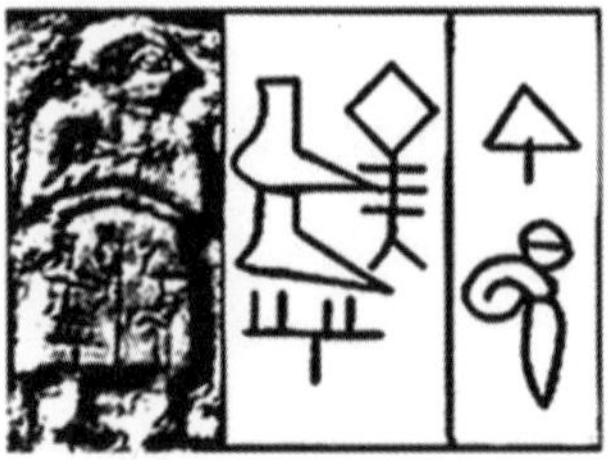

뱀 주술사 대표, 발루

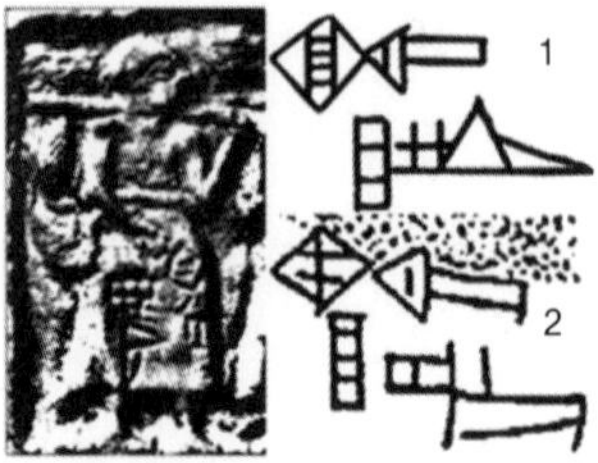

후르삭쉐막

Δ36 뱀 주술사 대표 발루와 대상인 후르삭쉐막

우르-난쉐의 신전 건축 행사장에 등장한 인물 중에 가장 특이한 사람은 '뱀 주술사 대표' 발루와 '움마의 대상인이었던' 후르삭쉐막이다. 특히 후르삭쉐막은 커다란 추가 달린 막대저울을 어깨에 메고 이를 손으로 잡고 있는데 그가 장사꾼이란 것을 알 수 있다. 그의 아랫도리에는 이름과 직업이 세로로 새겨져 있다. 오른쪽 상단(1)은 이것을 다시 크게 가로쓰기로 재구성했다. 오른쪽 하단(2)은 라가쉬-움마 전쟁을 기록한 이라크 바그다드 국립박물관 IM_ 100행에서 확인한 '후르삭쉐막(Ḫursagšemaḫ, hur-sag-še$_3$-mah$_2$)'의 이름이다. 두 글자를 확대해 비교해보니 놀랍게도 쐐기꼴이 거의 같았다. 즉 후르삭쉐막은 움마 사람이 아닌 라가쉬 사람이 되어 우르-난쉐의 충실한 신하가 되었다는 말이다. 그는 최초의 역사 이야기에 출현한 '최초의 대상인'이자 '최초의 국적 세탁자'였다.

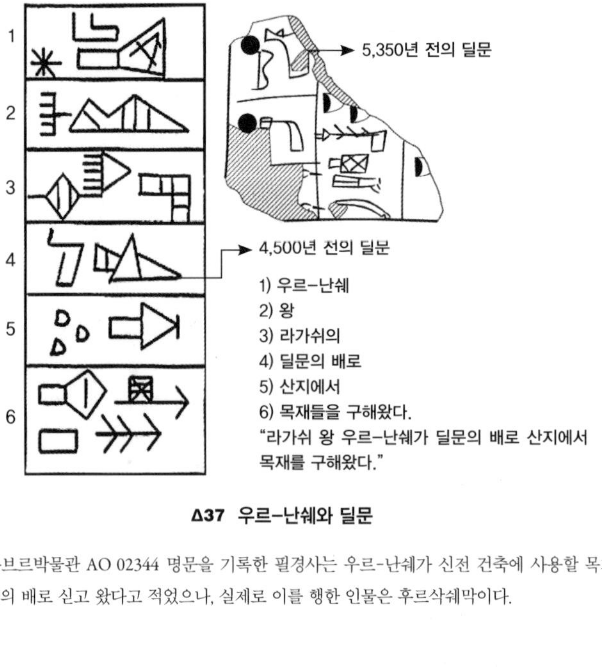

Δ37 우르-난쉐와 딜문

프랑스 루브르박물관 AO 02344 명문을 기록한 필경사는 우르-난쉐가 신전 건축에 사용할 목재를 구해 딜문의 배로 싣고 왔다고 적었으나, 실제로 이를 행한 인물은 후르삭쉐막이다.

'우르-난쉐의 하수인'은 딜문에서 신전 건축에 사용할 자재를 가지고 왔다.

수메르에는 신전 건축에 사용할 수 있는 나무가 없었다. 라가쉬의 상황도 마찬가지였다. 신전 건축용 목재는 모두 수입품이었다. 우르-난쉐의 라가쉬 무역선은 라가쉬 최남단의 에닌키마르 항구를 출발해 딜문으로 향했다.Δ37 딜문은 해상무역의 1차 거점이었다. 딜문에서 구하기 힘든 수입품을 구하기 위해서는 좀더 멀리 떨어진 마간으로 가야 했다. 마간은 해상무역의 2차 거점이자 큰 바다의 유일한 나들목이었다. 후르삭쉐막은 딜문-마간-아라비아해-서인도(멜루하)까지 문턱이 닳도록 드나들던 대상인이었다. 실제로 산지에서 질 좋은 목재를 구해온 사람은 우르-난쉐가 아니라 후르삭쉐막이었다. 그는 딜문의 배에 목재를 싣고 에닌키마르 항구로 들어왔다.[72] 그는 도시와 도시를 연결하는 운하를 통해 목재를 신전 건축 현장까지 운반했다.

우르-난쉐는 신전을 짓기 위해 모든 수단을 동원했다. 왕은 2번의 전쟁을 극복하고 신전 건축을 탈 없이 완성했다. 왕의 기쁨은 말

72) 수메르 최대 무역항은 라가쉬의 에닌키마르였다. 우르-난쉐의 배는 에닌키마르를 출발해 딜문으로 향했다. 딜문(바레인)은 수메르의 범선이 드나드는 해양무역의 거점이었다. 무역선은 딜문에서 다시 마간(오만)으로 출발했다. 딜문에서 마간으로 출발한 배는 호르무즈해협을 빠져나가 인도 서해안까지 거침없이 왕래했다. '딜문의 배'에는 수메르에서 필요한 물자가 실려 있었다. 딜문은 우르-난쉐 시절 이전에 1,500년 이상 동안 무역의 최고 요충지 역할을 했다. '적어도' 6,000년 전에도 그랬단 말이다. 그러나 문명이 시작되기 전 우바이드 문화 시절에도 이미 그랬다. 수메르의 신전용 목재는 모두 수입품이었다. 그런데 원수메르인은 7,400년 전에 이미 에리두에 엔키 신의 신전을 지었다. 그렇다면 수메르의 무역선은 우르-난쉐 재임 시절(약 4,500년 전)보다 무려 2,900년 전부터 딜문을 오갔단 말이 된다. 수메르는 해상무역이 없었다면 문명국이 될 수 없었다.

Δ38 청동 자물쇠와 우르-난쉐

우르-난쉐의 또 다른 기록이 기르수에서 발굴된 청동 자물쇠에 남아 있다(벨기에 왕립예술역사박물관 MRAH O.0023). "라가쉬 왕 우르-난쉐가 기르수의 지성소를 세웠다."

로 다 할 수 없었다. 이로써 그는 민심을 얻었다. 모든 것이 '라가쉬의 국가 수호신' 닌기르수의 축복이었다. 우르-난쉐는 '성도 기르수'에 닌기르수를 모실 지성소를 세웠다.[73] **Δ38**

우르-난쉐의 왕비는 멘바라압주(Menbaraabzu)[74]였으며, 왕세자는 아쿠르갈이었다. 공주는 2명으로, 사제 아브다와 닌우수(Ninusu)[75]

73) 우르-난쉐의 역사적인 사료는 프랑스, 터키, 영국, 미국, 이라크, 벨기에, 그리스의 박물관에 다수 남아 있다. 악카드 시대(B.C.E. 2334~B.C.E. 2154) 이전의 라가쉬에서 당대에 실제로 기록한 문자 사료가 대거 발굴되어 '유의미한' 문자 사료의 역사시대가 열렸다.

74) 우르-난쉐의 왕비 멘바라압주(Men-bara-abzu)는 이라크 바그다드 국립박물관 IM 061404, '우르-난쉐 화강암 석비'에서 찾았다. 이 석비는 라가쉬의 수도 '라가쉬'에 인안나 여신을 모실 이브갈(Ibgal) 신전의 준공을 축하하기 위해 우르-난쉐가 세웠다. 이 석비의 명문에 "라가쉬 지배자 우르-난쉐의 부인 멘-바라-압주(men-bara$_2$-abzu dam, ur-^{d}nansê, ensi$_2$, lagaš)"라고 쓰여 있다.

였다. 그리고 적어도 10명의 왕자들이 더 있었다.[76] 이름이 확인된 '최초의 왕실 가족'이었다.

75) 우르-난쉐의 공주 닌우수(Nin-u-su)도 '우르-난쉐 화강암 석비' IM 061404 명문에 멘바라압주 왕비와 나란히 적혀 있다. 왕비와 공주가 인안나의 이브갈 신전 준공식에 참석했다. 이 석비의 명문에 "라가쉬 지배자 우르-난쉐의 딸 닌-우--수(nin-u_4-su_3, dumu, ur-^{d}nansê, $ensi_2$, lagaš)"라고 쓰여 있다.

76) 우르-난쉐의 신전 기공식과 준공식에 등장한 왕자들의 숫자이다. 우르-난쉐 왕과 왕비, 왕세자, 2명의 공주 그리고 10명가량의 왕자들의 이름을 '모두' 확인했다. 이는 단순한 역사적인 사실을 넘어 4,500년 전에 실존한 수메르 왕실 가족의 면면을 '정확하게' 알게 되었고, 그것도 그들이 살았던 '당대의 실제 문자 사료'를 근거로 발견했다는 점에서 매우 중요한 의미를 갖는다. 지금까지 4,500년 전의 왕실 가족에 대한 이렇듯 세세한 '당대의 실제 기록'은 그 어디에도 존재하지 않는다.

13. 에안나툼의 신통한 출발

우르-난쉐가 세상을 떠났다.[77] 왕세자 아쿠르갈이 우르-난쉐의 뒤를 이어 왕위를 물려받았다. 라가쉬에서 왕조 세습이 실현되었다. 아쿠르갈은 왕이 되자마자 여느 수메르 왕들처럼 신전을 지었다. 왕은 '라가쉬의 성도' 기르수에 안타수라(Antasura) 신전을 세웠다. 이는 아쿠르갈의 유일한 업적이었다.**Δ39** 신전의 주인은 닌기르수였다.

아쿠르갈은 단명했다.[78] 그는 아버지 우르-난쉐처럼 강력한 지

77) 라가쉬의 필경사들은 자국 통치자의 업적을 문자 사료로 남겼다. 그러나 그들은 승전을 자랑스럽게 기록하면서도 자국 통치자의 죽음에 대해서는 하나같이 입을 닫고 역사왜곡의 편향성을 드러냈다. 우르-난쉐가 얼마나 오랫동안 왕위에 있었는지, 어떻게 죽었는지 알 길이 없다. 수메르 연구가들은 우르-난쉐의 통치기간을 '대략' 30년으로 잡고 있지만 추측일 뿐이다.

78) **〈수메르 왕명록〉에 나오지 않는 라가쉬 1왕조의 4대왕이자 우르-난쉐 세습 왕조의 2대왕 아쿠르갈이 단명한 이유 역시 확인할 수 없다.** 아쿠르갈은 움마의 공격에 의해 죽은 것으로 보인다(각주 87 참조). 대홍수 이후 수메르에 가뭄이 들자 라가쉬-움마의 에덴쟁탈전은 날이 갈수록 치열해졌다. 구에덴나는 연일 피로 물들어 있었다. 그는 집권 초기부터 움마의 집요한 공격에 시달렸다. 나약했던 아쿠르갈은 전쟁터에서 움마의 저승사자에게 도륙당한 것으로 판단된다. 우르-난쉐가 지켜낸 비옥토 에덴은 혹여 그 사이 움마에게 넘

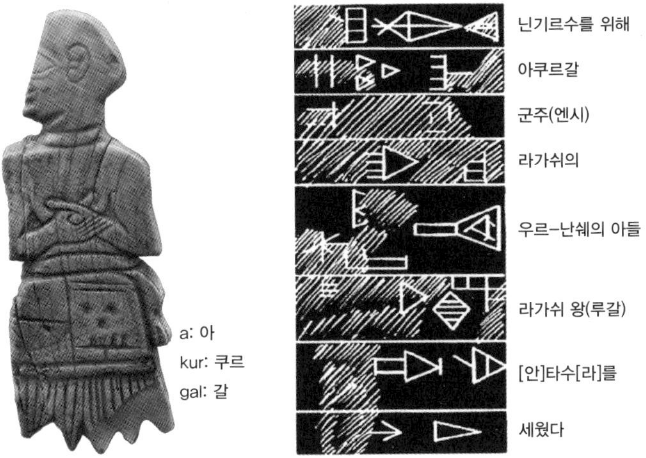

Δ39 아쿠르갈의 유일한 업적

라가쉬 우르-난쉐 왕조의 2대왕 아쿠르갈의 모습과 이름(a-kur-gal, 아버지는 위대한 산)이 진주 자개에 새겨져 있다(프랑스 루브르박물관 AO 11249). 오른쪽은 아쿠르갈의 유일한 업적을 남긴 사료의 필사체이다(프랑스 루브르박물관 AO 03295). "라가쉬 왕 우르-난쉐의 아들이며 라가쉬 군주인 아쿠르갈이 안타수라(신전)를 세웠다."

도자가 되지 못했다. 우르-난쉐는 '루갈(lugal, 왕)'이었으나 아쿠르갈은 '엔시($ensi_2$, 군주)'였다.[79] Δ40

어간 것은 아닌지 라가쉬 필경사들은 이에 대해 침묵하고 있다. 수메르 연구가들은 아쿠르갈의 통치기간을 '대략' 10년으로 잡고 있으나 역시 추측일 뿐이다.

79) 프랑스 루브르박물관 AO 03295를 남긴 라가쉬 필경사의 표현을 빌리자면 아쿠르갈은 '엔시($ensi_2$)'였고, 우르-난쉐는 '루갈'이었다. 두 단어는 똑같이 수메르 위정자에게 붙이는 수식어 및 두 왕을 비교할 때 우선순위를 결정하는 표현법이다. '엔시'는 '루갈'보다 지배력이 약한 군주로, 도시의 평범한 군주라고 생각하면 된다. '루갈'은 대개 자국뿐만 아니라 수메르의 여러 도시에서 '강력한 정치력을 행사하고 있던 왕'을 가리킨다. 그러므로 아쿠르갈은 우르-난쉐보다 나약한 왕이었다는 말이다. 이와 더불어 '엔(en)'이라는 단어는 '루갈'이나 '엔시'보다 먼저 쓰였다. '엔'은 정치지도자로 권력을 가진 대사

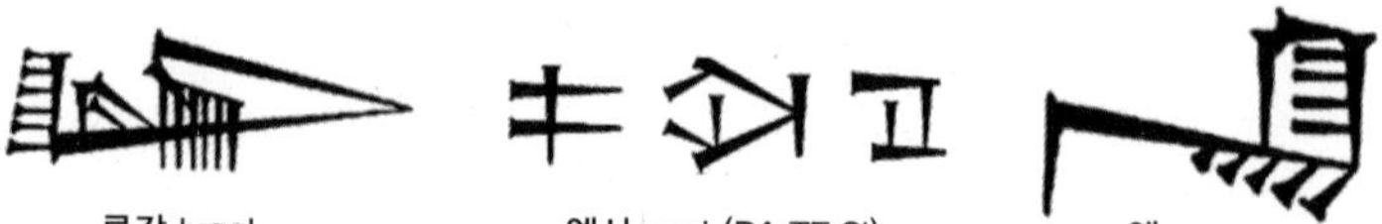

루갈 lugal 엔시 $ensi_2$(PA.TE.SI) 엔 en

Δ40 설형문자 '루갈', '엔시', '엔'

우르-난쉐는 강했으나 아쿠르갈은 유약했다. 아쿠르갈의 갑작스러운 죽음으로 라가쉬가 흔들렸다. 아쿠르갈의 후임자는 아들 에안나툼(Eannatum)이었다.[80] 왕은 위기에 처한 라가쉬를 물려받았다. 그는 태어날 때부터 예사롭지 않았다. 신들이 에안나툼을 지원했다.

> 라가쉬의 지배자 에안나툼은, 엔릴에 의해 지명되었고, 닌기르수가 힘을 주었으며, 난쉐의 심장이 선택했고, 닌후르쌍은 건강에 좋은 우유를 먹였으며, 인안나는 훌륭한 이름을 지어주었고, 엔키가 지혜를 주었으며, 두무지-압주(Dumuzi-Abzu)가 총애했고, 헨두르쌍(Ḫendursaĝ)이 신뢰했으며, 루갈우룹(Lugalurub)이 아끼는 친구였다.[81] **Δ41**

제장을 가리킨다. 우루크 왕 엔메르가르(Enmerkar, 메르카르 왕), 키쉬 왕 엔메바라게씨(Enmebaragesi, 메바라게씨 왕)의 이름 앞에 붙은 '엔'을 예로 들 수 있다. 수메르 통치자들의 세계에서도 신분 상승이 있었다. 어느 도시의 '엔시'가 세력을 넓혀 수메르 왕권을 뒤흔들 정도로 정치력을 발휘하면 '루갈'이 된다. 필경사들은 왕이 정권을 잡으면 대개 '엔시'를 쓰다가 그 왕이 강력한 권력자가 되면 곧바로 '루갈'로 호칭을 바꾸어 기록했다. 어떤 경우에는 자국의 통치자가 '엔시' 정도의 수준임에도 불구하고 정치적인 목적으로 '루갈'이라고 기록한 필경사도 있었다.

80) **〈수메르 왕명록〉에 나오지 않는 에안나툼은 라가쉬 1왕조의 5대왕이자 우르-난쉐 왕조의 3대왕이다.**

81) 프랑스 루브르박물관 AO 02677 옥석 명문, 1칸 2행~2칸 13행.

 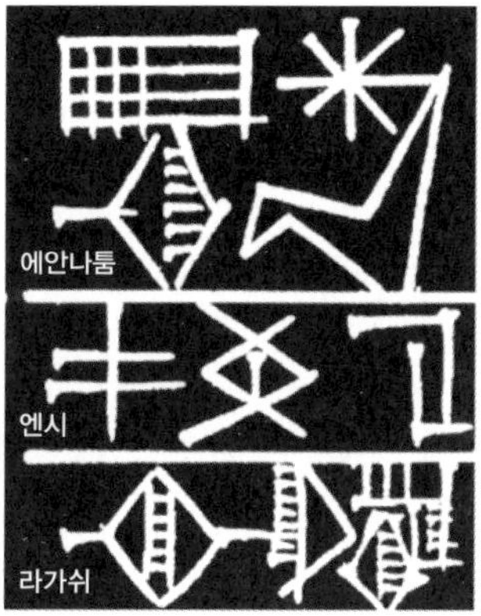

Δ41 에안나툼의 옥석

프랑스 루브르박물관 AO 02677은 에르네스트 드 사르제크가 기르수에서 발굴한 또 하나의 보물로 여태껏 보지 못한 특이한 모양이다. 이것은 커다란 계란 모양의 석회암 덩어리로 약 4,450년 전의 사료이다. 필자는 이 사료를 에안나툼의 '옥석(玉石, 둥근 돌)'이라고 부르기로 했다. 옥석에는 151행의 수메르어 명문이 실려 있다.

'신들의 제왕' 엔릴이 에안나툼을 왕으로 지명했다. 에안나툼이 수메르의 강력한 권력자가 될 것이라는 예보였다. 신들 중에서 가장 명석한 엔키도 왕에게 지혜를 주었다. 전쟁의 여신 인안나[82]는

82) 인안나는 '전쟁의 여신'인 동시에 '사랑의 여신'으로 알려져 있다. 또한 하늘과 땅의 여왕, 풍요, 다산, 결혼, 완전하고 다양한 여성성, 여성적인 삶의 원리, 여성들의 수호천사, 품위 있고 당당한 부인, 도시의 수호신, 왕들의 수호신, 금성(金星) 등등으로 상징화된 여신들의 본바탕에는 인안나가 자리를 잡고 있다. 그리고 인안나와 두무지가 나눈 사랑의 신화는 '죽음과 부활의 신화'의 원형이었다. 인안나의 신성은 곳곳으로 퍼져 후대의 여신들에게 전해졌다. 인안나는 셈어권의 '이쉬타르, 이르닌니, 아스타르투, 이샤라, 아나트', 가나안의 '아스타르테', 히브리의 '아스다롯', 우가리트의 '아티라트', 이집트의 '이시스, 하토르', 그리스의 '아프로디테, 아테나, 헤라', 로마의 '베누스, 미네르바, 주노' 등으로 이름이 바뀌어 숭배되었다.

그의 이름을 훌륭하게 지어주었다. 인안나의 사랑을 받는 왕은 전쟁에서 패하지 않는다. 신들은 너나없이 왕의 탄생으로 신명이 났다. 에안나툼의 '신통(神通)한 출발'이었다. 더욱이 수메르 여신들은 에안나툼을 각별히 사랑했다.

> 그(닌기르수)는 그(에안나툼)를 보고 기뻐했다. 인안나가 그(에안나툼)의 편에 있었다. 여신은 그에게 '인안나의 에안나(신전)에 합당한 존재'라고 이름을 지어주었고, 닌후르쌍은 그를 오른쪽 무릎에 앉히고, 오른쪽 젖가슴을 내밀었다.[83] **Δ42, 43**

83) 프랑스 루브르박물관 AO 00050+AO 02436+AO 02437+AO 02438+AO 16109(=BM 023580) 독수리 석비 명문, 53~65행. 루브르박물관에는 '역사상 가장 기념비적인 사료'인 에안나툼의 독수리 석비가 보관되어 있다. 에르네스트 드 사르제크가 1881년부터 발굴한 석회암 조각들이 있는데, 에안나툼의 삶은 그 7개 조각의 빗돌에 옮겨져 있다. 이 석비의 여섯 조각은 루브르박물관 것이었으나 한 조각은 본래 골동품 시장에서 사들인 영국박물관의 소유였다. 루브르박물관은 영국박물관에 그 한 조각을 양도해달라고 요구했으나 영국박물관은 2번이나 거절했다. 1932년 파란곡절 끝에 영국박물관의 한 조각은 루브르박물관으로 옮겨졌다. 루브르박물관은 이에 '영국박물관의 선물'이라는 수식어를 붙였다. 양측에서 어떤 비밀거래가 있었는지 아는 사람은 아무도 없다. 영국과 프랑스는 메소포타미아 발굴의 맞상대였다. 그러나 발굴은 도굴에 가까웠는데, 1852년 호르무즈 라쌈(Hormuzd Rassam)이 앗시리아의 수도 니네베(Nineveh)에 있던 앗슈르바니팔(Ashurbanipal) 도서관에서 〈길가메쉬 서사시〉가 기록된 점토판을 발굴할 때도 마찬가지였다. 영국과 프랑스는 이미 진작부터 니네베의 쿠윤지크(Kuyunjik)에서 '발굴의 앙숙'으로 다투었다. 남의 땅에서 북쪽은 영국 소유, 남쪽은 프랑스 소유라며 제국의 속성을 드러냈다. 영국이 오밤중에 프랑스가 차지하고 있던 곳으로 몰래 들어가 니네베 궁성을 발굴하자 양국 실무자들은 모종의 거래로 충돌을 피했다. 영국은 프랑스에게 70~80개의 조각상을 '몰래' 주었다. 프랑스는 영국의 도굴을 눈감아주었다. 이 추접한 협상의 당사자는 놀랍게도 그 유명한 영국의 헨리 롤린슨(Henry Rawlinson)과 프랑스의 빅토르 플라스(Victor Place)였다!(아놀드 C. 브랙만, 안경숙 옮김, 〈니네베 발굴기〉, 대원사, 1990, 349~352쪽). 영국과 프랑스에 이어 독일과 미국이 메소포타미아에서 제국의 흑심을 드러냈다. 나중에는 러시아와 일본까지도 합세했다. 모두 제국이었다. 제국은 도굴로 획득한 메소

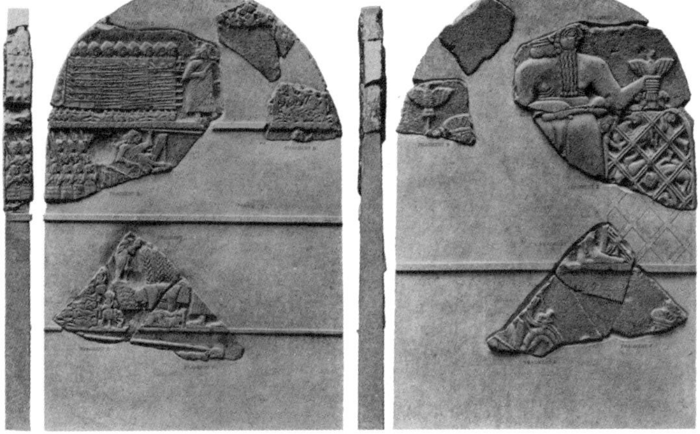

Δ42 에안나툼의 독수리 석비

Δ43 독수리 석비 명명(命名)의 이유

석비 뒷면의 오른쪽 상단에는 끔찍하고 잔혹한 장면이 나온다. 독수리가 하늘을 가득 채우며 날고 있다. 그 부리는 시체의 팔과 머리를 쪼아 먹고 있다. 독수리의 굶주린 배를 채워주는 먹잇감은 움마의 병사들이다.

세월이 흘러 에안나툼은 어른이 되었다. 닌기르수는 크게 흡족해했다. 이제 라가쉬의 왕권은 에안나툼의 손안에 있었다. 에안나툼은 과연 얼마나 위대한 영웅이 될 것인가. 그의 이름을 지어준 인안나의 위대한 명예[84]에 먹칠을 하지 않고 잘 살아갈 수 있을까.

포타미아 보물을 자국 박물관에 전시하면서 마치 문화 선진국처럼 행세했다. 약 4,450년 전 에안나툼 당대에 제작된 독수리 석비는 '역사책의 최고봉'이었다. 그 빗돌에 장장 635행의 수메르어가 새겨져 있다. 그 시절 지구상의 어디에도 없었던 '장문의 문자 사료'였다. 루브르박물관은 이 '명물'의 본모습을 가로 1.3미터, 세로 1.8미터, 두께 11센티미터의 대형 비석으로 재현했다(사진 42). 석비 앞면의 돋을새김은 신들이 전쟁에 개입한 장면을 연출했고, 뒷면에는 전쟁 상황이 상세하게 표현되어 있다. 만일 석비가 완전체였다면 7조각의 635행보다 훨씬 많은 문자를 복원할 수 있었을 것이다.

84) 인안나는 실로 위대한 여신이었다. 필자는 '인안나의 죽음과 부활'에 대해 다음과 같은 취지의 글을 쓴 적이 있다.
"인류는 원시인에서 '지혜로운 사람'으로 변모하여, …… 신(神)이라는 존재가 인간의 의식 속으로 들어왔습니다. …… 종교적인 인간은 스스로가 신이라고 생각하는 그런저런 존재들이 현현(顯現)하는 경험을 하게 됩니다. …… 인간은 자신보다 월등한 신(神)적인 존재를 향한 의식을 거행합니다. 바로 축제지요. …… 축제의 핵심은 신의 죽음과 부활이었습니다. 죽었다가 부활한 신으로는 이집트의 '오시리스'와 페르시아의 '미트라', 그리스의 '디오니소스'가 유명합니다. 소아시아의 '아티스'도 있고, 시리아의 '아도니스', 로마의 '바쿠스'도 있지요. …… 그러나 거기에는 '죽음과 부활의 신들의 계보'에서 가장 윗자리에 있는 인안나와 두무지의 신성이 혼용되어 있었습니다. 수메르의 태양신 우투의 신성까지도 말이지요. …… 수메르 후대의 신년 축제에서는 우투의 신성이 인안나와 두무지의 신성과 함께 또 한 번 혼용되어서 나타난 대상이 바로 태양신이었습니다. …… 그래서 고대의 태양신들은 인안나 흉내를 내기도 하고, 두무지 흉내를 내기도 하며, 우투 흉내를 내기도 하고, 심지어는 엔키의 흉내를 내기도 했습니다. 그들은 신년 축제에서 인안나의 대리인 역할을 하는 '인간 처녀'에게서 태어났던 왕들처럼 동정녀에게서 태어났습니다. 인안나처럼 가장 위대한 신이 되기 위해 이승의 모든 권세를 버렸고, 그녀처럼 죽어서 나무못에 걸렸으며, 그녀처럼 죽은 지 사흘 만에 부활하여 세상의 운명을 결정하는 힘을 얻었습니다. 그들은 두무지처럼 목자(牧者)로 비유되었고, 두무지가 인안나 대신 저승으로 끌려갔듯이 만인의 죄를 대속하였으며, 엔키의 아들 두무지처럼 '아버지의 아들'이었습니다. 그리고 우투처럼 태양신이 되었구요. 게다가 생명초와 생명수로 인안나를 살린 엔키처럼 인간의 구세주가 되었습니다"(김산해, 〈수메르, 최초의 사랑을 외치다〉, 휴머니스트, 2007, 345~350쪽).

또한 닌후르쌍이 베풀어준 사랑처럼 그의 삶에도 무한한 행운이 따를 것인가.[85]

태양신은 수메르의 인안나·두무지·우투·엔키의 신성을 합친 것이다. 이는 예수 이야기와 연결된다. 미트라 이야기이고, 아도니스 이야기이며, 여러 태양신의 이야기이다. 더 거슬러올라가면 이쉬타르와 탐무즈의 사연이다. 여기서 더 거슬러올라가면 바로 수메르의 인안나와 두무지의 이야기이다. 즉 수메르 신들의 사랑놀이에서 나온 이야기이다. 수메르인은 신년 축제를 '아키티(a_2-ki-ti)'라고 했다. 그 후 신년 축제는 '아키투(akītu, 악카드어)'라고 불렸다. 이 축제는 지금도 열리고 있다. 이는 그리스도교의 부활절과 관련이 있다. 필자는 인안나와 여신에 대해 다음과 같이 썼다.

"인간은 여신의 세계를 부정해왔고, 여신의 존재감을 무시해왔다. 슬픈 일이었다. 더불어 여성은 가혹하게 취급당했고, 비참하게 천대받았다. 잔인한 세월이었다. 신화는 퇴보일로에 있었다. 그렇지만 남신들보다 더 신령스러웠고, 남신들보다 더 용감했으며, 남신들보다 더 강력했던 인안나가 완벽하게 복원되었다. 인안나를 다시 품에 안으면서, 신화는 역행을 멈추고 진화의 길로 접어들었다. 인안나는 신성한 권능을 갖고 있었고, 삼라만상의 총체적인 질서를 잡고 있었으며, 지혜의 정수를 누리고 있었다. 인간의 창조주이자 구세주인 엔키에게서 넘겨받은 권위와 권능이었고, '신물(神物)'이었다. 그랬음에도 여신은 하늘과 땅의 모든 기득권을 포기하고 저승으로 내려갔다. 더 큰 운명결정권을 손에 쥐기 위해 현실의 권세와 욕망을 버리고 저승으로 내려갔다. 여신은 저승에서 죽었고, 죽은 지 사흘 만에 부활했다. 그리고 가장 위대한 신이 되었다"(앞의 책, 서문).

예수의 죽음과 부활은 '인안나의 그것'의 복사판이다. 2,000년 전의 예수가 위대한 '부활의 신'이라면 '예수의 고대(古代)'에 존재했던 위대한 '부활의 신'은 바로 인안나였다. 수메르의 전쟁과 평화는 인안나의 손안에 있었다. '하늘과 땅의 여왕'으로 불리던 위대한 인안나가 직접 에안나툼의 이름(인안나의 에안나 신전에 합당한 존재라는 뜻)을 지어주었다. 인안나의 사랑을 듬뿍 받은 에안나툼은 세상의 지배자가 될 운명이었다.

85) 닌후르쌍이 에안나툼을 '오른쪽' 무릎에 앉히고 '오른쪽' 젖가슴을 내민 것은 에안나툼의 앞날에 '행운'이 있기를 바라는 수메르 필경사의 상투적인 표현법이다.

14. 움마의 반기

라가쉬는 활기를 되찾았다. 에안나툼은 아버지 아쿠르갈의 갑작스러운 죽음으로 휘청거리는 나라를 바로잡았다.

> 라가쉬의 지배자 아쿠르갈의 아들, 그는 닌기르수를 위해 기르수를 재건했고, 그를 위해 거룩한 도시의 성벽을 세웠으며, 난쉐를 위해 닝인을 세웠다.[86]

에안나툼은 우르-난쉐 세습 왕조의 적통자였다. 왕은 기르수를 재건했다. 그런데 재건이라니. 기르수가 언제 무너졌던가. 그는 기르수 성벽을 다시 세웠다. 성벽은 언제 파괴되었던가. 그는 난쉐 여신의 도시 닝인을 다시 세웠다. 닝인은 또 언제 쓰러졌단 말인가. 도대체 누가 어느 틈에 라가쉬를 난장판으로 만들어놓은 것일까. 그렇다면 라가쉬는 왜 방어하지 못했단 말인가. 왕의 조부 우르-난

86) 프랑스 루브르박물관 AO 02677 옥석 명문, 3칸 1~11행.

쉐는 우르와 움마의 침략을 막아내고 조국을 지켰다. 단명으로 끝난 그의 아버지 아쿠르갈 시절에 큰 변고가 있었다.

> [……] 움마 지배자가 공세를 취하며 반기를 들었고, 라가쉬 국경선까지 압박했다.**Δ44** 아쿠르갈, 라가쉬 왕, 우르-난쉐의 아들은 [……][87] 움마 지배자가 공세를 취하며 반기를 들었고, 라가쉬로 향했다. '자신의 재산' 때문에 국경선까지 다시 압박했다.[88]

그랬다. 아쿠르갈이 통치하던 어느 날 움마가 공습해왔다. 움마는 우르-난쉐에게 패한 뒤 라가쉬에 눌려 있었다. 비옥토 에덴은 라가쉬가 차지했다. 에덴을 잃은 움마 백성의 삶은 피폐했다. 움마 왕은 '자신의 재산'을 지키기 위해 반기를 들었다.[89] 다시 전쟁이

---

87) 아쿠르갈이 단명한 원인을 찾기 위해 많은 사료를 뒤졌으나 라가쉬 역사가들이 자국의 패전과 자국 왕의 죽음에 대해서는 철저하게 함구하는 편향적인 역사 기술 때문에 아쿠르갈의 운명을 알아내지 못했다. 그러다가 독수리 석비 명문에서 우연히 "아쿠르갈, 라가쉬 왕, 우르-난쉐의 아들은 [……]"이라는 문장을 보고 아쿠르갈이 단명한 이유를 찾을 수 있었다. 예상대로 아쿠르갈은 유약한 왕이었으므로 움마가 에덴을 공격했다. 그런데 설형문자가 깨진 부분 '[……]'을 비록 읽을 수는 없었으나 아쿠르갈이 움마의 공습으로 죽었을 것이라는 추측을 할 수 있었다. '[……]'은 라가쉬 역사가들의 편향성으로 보아 다음과 같이 적혀 있었을 것이다. "아쿠르갈, 라가쉬 왕, 우르-난쉐의 아들은 [막아내려고 했으나]" 독수리 석비의 필경사도 아쿠르갈이 '죽었다' 또는 '패했다'와 같은 직설적인 표현은 결코 기록하지 않았다.

88) 프랑스 루브르박물관 AO 00050+AO 02436+AO 02437+AO 02438+AO 16109(=BM 023580) 독수리 석비 명문, 8~27행.

89) 라가쉬의 역사 기록으로만 본다면 전쟁을 일으키는 쪽은 항상 움마였다. 라가쉬의 필경사가 기록한 '공세, 반기'는 라가쉬의 입장일 뿐이다. 움마의 지배자는 '자신의 재산'이자 움마 백성의 재산을 지키기 위해 전쟁을 일으켰다. 움마는 라가쉬 때문에 먹고살기 어려웠다. 역사는 강대국이나 승전국의 '공개된 일기장'에 불과한 것인가. 하버드 셈족박물관

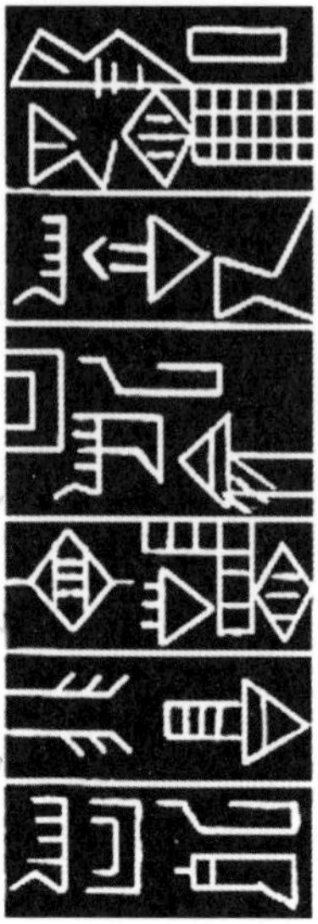

Δ44 움마의 반기

프랑스 루브르박물관에 있는 독수리 석비 명문의 9~14행.

터졌다. 아쿠르갈이 죽었다. 에안나툼이 전쟁 통에 왕위를 물려받은 형국이었다.

움마 왕은 '아쿠르갈을 저승으로 보내고' 에덴을 쑥대밭으로 만들었다. 침략자는 예전의 움마 왕 우쉬처럼 난폭했다. 그는 국경선에 설치된 경계비[90]를 모두 뽑아버렸다. 이때 뜬금없이 라가쉬의

의 또 다른 사료(SM 1913.02.180)에도 이 역사적인 사건을 기록한 증거가 있다. 필경사는 '이름이 알려져 있지 않은 움마 왕'이 구에덴나의 여러 들판에서 경계비를 뽑아버렸고, 신들의 은총을 듬뿍 받은 에안나툼이 경계비를 다시 복구했다고 60행의 수메르어로 기록했다. 이 사건은 여러 사료에 기록되어 있다.

수호신 닌기르수가 나타났다. 신은 구에덴나에 있는 자신의 재산에 손대지 말라고 호통을 쳤다.[91] 그러나 움마 왕[92]의 공세와 반기는 계속되었다. 전쟁은 치열했다. 에안나툼이 전쟁터에 나타나 칼벼락을 내렸다.

> 움마 지배자, […] (전쟁을 하려고 군사를) 모집한 그는 어디에 있는가? 사

90) 수메르 경계비에는 수메르의 중요한 문자 사료가 기록되어 있다. 신라의 진흥왕은 새로 공략한 국경지대였던 북한산 비봉을 비롯한 여러 곳에 경계비(진흥왕순수비)를 세우고 자신의 치적을 자랑하는 명문을 남겼다. 이는 당시의 정치 상황과 국제 정세 그리고 왕의 업적을 확인할 수 있는 당대의 문자 사료이다. 중국 지린성(吉林省) 지안시(集安市) 태왕진(太王鎭)에 있는 광개토대왕릉비도 마찬가지이다. 이들 비석에 새겨진 명문이야말로 살아 있는 역사이다. 수메르 역사도 마찬가지이다. 수메르 역사가들은 '독수리 석비'를 포함해 수많은 경계비에 수메르 역사를 기록했다. 수메르 경계비는 4,000여 년의 세월을 무시하고 살아 숨쉬는 생생한 역사책이다. 유럽에 알려진 최초의 설형문자 유물도 경계비였다. 1782년 프랑스의 식물학자 앙드레 미쇼(André Michaux)가 바그다드에서 구입한 '미쇼의 돌(Caillou Michaux)'은 토지 양도의 명문이 담긴 경계비였다. 무엇보다도 경계비는 수메르 역사의 부활에 결정적인 공헌을 했다. '경계비'는 수메르어로 '나루아(na-ru$_2$-a: na-du$_3$-a: narua)', 악카드어로 '나루(narû)'이다. 학계에서는 일반적으로 악카드어의 '경계'를 뜻하는 '쿠두루(kudurru)'가 '명문이 실린 경계비'로 표현된다.

91) 독수리 석비의 필경사는 이 대목에서 갑자기 인간의 전쟁에 자국의 수호신 닌기르수를 끌어들였다. 또한 "… 국경선까지 압박해 들어왔다"로 문장이 끝나는 부분이 27행인데, 그는 28행부터 80행까지 전쟁 상황은 완전히 제쳐두고 엉뚱하게 닌기르수를 등장시킨 뒤 에안나툼의 탄생과 칭송 그리고 그의 왕위 등극을 나열하고 있다. 자국의 왕 아쿠르갈의 사망과 자국의 패전을 숨기기 위한 편향적인 역사왜곡의 단면이다.

92) 아쿠르갈을 일찌감치 저승으로 보낸 움마의 지배자는 누구였을까. 수메르에 정통한 연구가들은 모두 애매하니 물음표를 붙여서 '우쉬(?)'를 지목한다. 라가쉬-움마 전쟁의 휴전협상의 중재자였던 메실림이 세운 경계비를 부수고 쳐들어왔던 바로 그 '우쉬' 말이다. 우쉬는 우르-난쉐의 선임자였던 루갈샤엔구르의 맞상대였다. 우쉬가 아쿠르갈의 저승사자라고 하기에는 거리가 너무 멀다. 이 전쟁의 움마 왕은 우쉬가 아니라 분명히 파빌갈투쿠의 후임자였다. 파빌갈투쿠는 우르-난쉐의 포로가 되어 이미 세상을 떠났다. 아쿠르갈의 저승사자는 우쉬가 아니었다. 다만 왕의 이름만 모를 뿐이다.

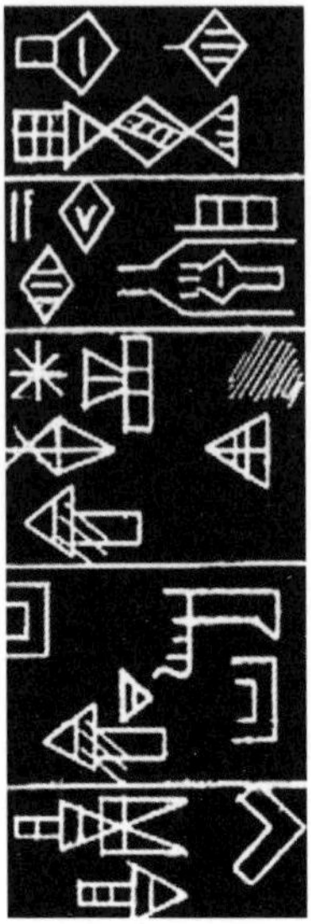

Δ45 그자를 물리치자!

프랑스 루브르박물관에 있는 독수리 석비 명문의 109~113행.

람(외국 용병들) […] 그는 구에덴나를, 닌기르수께서 사랑하는 들판을 착취할 만한 자로다. 그자를 물리치자![93] **Δ45**

움마의 군사력은 라가쉬보다 약했다. 움마 홀로 라가쉬를 상대할 수 없었다. 움마는 군사동원도 만만치 않았다. 움마의 선택은 용병 수입뿐이었다. 움마군과 외국 용병이 한데 섞여 밀려들었다. 그들

93) 프랑스 루브르박물관 AO 00050+AO 02436+AO 02437+AO 02438+AO 16109(=BM 023580) 독수리 석비 명문, 105~113행.

의 공략 지점은 바로 '에덴의 초입' 구에덴나였다. 움마는 비옥토를 차지하기 위해 대국 라가쉬에게 반기를 들었다. 생존을 위한 몸부림이었다.

15. 신탁의 실현

라가쉬와 움마는 네 번째 전쟁에 휘말렸다.[94] 에덴 들판은 다시 피로 물들었다. 에안나툼은 아버지의 죽음을 슬퍼할 겨를도 없이 용병을 동원한 움마군과 맞섰다. 전세는 라가쉬에게 불리했다.

어느 날 에안나툼은 곤히 잠들어 있었다. 라가쉬의 수호신 닌기르수가 그의 꿈에 나타났다.

> 잠들어 누워 있는 그에게, 잠들어 누워 있는 그에게, 그(닌기르수)는 그(에안나툼)의 머리맡으로 다가왔다. 에안나툼에게,**Δ46** 잠들어 누워 있는 그에게, 가장 사랑하는 왕에게, 닌기르수는 그의 머리맡으로 다가왔다. [⋯] (닌기르수가 꿈속에서 에안나툼에게 말한다) 움마는 키쉬처럼 결국 헤매게 되리라.[95] 그리하여 너에게 사로잡힌 후에, 분명코 제거된다. 네 오른

94) 라가쉬와 움마는 문자 사료로 확인한 것만으로도 네 번째 전쟁을 치르는 중이었다. 엔헤갈의 구에덴나 탈환전, 루갈샤엔구르와 우쉬의 맞대결, 우르-난쉐와 파빌갈투쿠의 해전, 그리고 아쿠르갈을 죽음에 이르게 한 이번 전쟁까지.

95) '키쉬처럼 결국 헤매게 된다'는 말은 이 당시의 키쉬가 이미 수메르의 신흥 강자로 떠오

팔 쪽에서 우투[96]가, (나는) 네게 나타나게 해줄 것이며, 네 이마 위에서, [⋯] 내가 너를 지켜주리라. 에안나툼 [⋯].[97]

신들의 사랑과 가호를 한껏 받고 자란 에안나툼이었다. 닌기르수는 그를 외면하지 않았다. 국가 수호신이 왕을 방치할 수 없는 노릇이었다. 닌기르수는 위기에 처한 에안나툼의 꿈속까지 찾아와 위로하고 격려했다. 신은 종이호랑이가 된 키쉬처럼 움마 정도는 쉽게 꺾을 수 있다며 왕에게 용기를 주었다. 그리고 '가장 정의로운 신' 우투가 왕에게 행운을 누릴 수 있도록 돕겠다고 했다. 신은 에안나툼을 지키겠다고 약속했다. 꿈의 신탁은 계속되었다.

나(닌기르수)는 그(움마 왕)에게 벌을 내리겠다. 나는 그들의 무수한 시체가 지평선까지 늘어서게 하겠다. 움마 [⋯] 그들(움마인)은 그(움마 왕)에게 반기를 들것이며, 움마 한복판에서, 그들은 그를 죽이리라. 우슈르두(Ušurdu), 라는 이름[98] [⋯].[99] **Δ47**

른 라가쉬에게 눌려 있었다는 것을 암시한다.

96) 수메르의 태양신 우투는 모든 태양신의 원조로 '법, 정의, 공평, 도덕과 규범'을 주관하는 신이다. 수메르인은 자신의 삶이 매우 불공정하게 취급받거나 억울하게 망가졌을 때 우투에게 도움을 청했다. 우투는 달의 신 난나의 아들이며, 인안나와 이란성쌍둥이이다. 수메르인은 우투를 씨파르와 라르싸의 에밥바르(E-babbar) 신전에 모셨다. 독수리 석비의 필경사가 쓴 에안나툼의 "네 '오른팔' 쪽에서 우투가 나타난다"는 의미는 왕에게 행운이 있기를 바라는 닌기르수의 뜻이다.

97) 프랑스 루브르박물관 AO 00050 + AO 02436 + AO 02437 + AO 02438 + AO 16109(=BM 023580) 독수리 석비 명문, 121~143행.

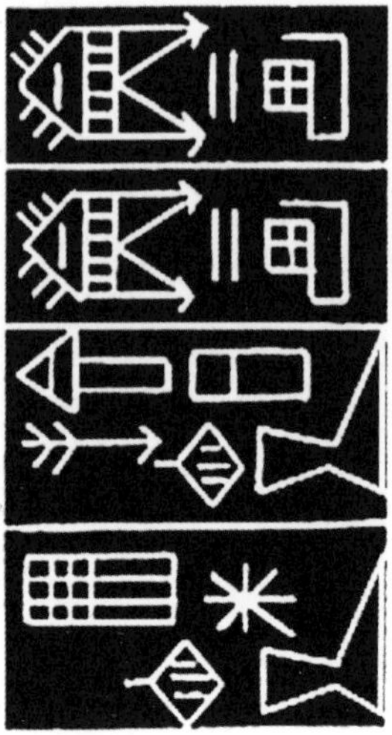

121) 잠들어 누워 있는 그에게

122) 잠들어 누워 있는 그에게

123) 그(신)는 그(왕)의 머리맡으로 다가왔다

124) 에안나툼에게

Δ46 꿈의 신탁 1

프랑스 루브르박물관에 있는 독수리 석비 명문의 121~124행.

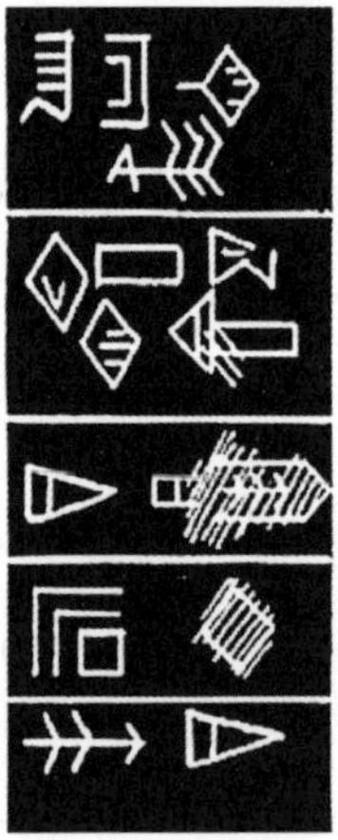

148) 그들(움마인)은 그(움마 왕)에게
반기를 들 것이며

149) 움마의 한복판에서

150) 그들은 그를 죽이리라

151) 우슈르두

152) 라는 이름

Δ47 꿈의 신탁 2

프랑스 루브르박물관에 있는 독수리 석비 명문의 148~152행.

놀라운 꿈이었다.[100] 닌기르수는 에안나툼에게 용기를 주고 격려만 하려는 것이 아니었다. 신은 자신의 전쟁 개입을 알렸다. 뿐만 아니라 직접 승패를 결정하겠다고 사신했다. 또 움마 왕이 조국에서 패전의 멍에를 쓰고 자국의 백성에 의해 죽음을 맞이할 것이라는 소식도 전했다. 닌기르수의 통보는 위기에 직면한 라가쉬 백성의 소원이었다.

98) 독수리 석비 151~152행의 "우슈르두, 라는 이름(Ušur$_3$-du$_{10}$, mu-ni)"은 이번 전쟁을 일으킨 움마 왕이 '우슈르두'일 것이라는 기대를 갖게 했으나 다음 설형문자가 깨져 읽을 수 없었다. 그가 '엔시(군주)'였다는 단어조차 확인할 수 없었으며 달랑 이름뿐이었다. 필자는 이번 전쟁을 일으킨 움마 왕은 수메르 연구가들이 물음표를 붙여 주장하는 '우쉬(?)'가 아니라 '이름 모를 왕 또는 우슈르두'라고 규정하기로 했다. 움마 1왕조의 1대왕 우쉬가 3대왕 자리에 있을 이유가 없다.

99) 프랑스 루브르박물관 AO 00050 + AO 02436 + AO 02437 + AO 02438 + AO 16109(=BM 023580) 독수리석비 명문, 144~152행.

100) "꿈은 신들이 인간에게 메시지를 전달하기 위해 접근하는 전형적인 방식이었다. 고대인들은 꿈은 신의 소리라고 생각했다. 이집트 왕들도 꿈속에서 신의 계시를 받았고, 히브리의 족장이나 제사장에게도 동일한 일들이 반복되었다. …… 그리스의 영웅 호메로스도 마찬가지로 꿈을 보내는 이는 제우스라고 생각했다. 꿈이라는 환상의 세계에서 신은 인간에게 다가선다. 꿈이야말로 미개했던 인간에게 영적인 관념을 일으키고 종교나 신앙을 품게 한 근원지일지도 모른다. 꿈과 환상, 그 몽환적 세계는 신과 인간이 만날 수 있는 시공을 초월한 통로다. …… 인간이면서도 감히 신산으로 들어가려는 '죽음의 여행길'로 나선 길가메쉬와 엔키두에게 유일한 '전망 밝은 메시지'는 태양의 신 샤마쉬가 안겨주는 길몽뿐이었다. 그들에게는 꿈속에서 전달받는 신의 성의(聖意)만이 희망인 것이다"(김산해, 〈최초의 신화 길가메쉬 서사시〉, 휴머니스트, 2020, 135쪽).

〈길가메쉬 서사시〉 악카드어 판본에 나오는 길가메쉬의 꿈 이야기는 수메르가 멸망한 뒤에 나온 사료이다. 길가메쉬가 살아생전에 실제로 그런 꿈을 꾸었는지는 알 수 없다. 다만 기억의 역사가 대대로 이어져서 결국 '길가메쉬의 꿈'이 탄생했다. 그러나 '에안나툼의 꿈'은 조금 다르다. 독수리 석비는 에안나툼이 통치하던 4,400여 년 전(B.C.E. 2455~B.C.E. 2425)의 '당대 문자 사료'이다. 에안나툼은 꿈속에서 신탁을 받은 최초의 왕이었다. 에안나툼 후대의 필경사들은 '꿈의 신탁'을 수없이 활용했다. 신은 꿈속에서 인간의 미래를 제시한다. 꿈속에서 받은 신의 계시는 그대로 현실이 된다. 꿈속의 주인공은 영웅이 되거나 전설의 주인공이 되어 역사에 길이 남는다.

그(움마 왕)에게 생명을 주지 마소서! 그가 자기 신의 신전에 발을 들여 놓지 못하게 하소서! [···] 그에게 생명을 주지 마소서! 그자의 도시에서 그에게 반기를 들게 하소서![101]

에안나툼을 돕기 위해 닌기르수가 팔을 걷고 나섰다. 왕에게 이름을 지어준 '전쟁의 여신' 인안나도 전황을 관찰하며 왕을 지지했다.[102] **Δ48** 에안나툼이 꿈에서 깨어났다. 왕은 꿈의 신탁으로 용기를 얻었다. 에안나툼은 전쟁터로 나갔다. 라가쉬군과 움마군이 전투에 몰두하고 있었다.

그들은 서로 싸웠고, 한 남자가 에안나툼을 향해 화살을 쏘았다. 화살이 그를 관통했다. 그러나 그는 그것을 뽑아 꺾어버렸다(?). 사람들(라가

101) 프랑스 루브르박물관 AO 04442 + AO 04597 명문, 26~32행. 필자는 독수리 석비와 같은 연대에 제작된 사료를 찾아 읽다가 기르수에서 발굴된 점토판에서 당시 라가쉬 백성의 마음을 읽을 수 있는 명문을 발견했다. 에안나툼이 움마의 공격을 막아내고 라가쉬를 지켰다고 32행으로 짧게 기록된 에안나툼이 통치하던 시절의 사료였다. 필경사는 마지막 7행을 움마의 지배자를 저주하는 글로 마무리했다.

102) 루브르박물관은 독수리 석비에 나타난 여신을 '난쉐'라고 지목했는데 전쟁터에 '습지와 풍요의 여신'이 잘 어울리지 않는다. 게다가 대부분의 수메르 연구가들은 이 여신이 수메르의 모신으로 알려진 '닌후르쌍'이라고 하지만 이 또한 마땅치 않다. 6,000년 전 수메르의 중심지가 에리두에서 우루크로 바뀌고, 우루크가 지상 최대 문명도시로 발전하자 수메르인은 우루크 에안나 신전의 인안나를 '하늘과 땅의 여왕'으로 숭배했다. 인안나는 에리두의 엔키로부터 '메(Me), 세상의 모든 신성한 권능과 권위'를 넘겨받고 우루크로 가져왔다. 수메르인은 '전쟁의 여신'이기도 한 인안나를 모든 도시국가에서 큰 신으로 모셨다. 특히 전쟁이 일어나면 반드시 인안나가 관련되어 있었다. 독수리 석비의 여신은 인안나로 볼 수밖에 없다. 여신의 양 어깨의 신물(神物)은 인안나의 '메'의 상징이다. '메'를 양 어깨에 치장하고 전쟁터를 기웃거릴 신은 인안나가 마땅하다.

Δ48 메(me)의 주인, 인안나

독수리 석비에 나오는 여신은 '전쟁의 여신' 인안나로, 세상의 모든 신성한 권능과 권위를 상징하는 '메'의 주인이다. 인안나 머리 위로 괴조(怪鳥)'안주(Anzu)'가 날고 있다.

> 쉬 병사들) 앞쪽에서 그(에안나툼)가 […] 소리를 지르며 […] 바람의 남자가 […] 에안나툼은, 움마(진영)에서, 무자비한 폭풍 같은, 홍수를 일으켰다. […].[103]

전쟁터는 '확 트인' 에덴 들판이었다. 라가쉬군은 창을 든 보병이었다. 반면 움마군의 주력은 당나귀 전차부대였다. 움마는 전력의 열세를 외국 용병으로 채웠다. 움마의 공격은 거셌다.

전투가 한창일 때 움마 궁수의 화살이 에안나툼의 몸에 깊숙이 꽂혔다. 에안나툼은 영웅처럼 화살을 뽑아 꺾어버렸다. 왕은 치열

103) 프랑스 루브르박물관 AO 00050+AO 02436+AO 02437+AO 02438+AO 16109(=BM 023580) 독수리 석비 명문, 153~168행.

한 전장의 뒤편에서 소리만 질러대는 겁쟁이가 아니었다. 기력을 되찾은 에안나툼은 라가쉬 군대의 맨 앞으로 당당하게 나섰다. 왕은 청동 투구를 쓰고 있었다. 그는 양가죽으로 만든 두껍고 긴 겉옷으로 중무장했다. 에안나툼은 무기를 들고 적진을 향해 전속력으로 달려나갔다. 왕은 맹수처럼 포효했다. 그는 적군을 위협하며 날파람을 일으켰다. 용감무쌍한 에안나툼은 잔인한 폭풍처럼 움마군을 향해 휘몰아쳤다. 그는 홍수처럼 움마 진영을 휘저었다.

라가쉬군은 밀집대형[104]을 구축하고 에안나툼 뒤에서 움마군을 공격했다.**Δ49** 그들은 적군의 시체를 짓밟으며 진두에 선 에안나툼의 뒤를 따랐다. 라가쉬의 창병은 가죽 군모를 쓰고 있었다. 수염이 없고 어깨까지 내려오는 장발의 사내들이었다. 그들은 두 손으로 창을 단단히 움켜쥐고 적진을 겨냥하고 있었다. 라가쉬군은 맨발이었다. 전장은 에덴 들판의 평지로 돌이 없는 흙밭이었다. 군홧발보다 맨발이 더 편했다. 움마군은 에안나툼 앞에서 추풍낙엽이었다.

104) 라가쉬와 움마의 전쟁 장면은 마케도니아의 알렉산드로스대왕(Alexandros the Great, B.C.E. 356~B.C.E. 323)이 페르시아를 상대로 구사한 창병을 네모꼴로 배치한 전법과 흡사하다. 에안나툼은 알렉산드로스대왕보다 2,000여 년 전의 왕이었다. 그는 이미 방진(方陣)을 쓰고 있었다. 에안나툼은 역사상 최초로 방진을 사용한 탁월한 전술가였다. 2,000여 년 전 고대의 알렉산드로스대왕의 전쟁 장면이 그보다 더 오래전인 2,000여 년 전 수메르의 에덴 들판에서 선행되었다는 사실에 놀라움을 감출 수 없다. 그것도 막연한 추측이나 상상이 아니라 4,400여 년 전에 실제로 당시의 전쟁 당사자였던 라가쉬의 필경사가 남긴 독수리 석비의 생생한 장면과 문자 사료를 읽고 해독해 그때 상황을 재현할 수 있다는 것만으로도 '기록의 역사'의 위력을 실감할 수 있다. 이 역사적인 사실이 만일 '기억의 역사'로만 남아 있다면 어땠을까. 에안나툼의 후대인이 이 전쟁을 기억하고, 그 기억을 계속 대물림하다가 1,000년 후에 기록했다면(그것만으로도 3,400여 년 전이 된다) 에안나툼의 이 전쟁 장면은 상당히 변형된 모습으로 나타났을 것이다. '기억의 역사'는 '기록의 역사'와 함께 역사를 복원하는 데 가장 중요한 요소이다.

Δ49 에안나툼의 방진(方陣)

전세는 졸지에 역전되었다. 전쟁의 승자는 에안나툼이었다.

전투는 끝났다. 에안나툼은 부상당한 몸을 이끌고 수세를 공세로 전환시켜 결국 승리를 거두었다. 라가쉬군의 창병과 보병이 전차부대와 궁병으로 중무장한 움마군을 물리쳤다. 에안나툼의 방진 전술과 그의 용기가 위기에 처했던 라가쉬를 구했다. 에덴 들판은 움마 병사의 시체로 가득했고 전장은 정적만이 흘렀다.

라가쉬군의 사기는 하늘을 찔렀다. 그들은 한곳으로 모여들었다. 수많은 병사들이 창과 도끼를 들고 전열을 갖추었다. 그들은 승리를 만끽하고 싶었다. 도열해 있는 그들 앞으로 에안나툼이 나타났다. 왕은 4마리의 당나귀가 이끄는 4륜 전차를 타고 있었다.[105] 에안

105) 당시 수메르인은 말을 사육하지 않았다. 그들은 기마(騎馬) 유목민이 아니다. 수메르

나툼은 전차 위에서 왼손의 긴 창을 들어 공격 자세를 취했다. 그는 오른손에 '왕의 권위를 상징하는 무기'를 들고 있었다.[106] 전차 위에 한 사람이 더 있었다. 그가 왕의 뒤편에서 당나귀 고삐를 당기자 전차가 움직였다. 왕은 승리를 즐기고 있었다. 그러자 전차 후미에 도열해 있던 군사들이 왕을 따라 행군을 시작했다. 그들은 흙바닥에 널브러져 있는 움마군의 시체를 보란 듯이 짓밟고 지나갔다. 그들은 승리에 도취해 열병식을 거행하고 있었다.**∆50**

전쟁은 멈추었다. 그러나 왕이 해야 할 일이 아직 남아 있었다.

> 그는 움마를 패배시켰고, 20개의 무덤을 그곳에 쌓아올렸다. 에안나툼은 슐우툴라(Šulutula)[107] 곁에서 달콤한 눈물을 쏟았다.[108]

라가쉬군은 적군의 시체를 한곳에 모아 겹겹이 쌓았다. 적군의 시체는 그들이 흙 바구니를 이고 사다리를 타고 올라가 흙을 덮어야 할 정도로 많았다. 그들은 에덴 들판에 20개의 큰 무덤을 만들

전차는 당나귀가 끌었다. 수메르의 문자 사료에서 '말'과 '당나귀'가 어느 정도 나오는지 살펴보았다. '말(si_2-si_2)'은 좀처럼 찾을 수 없었던 반면 '당나귀(anše)'는 최소 3,000회 정도 나타났다. '어린 수컷 당나귀(dur_3)'는 약 1,300회, '암킷 딩나귀(eme_3, eme_6)'는 약 350회 정도가 명문에 실려 있다.

106) 이것이 왕홀인지 왕검인지는 분명하지 않다. 다만 왕의 권위를 상징하는 특수한 물건임에는 틀림없다.

107) 슐우툴라(Šul-utula 또는 Šulutul)는 우르-난쉐 세습 왕조의 개인 수호신이며, 에안나툼의 개인 수호신이기도 하다. 수메르는 도시마다 도시 수호신이 있었으며, 왕은 개인적으로 섬기는 수호신이 따로 있었다.

108) 프랑스 루브르박물관 AO 00050 + AO 02436 + AO 02437 + AO 02438 + AO 16109(=BM 023580) 독수리 석비 명문, 178~184행.

Δ50 승리의 열병식

Δ51 무덤을 만드는 라가쉬 병사들

었다.Δ51 무덤은 에안나툼이 승리했다고 자랑할 만한 분명한 증거물이었다.[109]

무덤이 완성되자 왕은 자신의 개인 수호신인 슐우툴라를 찾았다. 승전을 축하하는 의식이 열렸다. 신에게 바칠 가축이 준비되었다. 사제가 '승리의 상징'인 대추야자나무 위에 정화수를 뿌렸다. 경건하면서도 근엄하게 앉아 있는 에안나툼 앞에 신에게 바칠 소 한 마리가 묶인 채 누워 있었다. 에안나툼이 달콤한 눈물을 흘렸다. 왕은 아버지를 잃고 부상당한 몸으로 조국을 지킨 승리로 가슴이 벅찼다. 닌기르수로부터 받은 꿈의 신탁이 실현되었다.Δ52, 53

109) 무덤 하나에 적군을 한 명씩 정성껏 묻어준 것이 아니라 20개의 대형 무덤에 수많은 적군의 시체를 몰아넣고 매장했다. 에안나툼은 단순히 전쟁에서 승리한 증거물로 무덤을 만들었다.

Δ52 움마 왕의 생포

에안나툼의 긴 창끝이 움마 왕을 정조준하고 있다. 필경사는 이 장면을 움마군의 시체를 매장한 다음 장면에 배치했다. 에안나툼은 움마 왕을 죽이지 않았다. 이는 에안나툼이 '움마 왕은 움마 땅에서 자국민에 의해 죽는다'는 꿈의 신탁을 믿고 생포한 움마 왕을 움마로 돌려보냈다는 점을 암시한다.

Δ53 독수리 석비 뒷면의 분석

필경사는 닌기르수로부터 꿈에서 받은 신탁이 실현된 상황을 독수리 석비 뒷면에 4단계로 나누어 구성했다. 1단계는 전장에서 분투하는 에안나툼, 2단계는 승리의 열병식, 3단계는 적군의 매장과 신성한 승전 축하 의례, 4단계는 움마 왕을 생포한 에안나툼의 위엄이다.

16. 승자 에안나툼의 불안증

에안나툼은 전후 복구사업에 집중했다. 가장 시급한 일은 국경선에 경계비를 새로 세우는 것이었다. 움마 왕이 파괴한 경계비는 하나둘이 아니었다.

에안나툼, [···] 에안나툼(은) 닌기르수를 위해 이방인의 많은 땅을 없애 버렸다. 에안나툼은 닌기르수에게 그가 사랑하는 땅 구에덴나를 돌려주었다. [···] 그의 편에 있는 여러 들판에, 닌기르수의 이권이 생산되는 곳들에, [···] 에막(Emah, 신전) [···] 그는 경계비를 세웠다. [···] 닌기르수의 [···을 세웠고], 그의 신 슐우툴라의 [··· 경계비를 세웠고], 게슉가(Gešugga) 들판에 [··· 경계비를 세웠고], [······][110] 에안나툼, 닌기르수의 부름을 받은 자, 그는 그(닌기르수)에게 그것(움마로부터 회복한 땅)을 돌려주었다.[111]

110) '이 부분[······]'의 독수리 석비는 훼손이 더욱 심해서 읽을 수 있는 곳이 많지 않다. 여기저기 주요 명칭이 있을 법한 공간마다 패고 사라졌으며, 문자는 더 부서져서 해독할 수 없는 7개의 들판이 계속 나온다. '이 부분[······]' 이전까지 세운 경계비는 4개이고, '이 부분[······]'에 있는 들판에 세운 경계비는 7개이다. 그러므로 에안나툼은 국경선 전역에 많은 경계비를 세우는 대대적인 공사를 단행했다는 말이 된다.

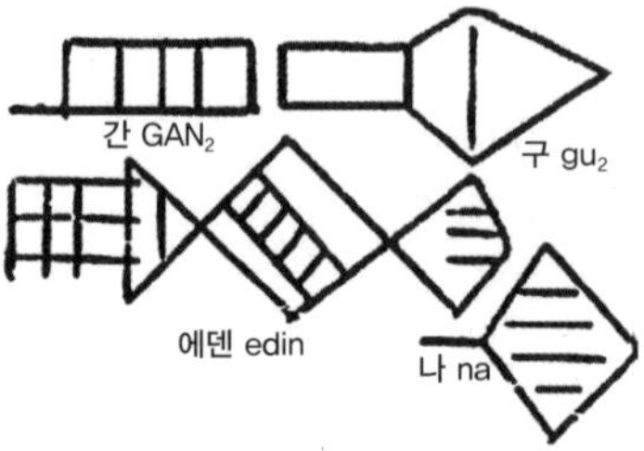

Δ54 설형문자 '구에덴나 들판'

'구에덴나 들판'의 쐐기꼴이다. 사진 상단의 왼쪽 문자는 '들판'으로 '간(GAN$_2$)'이고, 오른쪽이 '길목'으로 의역한 '구(gu$_2$)'이다. 또한 중앙의 긴 문자가 '에덴(edin)'이고, 나머지 한 문자가 '~의'에 해당하는 '나(na)'이다. 이를 합치면 '간, 구에덴나'로 '구에덴나 들판'으로, '에덴 길목의 들판'이 된다.

에안나툼은 닌기르수의 신탁대로 움마를 물리쳤다. 에덴 들판을 지켰으나 전쟁의 후유증은 컸다. 왕은 10개 이상의 경계비를 만들어 세웠다. '에덴의 길목' 구에덴나 들판은 안전지대가 되었다.**Δ54** 그는 구에덴나를 닌기르수에게 다시 안겨서 흐트러진 국론을 다잡았다.

에안나툼이 라가쉬를 재정비하고 있을 때 움마에서는 패장으로 돌아온 '이름 모를 왕(또는 우슈르두)'이 처형되었다. 움마는 빠른 시일 내에 혼란스러운 정국을 안정시킬 필요가 있었다. 움마 백성은 엔아칼레(Enakalle)를 새로운 왕으로 옹립했다. 엔아칼레는 수렁에 빠진 움마의 유일한 희망이었다.[112]**Δ55**

한편 움마의 정세를 지켜보고 있던 에안나툼은 고민에 빠졌다.

111) 프랑스 루브르박물관 AO 00050 + AO 02436 + AO 02437 + AO 02438 + AO 16109(=BM 023580) 독수리 석비 명문, 185~228행.

112) **엔아칼레는 〈수메르 왕명록〉에 나오지 않는 움마 1왕조의 4대왕이었다.** 그는 라가쉬전쟁에서 패해 위기에 몰려 있던 움마의 정국을 수습한 왕으로, 당시 움마 백성들은 엔아칼레를 영웅으로 생각했다.

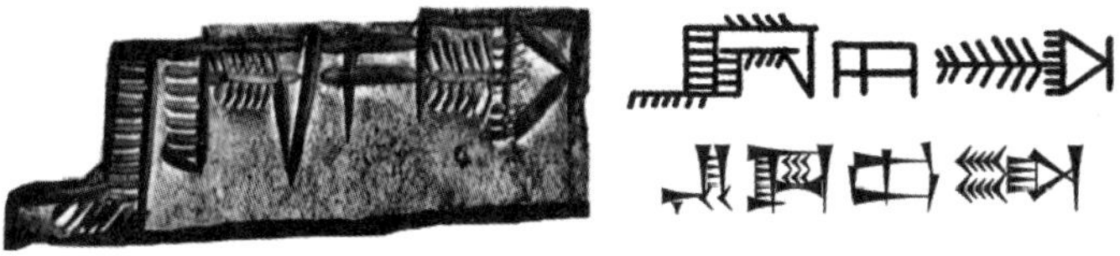

Δ55 설형문자 '엔아칼레'

움마 백성의 존경을 한 몸에 받고 있는 엔아칼레가 그대로 가만히 있을 리 만무했다. 그가 다시 라가쉬로 쳐들어오는 것은 자명한 일이었다. 라가쉬는 움마의 재침을 방지할 특단의 대책이 절실했다. 에안나툼은 안절부절못했다. 그는 고심 끝에 엔아칼레를 라가쉬로 불러들였다. 결국 엔아칼레는 에안나툼의 닦달질에 굴욕적인 맹세를 했다.

에안나툼은 움마 왕에게 엔릴의 거대한 포획 그물을 던져서 맹세를 받아냈다. 움마 왕이 에안나툼에게 맹세했다. "하늘과 땅의 왕이신 엔릴께 목숨을 걸고, 나는 반드시 닌기르수의 들판을 유상(有償)으로 빌려 사용하겠습니다. 배수지가 수원지까지 잘 연동되도록 하겠습니다. 닌기르수의 경계 영역을, 정말, 영원히 넘어오지 않겠습니다. 강둑과 관개수로들이 변하지 않게 하겠습니다. 경계비를 절대 조금도 부수지 않겠습니다. 행여 내가 경계 영역을 넘어오는 날이 온다면, 하늘과 땅의 왕이신 엔릴의 거대한 포획 그물이, 내가 맹세한 대로, 하늘에서 움마로 떨어질 것입니다!"[113]

113) 프랑스 루브르박물관 AO 00050 + AO 02436 + AO 02437 + AO 02438 + AO 16109(=BM 023580) 독수리 석비 명문, 229~257행.

엔아칼레의 치욕이었다. 그는 비옥토인 '닌기르수의 들판(에덴 들판)'에서 움마의 양식을 얻을 경우 라가쉬에 세금을 바치겠다고 약속했다. 더불어 이번 전쟁에서 움마 왕이 국경에서 저질렀던 모든 잘못을 절대 되풀이하지 않겠다고 '신들의 제왕'인 엔릴의 신명을 걸고 서약했다. 에안나툼은 귀를 세워 엔아칼레의 맹세를 듣고 있었다. 그의 맹세가 끝나자 한 가지 의식이 준비되었다.

> 에안나툼은 정말로 현명했다. 그것은 2마리 비둘기였다. 그는 그들의 눈가에 화장(化粧) 먹물을 칠했고, 그들의 머리에 삼나무(진액)를 뿌렸다. 그는 니푸르의 에쿠르에 있는 '하늘과 땅의 왕' 엔릴을 향해 그들을 풀어주었다.[114)]

에안나툼은 평화를 갈구하는 자신의 마음을 엔릴에게 전하고 싶었다. 왕이 선택한 '평화의 전령'은 야생비둘기였다.[115)] **Δ56** 그는 비

114) 프랑스 루브르박물관 AO 00050 + AO 02436 + AO 02437 + AO 02438 + AO 16109(=BM 023580) 독수리 석비 명문, 258~267행.

115) 비둘기는 인간을 가장 잘 따르는 새였다. 인간과 비둘기의 인연은 길고 깊었다. 땅에 대홍수가 난 적이 있었다. '최후의 인간'으로 살아남은 우트나피쉬팀도 비둘기를 택했다. 비둘기는 그가 '물난리의 끝'을 확인하기 위해 제일 먼저 날려보낸 전령이었다.
"일곱째 날이 되었을 때, 나는 비둘기 1마리를 꺼내 날려보냈네. 비둘기가 날아갔다가 다시 왔지. 앉을 만한 자리가 보이지 않아서 내게 돌아온 것일세. 나는 다시 제비 1마리를 꺼내 날려보냈네. 제비가 날아갔다가 다시 왔지. 앉을 만한 자리가 보이지 않아서 내게 돌아온 것일세. 나는 다시 까마귀 1마리를 꺼내서 날려보냈지. 까마귀가 가서 물에 빠지는 것을 보았네. 까마귀는 먹이를 찾아 먹었고, 주변을 돌아다녔고, 깍깍거리더니 내게 돌아오지 않았어"(김산해, 〈최초의 신화 길가메쉬 서사시〉, 휴머니스트, 2020, 301쪽).
히브리의 노아도 비슷한 상황에서 비둘기를 3번이나 날려보냈다.
"40일이 지나자 노아는 자기가 만든 방주의 창을 열고 까마귀를 내보냈다. 물이 땅에서

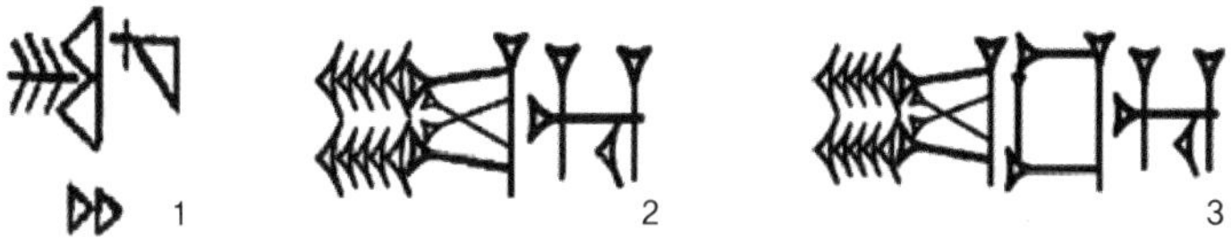

Δ56 설형문자 '비둘기'

에안나툼은 비둘기를 평화의 전령으로 날려보냈다. 사진 1은 독수리 석비 원문을 필사한 '야생비둘기($\text{tum}_{12}^{\text{mušen}}$/$\text{tu}^{\text{mušen}}$)' 2마리이다. 사진 2는 '2'마리를 뺀 '비둘기'의 정확한 쐐기꼴이다. 'tum_{12}/tu'의 뒤에 '위첨자의 mušen(새)'을 붙여 비둘기가 '조류'임을 가리키고 있다. 에안나툼이 엔릴에게 날려보낸 비둘기는 야생비둘기이다. 수메르인은 비둘기를 애완용으로 집에서도 키웠다. 사진 3은 '집비둘기'에 해당하는 'tum_{12}-$\text{gur}_4^{\text{mušen}}$'이다.

둘기가 엔릴이 살고 있는 에쿠르에 다다를 때까지 마귀가 접근하지 못하도록 대비했다. 왕은 비둘기를 눈화장과 삼나무 진액으로 치장했다. 삼나무는 수메르에서 구할 수 없는 값비싼 '신의 나무'였다. 왕의 전령은 엔릴이 지배하고 있는 '수메르 성도' 니푸르(Nippur)[116]로 날아갔다. 에안나툼의 비둘기는 과연 왕의 마음을 안

마를 때까지 그 까마귀는 밖에서 날아다니다가 돌아오곤 했다. 후에 그는 땅에서 물이 빠졌는지를 알아보려고 비둘기를 내보냈다. 물이 아직 온 땅을 덮고 있었으므로 비둘기는 내려앉아 쉴 곳을 찾지 못하고 방주 안에 있는 그에게 돌아왔다. 그는 손을 내밀어 비둘기를 방주 안으로 들였다. 그는 7일을 더 기다리다가 다시 한 번 비둘기를 방주에서 내보냈다. 저녁 무렵에 비둘기가 그에게 왔는데, 금방 딴 올리브 잎을 부리에 물고 있었다. 그래서 노아는 땅에서 물이 빠진 것을 알게 되었다. 그는 7일을 더 기다린 다음 비둘기를 내보냈는데, 비둘기가 그에게 다시 돌아오지 않았다"(창세기 8:6~12).
문제는 두 홍수 이야기에서 우트나피쉬팀과 노아가 비둘기를 날려보낸 순서가 바뀌었다는 점이다. 메소포타미아 지식인의 필독서였던 〈길가메쉬 서사시〉를 이미 읽었을 히브리 작가는 왜 이렇게 눈에 보이는 편집의 기교를 부렸던 것일까.

116) 수메르의 성도 니푸르(nibru[ki], 지금의 Nuffar)는 바그다드 남동쪽으로 약 160킬로미터 떨어진 곳에서 1851년 영국의 오스틴 헨리 레이어드(Austen Henry Layard)가 처음 발굴했다. 이후 니푸르는 미국의 펜실베이니아대학과 시카고대학의 후원을 받은 탐험가들에

정시켜줄 수 있을까. '신들의 제왕' 엔릴이 에안나툼의 심중을 헤아려준다면 만사형통이었다. 비둘기는 엔릴에게 날아가 에안나툼의 '쪽지'를 제대로 전달했을까.

에안나툼은 '평화의 전령'을 니푸르로 날려보내고도 불안했다. 언제부터 시작된 전쟁이란 말인가. 또다시 언제 그랬냐는 듯 전쟁은 다시 터질 것이다. 그는, 분명, 불안해했다. 왕은 엔아칼레의 얄팍한 맹세에 쉽게 넘어가지 않을 것이라는 속내를 무섭게 드러냈다.

> 나의 주군 엔릴에게, 움마 왕은, 그가 공언하고 반복한 말을 어기고, 요구사항을 내걸어 돌아오는 자가 되어, 그가 한 맹세를 방해하거나 불평을 만들어낸다면, 그가 한 언약들을 바꿔버리는 날에, 하늘과 땅의 왕이신 엔릴의 거대한 포획 그물이, 그가 맹세한 대로 하늘에서 움마로 떨어지리라![117]

에안나툼의 불안증은 멈추지 않았다. 그는 움마 왕의 더 확실한 다짐이 필요했다. 그의 불안증은 더욱 깊어졌다. 에안나툼은 다른 큰 신들을 찾았다. 그는 엔아칼레에게 더 많은 맹세를 원했다.

에안나툼이 불안증을 해결하기 위해 두 번째로 선택한 신은 케쉬(Keš)[118]의 닌후르쌍이었다. 닌후르쌍은 수메르 신과 인간의 어머니였다. 엔아칼레가 다시 닌후르쌍에게 맹세했다. 비둘기가 케쉬

의해 집중적으로 발굴되었다.

117) 프랑스 루브르박물관 AO 00050 + AO 02436 + AO 02437 + AO 02438 + AO 16109(=BM 023580) 독수리 석비 명문, 268~282행.

를 향해 날아갔다. 그럼에도 에안나툼의 불안증은 여전했다. 움마 왕은 에리두의 에압주 신전에 있는 엔키에게 세 번째 맹세를 받쳤다. 이번에도 비둘기는 '인간의 창조주' 엔키가 있는 압주로 날아갔다. 엔아칼레의 네 번째 맹세는 우르의 수호신 쑤엔(Suen)을 향했다. 쑤엔은 '달의 신' 난나(Nanna(r))였다. 움마 왕은 라르싸(Larsa)의 우투 신에게 다섯 번째 맹세를 받쳤다. 우투는 태양신으로 에밥바르(Ebabbar) 신전의 주인이었다. 매번 비둘기가 신들의 성소를 향해 날아갔다. 그럴 때마다 에안나툼은 엔아칼레에게 '된서리'를 거들먹거렸다. 그는 엔아칼레에게 매번 맹세를 각인시켰다. 여섯 번째 맹세는 땅의 여신 닌키(Ninki)에게 향했다. 닌키는 '지혜의 신' 엔키의 배우자였다.[119] 그리고 여지없이 에안나툼의 엄포가 뒤따랐다.

신(닌키)께서, 뱀들이 땅에서, 그(엔아칼레)의 발끝으로 기어올라와, 독이 빠르게 퍼지게 할 것이다! 움마가 제방을 넘어온다면, 닌키께서 그 발을 땅에서 없애버리리라![120]

118) 도시 '케쉬'는 도시 '키쉬'의 다른 이름으로 보인다. 키쉬의 수호신 역시 닌후르쌍이다. 수메르에는 '케쉬'라는 이름의 작은 지방도시도 있었다.

119) 수메르 신전에서 닌키(Ninki, 땅의 여신)는 엔키의 배우자이다. 두 신의 신성은 '지혜·생명·창조·뱀·땅'과 관련이 있다.

120) 프랑스 루브르박물관 AO 00050 + AO 02436 + AO 02437 + AO 02438 + AO 16109(=BM 023580) 독수리 석비 명문, 556~563행. 독수리 석비의 앞면 명문에서 깨지고 뭉개지고 사라진 수메르어가 살아 있다면 더없이 좋겠지만 더 이상 건질 만한 수메르어는 없다. 필경사가 '엔아칼레의 맹세'를 위해 할애한 공간에서 살려낸 수메르어는 무려 334행이었다. 그만큼 에덴을 둘러싼 라가쉬와 움마 전쟁은 골이 깊었고, 에안나툼의 불안증은 극심했다.

Δ57 설형문자 '닌키'와 '뱀'

에안나툼은 닌키 여신의 뱀Δ57까지 동원해서 엔아칼레에게 경고했다. 왕은 승전의 기쁨 정도로 만족하지 않았다. 그는 라가쉬 백성이 전쟁 없이 평화롭게 살아가기를 바랐다. 그리고 종전을 원했다.

에안나툼은 큰 신들에게 수차례 '평화의 전령'으로 비둘기를 날려 애타게 호소했다. 그는 대대로 이어진 전쟁 탓에 '병적으로' 불안해했다. 엔아칼레는 울며 겨자 먹듯이 '억지 맹세'를 반복했다. 라가쉬와 움마는 짧게나마 평화로웠다. 이로써 전쟁이 완전히 멈추고 에안나툼의 불안증도 사라질 수 있을까. 에안나툼이 승전의 쾌감과 피 냄새를 깨끗이 잊을 수 있을까. 그는 과연 뼛속까지 평화주의자였을까.

17. 최초의 황제, 에안나툼

에안나툼은 숙적 움마를 잠재웠다. 그가 '비둘기 편'에 날려보낸 쪽지가 엔릴의 마음을 움직였다. 왕은 기어코 니푸르에서 세상을 통제하고 있던 엔릴의 신임을 얻었다.**Δ58**

엔릴은 에안나툼을 수메르에서 강력한 정치력을 가진 왕을 의미하는 '루갈'로 인가했다. 에안나툼의 '움마 재침 불안증'은 말끔히 사라졌다. 그런데 시간이 지날수록 왕의 마음은 변하고 있었다. 평화를 갈구하던 그의 열정은 온데간데없었다. 전쟁이라면 넌더리가 날 만도 했으나 그렇지 않았다. 에안나툼은 평화주의자의 가면을 벗어던졌다. 그의 전쟁 본능이 꿈틀거렸다. 그러자 '전쟁의 여신' 인안나가 그의 곁을 맴돌았다. 에안나툼이 전쟁광의 본색을 드러냈다. 그의 정복욕은 아무도 막을 수 없었다.[121)]

에안나툼의 포부는 원대했다. 왕은 수메르의 도시들을 차지하는

121) 에안나툼은 '무늬만 평화주의자'였다. 독수리 석비의 내용을 냉정하게 돌이켜보면 그는 움마 왕 엔아칼레에게 '재침 불허 약속'만을 강요했다. 왕은 이를 빌미로 '평화의 전령' 비둘기와 큰 신들을 동원해 자신의 입지를 구축해 수메르의 최고 권력자가 되었다. 사

en - lil$_2$ - ki

nibru^{ki}

니푸르

dingir - en - lil$_2$

^{d}enlil

엔릴

Δ58 니푸르와 설형문자 '니푸르'와 '엔릴'

'수메르의 종교와 신앙의 중심지' 니푸르는 엔릴의 도시이다. '니푸르'의 설형문자는 '엔릴(en.lil$_2$)+땅(ki)'이며, 엔릴 신의 설형문자는 '신(dingir)+엔릴(en.lil$_2$)'이다. 쐐기꼴만으로도 엔릴이 니푸르의 주인이라는 것을 바로 알 수 있다.

정도로 만족하지 않았다. 그는 수메르 통치자라면 누구나 부러워하는 '엘람 정복'의 꿈을 꾸고 있었다. 수메르의 진정한 영웅은 '수메르의 영원한 앙숙'인 엘람을 손에 넣는 자에게만 붙일 수 있는 수식어였다. 에안나툼은 기어이 엘람으로 원정을 떠났다.

에안나툼의 눈에는 오로지 전쟁과 정복이라는 두 글자만 보이는 듯했다. 엘람은 강력했다. 그들의 자본력 또한 수메르와는 비교할 수 없을 정도로 대단했다. 그럼에도 에안나툼은 원정길에 올라 엘람과의 전쟁에서 승리했다. 그는 수메르 정복자의 습성대로 승리한 바로 그 자리에 적군의 시체를 산더미처럼 쌓아 무덤을 만들었다.

실 독수리 석비의 명문 그 어디에서도 그가 '타국을 침략하지 않겠다'고 다짐한 구절은 찾을 수 없었다. 움마의 재침을 철저히 불허하면서 정작 에안나툼 자신은 적극적으로 정복전쟁을 개시한 셈이다.

에안나툼에 의해, 엘람, 무시무시한 산악지대는 패했고, 그는 무덤을 쌓아올렸다. 우루와(Uruwa)의 지도자를, 선봉에서 (도시 수호신의) 깃발을 들고 있던 자를 패배시켰고, 무덤을 쌓아올렸다. 움마를 패배시켰고, 무덤 20개를 쌓아올렸다.[122)]

122) 프랑스 루브르박물관 AO 02677 옥석 명문, 3칸 12행~4칸 1행. '인안나의 사랑하는 남편'이 된 에안나툼은 엘람과 수바르투를 접수했다. '목재와 재화의 땅'을 차지한 왕의 다음 정복지는 어디였을까. 뒤이어 나오는 문자들은 내용을 파악할 수 없을 정도로 상태가 좋지 못했다. 1행을 읽을 수 있다면 19행은 무용지물이었다. 에안나툼의 정복전쟁을 어디서 더 찾을 수 있을까. 앞서 필자는 '에안나툼의 신통한 출발'을 알리면서 신들이 그를 사랑하고 아낀 역사적인 사료(프랑스 루브르박물관 AO 02677)를 찾아 '옥석 명문'이라고 이름을 지었다. 그리고 옥석에 이어 독수리 석비로 이야기를 전개했다. 두 명문은 그야말로 에안나툼 문자 사료의 쌍두마차였다. 옥석의 필경사도 본문처럼 에안나툼의 정복전쟁을 기록했다. 그는 왕이 엘람, 우루와, 움마를 정복하고 무덤을 쌓아올렸다고 전했다. 엄청난 자본력을 앞세운 엘람은 언제라도 수메르를 삼켜버릴 수 있는 막강한 국가였다. 에안나툼은 엘람으로 쳐들어가 무역의 요충지인 우루와를 공략했다. 이곳은 엘람의 상업도시로 '아라와(Arawa)'라고도 불렸다. 우루와는 수메르 통치자들이 항상 탐내던 곳이었다. 옥석의 필경사는 독수리 석비의 필경사와 다른 점이 있었다. 그는 '엘람의 수도' 수사를 운운하지 않았다. '엘람의 수도(수사)'보다 '엘람의 길목'에 놓인 상업도시(우루와)를 더 중시해서였을까. 그는 라가쉬-엘람 전쟁 다음에 라가쉬-움마 전쟁을 짧게 적고 있다. 그 이유를 찾아보니 독수리 석비의 필경사는 움마를 꺾은 승리에 한껏 도취되어 있었다. 그는 오랫동안 백성이 겪었을 전쟁의 아픔이 더 중요했다. 에안나툼은 그 아픔을 '완벽하게' 해결해준 존재였다. 독수리 석비의 필경사는 움마를 제압하는 일이 1순위였다. 그는 그런 다음에야 엘람을 포함한 원정을 거론했다. 반면 옥석의 필경사는 왕의 공적을 큰 틀에 놓고 저울질했다. 그는 침착하게 우선순위를 정해 기록했다. 그래서 수메르 왕들이 부러워했을 엘람전쟁의 승리를 1순위에 놓았다. 수메르 왕들이 탐내던 우루와를 접수한 성과는 2순위였다. 그에게 움마는 3순위였다. 동시대에 살았을 두 역사가의 사관은 사뭇 달랐다. 하여 전쟁 발발의 순서를 헷갈리게 했으나 전쟁이 일어난 순서는 독수리 석비의 필경사가 옳았으리라. **라가쉬 역사가들이 벌인 최초의 '역사관의 충돌'이었다. 짐작하건대 독수리 석비의 필경사는 '움마정벌론자'였고, 옥석의 필경사는 '엘람정벌론자'였다고 생각해도 틀리지 않을 것이다. '아쉽게도' 현재까지 이런 이론을 제시하는 학자는 없다. 에안나툼이 〈수메르 왕명록〉에 등재되어 인류 역사상 '최초의 황제'이며, '최초의 제국'(사진 61, 각주 136 참조)을 건설한 위대한 통치자로 진작부터 '사실 그대로' 알려졌더라면 아둔한 필자의 이런 잡설보다 훨씬 훌륭한 이론들이 줄줄이 나왔을 것이다.**

에안나툼은 엘람을 무찌른 것만으로도 모든 수메르인의 칭송을 들을 만했다. 그는 엘람이 수메르로 쳐들어와서 막아낸 것이 아니라 그가 직접 엘람으로 쳐들어가서 승리했다. 그때까지 수메르의 어떤 위정자도 이런 위업을 이루지 못했다.[123] 그러자 '전쟁과 사랑의 여신' 인안나가 에안나툼을 품었다.

(에안나툼은) 인안나의 사랑하는 남편이다.[124] 그는 엘람과 수바르투(Subartu), 목재와 재화의 땅을 무너뜨렸다. [⋯] 그는 수사(Susa)[125]를, 무

123) **〈수메르 왕명록 Ashm 1923-0444〉 83~84행에는 키쉬 왕 엔메바라게씨가 옛 이란 땅의 엘람을 굴복시켰다고 적혀 있으나 한 가지 곱씹을 것이 있다. 이 내용은 약 3,840년 전 북서부 악카드인이 세운 이씬 왕조의 필경사가 기록한 것이다. 즉 실제 사건이 일어난 때와 1,000년 가까운 세월의 간극이 있다는 말이다. 그러나 에안나툼의 엘람 정복 기록은 4,450년 전 당대 사료라는 점에서 큰 차이가 있다.** 사실 이란-이라크 전쟁의 역사는 수메르에서 시작되었다. 1980년 이라크의 사담 후세인이 이란을 공격해 1988년 휴전이 성사될 때까지 100만 명 이상이 목숨을 잃었다. 후세인은 석유 산출 지역인 이란 서부의 후제스탄을 공격했는데, 이곳은 '고대 엘람의 수도' 수사였다. 그는 유프라테스강과 티그리스강이 합류해서 이라크와 이란의 국경선을 따라 200킬로미터를 흐르는 샤트알아랍강의 수로를 완전히 장악하려고 했다. 게다가 호르무즈해협 3개 도서의 주권을 선언하기까지 했다. 이곳은 수메르인이 딜문(바레인)을 거쳐 마간(오만)을 지나는 길에 위치한 해상무역의 요충지였다. 이 해협은 이라크인의 조상 수메르인이 마간에서 외국 물자를 뱃길로 실어나르던 유일무이한 나들목이었다. 이란-이라크 전쟁은 이미 고릿적부터 수메르와 엘람이 벌였다. '고대의 이란-이라크 전쟁'은 결국 이란의 승리로 끝났다. 4,025년 전경(B.C.E. 2004) 수메르의 우르 3왕조는 '자그로스 종족 동맹군(엘람연합군)'의 공격을 받아 수메르의 마지막 왕조가 되었다. 그러나 수메르와 엘람처럼 이란과 이라크는 아직도 '영원한 숙적'으로 남아 대립하고 있다.

124) 독수리 석비의 필경사는 여타 필경사들과 다르게 인안나를 에안나툼의 부인으로 기록했다. 역사상 처음 있는 일이었다. 인안나로부터 이름을 하사받은 에안나툼이 여신의 남편이 되었다. 이때부터 필경사들은 독수리 석비의 필경사를 모방했다. 그들은 자신의 주군을 '인안나의 남편'으로 지목하기에 급급했다. 때로는 인안나의 이름으로, 때로는 이쉬타르(Ištar, 악카드어)의 이름으로. 이는 '전쟁과 사랑의 여신'으로 알려진 인안나의 명성을 정치적인 목적으로 이용한 예라고 볼 수 있다.

너뜨렸다.[126)]

엘람을 정복한 에안나툼이 눈을 돌린 곳은 북방의 수바르투였다.[127)] 왕은 수바르투를 접수했다. 라가쉬 왕으로도, 수메르 왕으로도 처음이었다. 에안나툼이 정복한 엘람과 수바르투는 천연자원이 풍부한 '목재와 재화의 땅'이었다. 그의 정복전쟁은 무역전쟁이었고, 자본전쟁이었다.[128)] 에안나툼은 '목재와 재화의 땅'에 있던 다량

125) '엘람의 수도'로 알려진 '수사(그리스어에서 나온 명칭, 수메르어로는 su-sin$_2$[ki])'는 약 6,400년 전부터 이란의 조상들이 살면서 세운 고대 상업도시이다. 지금은 이란 남서부 후제스탄(Khuzestan)주의 '슈쉬(Šuš)'에 해당된다.

126) 프랑스 루브르박물관 AO 00050 + AO 02436 + AO 02437 + AO 02438 + AO 16109(=BM 023580) 독수리 석비의 명문, 589~594행. 독수리 석비의 필경사는 에안나툼을 '최고의 영웅'으로 끌어올릴 수 있는 구상을 했다. 이에 그는 왕의 '혁혁한 전과'를 기록했는데 전쟁의 승리에 초점을 맞추었다. 필경사가 기록한 설형문자 사이사이에 영웅의 유전자가 살아 있다. 석비 뒷면 초반부에 신의 이름들이 줄줄이 나온 뒤 곧바로 이어진 문장이 바로 이 부분이다.

127) 수메르의 필경사들이 기록한 네 방위의 중요한 땅이 있는데 동쪽은 엘람, 서쪽은 마르투(Martu), 남쪽은 수메르, 북쪽은 수바르투였다. 기준점은 '수메르의 메카' 니푸르였다. 수바르투는 메소포타미아 북쪽의 산악지대로 '수-비르(Su-bir), 수바르(Subar), 슈부르(Šubur)'라고도 불렸다. 지금의 아르메니아인이나 쿠르드인의 땅이었다. 에안나툼은 동쪽의 엘람과 북쪽의 수바르투를 정복했다.

128) 필경사는 엘람과 수바르투를 '목재와 재화의 땅'이라고 언급했다. 왜 그랬을까. 수메르 땅은 흙 천지였다. 남쪽으로 가면 갈수록 땅이라기보다는 늪지에 가까웠다. 쓸모 있는 나무와 돌은 거의 없었다. 수메르는 흙과 물의 나라였다. 목재는 엘람의 자그로스산맥에서 수입했다. 석회암과 설화석고도 엘람 쪽 신세를 졌다. 청동의 주재료 중 하나인 주석의 원산지도 역시 엘람 땅이었다. 청금석은 엘람보다 더 먼 동쪽의 아프가니스탄에서 들여왔다. 광석은 북쪽의 산악지대에서 가져왔다. 은과 흑요석은 아르메니아에서, 구리는 아나톨리아에서 구입했다. 수메르인은 '이방(異邦)의 목재와 재화' 없이 삶을 유지할 수 없었다. 비단 동쪽의 엘람과 북쪽의 수바르투뿐만이 아니었다. 서쪽에서도 마찬가지였다. 지중해 연안의 레바논에서 질이 좋은 삼나무를 반입했다. 구리는 마간에서 수입했다. 호르무즈해협을 지나 인더스강 유역의 멜루하에서도 목재를 실어왔다. 인

의 자본을 빼앗아 라가쉬로 가져왔다. 왕은 여전히 만족하지 못했다. 그의 전쟁 광기는 여기서 멈추지 않았다.

> 그는 우루크를 무너뜨렸고, 우르를 무너뜨렸고, 키우투(Kiutu)를 무너뜨렸다. 우루아즈(Uruaz/Iriaz)를 무너뜨렸고, 그 지도자를 죽였다. 그는 미쉬메(Mišime)를 무너뜨렸다. 그는 아루아(Arua)를 파멸시켰다. 닌기르수가 지명한 에안나툼 앞에서 모든 땅들이 떨었다.[129)]

에안나툼은 수메르의 도시도 모두 쓸어버렸다. 한때 수메르에서 가장 강력한 도시였던 우루크도 그의 발아래 무너졌다. 해양무역으로 부를 축적하며 수메르 왕권을 차지했던 우르마저 왕에게 무릎을 꿇었다.[130)] 그는 수메르의 도시 키우투도 수중에 넣었다. 엘람의

도에서는 마간과 딜문을 거쳐 금을 들여왔다. 이는 수메르에서 문명이 시작되기 훨씬 전 수메르인의 조상이 대대로 행한 그대로였다. 독수리 석비의 필경사가 '목재와 재화의 땅'이라고 콕 집어 말한 뜻은 충분했다. 에안나툼의 전쟁은 무역전쟁이었고, 자본전쟁이었다.

129) 프랑스 루브르박물관 AO 02677 옥석 명문, 4칸 6~24행. 키우투는 아직까지 위치가 알려지지 않은 수메르의 도시이다. 우루아즈, 미쉬메, 아루아는 엘람의 도시들이다.

130) 에안나툼은 라가쉬 남서쪽에 위치한 우루크와 우르를 접수했다. 옥석의 필경사는 우루크와 우르의 왕을 거명하지 않았기 때문에 당시의 정치 상황을 가늠할 수 없다. **우루크와 우르에서도 수많은 유물이 발굴되었다. 그러나 우루크와 우르의 필경사들은 이 시기에 라가쉬의 필경사들처럼 역사 이야기로 전개될 만한 '문자 사료'를 남기지 않았다. 그들은 대부분 회계장부나 다름없는 경제 문서만 남겼다. 그들이 왜 정치사를 쓰지 않았는지는 알 수 없다. 라가쉬의 역사가들이 남긴 기록이 없었다면 수메르 초기의 역사는 증발되었을 것이다. 하여 수메르 연구가들은 〈수메르 왕명록〉을 활용해 우루크와 우르의 역사를 '짐작'한다. 안타까운 일이지만 〈수메르 왕명록〉은 사악한 정치적 목적을 달성하기 위한 소설일 뿐이다. 그 이유는 이 책을 끝까지 읽고 나면 알게 될 것이다.**

나머지 도시들도 모두 에안나툼의 잔인한 칼날을 피할 수 없었다.

하늘 아래 용감한 자가 있었다. 수메르 북쪽의 도시국가 아크샤크(Akšak)의 왕 '주주(Zuzu)'가 봉기했다. 그는 배짱 좋게 라가쉬로 밀고 내려왔다. '주주'가 기르수 변경의 안타수라 신전 부근까지 쳐들어왔다. 하지만 거기까지였다. 그는 그곳에서 에안나툼에게 밀리기 시작했다. '아크샤크의 용자(勇者)'는 퇴각하며 저항했다. 그것은 비극의 전주곡이었다. 기세등등하게 라가쉬를 몰아치던 '주주'는 도리어 조국으로 도망쳐야 했다. 에안나툼은 끝까지 추격해 아크샤크를 완전히 뭉개버렸다.[131] 수메르 땅은 에안나툼이 벌인 전쟁의 광기로 피바다가 되었다. 수메르의 평화는 온데간데없었고 오직 먹고 먹히는 처절한 전쟁만이 있었다. 에안나툼은 눈에 보이는 도시들을 닥치는 대로 집어삼켰다. 어느덧 그가 정복할 곳은 더 이상 없었다.

에안나툼은 수메르의 남쪽과 북쪽의 도시를 모두 차지했다. 엘람과 수바르투까지 정복한 그는 모든 수메르 군주들의 부러움을 한 몸에 받으며 최고 권력자가 되었다. 그의 완장은 화려했다. 에안나툼에게 '룸마(Lumma)'라는 다른 이름이 생겼다.[132] 에안나툼이 수

131) 프랑스 루브르박물관 AO 02677 옥석 명문, 4칸 25행~5칸 8행. 아크샤크는 현재 정확한 위치를 확인할 수 없으나 키쉬 북쪽에 있던 수메르 변방의 도시국가였다. **〈수메르 왕명록 Ashm 1923-0444〉 232~238행에는 6명의 아크샤크 왕들인 '운지(Unzi)·운달룰루(Undalulu)·우르우르(Urur)·푸주르-니라(Puzur-Niraḫ)·이슈일(Išu-il)·슈-쑤엔(Šu-Suen)'이 등장하지만 문자 사료로 확인한 실제 역사의 주인공으로 라가쉬의 에안나툼과 대결한 '주주(Zuzu)'는 빠져 있다. 〈수메르 왕명록〉의 필경사는 라가쉬를 역사에서 지우려고 실존 인물이었던 '주주'를 아크샤크 왕 목록에서 제외한 것으로 보인다. '주주'는 당대 사료(옥석 명문)에 나오지만 〈수메르 왕명록〉에 나오는 나머지 왕들(6명)을 확인할 수 있는 사료는 없다. 〈수메르 왕명록〉의 필경사는 라가쉬와 관련된 다른 도시의 왕들도 철저하게 역사에서 지웠다. 약 4,450년 전의 사료(옥석 명문)와 약 3,840년 전에 왜곡된 〈수메르 왕명록〉의 역사는 너무나 다르다.**

메르의 패권을 손에 쥐자 그는 라가쉬의 수호신 닌기르수를 기리기 위해 새 운하를 건설했다. 왕은 그 이름을 '룸마긴두(Lummagindu)'라고 지었다.[133)]

때마침 에안나툼이 태어날 당시 왕의 이름을 지어주었던 '전쟁의 여신' 인안나가 거들었다. 여신은 에안나툼에게 라가쉬 왕권은 물론 키쉬 왕권까지 하사해 왕의 권위를 높여주었다.[134)]**Δ59**

에안나툼은 전쟁과 평화**Δ60**의 갈림길에서 전쟁을 택했다. 그는 '목재와 재화의 땅'을 모두 정복한 수메르의 영웅이었다. 에안나툼은 명실공히 수메르 '최초의 황제'였다.

132) 에안나툼의 또 다른 이름은 '룸마(lum-ma-a)'였다. 그는 메소포타미아 '남부의 남쪽' 출신이었다. 남부의 북쪽에는 서부의 이방인이 몰려들어 수메르인과 섞여 살았다. 그들은 남쪽의 에안나툼의 이름을 그들 말로도 불렀는데 자신들이 이주해 살고 있는 도시를 정복한 자의 수메르 이름을 그대로 부르기는 싫었던 듯하다. 필경사에 의하면 '룸마는 티드눔의 이름'이다. '티드눔(Tidnum, Tidnu)'은 수메르 이방의 땅이다. '남부의 북쪽'에 살던 이방인은 옛 시리아 땅의 '마르투'에서 온 자들이 상당수 있었다. 티드눔은 '마르투'이며, 그곳에서 온 이주민이 에안나툼을 '룸마'라고 불렀다고 여겨진다. '티드눔'에 관한 다다한 주장과 정보는 Gianni Marchesi, *LUMMA in the onomasticon and literature of ancient Mesopotamia*(Padova : Sargon, 2006)를 참조할 것.

133) 에안나툼이 닌기르수를 위해 만든 새 운하 '룸마긴두(lum-ma-gin$_7$-du$_{10}$)'는 '룸마처럼 좋다'라는 의미로, 왕이 자신의 새 이름(룸마)과 업적을 자랑하기 위해 지은 운하의 이름이다. '룸미와 룸마긴두'만으로도 에안나툼이 남부의 남쪽과 북쪽을 모두 손아귀에 쥐고 있었다는 증거가 된다.

134) 옥석 명문의 필경사가 기록한 이 대목을 분석해보면 매우 흥미로운 말놀음을 볼 수 있다. 에안나툼은 '라가쉬의 군주(ensi$_2$)'인 동시에 '키쉬의 왕(lugal)'이 되었다. 필경사는 라가쉬의 '왕권'을 '남-엔시(nam-ensi$_2$)'라고 적었고, 키쉬의 '왕권'은 '남-루갈(nam-lugal)'이라고 적었다. 수메르의 모든 '엔시'들은 '루갈'이 되길 원했다. '남부의 남쪽'에서 일개 도시를 통치하는 엔시가 '키쉬의 루갈'이 된다는 것은 곧 수메르 전체의 왕으로 수메르의 최고 권력자라는 뜻이다. 그래서 인안나는 수메르를 통일한 에안나툼(룸마)에게 '남부의 남쪽' 라가쉬의 왕권과 '남부의 북쪽' 키쉬의 왕권을 동시에 주었다.

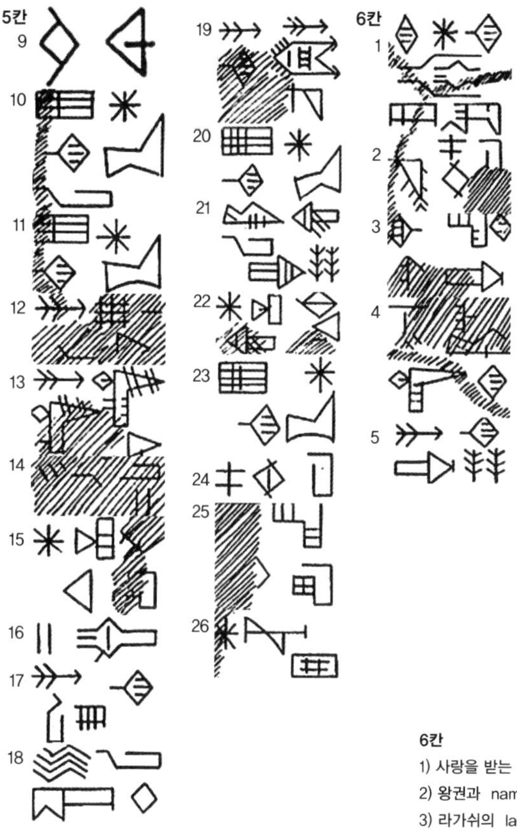

5칸

9) 그 당시 u_4–ba

10) 에안나툼은 e_2–an–na–tum_2–ma

11) “에안나툼이 e_2–an–na–tum_2

12) 자신의 이름이고 mu u_2–rum–ma–ni

13) 티드눔(?) 이름으로는 mu GIR_3–GIR_3–ni

14) 룸마이다” lum–ma–a

15) 닌기르수(를 위해) ^{d}nin–gir_2–su_2–ra

16) 새로운 운하를 ix(A) gibil

17) 그는 팠다 mu–na–dun

18) 그리고 ‘룸마긴두’라고 lum–ma–gin_7–du_{10}

19) 그가 이름 지었다 mu mu–na–sa_4

20) 에안나툼 e_2–an–na–tum_2

21) 말에 복종하는 사람 lu_2 inim–ma se_3–ga

22) 닌기르수의 ^{d}nin–gir_2–su_2–ka

23) 에안나툼 e_2–an–na–tum_2

24) 지배자 $ensi_2$

25) 라가쉬의 $lagaš^{ki}$–ra

26) 인안나의 ^{d}inanna–ke_4

6칸

1) 사랑을 받는 ki an–na–ag_2–ga_2–da

2) 왕권과 nam–$ensi_2$

3) 라가쉬의 $lagaš^{ki}$–ta

4) 키쉬의 왕권을 nam–lugal $kiš^{ki}$

5) 그녀가 그에게 주었다 mu–na–ta–$šum_2$

Δ59 수메르의 최고 권력자, 에안나툼

“그 당시 그는 에안나툼이라는 자신의 이름이 있었고, ‘룸마’라는 ‘티드눔(Tidnum) 이름’이 있었으니, 그는 닌기르수를 위해 새로운 운하를 파서, ‘룸마긴두’라는 이름을 지어주었다. 에안나툼, 닌기르수의 말에 복종하는 사람은, 인안나의 사랑을 받는 라가쉬의 지배자이기 때문에, 그녀(인안나)는 그에게 라가쉬 왕권과 키쉬 왕권을 주었다”(프랑스 루브르박물관 AO 02677 옥석 명문, 5칸 9행~6칸 5행).

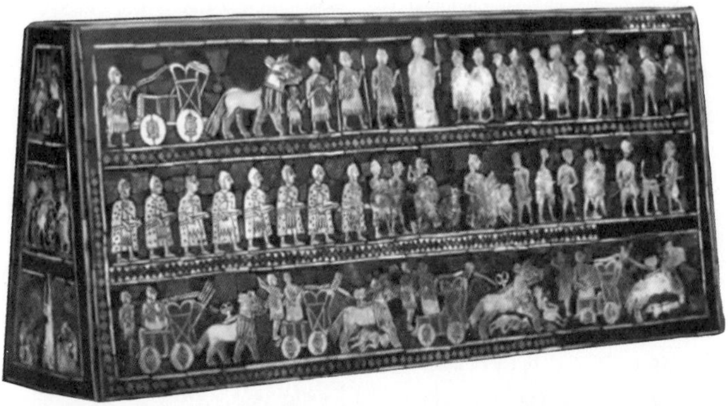

Δ60 '우르(Ur)판' 전쟁과 평화

라가쉬의 독수리 석비와 더불어 유명한 '우르 스탠더드(Standard of Ur)'라고 불리는 우르의 유물이다. 전쟁 장면과 평화 장면으로 나뉘어 있다. 635행의 수메르어가 기록되어 있는 라가쉬의 독수리 석비와는 확연하게 다른 점이 있다. 제작자는 단 한 글자의 수메르어도 남기지 않았다. 수메르 초기 왕조 시절 당대에 제작된 사료들 중에서 '역사 이야기로 전개시킬 수 있는 명문'은 대부분 라가쉬의 발굴물에서 찾아볼 수 있다. 하여 라가쉬의 필경사들을 '최초의 역사가'로 인정할 수밖에 없다. 물론 '우르 스탠더드'에 표현된 이미지만으로도 '전쟁과 평화'라는 상황을 알 수는 있으나 등장인물의 정체성도, 사건의 배경도 밝혀진 바 없다. **〈수메르 왕명록〉에 나오지 않는 '우르-파빌쌍'이라는 우르 왕과 관련되어 있는 왕실 공동묘지(PG 779)에서 발굴되었는데도 말이다.**

18. 흔들리는 제국

라가쉬가 수메르 왕권을 차지했다.[135] 에안나툼은 최고 위치에 올랐다. 그는 수메르 왕들이 단 한 번도 이루지 못한 위업을 달성했다. 에안나툼의 수메르는 '최초의 제국'이었다.[136] **Δ61** 에안나툼은 정복전쟁을 멈추었다. 그는 제국의 황제 자리에 앉았다. 그의 태양은 중천에 떠 있었다. 에안나툼의 정복욕은 충족되었다. 모든 도시와

135) **〈수메르 왕명록〉은 개작을 거듭하며 다수의 판본이 전해지고 있다. 그러나 그 어디에서도 라가쉬의 국명을 찾을 수 없다. 하물며 에안나툼과 그의 역사적인 제국 건설을 기록한 것 역시 찾을 수 없다. 에안나툼의 라가쉬가 수메르 왕권을 차지한 명백한 역사적인 사실 자체도 〈수메르 왕명록〉의 특징인 수메르 왕권의 흐름도에서 완전히 빠져 있다. 라가쉬가 〈수메르 왕명록〉으로 역사를 왜곡한 북서부인의 희생물이었지만, 가장 큰 희생자 중의 한 명은 바로 수메르의 영웅이자 황제였던 에안나툼이었다.** 이 책 2부의 기록이 대부분 〈수메르 왕명록〉의 제작 시기보다 수백 년 전의 라가쉬 왕들이 살았던 당대에 실제로 제작된 사료를 근거로 하고 있다는 점으로 볼 때 무엇이 옳은지는 굳이 거론할 필요조차 없는 듯하다.

136) **대다수의 역사가들은 '사르곤의 악카드'를 '최초의 제국'으로 지목한다. 〈수메르 왕명록〉에서 '라가쉬와 에안나툼'이 빠져 있고, '악카드와 사르곤'이 '최초'의 영예를 대신 차지하게 된 까닭이다. 북서부인 출신인 사르곤이 악카드 제국을 건설한 것은 분명하다. 그러나 그에게 '최초'의 타이틀을 내줄 수 없다. '최초의 제국'의 타이틀은 수메르와 라가쉬의 몫이며, 최초의 황제는 바로 에안나툼이다. 약 3,840년 전 북서부의 악카드인이 벌인 역사왜곡이 지금도 영향을 미치고 있다. 〈수메르 왕명록〉은 수메르 왕권의 올바른 흐름도가 절대 아니다.**

Δ61 최초의 제국

국가들이 에안나툼의 무시무시한 칼날 앞에 엎드렸다. 그는 더 이상 정복전쟁을 떠나지 않았다.

어느덧 그의 태양은 서서히 기울고 있었다. 모름지기 공세의 끝은 수세의 시작이었다. 속국들이 움직이기 시작했다. 마침내 동방의 엘람군이 쳐들어왔다. 그들은 에안나툼의 수메르를 단박에 집어삼킬 듯했다. 황제는 수세에 몰렸다. 그는 방어하기에 급급했다. 그러나 행운의 여신은 아직 에안나툼 편이었다. 엘람이 물러갔다. 에안나툼은 승리를 거둔 것이 아니었다. 그저 간신히 막아냈을 뿐이다. 수세에 몰리는 일은 그것으로 끝나지 않았다. 수메르 내부에서 반란이 일어났다. 키쉬가 선봉장이 되어 쳐들어왔다. 역시 에안나툼은 힘겹게 막아냈나. 아크샤크는 왕이 직접 군대를 이끌고 쳐들어왔다. 이번에도 에안나툼의 큰 승리는 없었다. 그는 반란을 막아내는 일조차도 힘겨워하고 있었다.

> 엘람이 에안나툼 앞에서 떨었다. 그는 엘람 군대를 자국으로 돌려보냈다. 키쉬가 그의 앞에서 떨었다. 그는 아크샤크의 왕을 자국으로 돌려보냈다.[137)]

그랬다. 에안나툼이 예전처럼 적군을 모조리 도륙하고 큰 무덤을 여러 개 만드는 일은 벌어지지 않았다. 황제는 반란군을 막아내기는 했으나 그들을 돌려보내는 정도로 만족해야 했다. 그의 태양은 빛을 잃고 있었다.

에안나툼이 반란으로 힘겨워하고 있을 무렵 동쪽으로 퇴각한 엘람군이 전열을 재정비했다. 그들은 도시 아라와와 손을 잡고 다시 공격을 감행할 태세였다. 그런데 놀랍게도 북쪽의 수바르투가 그들과 손을 잡았다. 동쪽과 북쪽의 '목재와 재화의 땅'에서 대반란이

137) 프랑스 루브르박물관 AO 02677 옥석 명문, 6칸 6~11행. 이 대목은 라가쉬 필경사의 '편향적인 역사 기록'이며, 역사왜곡의 한 단면이다. 그는 에안나툼의 승리를 반란군이 '떨었다(saĝ sag_3)'라고 에둘러 적었다. 그들이 떨었을 정도였다면 모두 죽어 에안나툼이 습관처럼 승전의 자랑거리로 만들던 무덤 속으로 들어갔어야 했을 것이다. 그런데 필경사는 "그는 자국으로 돌려보냈다(kur-ra-na bi-gi_4)"라고 반복적으로 기록했다. 이는 에안나툼이 반란군을 간신히 막아냈으며, 그들은 대부분 살아서 돌아갔다는 말이 된다.

일어났다. 반란군은 동쪽과 북쪽에서 동시에 쳐들어왔다. 에안나툼의 위기였다. 그가 군대를 미리 보내 반란군을 제압할 수 있는 상황이 아니었다. 황제는 반란군이 라가쉬 국경 근처까지 오기만을 기다렸다. 그들을 막아낼 수 있다면 천만다행이었다. 반란군은 파죽지세로 수메르로 쳐들어와 에안나툼의 목을 조였다. 그들은 순식간에 라가쉬 국경선까지 밀고 들어왔다. 에안나툼은 국경선의 '잉어 물길' 건너편에서 반란군을 맞이했다. 이번에도 행운의 여신은 에안나툼 편이었다. 그리고 호기롭던 반란군은 물러갔다.

반란이 2번 일어났으나 그것으로 황제를 흔들기에는 아직 부족했다. 세 번째 반란이 일어났다. 키쉬와 아크샤크가 북서쪽의 무역도시 마리와 손잡고 대대적인 공격을 감행했다. 반란군은 손쉽게 라가쉬 국경선을 넘었다. 그리고 닌기르수에게 봉헌된 기르수 변방의 안타수라 신전으로 몰려들었다. 에안나툼은 그곳에서 반란군을 맞아 방어전을 펼쳤다. 안타수라 신전이 반란군에게 넘어가면 기르수가 위태로웠다. 에안나툼은 필사적으로 반란군을 막았다. 반란군은 더 이상 전진하지 못하고 돌아갔다.

> 에안나툼은 라가쉬 왕이며 닌기르수의 수많은 이국(異國)의 정복자로, '잉어 물길'을 경유하는 엘람, 수바르투, 우루아를 무찔렀다. 닌기르수의 안타수라를 경유하는 키쉬, 아크샤크, 마리를 무찔렀다.[138] **Δ62**

138) 프랑스 루브르박물관 AO 02677 옥석 명문, 6칸 12행~7칸 2행. 필자가 "'잉어 물길'을 경유하는(a-suhurku$_6$-ta)"으로 해석한 곳은 '라가쉬 북서쪽의 도시' 기르수의 국경선 근처에 흐르는 운하를 뜻한다. 즉 엘람, 수바르투, 아라와가 수메르로 침공해서 순식간에

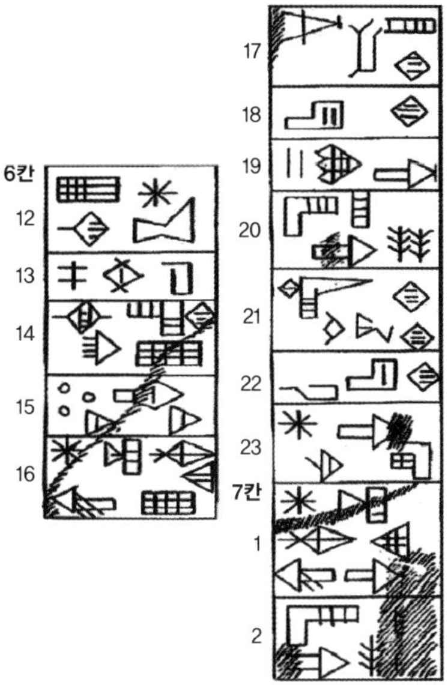

6칸
12) 에안나툼은
13) 지배자며
14) 라가쉬의
15) 수많은 이국의 정복자로
16) 닌기르수의
17) 엘람, 수바르투
18) 우루아를
19) '잉어 물길'을 경유하는
20) 그가 무찔렀다
21) 키쉬, 아크샤크
22) 마리를
23) 안타수라를 경유하는

7칸
1) 닌기르수의
2) 무찔렀다

Δ62 속국의 반란

프랑스 루브르박물관 AO 02677 옥석 명문, 6칸 12행~7칸 2행.

황제 에안나툼은 과거처럼 단번에 적군을 제압하지 못했다. 힘겨운 방어전이었다. 에안나툼은 힘이 빠지고 있었다. 속국들은 반란에 실패했지만 더 이상 속국이 아니었다. 에안나툼의 제국도 더 이상 제국이 아니었다. 연이은 반란으로 황제의 옥좌는 심하게 흔들

라가쉬 국경선까지 쳐들어왔을 정도로 공세가 강했고, 에안나툼은 힘겹게 방어했다는 것을 의미한다. 또한 키쉬, 아크샤크, 마리의 동맹군이 쳐들어왔을 때에도 에안나툼이 기르수 변방의 닌기르수 신전인 안타수라에서 방어전을 펼쳤다는 것 역시 같은 의미이다. 라가쉬는 분명 수세에 몰려 있었다. 그래서 필경사는 이 대목에서도 에안나툼이 승리한 뒤에 자랑삼아 늘 언급하던 '적군의 무덤'에 대해서는 한 마디도 하지 않았던 것이다.

렸다. 에안나툼이 옥좌에서 내려올 차비를 했다. 영웅의 삶이 끝나고 있었다.[139] 이윽고 에안나툼의 태양은 완전히 저물었다. 영웅은 끝내 돌아올 수 없는 먼 길을 떠났다.[140]

에안나툼이 사라지자 그의 아우 엔안나툼(Enannatum)이 왕위를 물려받았다.**Δ63** 에안나툼은 아들이 없었다.[141] 우르-난쉐 세습 왕조의 직계 상속이 처음으로 깨졌다. 아우가 형의 죽음을 이용해 왕위를 빼앗은 것이 아니었다. 영웅의 죽음으로 라가쉬는 비상시국이었다. 에안나툼의 적은 너무 많았다. 그의 죽음은 라가쉬를 고통으로 몰아넣고 있었다. 사방에 깔려 있는 적들이 라가쉬로 몰려들면 일순간에 끝장날 판이었다. 엔안나툼은 사랑하는 형이 세상을 떠나자마자 '곧바로' 라가쉬 정권을 잡았다.**Δ64**

에안나툼의 제국이 사라졌다. 에안나툼이 가졌던 '키쉬 왕'이라는 명패는 깨졌다. 수메르의 최강대국 라가쉬에서 '수메르의 루갈'

139) '수메르의 첫 번째 통일 황제이자 영웅'이었던 에안나툼을 부활시키기 위해 집중적으로 다룬 사료는 독수리 석비의 명문과 필자가 명명한 옥석 명문이다. 독수리 석비의 필경사는 명문을 마치면서 에안나툼에 대해 이렇게 평했다. "에안나툼, 닌기르수의 수많은 외국 땅을 정복한 자, 에안나툼, 닌기르수의 모든 외국 땅을 정복한 자"(독수리 석비 명문, 630~635행). 반면 옥석의 필경사는 "그는 라가쉬 왕 아쿠르갈의 아들로, 그의 조상은 라가쉬 왕 우르-난쉐였다"(옥석 명문, 8칸 1~7행)로 끝마쳤다.

140) 에안나툼의 죽음에 관해서 라가쉬의 역사가들은 한 마디도 언급하지 않았다. 에안나툼의 삶은 시종일관 전쟁의 피로 얼룩져 있다. 그는 구에덴나 국경지대에 수많은 경계비와 신들의 제단을 세웠다. 룸마긴두운하도 건설했다. 그의 개인 수호신 슐우툴라를 위해 티라쉬 신전도 건설했다. 그 나머지 시간은 죽고 죽이는 일에만 몰두해 있었다. 에안나툼의 필경사들은 역사 기술의 편향성에서 벗어나지 못한 채 '전쟁 영웅' 에안나툼의 종말을 외면했다.

141) 에안나툼의 아들을 찾으려고 많은 사료를 찾아보았으나 현재 발굴된 어떤 사료에서도 그의 아들에 대한 명문을 찾을 수 없었다.

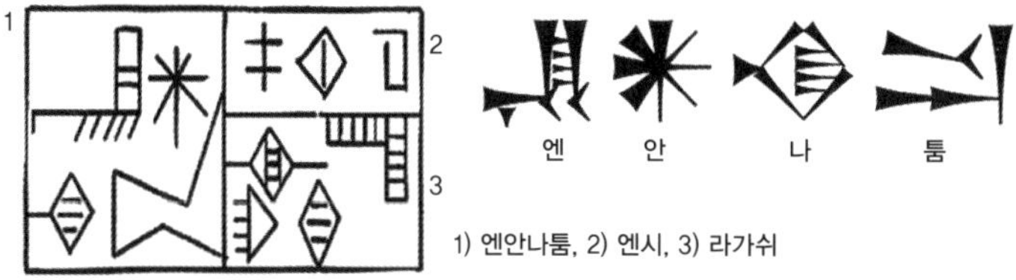

Δ63 설형문자 '에안나툼'

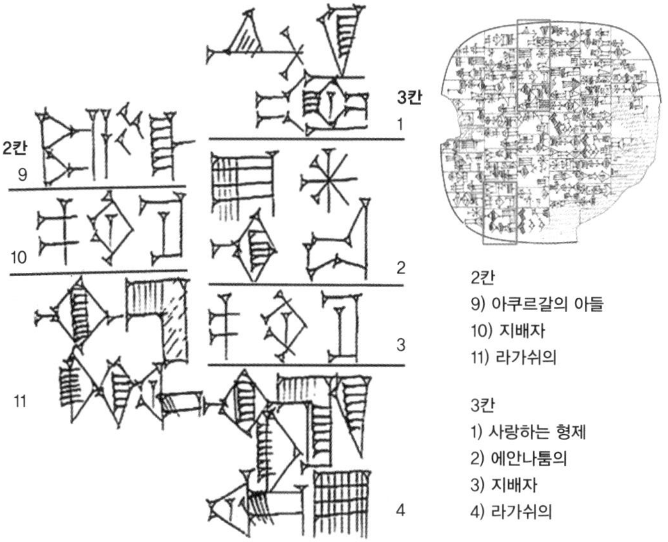

Δ64 엔안나툼은 누구인가

라가쉬 1왕조의 여섯 번째 왕이며, 우르-난쉐 왕조의 4대왕인 엔안나툼이 '라가쉬 통치자였던 아쿠르갈의 아들이었고, 라가쉬 통치자였던 에안나툼의 사랑스런 형제'임을 확인할 수 있는 설형문자의 필사체(IM 076644 명문, 2칸 9행~3칸 4행)이다. IM 076644 명문은 엔안나툼이 신들을 위해 여러 신전을 지었으며, 움마 지배자 우르룸마(Urlumma)와 전쟁을 치른 내용을 담고 있다. **엔안나툼과 우르룸마 역시 〈수메르 왕명록〉에서는 찾아볼 수 없는 왕들이다.** 필경사는 점토판에 설형문자만 빼곡히 남겨놓았다. 점토판 크기는 가로와 세로 모두 12센티미터, 두께는 3센티미터 정도로 작았다. 이 점토판은 습기가 많은 땅속에 묻혀 있었고 표면은 말랑말랑했다. 이 명문이 발굴되자마자 전문가들은 이것을 불에 구웠고 석고판 재질의 사본과 필사본도 만들었다. 라가쉬의 점토판은 기르수에서 대부분 발굴되었으나 이 명문은 '라가쉬의 수도' 라가쉬에서 발굴되었다. IM 076644는 수메르의 신 헨두르쌍(Ḫendursaĝ)에게 바친 명문이다. 헨두르쌍은 라가쉬의 여신 난쉐의 조력자였고, '압주의 신' 엔키의 전령이었다.

을 찾을 수 없었다. 엔안나툼은 수메르의 평범한 엔시였고, 그저 그런 군주일 뿐이었다. 엔안나툼은 '형만한 아우'가 될 수 있을까.

엔안나툼은 차분하게 정국을 헤쳐나갔다. 새 왕은 인안나의 이브갈 신전을 세웠다. 그는 인안나의 성전 에안나를 그 어떤 산보다 크게 지었다. 인안나 신전은 금과 은으로 화려하게 장식했다. 여러 신들에게도 신전을 멋들어지게 지어주거나 크게 확장해주었다. 그 혜택은 헨두르쌍·닌다르(Nindar)·닌무쉬바르(Ninmušbar)·루갈우룹·아마게쉬티나(Amageština)에게 돌아갔다. 심지어 왕은 구운 벽돌로 견고한 우물까지 만들었다. 그는 닌기르수를 위해서 '두그루(Dugru)'라는 지성소를 지었다.

엔안나툼은 '아슈르멘(Ašurmen)'을 왕비로 맞이했다.[142] 왕세자는 엔메테나(Enmetena)[143]였다. 그는 형 에안나툼과는 달리 아들 복이 있었다. 그에게는 메안네시(Meannesi)[144]와 룸마투르(Lummatur)[145]라는 왕자도 있었다. 엔안나툼에게는 슈니알두구드(Šuni-aldugud)라는 이름의 '왕실 전문 이발사'도 있었다.[146] 엔안나툼의 최고위 관료는 바라키수문(Bara-kisumun)이라는 자였다.[147] 그는 기르수의

---

142) 아슈르멘의 이름은 이라크 바그다드 국립박물관 발굴번호 3 H-T 014에서 확인했다.

143) 엔메테나는 엔테메나(Entemena)라고도 하며, 엔안나툼 다음의 라가쉬 왕이다.

144) 메안네시의 이름은 이라크 바그다드 국립박물관 IM 051145에서 확인했다.

145) 룸마투르의 이름은 이라크 바그다드 국립박물관 발굴번호 2 H-T 012에서 확인했다.

146) 슈니알두구드의 이름은 이라크 바그다드 국립박물관 발굴번호 2 H-T 208에서 확인했다. 그는 많은 '이발사(kinda)'를 거느린 '미용 담당 관료(kindagal)'였다. 즉 이름이 알려진 '세계 최초의 이발사'였다. '킨다갈'은 엔안나툼이 목숨을 내놓고 머리를 맡길 만큼 왕의 신임을 듬뿍 받은 고위 관료였다.

에닌누 신전에 왕홀을 바치며 왕의 무병장수를 간절히 기원할 정도로 충직한 신하였다.

엔안나툼은 엔헤갈·루갈샤엔구르·우르-난쉐·아쿠르갈·에안나툼에 이어 라가쉬의 왕관을 썼다. 에안나툼의 '제국 시대'는 지나갔다. 엔안나툼은 과연 움마와 갈등 없이 평화로운 세상을 열 수 있을까.

147) 바라키수문의 이름은 영국박물관 BM 23287에서 확인했다.

19. 움마 왕, 우르룸마의 분노

움마 왕 엔아칼레가 세상을 떠났다. 움마는 우쉬·파빌갈투쿠·이름 모를 왕(또는 우슈르두)·엔아칼레가 내리 다스렸다. 엔아칼레와 영웅 에안나툼의 시대는 막을 내렸다. 엔아칼레의 아들 우르룸마가 움마의 왕이 되었다.**Δ65** 라가쉬 왕 엔안나툼과 움마 왕 우르룸마의 세상이었다. 두 왕은 선대왕의 '전쟁놀이'에서 벗어날 수 있을까. 그들은 '피비린내의 전례'를 깰 수 있을까.

에덴의 평화는 개꿈만도 못했다. 우르룸마는 분노했다. 움마가 라가쉬로 쳐들어왔다.

> [···] 그(엔릴)는 움마가 '그것'을 통제하지 못하게 했고, 엔안나툼이 '그것'을 통제하도록 했다. 움마의 지배자 우르룸마는, 외국 용병을 고용해서 닌기르수의 경계구역에 있는 제방을 넘어왔다. 그는 "안타수라는 내 것이며, 나는 (라가쉬에게 바칠) 지불금을 내 마음대로 쓰겠다"라고 말했고, '검은 개의 언덕' 근처에 선발대를 내세웠다.[148)]

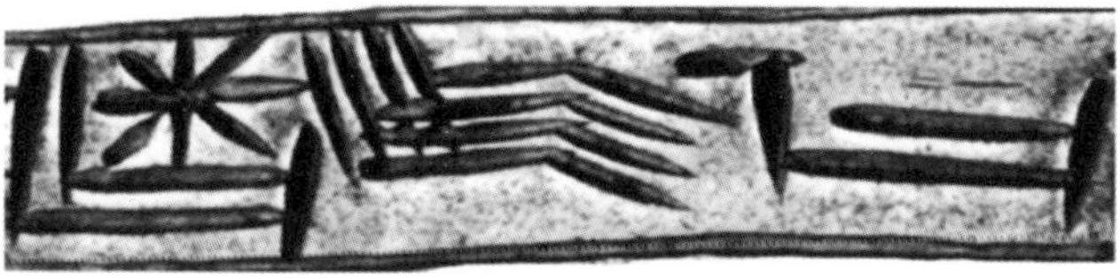

우르룸마

우르룸마 엔시(지배자) 움마의

Δ65 설형문자 '우르룸마'

다시 전쟁이 터졌다. 우르룸마의 명분 없는 전쟁이 아니었다. 엔릴이 움마가 통제하지 못하게 하고, 엔안나툼이 통제하도록 했다는 '그것'은 무엇일까. 대체 '그것'이 얼마나 소중하기에 우르룸마가 전쟁을 일으켰단 말인가. 우르룸마는 닌기르수의 안타수라 신전까지 자신의 것이라고 억지 주장을 해댔다. 또한 라가쉬에 바칠 지불금을 자신이 마음대로 쓰겠노라고 공언했다. 그 지불금의 정체는 무엇인가. 우르룸마는 무엇 때문에 치를 떨고 있었을까. 그의 아버지 엔아칼레가 영웅 에안나툼에게 다짐했던 불가침의 맹세는 헛된 약속이었나. 큰 신들에게 날아갔던 에안나툼의 비둘기는 헛된 비행을 한 것이었나. 아니 땐 굴뚝에 연기가 날 이유는 없었다. 우르룸마의 아버지 엔아칼레가 에안나툼에게 굴복하면서 맺은 휴전협정이 있었다. 에안나툼의 불안증을 달래준 '최초의 불평등조약'이었

148) 이라크 바그다드 국립박물관 IM 076644 명문, 7칸 1행~9칸 1행.

다. 그 속에 전쟁이 재발한 이유가 숨어 있었다.

라가쉬의 지배자였던 에안나툼은, 라가쉬 지배자 엔메테나의 백부(伯父)로, 움마의 지배자였던 엔아칼레와 땅에 경계를 표시했고, 그 (경계선의) 배수로를 이드눈(Idnun)(운하)에서 구에덴나까지 확장했다. 그(에안나툼)는 닌기르수의 땅 215닌단(nindan)을 움마의 관할에 두었고, 그곳을 소유자 없는 땅으로 해두었다. 그는 (그 내용을) 여러 경계비에 새겼고, 메실림의 경계비도 복구했다. 그는 움마의 들판으로 들어가지 않았다. 그는 닌기르수의 국경 언덕 '남눈다-키가라(Namnunda-kigara)' 위에, 엔릴의 제단, 닌후르쌍의 제단, 닌기르수의 제단, 우투의 제단을 지었다. 움마 사람이 난쉐의 보리와 닌기르수의 보리 1구루(guru)를 이자부로 빌려썼다. (움마 사람에게) '세금(이자)'이 부과되었고, 4큰[大]구루를 가져오게 했다.[149] **Δ66**

조약의 내용은 언뜻 에안나툼이 움마에게 큰 배려를 한 것처럼 보였다. 에안나툼은 움마에게 닌기르수의 금싸라기 땅 1,290미터 정도(215닌단)의 관할권을 주었다. 게다가 이곳을 '소유자 없는 지대'로 정해서 사후의 충돌도 예방하는 아량을 베풀었다. 에안나툼 자신도 움마의 들판에서 발을 빼겠다고 약속했다. 또 움마 사람들

149) 프랑스 루브르박물관 AO 03004 명문, 32~74행. AO 03004 명문은 엔안나툼의 아들 엔메테나 시절에 작성된 사료였다. 엔메테나의 필경사는 역사적인 대사건을 놓치지 않고 기록으로 남겼다. 본문에 쓴 '닌단(nindan)'은 길이의 단위이다. 1닌단은 약 6미터로, 215닌단은 1,290미터 정도였다. 즉 에안나툼이 구에덴나 땅 중에서 약 1,290미터 폭의 땅을 움마가 관할하되 소유자는 없다고 말한 셈이다.

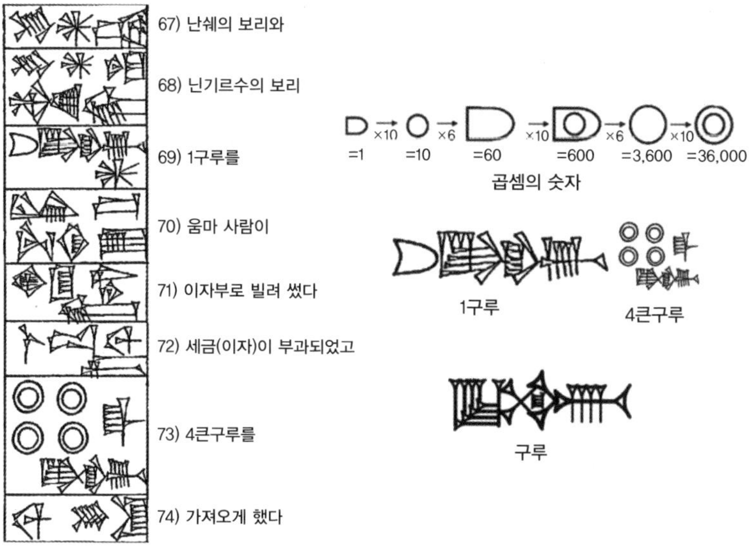

Δ66 에안나툼의 고리대금

프랑스 루브르박물관 AO 03004 명문, 67~74행에 나오는 라가쉬와 움마의 휴전협정문 일부. 에안나툼은 움마에게 보리 종자를 빌려주고 비싼 이자를 받았다. 라가쉬가 빌려준 보리 종자 '1구루(guru$_7$)'는 약 7,800헥토리터(7,800×100리터)였다. 이 단위의 기준은 시대마다 차이가 있다. 에안나툼이 받은 이자는 원금 1구루의 40배나 되는 고리대금이었다. '4큰구루(^{gal}guru$_7$)'는 31만 2,000헥토리터(312,000×100리터)였다. 예를 들면 1톨의 보리 종자를 빌려주고 40톨의 고리대금을 착취한 셈이다.

이 라가쉬 신들의 보리를 빌려 경작할 수 있다고도 했다. 하지만 실제 상황은 달랐다. 강대국의 뱃속은 검디검었다. 약소국의 백성은 40배의 고리대금을 물어야 했다. 패전국에게 선심을 쓴 내용을 경계비에 새겨 세운 것까지는 좋았다. 움마의 백성은 제국의 황제 에안나툼에게 뒤통수를 얻어맞았다. 그들의 삶은 날이 갈수록 피폐해지고 있었다.

애당초 휴전협정의 당사자였던 에안나툼과 엔아칼레는 이미 사라진 뒤였다. 그 대신 그들의 후계자인 엔안나툼과 우르룸마가 이 모든 상황의 대변자가 되었다. 영웅 에안나툼이 죽자 라가쉬의 위상은 급격히 떨어졌다. 위기의식을 직감한 엔안나툼은 움마에게 주었던 '그것(구에덴나 혹은 휴전협정에서 얻었던 움마의 이권)'을 다시 빼앗았다. 그러면서도 40배의 고리대금은 그대로 유지하려고 했다. 휴전협정에서 에안나툼이 베푼 선심은 도로아미타불이 되었다. 관할권이나 무인지대는 모두 사라졌다. 엔안나툼의 잔머리였다. 그는 협정서에 있는 자국의 약점은 없애버리고 이득만 챙겼다. 결국 엔안나툼은 선왕 '에안나툼의 선심 아닌 선심'을 다시 덮어버렸다.[150)]

움마는 기득권(그것)을 잃고도 지불금은 그대로 받쳐야 하는 궁색한 처지에 놓였다. 우르룸마의 불만이 폭발할 만도 했다. 우르룸마는 라가쉬에게 바칠 지불금을 자기 마음대로 쓰겠다고 주장했다. 그가 괜히 성마르게 그런 결기를 부린 것은 결코 아니었다. 선심 공약도 깨졌는데 어찌 고리대금을 바칠 수 있겠는가. 참는 데에도 한계가 있었다. 또다시 전쟁이 일어날 수밖에 없는 상황이었다. 우르룸마가 외국 용병을 앞세워 라가쉬를 공격해왔다. 그러자 안타수라 신전의 주인인 닌기르수가 라가쉬의 수호신답게 으름장을 놓았다.

---

150) IM 076644 명문의 필경사가 이런 상황에 대해 "그(엔릴)는 움마가 '그것'을 통제하지 못하게 했고, 엔안나툼이 '그것'을 통제하도록 했다"라고 쓴 것은 한 마디로 역사왜곡의 한 단면이다. 그는 신들의 제왕 엔릴이 이런 국면을 허락한 것처럼 기록해서 자국의 왕 엔안나툼의 행위를 정당화하려고 했다. 강대국의 역사가가 자국의 이익만을 위해 역사의 편향적인 시각에서 벗어나지 못하는 것은 시대를 초월한다.

우르룸마, 움마 왕, 안타수라는 내 것이다! 나의 강력한 남자 엔안나툼을 상대로, 나의 사사로운 땅을 감히 침범하다니, 너는 반기를 거두어라![151]

우르룸마는 배짱이 두둑했다. 그는 주눅들지 않고 계속 공세를 가했다. 라가쉬와 움마는 결국 전쟁에 돌입했다.

그(우르룸마)는 그 보리(갚아야 할 빚)를 지불할 수 없었기 때문에, 움마 지배자 우르룸마는, 닌기르수 경계 지역의 제방과 난쉐 경계 지역의 제방에서 물을 빼버렸다. 그는 그곳의 경계비들을 불태웠고 뽑아서 깨버렸다. 그는 남눈다-키가라 언덕 위에 건설된 신들의 제단을 파괴했다.[152] **Δ67**

우르룸마는 거칠었다. 그의 공격으로 에덴의 물과 경계비와 신들의 제단이 남아나지 않았다. 모두 위대한 수메르의 영웅 에안나툼이 라가쉬에게 물려준 유산이었다. 엔안나툼은 더 이상 참지 못하고 라가쉬 군대를 이끌고 출격했다. 우르룸마와 엔안나툼은 국경선의 물길 근처에서 충돌했다.

룸마기르눈타(Lumma-Girnunta)(운하)의 […]에서, 그(엔안나툼)는 그(우르룸마)를 추격했고, 그(우르룸마)의 겉옷을 잡아당겼다(?).[153]

151) 이라크 바그다드 국립박물관 IM 076644 명문, 9칸 5행~10칸 5행.

152) 프랑스 루브르박물관 AO 03004 명문, 75~90행.

153) 이라크 바그다드 국립박물관 IM 076644 명문, 11칸 3~6행.

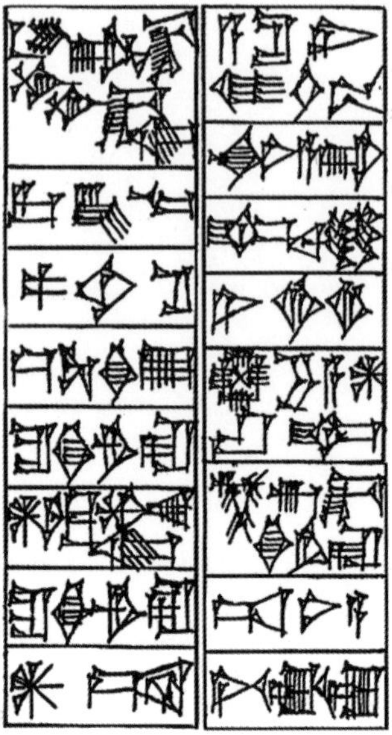

Δ67 우르룸마의 라가쉬 침공

프랑스 루브르박물관 AO 03004 명문, 75~90행.

우르룸마는 어떻게 되었을까. 엔안나툼이 우르룸마를 생포했을까. 그러나 실제 상황은 달랐다.[154)]

---

154) IM 076644 명문의 필경사는 우르룸마가 엔안나툼에게 생포되었다고 예상되는 대목에서 갑자기 기록을 멈추었다. 그는 누가 승리했는지, 우르룸마는 어찌 되었는지 궁금증만 가득 남긴 채 전쟁 상황을 막연하게 끝내버렸다. 그는 왜 '여운을 남기며' 더 이상 기록하지 않았을까. 필경사는 '그것(구에덴나 혹은 휴전협정에서 얻었던 움마의 이권)'을 엔안나툼이 다시 빼앗은 사건을 정당화하려고 했던 자였다. 게다가 그는 실제로 엔안나툼이 우르룸마를 생포했을 것이라는 착각을 하기에 충분할 정도로 엔안나툼이 우르룸마의 "겉옷을 잡아당겼다"라고 전쟁 상황을 왜곡하기까지 했다. 이에 대부분의 수메르 연구가들은 이 대목을 그대로 받아들인다. 이 명문의 필경사는 정말 교묘하고 애매하게 역사적인 사실을 왜곡하고는 더 이상의 정보를 주지 않았다.

라가쉬 지배자 엔안나툼은, 닌기르수의 '우기가(Ugiga)' 들판에서, 그(우르룸마)를 상대로 싸웠으나, 엔안나툼이 사랑하는 아들 엔메테나가 그를 패퇴시켰다. 우르룸마는 움마 땅 깊숙이 도망갔고, 살해당했다. 그의 당나귀들, 60개 (전차)부대가, 룸마기르눈타운하 제방 위에 버려졌고, 부대 병력의 유골들이 들판 위에 모두 널브러져 있었다. 그(엔메테나)는 다섯 곳에 그들의 무덤을 쌓아올렸다.[155] **Δ68**

우르룸마는 엔안나툼에게 생포된 것이 아니었다. 하물며 죽은 것도 아니었다. 엔안나툼은 소리 소문 없이 사라졌다. 그가 우르룸마의 겉옷을 잡아당긴 것이 아니었다. 오히려 그는 우르룸마에게 당했다. 그때, 느닷없이 엔안나툼의 아들 엔메테나가 전쟁의 주인공으로 등장했다. 엔메테나는 아버지의 원수를 갚기 위해 우르룸마와 겨루었다. 우르룸마는 도망갔고, 그가 이끌던 '최초의 전차부대'는 전멸했다. 패자는 조국 땅에서 자국민의 손에 의해 눈을 감았다. 승

155) 프랑스 루브르박물관 AO 03004 명문, 95~117행. 우르룸마의 운명이 궁금해서 많은 사료를 다시 찾아보았다. 유일하게 답을 얻을 수 있는 명문은 AO 03004뿐이었다. 이 명문의 필경사가 쓴 전장 상황은 완전히 달랐다. 그는 우르룸마가 엔안나툼에게 생포되어 죽지 않았다는 사실을 "엔안나툼이 우기가 들판에서 우르룸마를 상대로 싸웠으나" 라고 에둘러 기록했다. 그다음은 어찌 되었단 말인가. 이 명문의 필경사는 단박에 전쟁의 당사자를 엔메테나로 바꿔 전쟁 도중에 갑자기 라가쉬 왕이 교체되었다. 그는 엔안나툼의 죽음은 숨겨놓은 채 우르룸마를 패퇴시킨 자는 다름 아닌 엔메테나였다고 알려준다. 실제로 엔안나툼의 삶은 우르룸마와의 전투에서 끝난 셈이다. 엔안나툼이 "우르룸마의 겉옷을 잡아당겼다"고 들먹이던 IM 076644 명문의 필경사와 필법은 달랐지만 '검은 애국심의 속내'는 똑같았다. 제국이나 강대국의 역사가는 진실을 '은근슬쩍' 숨기고 왜곡하는 데 능숙하다. 라가쉬의 역사가들은 시종일관 자국의 왕의 죽음에 대해 침묵했으나 움마 왕의 죽음에 대한 정보는 상세히 기록했다. 추접한 역사왜곡과 편향이었다.

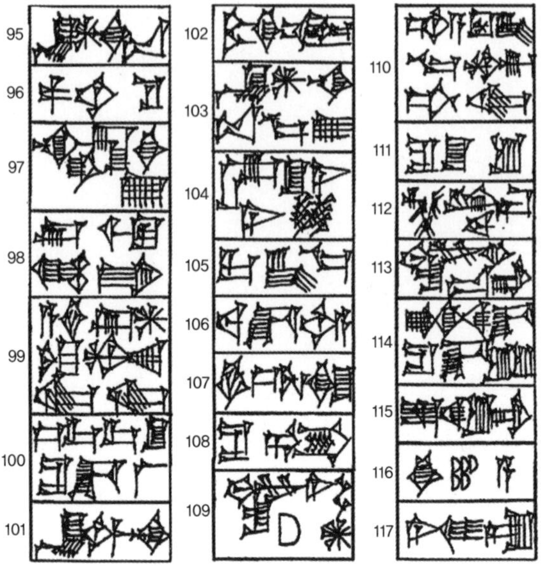

95) 엔안나툼은
96) 지배자
97) 라가쉬의
98) '우기가' 들판에서
99) 닌기르수의 들판
100) 그(우르룸마)를 상대로 싸웠으나
101) 엔메테나가
102) 사랑하는 아들
103) 엔안나툼의
104) 그를 패퇴시켰다
105) 우르룸마는
106) 도망쳤고
107) 움마 땅 깊숙한 곳으로
108) 살해당했다
109) 그의 당나귀들, 60개 (전차)부대가
110) 룸마기르눈타운하 제방 위에
111) 버려졌고
112) 그 부대 병력의
113) 유골들이
114) 들판 위에 모두 널브러져 있었다
115) 그들의 무덤을
116) 다섯 곳에
117) 그(엔메테나)가 쌓아올렸다

Δ68 우르룸마 전차부대의 전멸

프랑스 루브르박물관 AO 03004 명문, 95~117행.

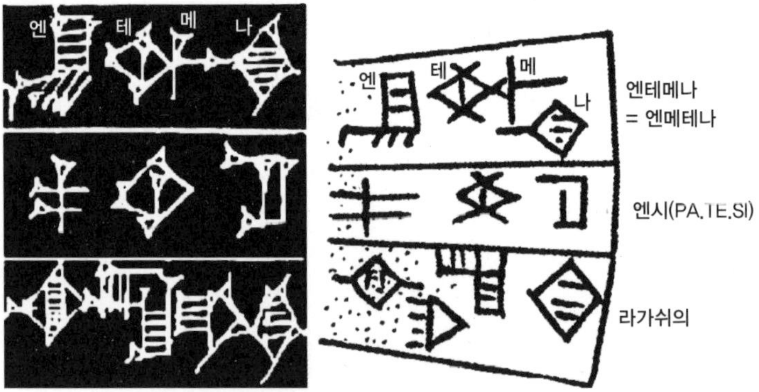

Δ69 설형문자 '라가쉬 지배자, 엔테메나/엔메테나'

프랑스 루브르박물관 AO 03004+MNB 1418. 엔메테나는 '엔테메나(Entemena)'로 불리다가 점차 엔메테나로 바뀐 것으로 보인다.

자 엔메테나는 전례대로 승전을 자랑하기 위해 적군의 무덤을 쌓아올렸다.

'움마의 이권은 빼앗고 고리대금은 그대로 받아먹으며' 움마를 등쳐먹던 엔안나툼의 교활한 외교술에서 벗어나려던 우르룸마의 꿈은 산산조각이 났다. 그렇지만 우르룸마의 분노로 인해 엔안나툼은 전장에서 급사했다. 그 바람에 엔메테나가 라가쉬의 일곱 번째 왕이자 우르-난쉐 왕조의 5대왕이 되었다.**Δ69** 우르룸마가 일으킨 전쟁은 엔메테나에 의해 수습되었다.

20. 움마의 왕위 찬탈자

견원지간(犬猿之間)의 끝없는 에덴쟁탈전이었다. 라가쉬의 국경 지대는 조용할 날이 없었다. 움마가 전쟁에서 패하자 우르룸마가 자국에서 살해되었다. 움마의 왕위가 비어 있었고 민심은 흉흉했다. 움마 왕실은 라가쉬의 엔메테나에게 눌려 있었다. 움마는 든든한 새 지도자가 절실했다. 그러나 그만한 인물은 좀처럼 나타나지 않았다. 그 와중에 움마에서 실로 희한한 일이 벌어졌다.

그때, 자발라(Zabala/Zabalam)[156]의 '상가'였던 '일(Il)'은, 기르수에서 움마로 슬며시 들어갔다. '일'은 움마 왕권을 낚아챘다. 그는, 닌기르수의 경계구역에 있는 제방과, 난쉐의 경계구역에 있는 제방과, 기르수 지역의 티그리스 강둑에 위치한 닌기르수의 경계구역 언덕과, 엔릴·엔키·닌후르쌍의 남눈다-키가라 제단에서 물을 없애버렸다.[157]

156) 자발라(또는 자발람Zabalam, 지금의 Tell Ibzeikh)는 움마 북쪽에 있는 도시로 움마의 영향력 아래 놓여 있었다.

157) 프랑스 루브르박물관 AO 03004 명문, 118~138행.

Δ70 '일'의 혈통

움마에서 발굴된 설화석고판에 '움마 왕위 찬탈자, 일(Il)'의 혈통이 기록된 명문의 필사체(미국 예일대학 바빌로니아컬렉션 NBC 06067)이다. "에안다무아(E'andamu'a)의 아들이며, 움마 왕 엔아칼레(Enakalle)의 자손인 움마 왕 '일'은 타그눈 신(^{d}TAG-nun)을 위해 그녀(?)의 신전을 지었다."

마침내 움마는 새 왕을 맞이했다. 그는 움마의 왕세자가 아니었다. 움마의 새 권력자는 도시 자발라의 '일'이라는 자였다. 그의 아버지는 '에안다무아(Eandamua)'라는 움마의 왕족이었다.**Δ70** 에안다무아는 움마의 백성이 존경하던 엔아칼레 왕의 후손이었다. 그의 아들 '일' 역시 왕족이기는 했다.

'일'은 우르룸마 통치 9년 5월에 왕의 '최고위 관료'였다. 같은 해 11월에는 무슨 이유인지는 몰라도 왕의 '최고위 관료'가 아닌 '고위 관료'였다. 그리고 우르룸마 통치 12년에 '일'은 자발라에 가 있었다. 그의 새로운 직책은 인안나 신전에서 행정을 총괄하는 '상가'였다.**Δ71**

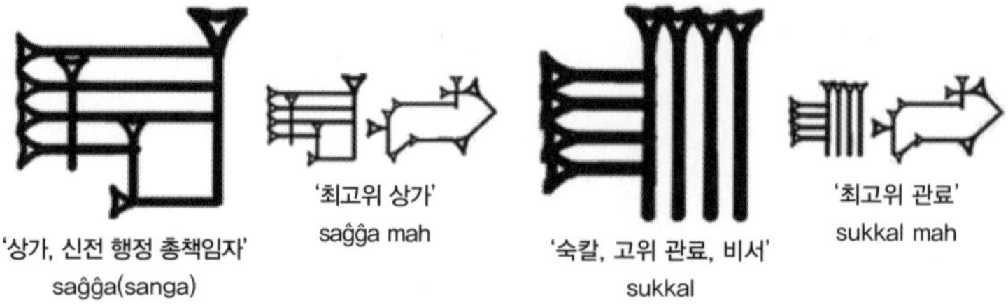

Δ71 설형문자 '상가'와 '숙칼'

신전 행정 총책임자인 '상가(saĝĝa/sanga)' 중에서 '최고위 상가'는 '상가 막(saĝĝa mah)'이라고 한다. 반면 '숙칼(sukkal)'은 '고위 관료 비서'를 뜻한다. 마찬가지로 '숙칼 막(sukkal mah)'은 '최고위 숙칼'이며, '최고위 관료'로 왕의 비서실장 정도였다. 미국 코넬대학 근동학부가 소장한 점토판 CUNES 52-17-021 사료에서 움마의 '일'이 우르룸마 통치 9년 5월에 왕의 '최고위 관료(숙칼 막)'였다는 사실을 확인했다. 또한 CUNES 52-17-028 사료에는 같은 해 11월 '일'이 왕의 '고위 관료(숙칼)'였다는 명문이 남아 있다. 그리고 CUNES 52-04-001 사료에서 왕의 통치 12년에 '일'이 '움마의 위성도시 자발라'의 인안나 신전에서 신전 행정 총책임자 '상가'로 있었다는 기록을 찾을 수 있었다.

수메르는 도시마다 신전 행정 총책임자 '상가'가 있었는데 이들은 막강한 권력을 휘둘렀다. '상가'는 대개 왕족이나 사제였고 세습되었다. 수메르는 신전 자본이 나라의 경제를 좌우했다. 큰 도시의 신전마다 '상가'가 도시의 살림살이를 손에 쥐고 있었다. 작은 도시에도 신전이 있었고, 그 신전마다 '상가'가 진을 치고 앉아 계산기를 두드렸다. 신정국가(神政國家) 수메르에서 '상가' 출신의 왕이 배출되는 일은 자연스러웠다.

자발라의 수호신은 인안나였다. 자발라는 움마의 외국 용병 공급처 중 한 곳이었다. 자발라는 움마 위쪽에 위치해 있었다. 이투룬갈(Iturungal)운하에서 갈라진 닌아기나(Ninagina)운하를 따라 조금만 가면 자발라가 있었다. 자발라를 거쳐 물길을 타면 기르수로 들어가 라가쉬로 연결되었다.**Δ72**

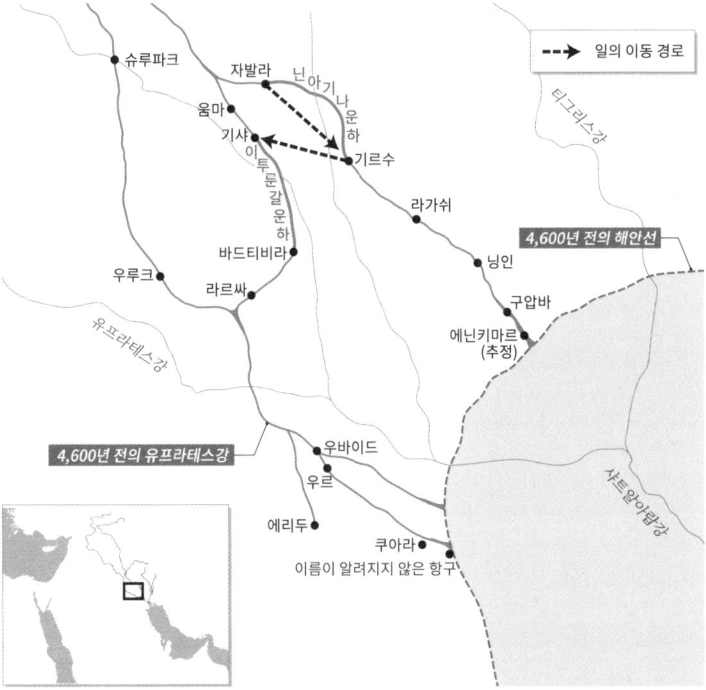

Δ72 움마 왕위 찬탈자 '일'의 이동경로와 세계 최초의 대교

자발라의 '상가'였던 '일'은 지도에서와 같이 자발라에서 움마로 통하는 지름길을 포기하고 닌아기나운하를 이용해 기르수로 숨어들었다. 이때 '일'은 기르수로 들어가는 입구에 있던 '세계 최초의 대교(大橋)'를 건너 구에덴나를 거쳐 움마의 중심지인 기샤로 들어갔을 것이다.

'일'은 자발라에서 인안나 신전의 '상가'로 있다가 갑자기 움마 왕이 되었다. 그런데 그 방법이 남달랐다. '일'은 움마의 보위가 비어 있는 혼란한 틈을 노렸다. 그는 세력을 키워 당당하게 움마로 향하지 않았다. 그는 '슬며시' 기르수를 통해 움마로 들어갔다. '일'은 왜 적국으로 몰래 들어갔을까.

'일'은 자발라에서 움마로 통하는 이투룬갈운하를 포기했다. 그가 쉬쉬하며 닌아기나운하를 이용해 기르수로 돌아간 이유가 있었다. 움마는 권력 다툼 중이었다. '일'은 보위에 오를 1순위가 아니었기 때문에 그는 비열하게 뒷길을 택했다. 그리고 움마의 왕위를 찬탈했다. '일'은 '최초의 왕위 찬탈자'라는 불명예를 얻기에 충분했다. '일'은 왕이 된 뒤에도 약삭빨랐다. 그는 에덴을 노리고 있었는데 자신의 생각을 민첩하게 행동으로 옮겼다. 그는 즉시 라가쉬 국경지대에 있는 신들의 제방과 언덕, 제단에서 물을 없애버렸다. 물이 없는 에덴은 무용지물이었다. '일'이 라가쉬를 흔들었다. 엔메테나는 일단 화해의 길을 택했다.

라가쉬의 지배자 엔메테나가, (피해를 본) 제방들 때문에 '일'에게 특사들을 보냈을 때, 움마 지배자, 들판을 도적질한 자 '일'은 적대적으로 내뱉기를, "닌기르수 경계구역의 제방과 난쉐 경계구역의 세방은 내 것이다!"라고 선언해버렸다. "안타수라(신전)에서 딤갈압주(Dimgalabzu) 신전까지, 나는 두 곳에서 땅을 없애버리겠다!"라고 단언했다.[158)]

158) 프랑스 루브르박물관 AO 03004 명문, 141~161행.

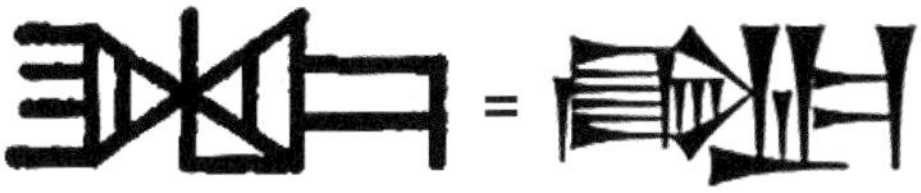

Δ73 설형문자 '일'

'일'은 특사를 보낸 엔메테나의 의중 따위에는 아랑곳하지 않았다. 그의 목표는 뚜렷했다. 그는 움마의 선대왕들이 라가쉬에게 당한 일들을 잘 알고 있었다. 움마 왕은 엔메테나의 회유책에 넘어갈 정도로 멍청하지는 않았다. '일'은 역으로 엔메테나를 위협했다. 그는 라가쉬 신들의 경계구역에 있는 제방 소유권을 주장했다. 이와 더불어 라가쉬 신전들을 파괴하겠다는 협박까지 했다. 또다시 전운이 감돌았다. 충돌은 자명해 보였다. 그런데 예상은 보기 좋게 빗나갔다. 엔메테나와 '일'의 전장은 꾸며지지 않았다.

> 그러나 엔릴과 닌후르쌍은 그('일')에게 이것을 허락하지 않았다.[159]

일촉즉발의 폭풍 전야였다. 하지만 수메르의 큰 신들은 '일'의 전쟁을 원치 않았다. 전쟁이 다시 일어난다면 라가쉬에게 불리한 상황이었다. 그 정도로 움마의 왕위 찬탈자 '일'의 야망은 컸다.**Δ73** 라가쉬 백성들은 신에게 '일'도 '자국에서 살해당한' 움마의 왕 우르룸마와 같은 운명을 갖게 해달라고 빌었다.

159) 프랑스 루브르박물관 AO 03004 명문, 162~164행. 라가쉬의 필경사는 엔릴과 닌후르쌍이 '일'의 '그 짓'을 허락하지 않았다고만 에둘러 기록했다. 그러고는 더 많은 신들을 불러내 38행이나 할애해가며 엔메테나를 칭송하기에 급급했다.

움마 남자, 닌기르수 경계구역의 제방과, 난쉐 경계구역의 제방을, 폭력으로 들판을 차지하기 위해, 넘어올 자, 그자가 움마 남자든 이방국 남자든 간에, 엔릴 신이시여, 그를 멸하소서! 닌기르수 신이시여, 당신의 커다란 포획 그물이 그를 덮칠 때, 당신의 위대한 손과 발을 위에서 (그에게) 내려 잡으소서! 그자의 도시 사람들이 그에게 반기를 들 때, 그자의 도시 심장부에서 그들이 그자를 죽이게 하소서![160)]

'일'은 전쟁을 원했다. 엔메테나는 침착하게 응수했다. '일'은 수많은 에덴의 물길을 망쳐놓으며 라가쉬 백성들을 애타게 했다. 엔메테나는 전쟁이 아닌 다른 길을 모색했다. 그는 움마로 보낸 특사가 빈손으로 돌아오고, '일'의 기세가 꺾이지 않자 다른 대책을 구상하고 있었다. 엔메테나는 한때 큰아버지 에안나툼의 위세에 떨었던 우루크와 손을 잡았다. 전례 없는 외교술이었다. 엔메테나는 선대왕들처럼 전쟁으로 난세를 극복하는 길을 포기했다. 그는 잔인한 전쟁 군주가 아니었다.

'일'이 외국 용병을 대거 투입해 쳐들어온다면 엔메테나의 라가

160) 프랑스 루브르박물관 AO 03004 명문, 203~223행. 라가쉬 백성의 마음을 내변하고 있는 이 역사가는 엔릴과 닌기르수에게 '일'의 제거를 애타게 기도하고 있다. '일'에 대한 증오심으로 가득한 이 명문은 엔메테나 생존 당시에 제작되었으며, 엔메테나와 '일'이 충돌하기 일보 직전이었다. 그는 '4,600년에서 4,400년 전의 역사'를 요약해 키쉬 왕 메실림의 전쟁 중재에서 움마 왕 '일'의 침공까지 기록했다. 그가 시공을 뛰어넘어 '역사의 아버지' 헤로도토스를 알았다면 AO 03004 명문은 훨씬 적나라한 기사로 넘쳐났을 것이다. 물론 자신의 이름도 기꺼이 명문에 명확하게 기록했을 것이다. '일'이 벌인 전황에 대한 더 이상의 정보를 찾을 수 없다. 필경사의 기도처럼 '일'이 전쟁에서 패해 움마의 백성이 반기를 들었고, 자국의 백성에 의해 날벼락을 맞았는지도 알 수가 없다.

쉬는 버티기 힘들었다. 영웅 에안나툼이 사라지자 라가쉬의 위상과 국력은 현저히 떨어졌다. 아버지 엔안나툼마저 잃지 않았던가. 이런 마당에 영민한 두뇌의 소유자 '일'이 계획한 대로 끌려간다면 라가쉬의 앞날은 깜깜할 뿐이었다. 엔메테나는 움마를 견제하기 위해 우루크와 의형제국이 되기로 마음먹었다.

인안나를 위해, 루갈에무쉬(Lugalemuš)를 위해, 라가쉬 지배자 엔메테나는, 그들이 사랑하는 신전 에무쉬(Emuš)를 세웠고, 그들을 위해 점토 못을 박아 넣었다. 엔메테나, 에무쉬 신전을 세운 자, 그의 신은, 슐우툴라이다. 그때, 라가쉬 지배자 엔메테나는, 우루크 지배자 루갈키니쉐두두(Lugalkinišedudu)와 의형제가 되었다.[161] **Δ74**

엔메테나의 우루크 선택은 옳았다. 돌이켜보면 우루크의 과거사는 수메르에서 가장 화려했다. 엔메테나 시절보다 1,000년 세월을

161) 영국박물관 BM 121208 명문, 1칸 1행~2칸 10행. 약 4,400년 전 라가쉬 왕 엔메테나와 우루크 왕 루갈키니쉐두두가 의형제가 되었고, 역사상 최초로 외교조약을 맺었다. 필경사는 라가쉬와 우루크의 지배자가 의형제가 되었다고 기록했다. 그는 두 통치자를 모두 '엔시(군주)'라고 표현했다. 그가 어느 쪽에도 '루갈(왕)'을 쓰지 않은 것은 어느 누구도 우위에 두지 않으려는 필경술이었다. **루갈키니쉐두두는 〈수메르 왕명록 Ashm 1923-0444〉의 188행에서는 루갈우레(Lugal-ure)로 바뀌어 나온다. 니푸르에서 발굴된 고바빌로니아 초기의 〈수메르 왕명록〉 BT 14+P3 명문에는 그대로 '루갈키니쉐두두'라고 적혀 있다. 수메르 역사왜곡의 가장 큰 주범이었던 〈수메르 왕명록 Ashm 1923-0444〉의 필경사는 4,400년 전 사료에서 사용한 그의 본명을 왜 루갈우레로 바꿔 적었을까. 이를 지적하는 수메르 연구가는 없으나 필자는 이 '왜곡의 달인'이 루갈키니쉐두두와 엔메테나의 외교조약이 차지했던 정치적 비중을 고려했을 것이라는 추측을 하지 않을 수 없다. 그는 그만큼 정교하고 치밀하게 수메르의 역사를 왜곡했다. 당시 수메르 정치사의 대형사건이었던 이 외교조약의 주인공인 엔메테나는 〈수메르 왕명록〉에 '역시' 등재되지 못했다.**

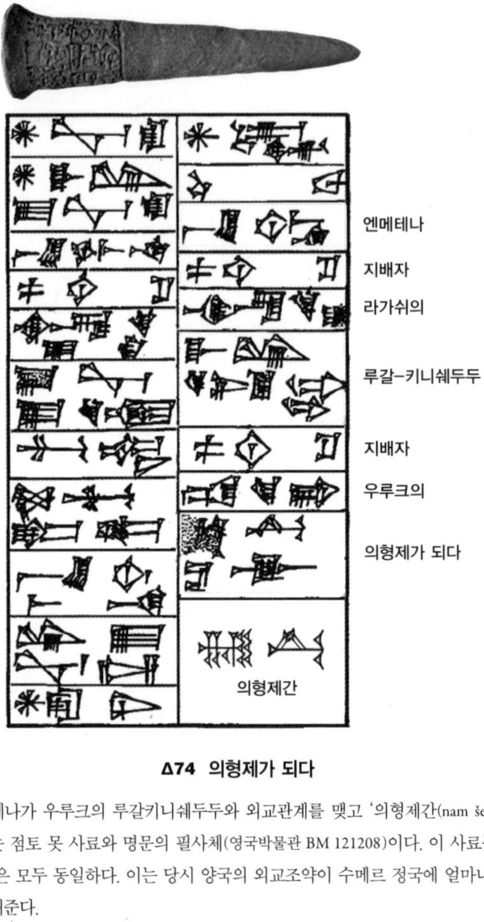

Δ74 의형제가 되다

라가쉬의 엔메테나가 우루크의 루갈키니쉐두두와 외교관계를 맺고 '의형제간(nam šeš)'이 되었다는 사실을 증명하는 점토 못 사료와 명문의 필사체(영국박물관 BM 121208)이다. 이 사료는 다량 발굴되었는데 그 내용은 모두 동일하다. 이는 당시 양국의 외교조약이 수메르 정국에 얼마나 큰 비중을 차지했는지를 말해준다.

거슬러올라가도 화려했다. 우루크는 길가메쉬가 사라진 뒤로 별다른 힘을 발휘하지 못했다. 그러다가 라가쉬의 에안나툼이 죽자 엔샤쿠쉬안나(Enšakušanna)가 우루크를 최강국으로 올려놓았다.**Δ75**

그 후 엔샤쿠쉬안나가 죽자 우루크의 기세가 다시 꺾였다.[162]

라가쉬의 엔메테나가 손을 내밀자 우루크의 루갈키니쉐두두가 그의 손을 얼른 잡았다. 우루크는 라가쉬의 적국에서 의형제국으로 탈바꿈했다. 엔메테나는 우루크를 등에 업었다. 라가쉬와 우루크가 동맹국이라면 그 상대는 당연히 움마였다. 엔메테나는 움마 왕 '일'을 쉽게 제압할 수 없었다. 움마의 왕위를 찬탈할 정도로 욕망이 컸던 '일'은 호락호락한 상대가 아니었다.

엔메테나는 전쟁 군주가 되고 싶지 않았다. 왕은 평화적인 서방외교를 펼쳤다. 라가쉬는 에덴을 소유한 경제대국이었다. 엔메테나

162) 6,000년 전부터 우루크는 메소포타미아의 최강자였다. 5,500년 전 '문명의 발상지' 우루크에서 문자가 나타나면서 역사가 시작되었다. 6,000년 전에서 5,000년 전까지 우루크의 '무명의 사제-왕'들이 세상을 다스렸다. 우루크는 영웅 길가메쉬 이후 수메르에서 이렇다 할 권력자를 배출하지 못했다. 수메르의 모든 권력이 에안나툼의 라가쉬로 모이자 우루크는 황제 에안나툼의 그늘에 가려졌다. 에안나툼의 수메르 통일은 수메르 남쪽에 있던 일개 도시의 통치자가 키쉬를 비롯한 북쪽의 도시들을 정복하고 지배한 최초의 사례였다. 수메르 군주들은 영웅 에안나툼을 부러워하며 그의 뒤를 따르고자 안간힘을 썼다. 우루크에서 강력한 지배자 엔샤쿠쉬안나가 나타났다. 왕은 에안나툼과 동시대인으로 잠시 에안나툼의 발아래 있었다. 그러다가 기회를 잡아 북쪽으로 진군해 키쉬를 공격했다. 키쉬의 지배자 엔비-이쉬타르(Enbi-Ištar)의 목이 떨어졌다. 이후 그는 아크샤크, 니푸르를 장악하고 황제가 되었다. 얼마 후 엔샤쿠쉬안나도 먼 길을 떠났다. 우루크의 다음 왕은 루갈키니쉐두두였다. 그는 엔메테나와 동시대인이었다. **〈수메르 왕명록〉의 필경사는 우루크의 엔샤쿠쉬안나와 라가쉬의 에안나툼, 우루크의 루갈키니쉐두두와 라가쉬의 엔메테나의 관계를 파악할 수 있는 그 어떤 흔적도 남기지 않았다. 그의 '라가쉬 역사 지우기'는 그 정도로 집요했다. 그러면서도 그는 엘람의 아완과 하마지 왕들의 왕명과 통치기간을 일일이 남겼다**(아완: Ashm 1923-0444 145~159**행**, **하마지**: Ashm 1923-0444 176~185**행**). **수메르의 최대국 라가쉬는 '고의로' 철저하게 외면한 채 타국의 왕조를 〈수메르 왕명록〉에 수록했다는 자체가 〈수메르 왕명록〉을 진정한 수메르 역사의 기록으로 인정할 수 없게 만든다. 라가쉬의 필경사들이 남긴 당대 명문의 역사 이야기가 없었다면 '최초의 역사'는 영원히 복원할 수 없었을 것이다.**

Δ75 엔샤쿠쉬안나

러시아 상트페테르부르크 국립 에르미타시미술관에 소장되어 있는 엔샤쿠쉬안나의 사료(Erm 14375). 미국, 러시아, 벨기에 등지에 동일한 내용을 담은 사료가 10개 정도 더 있다. 엔샤쿠쉬안나는 '수메르의 지배자(en ki-en-gi)'이며 '나라의 왕(lugal kalam-ma)'이며, '에리리의 아들(dumu e_2-li-li-na)'이다. 필경사는 왕에게 '엔(en)'과 '루갈(lugal)'을 붙여서 그가 수메르 전체를 지배했다는 것을 강조했다. **〈수메르 왕명록〉에 나오는 엔샤쿠쉬안나의 이름은 엔샤칸샤안나(Enšakkanšaanna)이다(Ashm 1923-0444, 186행).**

는 인안나와 루갈에무쉬[163]를 위해 바드티비라에 에무쉬 신전을 세웠다. 바드티비라는 라가쉬 서쪽에 위치해 있었다. 그리고 바드티비라 서쪽에 우루크가 있었다. 왕은 우루크로 손을 내밀었다. 수많은 도시가 인안나의 수중에 있었는데, 우루크는 오래전부터 인안나의 도시였다. 엔메테나가 인안나에게 신전을 지어줄 만한 명백한 이유가 있었다. '전쟁의 여신' 인안나만 곁에 있다면 전쟁 없는 평

163) 루갈에무쉬(Lugalemuš)는 바드티비라의 수호신이며, 인안나의 남편으로 알려진 두무지(Dumuzi)이다.

화시대를 열 수 있었다. 설령 전쟁을 벌이더라도 인안나의 후원을 받는다면 승자가 될 수 있기 때문에 더욱 그랬다. 엔메테나는 수메르 땅의 평화를 위해 서쪽으로 외교의 창을 열었다. 그는 우루크 왕 루갈키니쉐두두와 손잡고 움마의 왕위 찬탈자 '일'의 도발에 지혜롭게 대처했다.

21. 성군 엔메테나

엔메테나는 유달랐다. 왕은 여느 수메르 왕들과는 전혀 다른 인생행로를 걷고 있었다. 그는 틈만 나면 전쟁을 일으키고, 여차하면 정복욕을 불태우곤 했던 통치자들과는 전혀 달랐다. 엔메테나는 먼저 가장 고통받는 사람들을 찾아냈다. 그들 중에는 가족과 생이별을 하고 눈물겨운 삶을 사는 사람들이 있었다. 큰 빚을 지고 자식을 빚 대신 노예로 떠나보낸 어머니가 있었다. 그로 인해 어머니에게 돌아가지 못하고 노예로 사는 불행한 자식이 있었다. 엔메테나는 그들의 깊은 한숨에 귀를 기울였다. 왕은 비참한 운명의 그들을 위해 발벗고 나섰다.

엔메테나는 라가쉬의 '빚 탕감제도'를 실시했다. 그는 어머니를 자식에게 돌려보냈고, 자식을 어머니에게 돌려보냈으며, '보리 빚 탕감제도'를 실시했다.[164] **Δ76**

세상이 발칵 뒤집어질 만한 놀라운 일이 벌어졌다. 엔메테나는

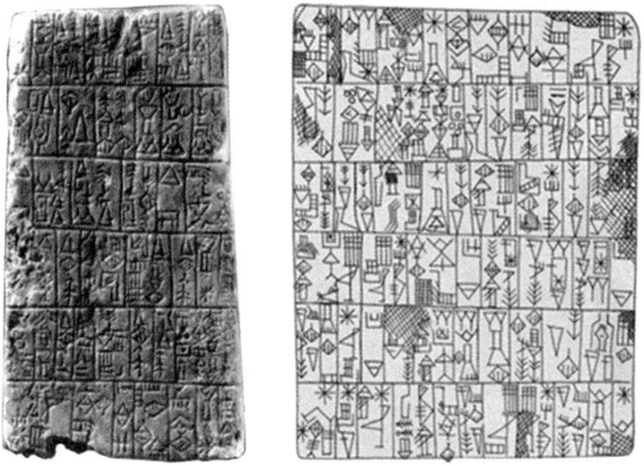

Δ76 최초의 휴머니스트, 최초의 노예해방자

수메르의 평화를 간절히 원했던 엔메테나가 '보리 빚 탕감제도'를 실시하고 불행한 백성들에게 자유를 주었다고 기록되어 있는 역사적인 사료(프랑스 루브르박물관 AO 24414). 엔메테나는 백성들에게 자유를 선물한 최초의 휴머니스트였고, 최초의 노예해방자였다.

가난한 백성의 빚을 탕감해주었다. 빚은 보리였다. 라가쉬에서 빚더미에 눌려 인생을 망친 사람들이 새로운 세상을 맞이했다. 빚 때문에 생이별한 노예로 끌려간 아들이 어머니에게 돌아왔다. 왕은 빚에 허덕이며 아들마저 잃어버린 어머니에게 웃음을 선사했다. 가난 때문에 노예살이를 하던 어머니도 아들에게 돌아갔다. 엔메테나의 노예해방선언으로 어머니와 아들이 재회했다.

보리 빚 때문에 팔려간 아들과 어머니가 집으로 돌아왔다. 자유,

164) 프랑스 루브르박물관 AO 24414 명문, 30~35행. 필경사는 명문의 절반을 '전통적인 필법'에 따라 29행까지 왕에 대한 신들의 사랑과 신전 건축에 대한 내용을 고리타분하게 기록했다. 그런 다음 30행부터 엔메테나가 시행한 '보리 빚 탕감제도'에 대해 소개했다.

자유였다! 난생처음 느껴보는 희열이었다. 자유는 자식이 젖 물리고 밥 먹여 키워준 어머니에게 돌아가는 일이었다. 죽도록 보고 싶은 아들에게 돌아가는 일이었다. 자유는 보리 빚더미에 눌려 가난하고 불행한 운명을 살던 사람들이 고통스러운 삶에서 해방되는 일이었다.

자유를 찾은 기쁨을 누린 것은 라가쉬 백성만이 아니었다. 수메르의 최강대국이었고 경제대국이었던 라가쉬에는 다른 도시에서 팔려온 수많은 노동자와 노예들이 있었다. 그들에게 기막힌 행운이 찾아왔다.

> 그때, 엔메테나는, 루갈에무쉬 신을 위해, 바드티비라에 그가 사랑하는 에무쉬 신전을 복구하고 세웠다. 그는, 우루크 시민들과 라르싸 시민들과 바드티비라 시민들에게 '빚 탕감제도'를 실시했다.[165]

라가쉬는 수메르에서 가장 넓은 땅과 비옥토 에덴을 소유한 부국이었다. 엔메테나는 라가쉬 서쪽에 있는 우루크, 라르싸, 바드티비라에 상당한 영향력을 행사하고 있었다. 라가쉬에는 다수의 외국인 노동자들이 있었는데 그들은 노예나 다름없었다. 그 슬픈 인생들에게도 '엔메테나가 선사하는 자유의 바람'이 불었다. 엔메테나는 그들의 빚도 탕감해주었다. 평화적인 서방 외교를 펼치던 엔메테나의 손길이 우루크, 라르싸, 바드티비라에서 온 불행한 자들에

165) 프랑스 루브르박물관 AO 24414 명문, 36~46행.

게도 미쳤다. 왕은 아무런 조건 없이 그들의 고단한 삶을 해방시켜 주었다.

> 인안나를 위해, 그는 그들을 우루크로 돌려보내, 인안나의 통제하에 두었다. 우투를 위해, 그는 그들을 라르싸로 돌려보내, 우투의 통제하에 두었다. 루갈에무쉬를 위해, 그는 그들을 에무쉬로 돌려보내, 루갈에무쉬의 통제하에 두었다.[166)]

기적이었다! 엔메테나의 '평화 사랑'은 진정이었다. 우루크의 수호신 인안나는 엔메테나로부터 자국의 백성을 돌려받았다. 그런 기쁨은 라르싸의 수호신 우투에게도 일어났다. 바드티비라의 수호신

166) 프랑스 루브르박물관 AO 24414 명문, 47~55행. 약 4,400년 전 엔메테나의 노예해방선언은 미국 대통령 에이브러햄 링컨(Abraham Lincoin)의 노예해방과는 사뭇 달랐다. 남북전쟁 중이던 1863년 1월 1일 링컨은 노예해방선언을 했다. 사실 그의 선언은 부분적이었다. 링컨은 원래 노예를 해방시킬 생각이 없던 사람이었다. 그는 연방정부를 유지하기 위해 연방과 북부 쪽에 있던, 남북 경계에 근접해 있던 50만 명의 노예들은 그대로 둔 채 연방정부에 대항하던 10개의 남부 연합주에만 노예해방을 선언했다. 그래서 링컨의 선언으로 해방되어 탈출한 20만 명에 가까운 남부 노예들이 모두 북부군으로 입대했고, 남북전쟁은 북군의 승리로 끝나 미합중국의 통일이 완성되었다. 그러나 엔메테나는 달랐다. 왕은 자국민뿐만 아니라 타국의 노동자와 노예들에게도 모두 해방의 기쁨을 안겨주었다. 엔메테나는 정치적 목적을 달성하기 위해 노예를 해방시킨 것이 아니었다. 왕은 라가쉬 영토를 넓히거나 수메르를 통일하려는 욕심 때문에 전쟁을 하지 않았다. 엔메테나의 전쟁 기록은 움마가 침공해서 아버지를 죽인 전쟁에 '불가피하게' 참가한 것이 유일하다. 엔메테나는 링컨보다 무려 4,200여 년 전 '진정한' 노예해방을 선언해 인류 역사에 가장 위대한 족적을 남겼다. **〈수메르 왕명록〉의 필경사는 라가쉬와 '영웅 에안나툼'의 역사를 지우고 왜곡했듯이 '아름다운 성군' 엔메테나의 역사에 대해 단 한 줄도 언급하지 않았다. 큰 자부심으로 후손에게 널리 알려 기억에 오래 남겨야 할 수메르의 진정한 영웅과 세상에서 가장 아름다운 성군을 빼놓은 이해할 수 없는 왕명록이었다.**

루갈에무쉬도 자국 백성이 자신의 신전 에무쉬로 돌아오는 기쁨을 만끽했다. 라가쉬에서 피눈물을 흘리며 노동의 노예로 살던 모든 사람들이 빚에서 해방되고 자유인이 되어 조국으로 돌아갔다. 수메르에서 일어난 감동적인 대사건이었다.

엔메테나는 수메르인에게 자유를 선물했다. 수메르에서 자유의 꽃망울이 터졌다.Δ77 그는 아름다운 왕이었다. '자유'야말로 인간이 가장 인간다운 이유였다. 노예해방자 엔메테나가 수메르에서 자유의 향기를 내뿜었다. 엔메테나는 '인안나의 말에 복종하는 사람'이어서 '수메르의 태평시대'를 활짝 열 수 있었다.[167] 인간이라면 누구나 두 팔 벌려 환영할 일이었다. 엔메테나는 성군(聖君)의 조건을 차근차근 쌓아가고 있었다.

엔메테나가 새로운 세상을 열었다. 그러나 라가쉬 사회는 움마와 오랫동안 벌인 전쟁으로 인해 백성의 삶은 엉망이었다. 곳곳에서 부정부패와 가진 자의 횡포가 만연했다. 세무 비리 역시 도를 넘고 있었다.

> [⋯] 은(銀)을 주고(?), 양을 사들이면, 그 양들 중에서 최상품은 한 사람

167) 프랑스 루브르박물관 AO 24414 명문의 필경사는 55행까지 엔메테나의 노예해방선언을 소개한 뒤 56행부터 다음과 같이 기록했다. "엔메테나, 인안나의 말에 복종하는 사람, 그의 신은 슐우툴라이다"(프랑스 루브르박물관 AO 24414 명문, 56~60행). 필경사는 어째서 막판에 인안나를 운운했을까. 여신은 메소포타미아 전역에서 '전쟁의 여신'으로 추앙받았다. '전쟁 없는 신정정치'는 인안나의 손안에 있었다. 인안나가 화를 내면 전쟁이 일어났고, 인안나가 만족하면 평화로웠다. 인안나에게 복종하는 길만이 상책이었다. 엔메테나는 전쟁 없는 수메르를 간절히 원했기 때문에 인안나를 정성껏 섬겼다. 왕은 인안나에게 머리를 조아려 수메르인에게 자유를 안겨주었다.

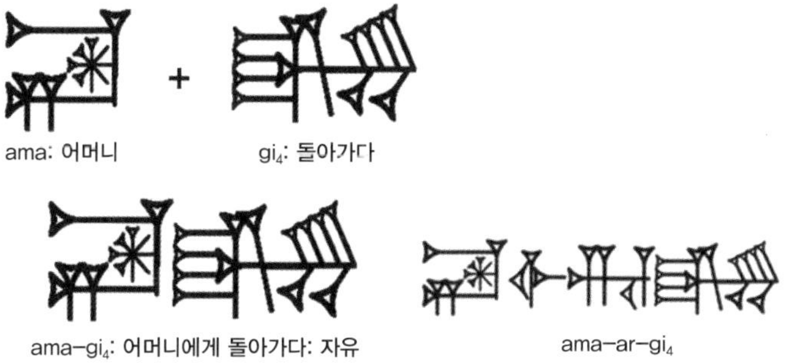

Δ77 설형문자 '자유'

'자유'를 의미하는 설형문자는 '아마-기(ama-gi_4)'이다. '아마(ama)'는 '어머니'이며, '기(gi_4)'는 '돌아가다'라는 뜻이다. 엔메테나가 세상에 내놓은 자유는 '어머니에게 돌아가다'에서 탄생한 철학적인 수메르어이다. 수메르어 '아마'의 악카드어는 '움무(ummu)'이다. 여기서 영어의 '마마(mama)'나 한국어의 '엄마'가 떠오르는 것은 당연하다. 인간은 '아마, 움무, 마마, 엄마'의 품에 안길 때 가장 평온하다. 이때가 고달픈 삶의 무게에서 해방되는 자유로운 순간이다. 엔메테나는 보리 빚에 쪼들려 팔려간 아들을 '엄마'에게 돌려보낼 정도로 자유를 사랑했다. 프랑스 루브르박물관 AO 24414 명문의 필경사는 다음과 같이 기록했다. "32행: 어머니를 자식에게 돌려보냈고(ama dumu i_3-ni-gi_4), 33행: 자식을 어머니에게 돌려보냈다(dumu ama i_3-ni-gi_4)." 최초의 역사 이야기에서 가장 가슴이 벅찬 순간이었다. '아마-기'의 쐐기꼴은 차츰 '아마-아르-기(ama-ar-gi_4)'로 대체되었다.

(세관 관리)이 가져갔다. 사제들은 암바르(ambarki, 땅)에서 곡물세를 매겼고, 그 사제들이 암바르에 곡물 저장창고를 지었다.[168)]

그 당시 수메르의 현찰은 '은'이었다.**Δ78** 수메르인의 재산목록 상위에 양이 있었다. 양은 은을 지불해야 살 수 있었다. 큰마음 먹고 양을 사서 살림 장만을 하려면 어처구니없게도 세관 관리가 그 양들 중에서 최상품을 착취했다. 사제들도 매한가지였다. 불순하고

168) 터키 이스탄불 고고학박물관 Ist EŞEM 01717 명문, 1~9행.

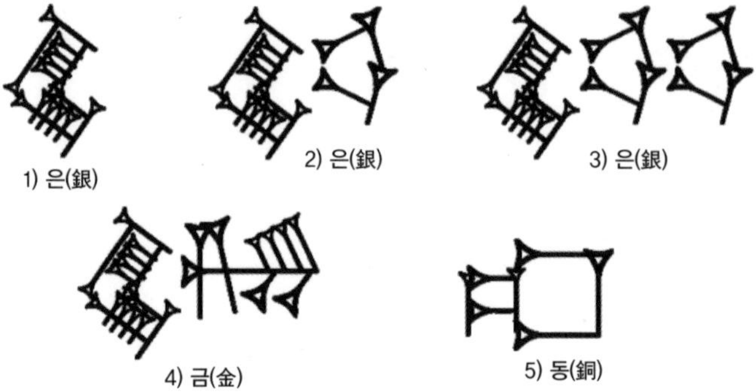

Δ78 설형문자 '금·은·동'

1~3번 모두 수메르어 '은(銀)'이다. 사용 빈도수는 1〉2〉3순이다. 1번은 'kug(ku_3)' 2번은 'kug-babbar(ku_3-babbar)' 3번은 'kug-$babbar_2$(ku_3-$babbar_2$)'이다. 2번 오른쪽 문자 'babbar'는 '흰색'을 뜻한다. 3번은 'babbar'를 2번 써서 '은(kug)'이 유달리 밝은 빛이 나는 금속임을 강조했다. 4번은 수메르어 '금(金, kug-sig_{17}(ku_3-sig_{17}))'이다. 그런데 앞의 문자가 '은(kug(ku_3))'인 까닭은 'kug(ku_3)'에는 '금속'이라는 뜻도 있기 때문이다. 뒤의 문자는 '노란색(sig_{17})'을 뜻해 이를 합치면 '노란색 금속'으로 '금'을 가리킨다. 그리고 마지막 5번은 '동(銅)/구리(urud)'이다. 구리는 수메르에서 없어서는 안 될 금속이었다. 수메르인은 구리와 주석의 합금으로 청동을 발명해서 신전을 짓고 무기와 밥그릇을 만들었다. 당시 수메르는 세계 최고의 청동 야금술을 보유하고 있었다.

더러운 것을 걸러내야 할 자들의 요상한 짓이 있었다. 사제들은 추수철에 거둬들인 곡물의 양을 합산한 뒤 세금을 멋대로 부과했다. 사제들의 사회 정화(淨化)는 찾아볼 수 없었다. 오히려 그들은 '정화되어야 할 사람들'이었다. 그들이 곡물세로 뜯어낸 더러운 자본은 갈대로 만든 거대한 곳간에 가득 넘쳤다.

세무 비리는 부정부패의 한 단면에 불과했다. 라가쉬는 총체적으로 썩어 있었다. 사제뿐만 아니라 관리들도 모두 그랬고, 심지어 지배자까지도 똑같았다.

Δ79 설형문자 '은 5쉐켈'

수메르의 현찰은 '은'이었고(은본위제), 화폐 단위는 '쉐켈(šekel)'이었다. 쉐켈은 현재 이스라엘의 화폐 단위로 여전히 쓰이고 있다. 왼쪽은 '은'을, 가운데는 '쉐켈(gin_2)'을 가르킨다. 오른쪽은 '은'과 '쉐켈'에 '5'까지 합친 단어이다. 쉐켈은 기본적인 무게의 단위로도 쓰였는데, '쉐켈'의 수메르어는 '긴(gin_2=깅, $gi\hat{g}_4$)'이다. 1쉐켈(긴/깅)은 8.40±0.34g이다.

[…] 청지기들, 공사장 우두머리들, 대곡(代哭)꾼들, 농부들, 양조업자들이 '털이 나는 양'을 가져왔고, 왕궁에서 양털이 깎였으며, 양이 정결해서(?) 그 양털을 왕궁으로 가져갈 때마다, 그들은 은 5쉐켈(šekel)**Δ79**을 지불해야 했다. 지배자의 마늘밭은 신들의 황소들이 쟁기질했고, 가장 좋은 들판은 […] 들판에 있는 관개수로 공사에 맹인 노동자가 동원될 때, 왕궁의 하급 관리들은 그 노역이 아무리 심하다 해도 그들에게 마실 물을 주지 않았으며, 당나귀에게도 마실 물을 주지 않았다.[169)]

수메르인은 누구를 막론하고 최고급 양털을 갖고 싶어했다. 양은 의식(衣食)를 해결해주는 귀중한 재산이었다. 별별스런 직업을 가진 사람들이 양털을 탐냈다. 양털을 깎는 일은 가난에서 벗어나는 수메르 가정의 대사(大事)였다. 왕궁에서도 양털을 깎을 정도였다.

169) 터키 이스탄불 고고학박물관 Ist EŞEM 01717 명문, 11~36행.

이때에도 현찰로 은 5쉐켈이 뜯겨나갔다. 당시 라가쉬에는 뜯는 자와 뜯기는 자만 있었다.

라가쉬는 부패 천국이었다. 백성은 끝없는 전쟁 때문에 지쳐 있었고 생활고에 시달렸다. 힘있는 자들은 백성을 등쳐먹었다. 그들은 제정신이 아니었다. 그들의 정신나간 뇌는 똥보다 더러운 돈 생각으로 가득 차 있었다. 하급 관리부터 지배자까지 지위 고하를 막론하고 돈타령을 해댔다. 수메르에는 신전에서 관리하는 농토와 가축이 있었다. 신을 섬기기 위한 재산이었다. 그런데 라가쉬 지배자는 신전 소속의 성스러운 황소를 사사로이 써먹었다. 신을 위한 '가장 좋은 들판'은 지배자가 차지했다. 왕실 소속의 하급 관리들도 막무가내였다. 그들은 어처구니없게도 맹인 노동자를 관개수로 공사에 동원했다. 앞도 보지 못하는 사람들이 뙤약볕이 내리쬐는 들판에서 극심한 노역에 시달렸다. 더 기막힌 일은 관리들이 그들에게 마실 물도 주지 않았다는 것이다. 맹인 노동자와 함께 공사장에 끌려온 당나귀에게도 물을 주지 않았다. 그들은 기본적으로 생명을 유지하는 물마저 빼돌려 자신들의 주머니를 채웠다. 어디 그뿐이었겠는가.

가난한 사람이 자신의 양어장 때문에 돈을 빌린 후에, 어떤 사람(대부업사)이 그곳 물고기를 가져갔고, 그 사람(양어장 주인)은 "아, 우투 신이시여!"라고 말할 수 있을 뿐이었다. 한 남자가 아내와 이혼하면 지배자가 은 5쉐켈을 가져갔고, '최고위 관료'가 1쉐켈을 가져갔다. 어떤 사람이 머리 위에 화장먹물을 뿌리면 지배자가 은 5쉐켈을 가져갔고, 최고위 관료가 은 1쉐켈을 가져갔고, 사제가 은 1쉐켈을 가져갔다.[170)] **Δ80**

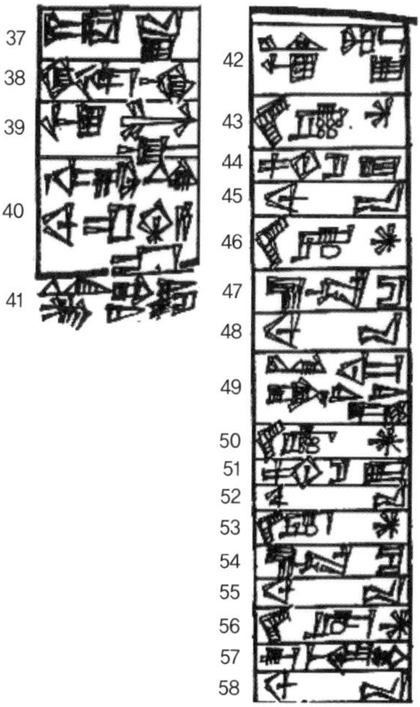

37) 가난한 사람이
38) 자신의 양어장 때문에 돈을 빌리게
39) 되었을 때
40) 어떤 사람(대부업자)이 그곳 물고기를 가져갔고
41) 그 사람(양어장 주인)은 "아, 우투 신이시여!"라고 말할 수 있을 뿐이었다
42) 한 남자가 아내와 이혼하면
43) 은 5쉐켈을
44) 지배자가
45) 가져갔고
46) 은 1쉐켈을
47) '최고위 관료'가
48) 가져갔다
49) 어떤 사람이 머리 위에 화장먹물을 뿌리면
50) 은 5쉐켈을
51) 지배자가
52) 가져갔고
53) 은 1쉐켈을
54) '최고위 관료'가
55) 가져갔고
56) 은 1쉐켈을
57) 사제가
58) 가져갔다

Δ80 부정부패

라가쉬는 온통 부패한 자본에 물들어 있었다. 빈자의 삶은 너무 고통스러웠다. 부정한 자본에 미친 자들이 판을 치는 부패한 세상이었다. 양어장을 꾸려서 식구들의 목구멍에 풀칠이라도 해보려는 한 사람이 있었다. 그는 양어장 운영이 힘들어지자 대부업자에게 돈을 빌렸으나 이자를 갚기에도 힘겨운 상황에 직면했다. 어느 날 대부업자가 예고도 없이 들이닥쳐 물고기를 빼앗아가 그의 마음은 갈기갈기 찢어졌다. 허탈해하던 빈자는 '정의의 신' 우투에게 탄식

170) 터키 이스탄불 고고학박물관 Ist EŞEM 01717 명문, 37~58행.

조의 외마디 하소연을 했다. 빈자에게는 아무런 대책이 없었다. 이미 썩어빠진 사회 풍조는 오히려 빈자를 비웃을 뿐이다.

이혼은 그 자체만으로도 상처가 깊고 큰일이다. 국가가 이혼남에게 위로는 못해줄망정 '이혼 세금'으로 돈을 뜯어냈다. 돈독이 오른 위정자와 비서실장이라는 자가 득달같이 현찰로 걷어갔다. 또 힘겨운 일상에 지친 사람이 신에게 호소하려고 종교의식을 준비하고자 '머리 위에 화장먹물을 뿌리면' 그 자리에서도 현찰을 뜯겼다. 위정자, 그의 비서실장, 사제까지 모두 그런 못된 짓을 일삼았다.

라가쉬는 유전무죄, 유권무죄(有權無罪)의 세상이었다. 엔메테나는 오래된 악습과 잘못된 관행을 더 이상 두고 볼 수 없었다. 그는 부정한 자본으로 곪고 부패한 권력으로 망가진 세상을 바꾸고 싶었다. 왕은 결단을 내렸다. 이어 칙령이 떨어졌다.

> [···] 은(銀) [···], 지배자, 최고위 관료, 사제는 가져가면 안 된다. 가난한 사람이 비록 양어장 때문에 돈을 빌렸다 해도, 어느 누구도 그곳의 물고기를 가져가면 안 된다. 재물을 훔친 면책은 포기하고, 잃어버린 재물은 성문에 걸려야 한다. 만일 어떤 여자가 남자에게, [···] 보다 넘어선 말을 하면, 그 여자의 입을 향해 구운 벽돌을 필히 던질 것이며, 그 벽돌은 성문에 걸어둘 것이다. 예전의 여자들은 두 여자가 한 남자와 결혼할 수 있었으나, 지금의 여자들은 그 죄를 면할 수 없다.[171]

171) 터키 이스탄불 고고학박물관 Ist EŞEM 01717 명문, 61~84행.

빈자의 재물을 탐한 부자의 죄는 용서될 수 없다는 말이었다. 불법적으로 취득한 재물은 원래 주인에게 돌려주어야 한다는 경고였다. 한마디로 유전무죄는 있을 수 없고, 유권무죄는 용납할 수 없다는 말이었다.

한편 여성에게 내리는 채찍이 있었다. 입조심과 말조심이었다. 여성은 남성을 함부로 넘어서지 말고, 뒤에서 헐뜯는 말을 하지 말라는 것이었다. 이를 어기면 벽돌이 채찍이 된다는 말이었다. 그 벽돌을 성문에 걸어 개망신을 준다는 경고도 있었다. 여성은 세 치의 혀를 잘 다스려 가정의 평화를 지키라는 뜻이었다. 반면 여성을 보호하는 당근도 있었다. 그때까지 일부다처제가 사회통념상 허락되었다. 그때는 남성 절대 우위의 시대였다. 그런데 엔메테나는 지금부터 이를 허용할 수 없다고 했다. 말인즉, '일부일처제'만이 가정을 지킬 수 있다는 포고문이었다. 만일 여성이 유부남과 살림을 차리면 끝장난다는 말이었다. 일부종사하는 여성에게는 분명 '당근'이었다. 엔메테나는 최초로 일부일처제를 공식적으로 선언했다. 그러나 이상한 점이 있었다. 이를 어기면 여성은 벌을 받는데 남성에게 '가해져야 하는 채찍'은 없었다. 여전히 남성 절대 우위의 시대였다.

엔메테나는 최초로 사회개혁 칙령을 발포했다.[172] **Δ81** 부패한 사회를 정화하려는 왕의 결단이었다. 엔메테나는 최초의 사회개혁가였다.

엔메테나는 강자에게 강하고 약자에게 약한 어진 임금이었다. 그가 일으킨 평화와 자유의 물결은 개혁으로 이어졌다. 왕은 자기개혁으로 성찰했고, 사회개혁으로 적폐를 청산했다. 그리하여 엔메테나는 최초로 위대하고 아름다운 성군이 되었다.

172) 엔메테나는 역사상 최초로 사회개혁 칙령을 발포하고 최초로 일부일처제를 선언한 위대한 성군이었다. 그런데 필자는 터키 이스탄불 고고학박물관 Ist EŞEM 01717 명문 1행부터 84행까지 소개했으나, 이 역사적인 점토판 문자 사료의 명문 속에서 왕명을 단 한 번도 발견할 수 없었다. 필경사는 왕명 대신 오로지 '그'라고만 집요하게 표현했다. 이 사료의 주인공은 현재 학자들에 의해 라가쉬의 마지막 왕 우루카기나(Urukagina)로 알려져 있다. 그러나 그는 우르-난쉐 세습 왕조의 통치자가 아니었다. 우르-난쉐 왕조는 '상가'들에 의해 사라졌고, 그 '상가 왕조'를 개혁한다는 명분하에 쿠데타로 정권을 잡은 자가 바로 우루카기나였다. 이 명문은 총 144행으로 구성되어 있는데, 84행까지의 내용은 이미 본문에서 충분히 설명했다. 그렇다면 '그'가 누구인지 알 수 있는 가장 결정적인 명문(91~120행)을 살펴보자.

"[…] 그 보리 때문에, 그(우르룸마)에게 특사를 보냈고, '너는 이리로 내 보리를 보내야 한다!'라고 그에게 말하게 했으나, 우르룸마는 이에 공격적인 행동을 보였다. 그는, '안타수라는 내 것이다! 그것은 내 경계구역이다!'라고 말했다. 그는 움마 사람들을 징집했고, 여러 외국에서 (용병들을) 선발했다. '우기가' 들판, 닌기르수가 사랑하는 들판에서, 움마의 군대는 거의 전멸했다. 우르룸마, 움마 왕이, 물러났을 때, 룸마기르눈타운하의 '바닥(?)'에서, 그는 '그'와 마주쳤다. 그의 당나귀들, 60개 팀이, 뒤에 남겨졌고, 그들 개개인의 유골이 평원에 남겨져 있었다."

Ist EŞEM 01717 명문의 필경사는 초반부에서 라가쉬의 부정부패를 고발하는 것으로 시작해 '그'의 사회개혁 칙령과 일부일처제를 설명하더니 바로 이 대목에서 '그'와 움마 왕 우르룸마가 벌인 전쟁을 논하고 있다. 움마의 '최초의 전차부대'를 섬멸한 라가쉬 왕은 이미 'AO 03004 명문'에서 확인했듯이 엔메테나였다. 이후 144행까지의 내용을 살펴보면 '그'가 신들을 위해 양조장을 만들고, 운하를 건설하고, 신전을 짓는 것으로 마무리되었다. 필경사는 끝까지 왕명을 밝히지 않고 오직 '그'라고만 기록했다. Ist EŞEM 01717 명문의 '그'는 분명 엔메테나였다. 그런데 왜 필경사는 엔메테나를 '그'라고만 했을까. 우루카기나의 사회개혁안을 기록한 실제 명문은 프랑스 루브르박물관의 AO 03278 명문이다(각주 183 참조). Ist EŞEM 01717과 AO 03278 명문의 중복되는 내용은 사회개혁안으로 두 명문의 내용이 너무 비슷해 필자는 우루카기나가 엔메테나의 사회개혁안을 모방했다는 느낌을 지울 수 없다. Ist EŞEM 01717 명문은 우루카기나 시절의 필경사가 쓴 것으로 그는 라가쉬의 역사와 사회개혁을 기록으로 남겼다. 그러나 그의 주군 우루카기나는 쿠데타로 정권을 탈취한 혁명가였다. 우루카기나 시절의 필경사는 자신이 섬기는 우루카기나와 엔메테나의 피가 달랐기 때문에 우르-난쉐 왕조의 성군이었던 엔메테나의 업적을 나열하면서 엔메테나를 '그'라고 쓸 수밖에 없었다. 따라서 Ist EŞEM 01717 명문의 마지막 행까지 '그'의 왕명을 찾을 수 없었다. 그러나 이스탄불 고고학박물관 Ist EŞEM 01717 명문의 '그', 즉 최초의 사회개혁가는 '우루카기나가 아

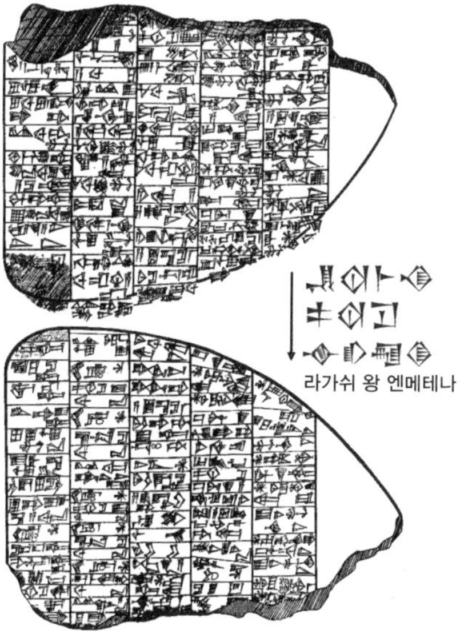

Δ81 우루카기나가 아니라 엔메테나

엔메테나의 위대한 역사적 업적을 총 144행으로 기록한 점토판 명문(터키 이스탄불 고고학박물관 Ist EŞEM 01717)의 필사체이다. 라가쉬의 부패 상황, 엔메테나의 사회개혁 포고문, 엔메테나가 움마 왕 우르룸마와 벌인 전쟁과 승리, 왕의 신전 건축 순으로 기록되어 있다. 이 사료를 읽을 때는 위의 사진과 아래 사진을 연결해서 '화살표 방향'으로 읽어야 한다. 즉 위 사진과 아래 사진을 분리해서 읽으면 혼란에 빠진다. 가장 왼쪽의 세로줄이 명문의 처음이다.

니라 엔메테나'였다. 우루카기나 시절 필경사의 명문은 '역사적인' 사료였다. 그는 라가쉬의 적폐 세력을 까발리고 최초로 사회개혁 포고문을 세상에 알렸다. 또한 개혁을 이끈 왕이 움마를 상대로 거둔 승전보도 남겼다. 필경사가 비록 개혁의 주체를 '그'라고만 기술했지만 잊어서는 안 될 역사의 한 장면이었다. 이와 비슷한 사례로 루브르박물관 AO 03004 명문의 라가쉬 1왕조 초기에 움마 왕 우쉬가 일으킨 전쟁이 떠올랐다. 라가쉬의 필경사는 적국의 왕 우쉬는 기록했으나 자국의 왕은 기록하지 않았다. 그 당시 '자국의 왕'은 루갈샤엔구르였다. 필경사는 우르-난쉐 왕조의 엔메테나 시절 사람이었다. 그래서 그는 우르-난쉐 세습 왕조와 피가 전혀 섞이지 않은 루갈샤엔구르의 이름을 기록하지 않았다. 엔메테나의 필경사는 라가쉬의 승전을 자랑하고 싶었으나 '우르-난쉐 혈통이 아니었던' 승자 루갈샤엔구르를 알리고 싶지 않았다. AO 03004 명문의 필경사와 Ist EŞEM 01717 명문의 필경사가 한 짓은 똑같았다. 두 사람은 라가쉬의 필경사였으나 적국인 움마의 왕명은 버젓이 기록하면서도 왕가의 혈통과 정치 상황에 따라 왕의 이름을 단지 '그'라고만 적는 역사 기술의 편향성을 고스란히 드러냈다. 그런 여파가 4,000년이 훨씬 지난 지금 '아직도' Ist EŞEM 01717 명문의 주인공을 우루카기나로 오인하도록 한 것이다. **하여 '기억의 역사'보다 '기록의 역사'가 정확할 것이라는 오판과 오만을 다시금 생각하게 했다. 물론 '기억의 역사'가 100년, 200년도 아닌 4,000년 이상 아무런 변형 없이 지속될 것이라는 상상은 할 수 없다. 하지만 라가쉬 필경사들의 '편향적인 기록의 역사'가 4,000년이 훨씬 지난 지금도 여전히 살아 숨쉬고 있다. 게다가 약 3,840년 전의 〈수메르 왕명록〉까지 라가쉬를 역사에서 완전히 뭉개버렸으니 '엎친 데 덮친 격'이다.**

22. 왕이 된 이인자

수메르는 평화로웠다. 위대한 성군 엔메테나 덕분이었다. 수메르에서 전쟁이 멈추었다. 라가쉬에서 보리 빚으로 허덕이는 사람은 찾아볼 수 없었다. 노예로 팔려와 노동에 허우적거리던 사람들은 모두 고국으로 돌아갔다. 사제는 함부로 백성의 재산을 빼앗지 못했다. 고위 관료든 하급 관료든 어느 누구도 약자와 빈자의 은을 강탈하지 못했다. 양어장 주인은 대부업자에게 물고기를 빼앗기지 않았다. 권세가는 부당하게 타인의 재물을 탐낼 수 없었다. 남자는 한 여자와만 살림을 차렸다. 엔메테나의 사회개혁은 과감했다. 왕은 자기개혁에 앞장서서 신전 소유의 황소들은 왕의 마늘밭을 쟁기질하지 않았다. 엔메테나는 가장 좋은 들판을 차지하지 않았다. 수메르의 태평성대였다.

그 당시 '두두(Dudu)'라는 자가 있었다. 두두는 엔메테나의 충실한 신하였다. 그는 '라가쉬 성도' 기르수의 신전 행정 총책임자(상가)였다.**Δ82** 그가 관리하는 신전은 라가쉬의 국가 수호신 닌기르수를 모시는 '에닌누(Eninnu)'였다. 라가쉬에서 닌기르수보다 높은

Δ82 설형문자 '상가, 두두'

Δ83 설형문자 '에닌누'

에닌누(e_2-ninnu, '50'의 신전)는 라가쉬 신앙과 종교의 중심 도시 기르수에 있는 닌기르수를 모시는 신전이다. '50(ninnu)'은 원래 수메르에서 가장 강력한 '신들의 제왕' 엔릴에게 붙이는 숫자이다. 라가쉬의 가장 위대한 신 닌기르수의 신전을 '에닌누'라고 불렀다.

지위의 신은 없었다. 그러므로 '에닌누'는 라가쉬 최고의 신전이었다.**Δ83** 두두가 에닌누의 '상가'라는 말은 그가 라가쉬의 '최고위 상가'라는 뜻이었다. 라가쉬의 모든 사제, 신전 관리, '상가'들은 두두보다 아래 직급이었다. '에닌누의 상가'는 라가쉬의 이인자나 다름없었다. 엔메테나 재위 시절 두두가 바로 그 자리에 있었다.

수메르는 도시마다 신전이 있었고, 신전마다 수호신과 '상가'가 있었다. '라가쉬의 수도' 라가쉬의 수호신은 바바(Baba/Bau)였다. 남동쪽의 큰 도시 닝인의 수호신은 난쉐였다. 그 아래의 큰 도시 구압바의 수호신은 닌마르(Ninmar)였다. 신전마다 상가들이 진을 치고 앉아 도시의 지배자처럼 군림했다. 크든 작든 신전이 있는 곳이라면 '상가'가 있었다. 모든 '상가'들의 우두머리가 바로 두두였다.

라가쉬 왕은 닌기르수를 최우선으로 섬겼다. 엔메테나는 닌기르수에게 순은으로 만든 항아리를 바쳤다. 그러나 실제로 항아리의 제작과 안치를 실행한 인물은 '에닌누' 신전의 '상가'였던 두두였다.**Δ84** 어느 날 두두는 닌기르수에게 바칠 성물(聖物)을 만들기 위해 직접 엘람의 무역 요충지 우루아로 나갔다. 그가 수입한 석회암 판으로 만든 성물이 닌기르수 신전에 걸렸다.

> 에닌누의 닌기르수를 위해, 닌기르수의 '상가' 두두는, 우루아에서 이것(석판)을 가져왔고, 그는 그(닌기르수)를 위해 이것을 가공해서 대들보에 쐐기못으로 고정했다. 두두는 닌기르수의 '최고위 상가'였다.[173)]**Δ85**

두두는 외국무역을 주도할 정도로 막강한 권력을 가지고 있었다. 두두 역시 '담가르(상인)'를 곁에 두고 신전 살림을 꾸려나갔다. 엔메테나는 닌기르수를 위해 '성도' 기르수의 국경 근처에 있던 안타수라 신전을 개축했고, 정원을 꾸몄으며 우물까지 만들었다. 이때에도 두두는 엔메테나의 최측근으로 왕을 보좌했다.

> 엔릴의 영웅 닌기르수를 위해, 라가쉬의 지배자였던 에안나툼의 아들이며 라가쉬의 지배자인 엔메테나는, 닌기르수를 위해 안타수라 신전을 지었고, 금과 은으로 신전을 장식했다. 그는 신을 위해 그 안에 정원

173) 프랑스 루브르박물관 AO 02354 명문, 1~10행.

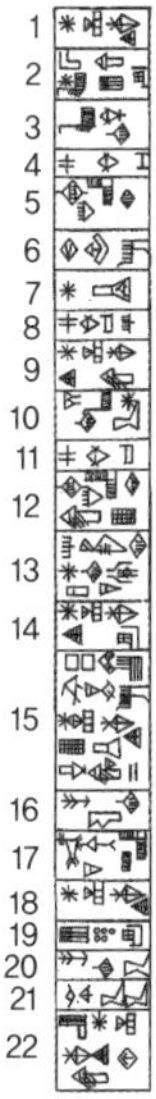

1) 닌기르수(를 위해)
2) 엔릴의 영웅
3) 엔메테나
4) 지배자
5) 라가쉬의
6) 심장이 선택한
7) 난쉐의
8) 최고 통치자
9) 닌기르수의
10) 엔안나툼의 아들
11) 지배자
12) 라가쉬의
13) 그를 사랑한 왕을 위해
14) 닌기르수
15) 닌기르수가 순은제 항아리로 매달 기름을 마실 것이다
16) 그가 그(신)를 위해 제작한
17) 그리고 그의 삶을 위해
18) 닌기르수 앞에
19) 에닌누 신전의
20) 그가 안치했다
21) 그 당시 두두는
22) 닌기르수의 신전의 '상가'였다

Δ84 두두의 신분

라가쉬를 발굴해 수메르 역사를 만천하에 알린 프랑스의 에르네스트 드 사르제크가 기르수에서 발견한 또 하나의 보물(루브르박물관 AO 02674). 이 은으로 만든 항아리는 청동 받침대 위에 올려져 있다. 중앙에는 닌기르수의 신조(神鳥)로 유명한 '안주'가 날고 있고, 항아리 윗부분에는 수메르어가 적혀 있다. 엔메테나 재위 당시 '두두(Dudu)'는 '닌기르수의 신전 에닌누'의 행정 총책임자인 '상가'였다.

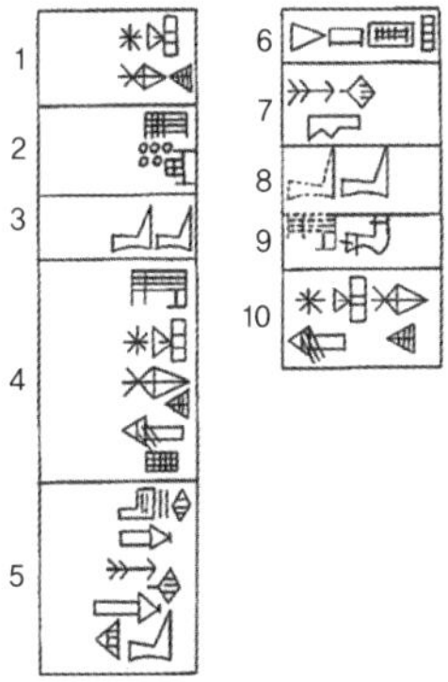

1) 닌기르수를 위해
2) 에닌누의
3) 두두는
4) 닌기르수의 '상가'
5) 이것을 우루아에서 가져왔고
6) 대들보에 쐐기못으로 (고정시켰다)
7) 그를 위해 이것을 가공해서
8) 두두는
9) '최고위 상가'였다
10) 닌기르수의

Δ85 닌기르수의 '최고위 상가' 두두

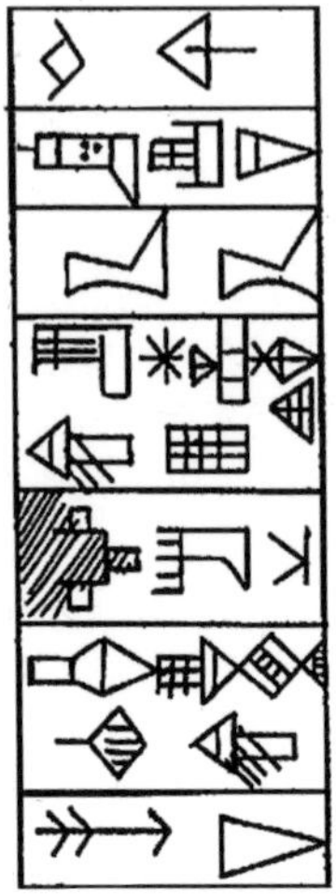

17) 그때 u_4–ba

18) 그의 신하 $ARAD_2$–ra–ni

19) 두두 du–du

20) 닌기르수의 '상가'는 sanga ^{d}nin–gir_2–su_2–ka–ke_4

21) 살라(운하) 옆에 요새를 bad_3 da sal_4

22) 구에덴나의 gu_2–edin–na–ka

23) 세웠다 mu–du_3

Δ86 라가쉬의 이인자, 두두의 역할

미국 예일대학 스털링기념도서관 YBC 02183 명문, 17~23행. 엔메테나의 하명은 닌기르수 신전의 '상가'였던 '두두의 손'에 의해 실행되었다.

을 꾸몄고 구운 벽돌로 우물을 만들었다. 그 당시, 그의 신하였던 닌기르수 신전의 '상가' 두두는 구에덴나의 '살라(Sala)'(운하) 옆에 요새를 세웠다.**Δ86** 그는 이곳을 '평원을 감시하는 집'이라고 명명했다. 그는 기르수의 나룻배가 드나드는 부두에 담을 쌓았다. 그는 이곳을 '생명을 주는 주님'이라고 명명했다.[174)]

엔메테나가 안타수라 신전을 화려하게 장식했다. 두두도 왕과 보조를 맞추어 움직였다. 그는 구에덴나로 흐르는 '살라'운하 옆에 요

174) 미국 예일대학 스털링기념도서관 YBC 02183 명문, 1~30행.

새를 구축했다. 움마의 침공에 대비해 에덴 평원을 감시하는 역할을 하는 중요한 곳이었다. 두두는 기르수 주변의 운하를 오가는 나룻배가 정박하는 부두에 움마의 공격을 막기 위한 방어벽을 쌓았다. 그리고 그 이름까지 지었다. 두두는 사실상 일인지상 만인지하(一人之上 萬人之下)의 자리에 있었다. 그는 '상가들'과 사제들의 세력을 등에 업고 있었다. 그는 라가쉬 권력 서열 이인자였다. 닌기르수 신전의 '상가' 자리는 대대로 두두 가문이 차지했다. 두두가 죽자 그의 아들 엔엔타르지(Enentarzi)가 '상가의 우두머리'가 되었다. 이제부터 라가쉬의 이인자는 엔엔타르지였다.

성군 엔메테나의 몸이 쇠약해졌다. 그의 파란만장한 삶이 끝나고 있었다. 전쟁 통에 아버지 엔안나툼을 잃고 왕이 된 그였다. 아버지의 원수를 갚으려고 피 냄새를 맡으며 전쟁터를 누볐던 아들이었다. 그러나 왕은 자신의 운명을 바꾸어 수메르의 모든 백성들에게 사랑의 빛을 전해주었다. 움마를 향한 화해의 외교술, 우루크와의 의형제국 조약 체결, 보리 빚 탕감제도 시행과 노예해방선언, 일부일처제 실시, 대대적인 사회개혁으로 평화의 정치를 펼친 왕이었다.

엔메테나의 왕비는 '닌힐수드(Ninhilsud)'였다. 왕세자의 이름은 놀랍게도 엔안나툼이었다. 엔안나툼 2세는 왕의 아버지 엔안나툼의 이름을 그대로 물려받은 통치자였다. '최초의 왕명 세습'이었다. 빚더미로 고향을 등진 불쌍한 아들을 어머니에게 돌려보냈던 것처럼, 어머니를 아들에게 돌려보냈던 것처럼 엔메테나는 치사랑과 내리사랑을 실천한 왕이었다. 그는 마음밭 자체가 성군이었다. 한동

Δ87 목이 잘린 엔메테나 조각상

이라크 바그다드 국립박물관에 소장된 엔메테나의 섬록암 조각상 IM 5. 이 사료는 2003년 미국의 조지 W. 부시 대통령이 일으킨 이라크 전쟁 중에 도난당했다가 2006년에 이라크로 돌아왔다.

안 수메르는 평화로웠으나 안타깝게도 엔메테나의 별이 떨어지고 말았다.[175] **Δ87**

엔메테나가 먼 길을 떠나자 엔안나툼 2세가 왕이 되었다. 그러나 왕은 불운했다. 아들은 아버지의 명예로운 유산을 지키지 못했다. 라가쉬는 태평성대를 유지하지 못하고 퇴보하고 있었다. 엔안나툼 2세는 유약했다. 그는 생뚱맞게도 수호신 닌기르수의 양조장을 복원했다.

175) 라가쉬의 역사가들은 엔메테나의 죽음에 대해 그 어떤 기록도 남기지 않았다. 자국 왕의 죽음을 기록하지 않는 그들의 역사 편향은 계속되었다. 전쟁 영웅은 전장에서 비참하게 죽거나 승전국 백성들만의 애도 속에서 눈을 감는다. 그러나 성군 엔메테나는 라가쉬의 백성뿐만 아니라 그의 '보리 빚 탕감제도'로 조국으로 돌아간 타국의 백성들까지도 그의 죽음을 슬퍼하는 가운데 평온하게 잠들었을 것이다. 진정한 영웅은 전쟁 영웅이 아니라 엔메테나와 같은 성군이어야 하지 않을까.

엔릴의 영웅 닌기르수를 위해, 난쉐의 심장이 선택한, 엔메테나의 아들, 라가쉬의 지도자 엔안나툼(2세)은, 닌기르수를 위해, 그의 양조장을 복원했다. 엔안나툼(2세)은 닌기르수의 양조장을 복원한 분이며, 그의 수호신은 슐우툴라이다.[176] **Δ88**

엔안나툼 2세의 라가쉬가 기를 펴지 못하고 있을 때 엘람이 라가쉬에 눈독을 들였다. 엘람은 라가쉬의 새 통치자가 신통치 못하다는 것을 알고 있었다. 엘람은 대대손손 수메르의 영원한 숙적이었다. 엘람은 수메르 정세가 혼란스러울 때마다 수메르 땅을 유린했는데 이번에도 여지없었다. 기어코 일이 터지고 말았다. 어느 날 엘람이 라가쉬를 습격했다. 에닌누에 있던 라가쉬의 이인자 엔엔타르지에게 급보가 날아들었다.

닌마르의 '상가' 루엔나(Luenna)가 보고합니다. 닌기르수의 '상가' 엔엔타르지에게 전합니다![177] **Δ89**

닌마르의 '상가' 루엔나가 기르수로 보낸 편지였다. 그런데 루엔나의 선택은 참으로 이상했다. 그는 왕이 아니라 닌기르수 신전의 '상가' 엔엔타르지에게 전황을 보고했다. 그의 주군은 더 이상 엔안

---

176) 프랑스 루브르박물관 AO 00249 명문, 1~21행.

177) 프랑스 루브르박물관 AO 04238 명문 앞면, 1~6행. 루엔나(Lu-enna)는 도시 구압바의 수호신 닌마르를 모시는 '상가'로, 라가쉬의 국가 수호신이자 '성도 기르수'의 수호신이기도 한 닌기르수를 모시는 '상가' 엔엔타르지보다 아래 직급이다.

Δ88 맥주 양조장의 흔적

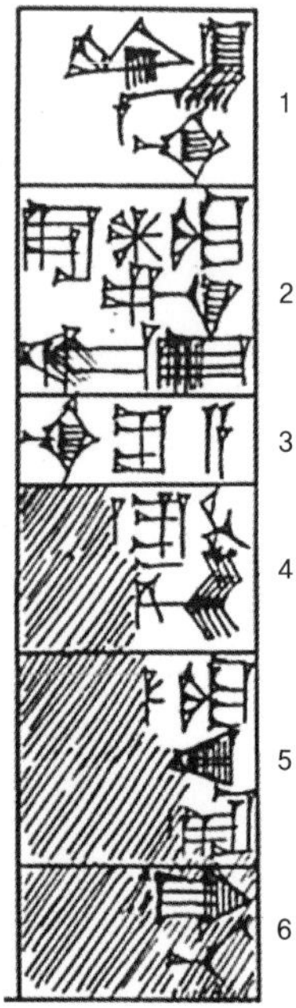

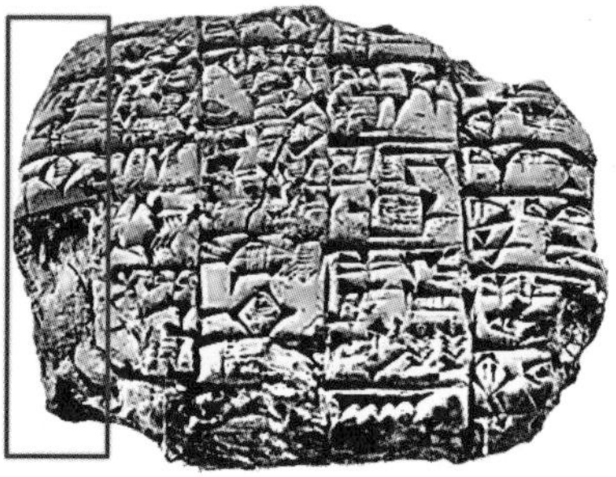

AO 04238 앞면

1) 루엔나(가) lu$_2$–en–na
2) 닌마르의 '상가' sanga ^{d}nin–mar^{ki}–ka–ke$_4$
3) 보고합니다 na–e–a
4) 엔엔타르지(에게) [en]–e–tar–zi
5) 닌기르수의 '상가' [sanga] ^{d}nin–[gir$_2$]–su–[ka]–ra
6) 전합니다 [du$_{11}$]–ga#–na#

Δ89 엘람의 급습과 루엔나의 편지

나툼 2세가 아니었다. 당시 엔안나툼 2세는 정치력을 상실한 상태였다.[178]

엘람의 습격은 일단 성공적이었다. 엘람의 습격대는 노획물을 가지고 라가쉬 남동쪽으로 달아났다. 라가쉬 최남단의 도시 구압바 방향이었다. 침략자들은 구압바 끝자락에 있는 에닌키마르 항구로 가던 중이었다. 그들은 에닌키마르 항구로 들어간 뒤 다시 그곳을 빠져나갈 계획이었다. 그때 닌마르 신전의 '상가'로 있던 루엔나가 그들을 추격했다. 라가쉬에서 재물을 약탈한 엘람인은 600명이었다. 그러나 루엔나가 그들과의 전투에서 이겨 엘람인 540명을 가두었다.

엔엔타르지에게 절호의 기회가 찾아왔다. 엔안나툼 2세가 힘을 잃은 상황에서 그의 앞길을 막을 자는 아무도 없었다. 엔엔타르지가 우르-난쉐 세습 왕조를 무너뜨리고 라가쉬의 지배자가 되었다.[179] 곧이어 엔엔타르지의 딸 '게메바바(Gemebaba)'가 닌기르수 신전의 '상가'가 되었다. 그녀는 원래 '라가쉬의 수도' 라가쉬에 있는 바바 신전의 여사제였다. 그야말로 신분의 수직 상승이었다. 두두·엔엔타르지·게메바바는 한 핏줄이었다. 두두 가문의 모반(謀反)

178) 이 편지(AO 04238)의 필경사는 명문의 마지막에 엔안나툼 2세가 등극한 지 5년째 되던 해라는 표시를 했다.

179) **라가쉬 1왕조는 우르-난쉐 세습 왕조 이전에 2명의 왕(엔헤갈·루갈샤엔구르)이 있었다. 우르-난쉐 세습 왕조의 왕은 6명(우르-난쉐·아쿠르갈·에안나툼·엔안나툼 1세·엔메테나·엔안나툼 2세)이었다. 두두의 아들 엔엔타르지가 '상가 왕조'를 열어 라가쉬 1왕조의 9번째 왕이 되었다. 이들은 모두 당대 사료의 발굴과 수많은 명문으로 확실하게 증명된 수메르 역사의 실존 인물들이었으나 〈수메르 왕명록〉에는 아무도 등재되지 못했다.**

이었고, '상가'들의 정변이었다. 성군 엔메테나의 꿈은 엔안나툼 2세의 단명과 '상가들의 우두머리' 엔엔타르즈지의 욕망으로 순식간에 사라졌다. 라가쉬는 '상가 천국'이 되었다. 라가쉬 하늘에 먹구름이 몰려들고 있었다.

23. 최악의 폭정

우르-난쉐 왕실이 무너졌다. 라가쉬 전국에서 '상가들'이 활개를 치기 시작했다. 그들의 거두 엔엔타르즈지**Δ90**가 왕관을 쓰자 사방천지에서 상납금이 쏟아졌다. 신전마다 상가들이 재물을 모아 왕궁으로 보냈다. 부패 천국을 정화시킨 성군 엔메테나의 노고는 무용지물이 되고 말았다.[180] 라가쉬 백성의 운명은 엔엔타르즈지의 손에 달려 있었다. 불행하게도 엔메테나가 청산한 적폐가 고스란히 되살아

180) 수메르의 성군이자 위대한 사회개혁가였던 엔메테나 사후부터 라가쉬가 쇠락하는 조짐이 있었는데, 대외적으로도 라가쉬의 국운이 기울고 있었다. 그동안의 수메르 정세를 대강 살펴보면 다음과 같다. 당시 수메르는 에안나툼과 엔샤쿠쉬안나의 뒤를 이을 만한 영웅이 나타나지 않고 있었다. 라가쉬는 영웅 에안나툼과 성군 엔메테나를 잃고 기운이 쇠했다. 우루크는 엔샤쿠쉬안나 시절이 황금기였다. 아답에서 루갈안네문두(Lugalannemundu)라는 새로운 영웅이 나타났다. 아답은 키쉬 남동쪽으로 이투룬갈운하를 끼고 있었다. 그는 수메르와 주변국을 모두 장악해 황제가 되었다. 키쉬는 한동안 쿠-바바(Ku-Baba, Ku-Bau) 여왕이 다스렸는데, 키쉬는 라가쉬와 우루크에 밀려 있었다. 여왕은 양국의 지배에서 간신히 벗어나 있었다. 쿠-바바의 아들 '푸주르-씬(Puzur-Sîn, Puzur-Suen)'이 어머니가 잘 유지해온 키쉬를 물려받았다. 수메르는 세 영웅, 에안나툼·엔샤쿠쉬안나·루갈안네문두를 배출했다. 그 무렵 라가쉬에는 우르-난쉐 세습 왕조가 무너지고 두두 가문의 '상가 왕조'가 들어서 있었다.

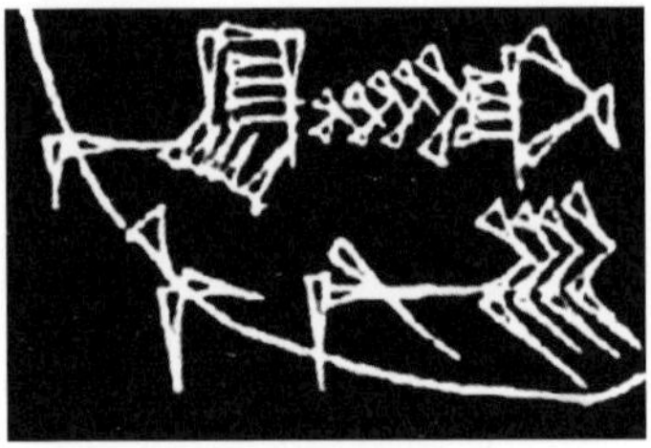

Δ90 설형문자 '엔엔타르지'

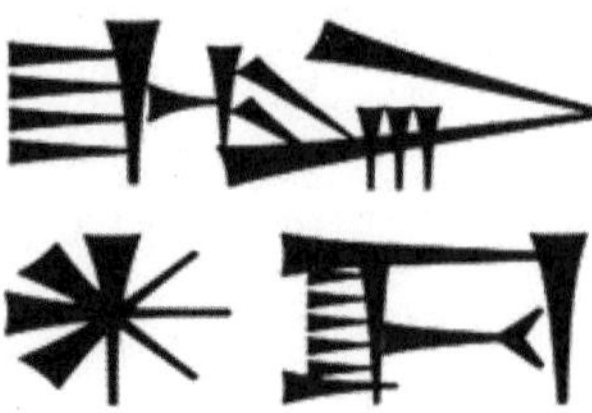

Δ91 설형문자 '루갈안다'

나고 있었다. 이제 라가쉬 백성들은 자유를 잃고 있었다.

엔엔타르지는 욕망의 덫에 걸려 있었다. 라가쉬 전역에 부패한 바람이 세차게 불고 있었다. 그런데 별안간 바람이 멈추었다. 그의 부귀영화는 짧았다.[181] 엔엔타르지의 왕비는 딤투르(Dimtur)였고, 그의 아들은 우르타르시르시르라(Urtarsirsirra)와 루갈안다(Lugalanda)였다.

라가쉬의 새 권력자는 루갈안다였다.**Δ91** 적폐의 바람이 엔엔타르지 시절보다 드세게 몰아쳤다. 라가쉬는 지독한 부정부패로 오염되었다. 루갈안다는 라가쉬를 깊은 늪에 빠뜨렸다.

먼 옛날부터, 씨앗이 생겨날 적부터,**Δ92** 뱃사공 '우두머리'[182]는 선박

181) 라가쉬 왕들의 죽음을 기록하지 않은 라가쉬 필경사들의 편향적인 역사 기술 때문에 엔엔타르지가 어떻게 죽음을 맞이했는지 알 수 없다. 사실 이 '역사 기술의 편향성'은 비단 라가쉬의 역사가들뿐만 아니라 고대 메소포타미아 역사에서도 마찬가지였다. 엔엔타르지는 엔메테나 통치 시절 아버지 두두에 이어 닌기르수 신전의 '상가'였는데, 엔안나툼 2세 때에도 계속 그 자리를 지키고 있었다. 엔엔타르지가 정권을 잡았을 때 그는 이미 노쇠해 있었다.

을 손아귀에 넣었고, 목동 '우두머리'는 당나귀를 손아귀에 넣었고, 양치기 '우두머리'는 양을 손아귀에 넣었으며, 어업 조사관은 어장 물고기를 손아귀에 넣었고, 사제들이 '암바르'에서 곡물세를 (마음대로) 매겼다. '털이 나는 양'을 치는 목동들은 순결한(?) 양 대신 (세금으로) 은을 내놓았고, (경작지)측량사, 대곡꾼 대표, 청지기, 양조업자, 그리고 모든 공사장 우두머리들이 새끼 양 대신 (세금으로) 은을 내놓았다. 신들의 황소들이 지배자의 마늘밭을 쟁기질했고, 신들의 최고 경작지는 지배자의 양파밭과 오이밭이 되었다. 당나귀들과 건강한 황소들이 '상가'들을 위해 쟁기의 견인줄에 채워졌으며, '상가'들의 보리는 지배자의 측근들에게 분배되었다.[183)]

알고 보면 부정부패는 애당초 라가쉬 건국 초기부터 있었다. 부정부패는 '먼 옛날부터' 시작되었고, '씨앗이 생겨날 적부터' 있었다. 그래서 왕과 사제들이 부동산 투기에 열을 올렸다. 권력을 잡은 자나 그 하수인들은 부정했고 부패했다. 권력과 부정부패는 떼려야

182) 본문에서 의역한 '우두머리(lu_2)'는 해당 분야의 담당 관리를 말한다.

183) 프랑스 루브르박물관 AO 03278 명문, 27~69행. 루갈안다 통치 시절의 비참했던 사회상은 이 명문에 고스란히 남아 있다. 앞에서 본 엔메테나의 사회개혁안을 남긴 이스탄불 고고학박물관 Ist EŞEM 01717 명문을 기억할 것이다(각주 172). 필경사가 엔메테나의 왕명을 밝히지 않고 '그'라고만 기록해서 헷갈렸던 명문으로 최초의 사회개혁가 엔메테나를 우루카기나로 오인하기에 충분했던 사료였다. 엔메테나의 사회개혁을 모방한 자는 라가쉬의 마지막 왕 우루카기나였다. 우루카기나의 필경사가 남긴 기록이 바로 AO 03278 명문이었다. 그의 필경사는 루갈안다가 우루카기나에게 제거된 뒤에야 루갈안다 정권의 실상을 만천하에 드러낼 수 있었다. Ist EŞEM 01717과 AO 03278의 명문 내용은 매우 유사하지만 후자의 필경사는 부정부패의 시작을 아예 "먼 옛날부터, 씨앗이 생겨날 적부터"라고 기록해 우루카기나가 일으킨 쿠데타에 정당성을 부여하려는 의도가 엿보인다. 즉 라가쉬는 건국 초기부터 지금까지 썩을 대로 썩었으므로 세상을 뒤집어버릴 수밖에 없었다는 주장인 셈이다.

Δ92 부정부패가 시작된 때

필경사는 "먼 옛날부터(u_4 ul-li_2-a-ta)"와 "씨앗이 생겨날 적부터(numun e_3-a-ta)"라는 표현(루브르박물관 AO 03278 명문, 27~28행)으로 라가쉬에서 부정부패가 시작된 때를 알려주었다.

뗄 수 없는 사이였다.

라가쉬의 권력자들은 움마와 자본전쟁을 치르면서도 자국 백성의 자본을 착취했다. 그들은 움마 백성에게 비싼 이자를 거둬들였고, 동시에 자국 백성의 등골을 빨아먹으며 살았다. 라가쉬의 권력자와 그 하수인들은 자본에 미친 '왕초와 똘마니'처럼 백성의 재산과 삶을 빼앗고 농락했다. 라가쉬에서 가진 자들의 자본 착취가 전방위에서 일어났다. 벼룩의 간을 빼먹는 악랄한 짓이었다.

성군 엔메테나에 의해 잠시 멈추었던 악습이 재현되고 있었다. 라가쉬 관리들의 손은 떡고물로 더러워졌다. 사제들은 세금폭탄을 터뜨려 은덩어리를 정신없이 줍고 있었다. 관리들은 빈자의 정원에서 나무를 베어 심지어 과일까지 함께 가져갔다. 지배자는 신들의 영역을 넘나들었다. '상가'들은 지배자의 환심을 사기 위해 지배자의 측근들에게 뇌물을 주었다. 모든 것이 관행이었으므로 부정부패는 엔메테나가 과감하게 사회개혁을 하던 시절과 동일했다. 되살아난 부정부패 관행은 하늘나라에 있는 엔메테나를 비웃고 있었다. 그런데 이전보다 더 못된 짓거리가 행해지고 있었다.

> 송장을 무덤으로 (제대로) 옮기려면 장의사(사제)가 맥주 7단지, 빵 420개, 밀 2부대(72리터), 모직 옷 1벌, 일등급 염소 1마리, 침대 1개를 거두어갔고, […] 사람들이 보리 1부대(36리터)를 거두어갔다. (매장을 위해) 엔키의 갈대숲으로 들어가려면 맥주 7단지, 빵 420개가 필요했다. 장의사가 밀 2부대, 모직 옷 1벌, 일등급 염소 1마리, 침대 1개, 의자 1개를 거두어갔고 […] 사람들이 보리 1부대를 거두어갔다.[184)]

약자는 죽어도 편히 죽을 수 없는 세상이었다. 약자가 무덤으로 가는 길은 험난했다. 장의사는 사제였고, 뜯는 자였다. 사자(死者)는 뜯기면서 무덤으로 향했다. 세상은 뜯는 자와 뜯기는 자만이 존재했다. 강자는 약자로부터 먹고 마실 것, 입을 것, 누울 자리와 앉을 자리까지 뜯어갔다. 약자는 송장이 되어서도, 무덤 속으로 들어가면서도 계속 뜯겼다. 약자에게 저승으로 가는 통행세는 너무 버거웠다. '오래되고 못된 관행'에 젖어 있는 강자와 부자들은 죄의식

184) 프랑스 루브르박물관 AO 03278 명문, 93~116행.

자체가 없었다.

루갈안다의 폭정은 멈추지 않았다. 그는 왕으로서 해서는 안 될 짓까지 하고 있었다. 그는 신전에 소속된 부동산을 갈취했다. 도저히 용납할 수 없는 일이었다. 루갈안다와 그의 왕비, 그의 가족과 자식들도 모두 연루되어 있었다.

지배자의 가족과 지배자의 들판, 내궁의 가족과 내궁의 들판, (왕실) 아이들의 가족과 (왕실) 아이들의 들판이, 모두 짝이 맞추어져 있었다.[185) **Δ93**

괴상망측한 일이었다. 윗물이 더러운데 아랫물이 맑을 리 없었다. 왕실 관리들마저도 루갈안다의 장단에 춤추고 있었다.

닌기르수의 경계구역부터 바닷물이 있는 곳까지 왕실 관리들이 존재했다. 왕실의 하급 관리가 우물을 팔 때, 맹인 노동자들이 동원되었고, 들판에서 관개공사를 할 때도, 맹인 노동자들이 동원되었다. 전(前) 시대의 관행처럼, 그랬다.[186) **Δ94**

라가쉬의 왕실 관리들은 닌기르수의 경계구역부터 바닷물이 있는 곳까지 널리 퍼져 있었다. '닌기르수의 경계구역'은 라가쉬 최북

185) 프랑스 루브르박물관 AO 03278 명문, 123~129행.

186) 프랑스 루브르박물관 AO 03278 명문, 130~146행.

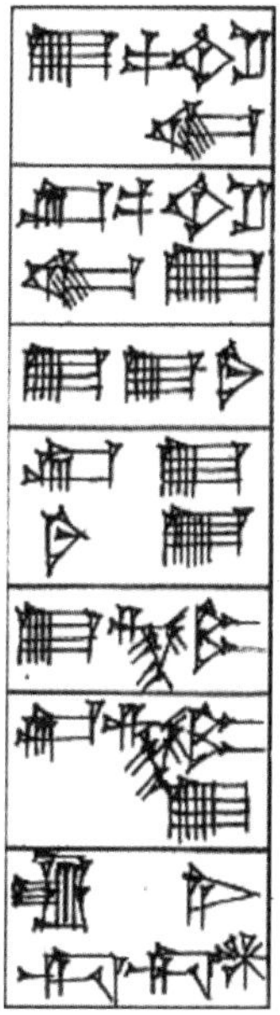

123) 지배자의 가족 e_2 $ensi_2$–ka

124) 지배자의 들판 GAN_2 $ensi_2$–ka–ke_4

125) 내궁의 가족 e_2 e_2–munus

126) 내궁의 들판 GAN_2 e_2–munus–ke_4

127) (왕실) 아이들의 가족 e_2 nam–dumu

128) (왕실) 아이들의 들판(이) GAN_2 nam–dumu–ke_4

129) 모두 짝이 맞추어져 있었다 za_3 i_3–us_2–us_2–am_6

Δ93 최초의 부동산 갈취사건

프랑스 루브르박물관 AO 03278 명문, 123~129행. 루갈안다는 자신뿐만 아니라 내궁의 왕비와 친인척, 심지어 어린 자녀들까지 동원해 신전에 소속된 부동산을 갈취했다.

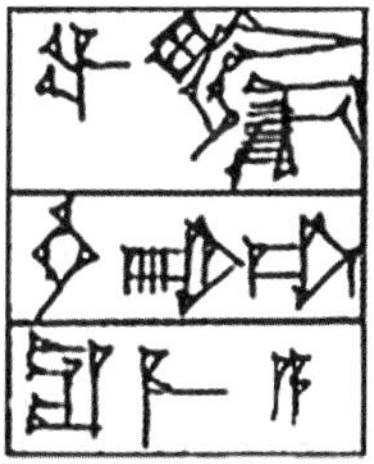

144) 관행처럼 be_6–lu_5–da

145) 전 시대의 u_4–bi–ta

146) 그랬다 e–me–a

Δ94 부정부패의 관행

프랑스 루브르박물관 AO 03278 명문, 144~146행. 필경사는 루갈안다의 부정부패가 "전(前) 시대의 관행처럼, 그랬다"라고 기록했다. '적폐 관행의 망령'은 4,000년이 넘는 세월을 비웃듯 지금도 지구별 곳곳에 보란 듯이 살아 있다.

단이었다. 즉 도시 기르수 북서쪽 변경이었다. 그곳은 움마가 탐내던 구에덴나 주변이었다. 반면에 '바닷물이 있는 곳'은 라가쉬 최남단이었고, 수메르 남동쪽 페르시아만 연안이었다. 그곳은 수메르의 최대 항구도시이자 페르시아만으로 가는 길목에 있던 에닌키마르였다. 라가쉬의 영토 '북서쪽 막끝' 구에덴나에서 '남동쪽 막끝' 에닌키마르까지 왕실의 관리들이 진을 치고 있었다. 라가쉬 전국에서 왕실의 탐관오리들은 맹인에게까지 '갑질'을 일삼았다. 불쌍한 맹인들이 노동판에서 과연 무슨 일을 할 수 있었겠는가. 그들이 겪었을 노동의 고통은 얼마나 극심했을까. 이 모든 일이 전 시대의 관행처럼 똑같이 이루어지고 있었다.

지난날 성군 엔메테나가 일으켰던 자유의 바람은 완전히 멈추었다. 라가쉬는 부정부패의 늪에 너무 깊숙이 빠져 있었다. 더 이상 헤어나지 못하는 악습의 수렁이었다. 루갈안다 왕실에서 불어온 더러운 관행의 바람이었다. 라가쉬의 전 국토에 최악의 폭정이 일으킨 바람만 불고 있었다. 추악한 관행의 바람이었다.

24. 적폐의 치맛바람

루갈안다는 끔찍한 적폐의 폭군이었다. 그는 약 650헥타르나 되는 땅을 차지했다. 라가쉬의 땅 3분의 2 정도가 그의 수중에 있었다. 그는 가장 부유했고, 가장 부패한 자였다. 백성을 등쳐먹고 빈자와 약자를 울리는 위정자였다. 더할 수 없이 사악한 군주였다. 루갈안다의 왕비는 '바라남타라(Baranamtarra)'였다. 그녀는 대지주의 딸로 독재자와 재벌 2세가 처음으로 결혼을 한 경우였다. 루갈안다의 적폐는 계속되었다. 왕비도 적폐의 치맛바람을 일으키고 있었다. 적폐에도 부창부수가 있었다.**Δ95**

루갈안다는 모든 신전을 통제했다. 신전은 루갈안다 왕실의 사유지가 되었다. 그는 사제가 아닌 자신의 측근들을 '상가'로 임명해 신전 행정을 총괄하게 했다. 또한 신전 문서에서 신의 이름을 더 이상 거론하지 않도록 강요했다. 그는 사제들에게조차 세금을 부과했다. 왕과 왕비의 가족들이 곳곳에서 '상가'로 앉아 있었다. 왕족이 모두 '상가' 자리를 독차지하는 이제껏 전례가 없는 황당무계한 일이었다.

루갈안다는 '에-갈(e_2-gal, 왕궁)'에 머물렀다. 왕비 바라남타라의

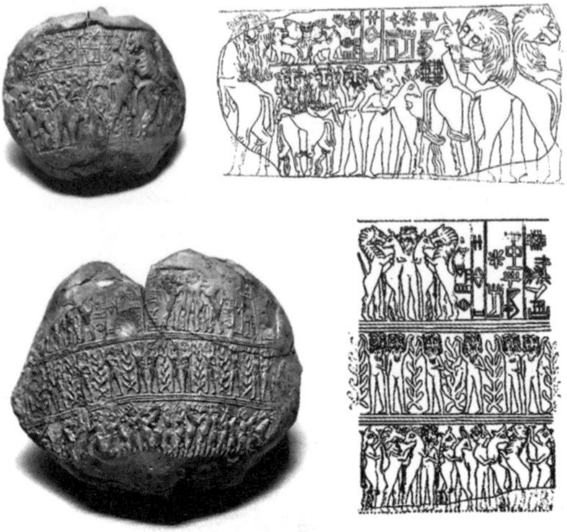

Δ95 루갈안다와 바라남타라의 인장

라가쉬 왕 루갈안다와 왕비 바라남타라의 인장(프랑스 루브르박물관 AO 13219+AO 13222). 위쪽은 루갈안다의 인장을 굴려 점토에 새긴 모습이고, 아래쪽은 바라남타라의 것이다. 왕과 왕비는 적폐 꼭대기에 앉아 무소불위의 권력을 휘두르며 자본을 탐했다. 그들이 자본을 모을 때마다 '대외비' 도구로 사용한 인장이 '적폐 증거'로 남아 있다.

'에-무누스(e_2-munus 또는 e_2-MI_2, 내궁)'는 바바 여신의 신전 구역 안에 별도로 마련되어 있었다.**Δ96** 내궁은 엔엔타르지 왕 때에도 있었는데, 그때는 수십 명의 여성들이 왕비 딤투르를 모셨다. 루갈안다가 왕이 되자 내궁의 상황도 바뀌었다. 바라남타라는 내지수의 딸답게 자신이 머무는 내궁의 규모를 확장했다. 새 왕비는 그저 그런 왕비가 아니었다. 물경 별별스런 직업을 가진 700여 명의 사람들이 왕을 모시듯 왕비를 모셨다. 내궁은 더 이상 여성들만 사는 곳이 아니었다. 수많은 남정네들이 왕비를 모시기 위해 각양각색의 임무에 충실하고 있었다. 바라남타라는 여왕처럼 살고 있었다.

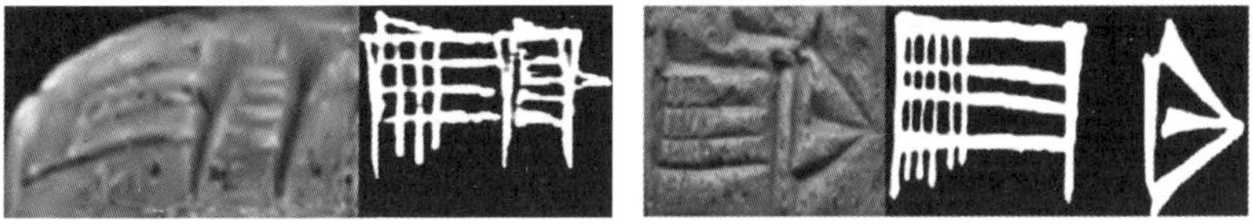

에-갈(e_2-gal, 왕궁)　　에-무누스(e_2-munus 또는 에-미e_2-MI_2, 내궁)

Δ96 설형문자 '왕궁'과 '내궁'

루갈안다는 탐욕의 극치를 달리고 있었다. 왕은 지나치게 사치스러웠다. 값비싼 수입품이 왕궁 창고에 가득했다. 그는 금쪽같은 구리를 탐냈다. 수메르에서 구리를 확보하는 일은 중요한 국책사업이었다. 그 당시 구리가 없었다면 수메르는 존재할 수 없었다. 구리가 없다면 신전도, 무기도, 밥그릇도, 사치품도 있을 수 없었다. 청동시대에 구리의 부재는 상상할 수 없는 일이었다. 하지만 루갈안다의 속내는 엉뚱했다. 그는 딜문을 통해 구리를 다량 들여왔다. 그리고 수입한 구리를 저울로 직접 측정하기까지 했다. 그중에는 왕비 바라남타라의 몫까지 있을 정도였다.[187] 루갈안다 정권의 구리 수입은 국책이 아니라 왕실의 사취일 뿐이었다.

라가쉬 전역에서 거두어들인 세금은 모두 왕실의 호주머니 속으로 들어갔다. 루갈안다 눈에 백성의 피눈물은 보이지 않았다. 고가의 수입품도 모두 왕실 차지였다. 그런데 왕실이 벌인 그 짓을 도운 자가 있었다. 바로 딜문을 내 집처럼 들락거리는 '우르엔키(Urenki)'라는 '담가르(상인)'였다. 그에게는 국책이라는 미명하에 공인 딱지

187) 독일 베를린 고대근동박물관 VAT 04760.

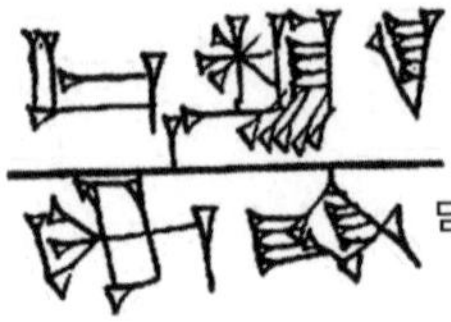

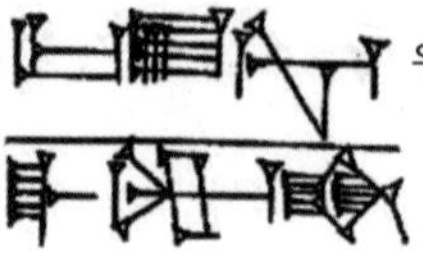

Δ97 설형문자 '우르엔키'와 '우르에무쉬'

도 붙어 있었다. 우르엔키는 루갈안다가 고용한 전문 수입상이었다.

왕실에는 '담가르'가 여럿 있었다. '우르에무쉬(Uremuš)'라는 자는 '담가르갈(대상인)'이었고 왕실 최측근으로 맹활약했다. 그는 왕과 왕비에게 자본을 확보할 수 있는 탐욕스런 정보를 제공하는 고위 관료였다. 그리고 우르엔키가 우르에무쉬 밑손 노릇을 했다. 왕비인 바라남타라도 우르엔키와 우르에무쉬를 이용해 부를 축적했다.**Δ97**

왕실 수입품은 엘람에서도 많이 들여왔다. 바라남타라 왕비는 내궁에 '엔우다나(Enudana)'라는 '담가르'를 개인적으로 데리고 있었다. 우르엔키와 우르에무쉬가 속닥거리면 왕궁 창고에 고가의 수입품이 쌓였다. 엔우다나까지 가세하면 내궁 창고도 마찬가지였다. '부정축재의 떡'은 왕과 왕비가 먹고, 떡고물은 '담가르'들이 주워 먹었다. 이렇듯 라가쉬에서 정경유착이 착착 진행되고 있었다.[188]

188) 루갈안다 통치시기에 가장 활발하게 활동한 상인 '담가르(damgar, dam-gar$_3$)'는 왕궁과 내궁을 드나들던 우르엔키와 내궁의 엔우다나였다. 대표적인 대상인 '담가르갈(damgargal, gal dam-gar$_3$)'은 우르에무쉬였다. 그들은 상황에 따라 상전을 바꾸어 모시는 일도 서슴지 않았다. 더 심하게는 적국의 앞잡이가 되는 일도 있을 정도였다. 일례로 라가쉬 왕조 초기 우르-난쉐 왕이 움마의 공격을 막아냈을 때 붙잡혔던 '움마의 대상인 담가르갈 후르삭쉐막'은 포로 중에 유일하게 살아남은 자로, 조국 움마를 배신하고 적

내궁의 바라남타라 왕비는 넓은 땅과 신전을 차지했다. 그녀는 내궁에서 왕 못지않은 권세를 누렸다. 바라남타라는 대외무역과 노예무역도 자유롭게 행했다. 노예는 당시 화폐였던 은을 주고 거래했다. 왕비에게 경조사가 있을 때는 전국이 들썩거렸다. 각지에서 보낸 상납금과 뇌물이 내궁 창고에 차고 넘쳤다.[189] 내궁에서 쓰고 남은 것은 '담가르갈' 우르에무쉬가 현금으로 세탁했다. 그래도 남은 것은 외국에서 물물교환용으로 사용했다. 우르에무쉬는 '최초의 현금 세탁자'였다. 그는 한마디로 '변통머리의 달인'이었다.

바라남타라는 정치에도 적극 관여했다. 라가쉬는 움마를 견제하기 위해 주변국을 이용할 필요가 있었다. 루갈안다가 왕이 된 지 3년째 되던 해였다. 바라남타라는 자발라 북서쪽의 도시 아답과 교류

국 라가쉬의 '개'가 된 인물이다. 루갈안다 왕실의 '담가르갈'이었던 우르에무쉬의 성향도 비슷했다. 그는 자신의 주군 루갈안다를 죽인 우루카기나의 참모이기도 했다. 엔엔타르지·루갈안다·우루카기나 모두 우르에무쉬를 중용했다. 라가쉬는 대외무역으로 돈을 버는 상인들이 통치자와 손을 잡고 자본에 완전히 미쳐 온갖 더러운 짓을 일삼았다. 역사상 최초의 정경유착이었다.

189) 프랑스 루브르박물관 AO 13426 명문에는 루갈안다 재위 4년에 공주가 태어난 날을 기념하는 기록이 남아 있다(François-Maurice Allotte de La Fuÿe, 1912). 공주는 바우(Bau, Baba) 여신을 기념하는 달(10~11월)의 '햇빛이 약해지는 날'에 태어났다. 이때 바라남타라 왕비의 내궁으로 상납금과 뇌물이 쏟아져 들어왔을 것이라고 충분히 짐작할 수 있다. 그 당시 라가쉬 상류사회에서 서로 주고받는 '마쉬다레아(mašdarea, mašdaria)'라는 공공연한 부조(扶助)가 있었다. 공주의 생일이었으므로 아마도 내궁 창고는 그 어느 때보다 마쉬다레아로 들어온 현금과 물품으로 가득 찼을 것이다. 이를 처리하는 일은 '내궁의 담가르' 엔우다나가 담당했다. 경우에 따라서는 대상인 우르에무쉬와 우르엔키까지 넘쳐나는 '마쉬다레아 수입'을 처분하는 일(외국의 사치품을 사거나 물물교환)에 발벗고 나섰다. 수메르를 비롯한 메소포타미아 고대 왕실에서 왕족의 생일 기록을 찾기는 매우 힘들다. 그러나 유독 루갈안다 통치시기에 5개의 기록이 남아 있다. 루갈안다와 바라남타라가 그만큼 부패한 정치를 했다는 말이 된다. AO 13426 명문은 인류 역사상 '최초의 생일 기록'이었다.

Δ98 바라남타라의 외교와 교역

왼쪽 사료(프랑스 루브르박물관 AO 04029)는 루갈안다 통치 3년에 라가쉬 왕비 바라남타라가 아답 왕비 닌게쉬킴티와 선물을 주고받으며 외교에 관여했다는 증거물이다. 오른쪽 사료(러시아 상트페테르부르크 국립 에르미타시미술관 Erm 14085)는 루갈안다 통치 1년에 바라남타라가 엘람과 교역했다는 증거물이다.

를 했다. 그녀는 아답의 왕비 닌게쉬킴티(Ningeškimti)에게 줄을 대고 있었다. 두 사람은 사신의 손에 선물을 들려 보내며 친분을 쌓았다. 이는 자발라와 움마의 압박용이라는 의미도 있었다. 기르수에서 연결된 닌아기나운하를 따라 올라가면 자발라가 있었다. 자발라는 움마의 꼭두각시였다. 그러기에 바라남타라는 라가쉬와 아답 사이에 있던 자발라와 움마를 견제할 필요가 있었다. 왕비가 직접 나서서 외교력을 과시한 최초의 사건이었다. 또한 바라남타라는 엘람과도 교역을 했다. 이 과정에서 '루갈안다의 담가르갈'이었던 우르에무쉬가 은밀하게 '내궁의 담가르'였던 엔우다나와 엘람 물품을 주고받았다. 이것은 '짬짬이 이루어진 부패'의 단면이기도 했다.**Δ98**

바라남타라의 권력은 참으로 세찼다. 왕비는 국가 행사에 일일이 참석해 그 힘을 과시했다. 그녀는 신들의 제전을 직접 주관하기까지 했다. 그럴 때마다 바라남타라는 나들잇벌을 번지르르하게 차려입고 바람을 일으켰다. 왕비는 연일 기르수, 라가쉬, 닝인, 구압바로 행차했다. 때로는 신전에서 제사장 대신 신에게 직접 제물을 바치기도 했다. 루갈안다가 닝인으로 왕궁을 옮긴 적이 있었는데 그때 바라남타라가 기르수를 직접 다스렸다. 왕비는 국내외 할 것 없이 여왕과 다름없는 권력을 휘둘렀다.

바라남타라가 라가쉬 전역에서 치맛바람을 휘날리고 있었다. 다름 아닌 적폐의 치맛바람이었다. 루갈안다와 바라남타라가 라가쉬를 통째로 삼키고 있었다.

25. 개혁 실패

루갈안다 정권이 무너졌다. 그는 권좌에 오른 지 7년째 되던 해 첫째 달에 죽었다.[190] 우루카기나(Urukagina)가 정변에 성공했다.[191] 그는 루갈안다를 제거했으나 왕비 바라남타라는 살려두었다. 그녀는 여전히 내궁에서 살 수 있었다. 무슨 꿍꿍이셈이었을까.

라가쉬의 새 군주 우루카기나는 '정국 수습용' 대공사를 단행했

190) 루갈안다가 왕이었다는 기록은 그의 재위 7년 첫 번째 달이 마지막이었다. 같은 해 두 번째 달부터는 '우루카기나 엔시 1년'이라는 문구가 등장하기 시작한다. 그 사이에 쿠데타가 발생했다. M. F. Allotte de la Fuÿe, *Documents présargoniques*, *381* (Paris 1908-1920), M. Hussey, *Sumerian Tablets of the Harvard Semitic Museum*, *30* (Cambridge, Mass, 1912-1915)에서 인용.

191) 우루카기나는 '우루이님기나(Uruinimgina)·이리카기나(Irikagina)·이리이님기나(Iriinimgina)'라고도 한다. 우루카기나의 성제성은 여전히 오리무중이다. 다만 2개의 기록을 어렵사리 찾았는데, 첫 번째는 라가쉬의 종묘 '키아나그(ki-a-nag)'에서 제례 명단에 올라 있는 '우루투(Urutu)'라는 인물이다. '우루투'가 우루카기나의 아버지라는 것이다. '우루투'의 신분에 대해서는 알려진 것이 없다. 두 번째는 수메르 초기 왕조를 무너뜨리고 들어선 악카드 왕조의 3대왕 마니쉬투슈(Maništušu)의 오벨리스크(Obelisk) 문자 사료에 우루카기나가 나온다. '이리이님기나(우루카기나), 라가쉬 엔시 엔길사의 아들(iri-inim-gi-na dumu en-gil-sa ensi$_2$ lagaš^{ki})'(프랑스 루브르박물관 sb 00020 마니쉬투슈 오벨리스크 명문, 15칸 7~10행)이 바로 그것이다. 그러나 '엔길사(Engilsa)'라는 엔시(군주)가 언제 라가쉬를 통치했는지는 불분명하다.

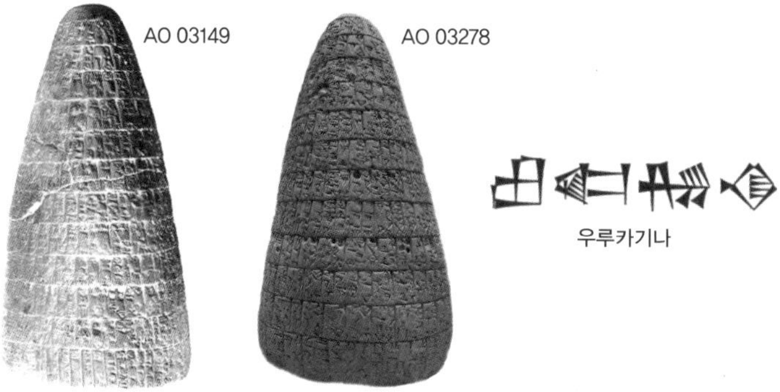

Δ99 우루카기나의 사회개혁

우루카기나의 사회개혁이 실려 있는 프랑스 루브르박물관 AO 03149와 AO 03278 명문. 두 사료의 명문은 동일한 내용을 담고 있다. '수메르의 위대한 성군' 엔메테나의 사회개혁을 남긴 터키 이스탄불 고고학박물관 Ist EŞEM 01717 명문과 매우 유사한 내용이 기록되어 있다.

다. 그는 닌기르수를 위해 신전을 개축했다. 티라쉬(Tiraš) 신전을 지었고, 안타수라 신전을 지었다. 바바 여신의 신전도 지었다. 난쉐 여신을 위해 도시 닝인에서 바다로 연결되는 운하를 뚫었다. 기르수의 성벽도 쌓아올렸다. 그리고 사회개혁을 단행했다.**Δ99**

닌기르수, '엔릴의 영웅'이 라가쉬 왕권을 우루카기나에게 주어, 무수한 사람들이 그의 손을 잡았을 때, 전(前) 시대의 운명은 바뀌었고, 그는 그의 주님 닌기르수가 내린 명령을 받아 쥐었다. 그는 배에서 뱃사공 '우두머리(관리)'를 내쳤고, 당나귀와 양떼에게서 목동 '우두머리'를 떼어놓았으며, 곡물 저장고 감독관에게서 사제들의 곡물세를 막아놓았고, 순결한(?) 양과 어린 새끼양 대신 은으로 세금을 챙기던 관리들을 제거했고, '상가들'의 의도대로 세금을 왕궁으로 날랐던 관리들을 쫓아냈다.[192]

우루카기나는 가차 없이 사정(司正)의 칼을 휘둘렀다. 그는 부정부패로 뱃속을 채운 곳곳의 관리들을 처단했다. 그리고 루갈안다 왕실이 갈취한 부동산을 원래대로 돌려놓았다. 사제와 신관들은 왕실에게 빼앗긴 부동산을 돌려받았다. '적폐의 폭군'이 가지고 있던 부동산은 라가쉬의 수호신 닌기르수에게 돌아갔다. 내궁의 왕비가 가지고 있던 부동산은 바바 여신에게 돌아갔다. 왕실 아이들이 가지고 있던 부동산은 슐샤가나(Šulšagana) 신에게 돌아갔다.

개혁자 우루카기나는 전국적인 부패 척결에 나섰다. 라가쉬의 최북단에서 최남단까지 전역에서 사정의 칼날이 번쩍였다. 그리고 장례를 치를 때마다 강제로 거두던 세금도 대폭 줄였다.

> 송장을 무덤으로 옮기려면, 맥주 3단지, 빵 80개, 침대 1개, 일등급 염소 1마리를 장의사(사제)가 거둘 것이며, […] 사람들이 보리 반 부대를 거둘 것이다. 엔키의 갈대숲으로 들어가려면, 맥주 4단지, 빵 240개가 필요할 것이다. 장의사가 보리 1부대를 거둘 것이며, […] 사람들이 보리 반 부대를 거둘 것이다.[193)]

저승으로 가는 길에 바칠 맥주는 원래 7단지였으나 3단지로 줄었고, 빵은 420개에서 80개로 줄었다. 예전에 바치던 모직 옷 1벌, 밀 2부대, 의자 1개는 생략되었다. 이로써 죽은 자의 저승길은 한결

192) 프랑스 루브르박물관 AO 03149(+AO 03278) 명문, 147~185행.

193) 프랑스 루브르박물관 AO 03149(+AO 03278) 명문, 205~223행.

가벼워졌다.

우루카기나는 귀족과 관리들의 횡포를 금지시켰다. 개혁가는 빈자와 노약자, 장애인에게 빵을 나누어주었다. 그는 빚에 쪼들린 백성들의 부채를 탕감해주었다. 곡물세를 내야 하는 백성들의 세금도 없애주었다. 이 부분까지는 성군 엔메테나의 행로와 똑같았다. 그러나 그는 더 획기적인 개혁을 시도했다. 우루카기나는 엔메테나의 개혁을 모방하면서도 그를 뛰어넘고 싶어서였을까. 그는 도둑질과 살인을 저지른 자에게도 그 죄를 용서해주고 자유를 주었다. 고아나 과부가 힘있는 자들에게 넘어가는 것도 금지했다.

우루카기나는 '최초의 사회개혁가' 엔메테나의 뒤를 따랐다. 그는 놀랍게도 최초로 사면(赦免)을 단행했다. 그의 사회개혁은 정권을 잡은 다음 해에 '시도'되었다. 사회 전체에 만연한 적폐를 도려내는 개혁처럼 보였다. 그의 사회개혁은 과연 성공할 수 있을까. 그는 진실로 뼛속까지 사회개혁가였을까. 그는 진정 엔메테나처럼 성군의 자질을 지니고 있었을까. 우루카기나의 칙령이 그대로 실현되었는지는 알 수 없다. 다만 분명 시도는 하고 있었다.

우루카기나는 뜻밖에도 라가쉬 종묘에서 제례를 올렸다. 왕위 찬탈자가 할 일은 아니었다. 그런데 왜 그랬을까. 라가쉬의 죽은 왕과 왕족에게 제사를 지내는 '키아나그(ki-a-nag)'라는 곳이 있었다. '키아나그'는 우루카기나의 전전왕 엔엔타르지가 정권을 잡은 첫해에 만들었다. 엔엔타르지는 우르-난쉐 세습 왕조를 없애버렸으면서도 자신이 그 왕조의 정당한 계승자라는 것을 내세울 요량이었다. 그래서 엔엔타르지는 우르-난쉐의 아버지 구니두에게까지도 마음에 없는 제삿밥을 먹였다. 그는 자신의 아버지이며 닌기르수 신전의 '상가'였던 두두도 종묘에 모셔놓고 그 짓을 했다.

우루카기나는 엔엔타르지의 아들 루갈안다를 죽이고 옥쇄를 빼앗은 자였다. '왕위 찬탈자'의 머릿속에는 애당초 종묘나 제례 같은 것은 없었다. 하지만 그가 정변에 성공하고 지배자가 되자 마음이 변했다. 그 역시 찬탈자라는 멍에에서 벗어나고 싶었다. 우루카기나는 '키아나그'에서 억지춘향으로 제삿밥을 올렸다. 루갈안다가 자신의 아버지 엔엔타르지에게 제삿밥을 먹이는 일은 당연한 일이었다.**Δ100** 그렇지만 우루카기나가 자신이 쿠데타로 없애버린 루갈안다의 아버지에게 똑같은 행위를 한다는 것은 도무지 이해할 수 없는 노릇이었다. 말하자면 헛무덤을 만들어놓고 절하는 꼬락서니보다 더 이상했다.

우루카기나는 두두(엔엔타르지의 아버지), 엔엔타르지, 딤투르(엔엔타르지의 왕비), 게메바바(엔엔타르지의 딸), 우르타르시르시르라(엔엔타르지의 아들), 루갈안다(엔엔타르지의 아들) 모두에게 제삿밥을 먹였다.[194] 두두 가문의 반역이 실패해서 우르-난쉐 세습 왕조가 정상적으로 이어졌다면 이들은 모두 종묘제례에 등장할 자들이 아니었다. 라가쉬의 이인자였던 닌기르수 신전의 '상가' 두두의 피가 흐르는 반역자의 자식들이었으니까 말이다. 그런 자들의 '상가

194) 우루카기나의 '키아나그'에 관한 사료는 프랑스 루브르박물관 AO 13253+AO 13264+AO 13265, 독일 베를린 고대근동박물관 VAT 04875+VAT 04619+VAT 04620, 미국 하버드대학의 고대근동 하버드박물관 SM 1903.11.004의 설형문자 명문을 읽고 참고했다. 모두 라가쉬의 성도 기르수에서 발굴된 사료이다.

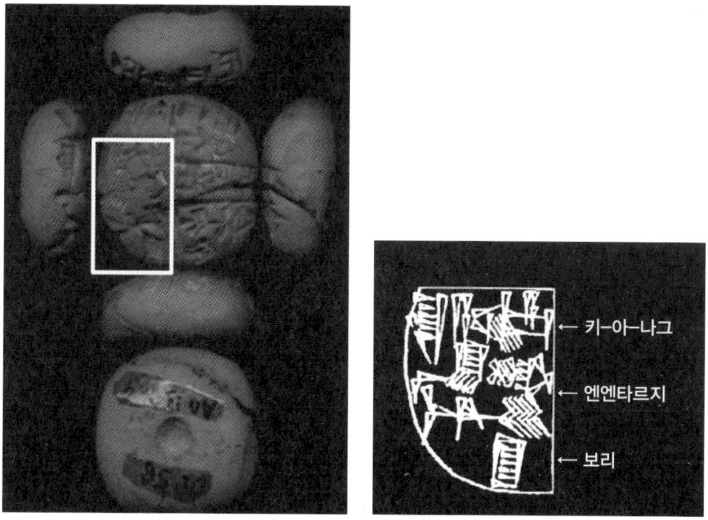

Δ100 루갈안다가 차려준 제삿밥을 먹은 엔엔타르지

프랑스 루브르박물관 AO 13264 명문에 기록이 남아 있다.

왕조'를 향해 다시 한 번 역성혁명을 일으킨 우루카기나가 그들에게 제삿밥을 차려주는 일 자체가 참으로 기묘했다.

우루카기나는 '키아나그'에 올릴 제삿밥을 더 준비했다. 고인이 된 그의 혈족이 '키아나그'의 위패에 올랐다. 그의 아버지 우루투(Urutu), 어머니 기쉬리(Giširi), 누이 헤바바(Hebaba)가 제삿밥을 받아먹었다. 이들 이외에도 루갈우드데(Lugaludde), 헤기리드(Hegirid) 같은 우루카기나의 친족들도 제삿밥을 받아먹었다. 그런데 드디어 우루카기나가 본색을 드러내기 시작했다. 그는 종묘제례에서 자신의 혈족을 더 중시했다. 그가 품었던 사회개혁의 진정성은 사라지고 있었다. 우루카기나의 이런 작태는 이른바 종묘제례를 만들어

'생쇼'를 벌였던 '엔엔타르지 따라하기'였을 뿐이다. 비정상적인 방법으로 권력을 쟁취한 우루카기나와 엔엔타르지의 속셈은 똑같았다. 쿠데타로 얼룩진 자신들의 더러운 권력욕에 정당성을 부여하려는 수작일 뿐이었다.

우루카기나 재위 4년[195] 어느 날, 3명의 어부가 물고기를 왕실에 바쳤다. 루갈-샬라투쿠(Lugal-šalatuku)가 1,200마리, 네사그(Nesag)가 140마리, 갈라-투르(Gala-tur)가 460마리를 왕실 청지기 엔익갈(Eniggal)에게 상납했다.[196] 엔익갈은 이 물고기를 아마르-기리(Amar-giri)라는 왕실 요리사에게 전해주어 왕실 사람들의 배를 채우게 했다.**Δ101** 그런데 엔익갈은 왕비 바라남타라가 살고 있는 내궁의 필경사이기도 했다. 우루카기나가 진정한 사회개혁가라면 이 물고기를 배고픈 백성들에게 나눠주었어야 마땅했다. 그러나 우루카기나 왕실은 오히려 그 반대였다. 우루카기나의 사회개혁은 이미 빛을 잃고 있었다.

우루카기나 재위 3년[197] 루갈안다의 왕비 바라남타라가 세상을 떠났다. 사실 그녀가 급사할 만한 배경은 충분했다. 새 왕비 '샤샤

195) 이 사건은 프랑스 루브르박물관 AO 13512 명문 마지막 문장에 우루카기나 재위 3년에 발생한 것으로 기록되어 있다. 그러나 우루카기나의 필경사들은 왕의 재위 2년부터 '루갈 1년'이라고 적고 있으므로 실제로 이 사건이 발생한 때는 우루카기나 재위 4년이다.

196) 프랑스 루브르박물관 AO 13512 명문. 수메르에는 수많은 왕실 요리사가 있었으나 '아마르-기리'는 '최초의 역사시대' 사료에서 이름과 행적을 발견한 역사상 '최초의 왕실 요리사'이다.

197) 프랑스 루브르박물관 AO 13512 명문 마지막 행에는 2년이라고 적혀 있으나 실제로는 우루카기나 재위 3년에 발생한 사건이다.

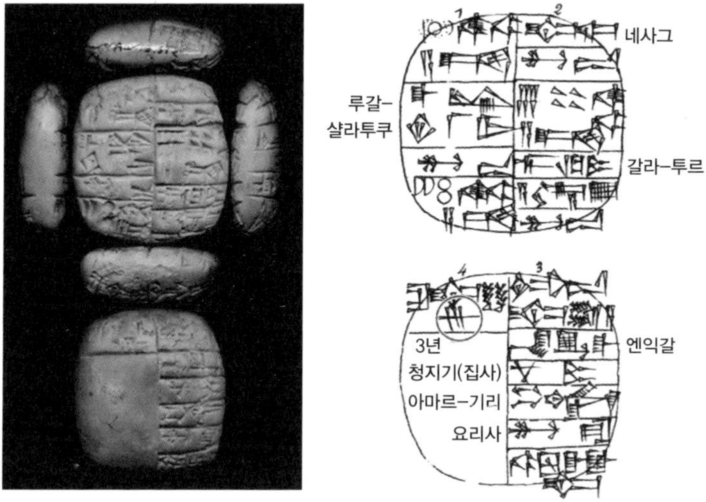

Δ101 물고기 상납사건

프랑스 루브르박물관 AO 13512 명문에 나오는 3명의 어부가 왕실에 물고기를 상납한 기록이다.

(Ša-ša)'는 이미 바라남타라의 내궁을 차지하고 있었다. 루갈안다 왕실이 사라진 마당에 바라남타라는 사실 샤샤의 눈엣가시였다.[198] 바라남타라가 급사하자 놀라운 일이 벌어졌다. 샤샤는 '전임자'의

198) 대부분의 수메르 연구가들은 우루카기나가 루갈안다를 죽였으나 바라남타라는 살려두고 내궁에서 계속 살도록 한 것은 혁명가의 배려였으며, 샤샤는 바라남타라의 장례식을 치러줄 정도로 두 왕비 사이가 좋았다고 한다. 그러나 필자의 생각은 다르다. 추측과 억측은 절대 동의어가 아니다. 루갈안다와 바라남타라가 부정부패를 저지르고 독재의 쌍두마차가 되어 나라를 다스렸듯이, 우루카기나와 샤샤도 그들의 목적을 달성하기 위해 모든 수단을 동원했다. '무늬만 혁명가'였던 우루카기나와 샤샤는 겉으로는 개혁으로 생색내기에 바빴으나 검은 속내는 뻔했다. 엔엔타르지와 그의 왕비 딤투르, 루갈안다와 그의 왕비 바라남타라, 우루카기나와 그의 왕비 샤샤는 모두 한통속이었다. 독재자의 부부, 가짜 혁명가의 부부가 서로 다른 길을 걸었던 사례를 찾기는 힘들다.

장례식을 거창하게 치러주었다.Δ102 그녀는 장례식에 참석한 모든 사람들에게 빵과 술을 대접했다. 그리고 장례식이 끝나자 내궁에서 바라남타라를 모시던 자들이 모두 '순한 양이 되어' 고스란히 샤샤에게 넘어왔다. 내궁의 권력이 '겉으로는 정당하게' 샤샤에게 이동한 셈이었다. 이로써 '내궁의 새 주인' 샤샤의 목적은 달성되었다.

바라남타라가 죽은 뒤에도 우루카기나는 종묘제례를 멈추지 않았다. '키아나그'에서 바라남타라의 혼령이 제삿밥을 받았다. 영락없는 우루카기나 왕실의 '생색내기'였다. 우루카기나와 샤샤의 행동은 의문스럽기만 했다.Δ103

진실이 드러났다. 우루카기나가 루갈안다를 제거하고 왕위에 올랐을 때 그는 자신을 겸손하게 '엔시(지배자)'라고 칭했다. 우루카기나는 두두 가문의 '상가 왕조'를 역사에서 지워버렸다. 그런 뒤 그는 대대적인 사회개혁으로 민심을 얻으려고 했다. 그리고 자신의 역성혁명의 정당성을 확보하기 위해 세상을 떠난 '상가 왕조'의 왕족들뿐만 아니라 우르-난쉐 왕조의 왕족들에게도 제삿밥을 올렸다. 그런데 갑자기 우루카기나의 호칭이 '엔시'에서 '루갈'로 격상되었다.[199] 우루카기나는 오만방자해져 있었다. '루갈'의 자격이 없

199) 이는 보나마나 우루카기나가 스스로 자신의 권위를 높인 꼴이었다. 우루카기나의 필경사들은 그의 재위 1년까지 우루카기나를 '엔시'라고 기록했지만 재위 2년부터는 그를 '루갈'이라고 칭했다. 그들은 아예 '우루카기나 엔시 2년'을 '우루카기나 루갈 1년'으로 기록했다. 즉 이것은 우루카기나가 혁명을 일으킨 순수한 열정이 변했다는 분명한 증거였다. 그는 처음부터 그런 열정은 없었던 것 같다. 바라남타라를 죽이지 않고 내궁에 살도록 한 것 자체부터 '가짜 혁명가 부부'의 수작이었다. 그런 검은 속내가 결국 그의 재위 2년, 정권을 탈취한 지 불과 1년이 막 지나서부터 수메르의 강력한 왕의 상징인 '루갈'이 되려는 허울과 망상에 사로잡혀 드러나기 시작했다. 훗날 라가쉬 2왕조 때

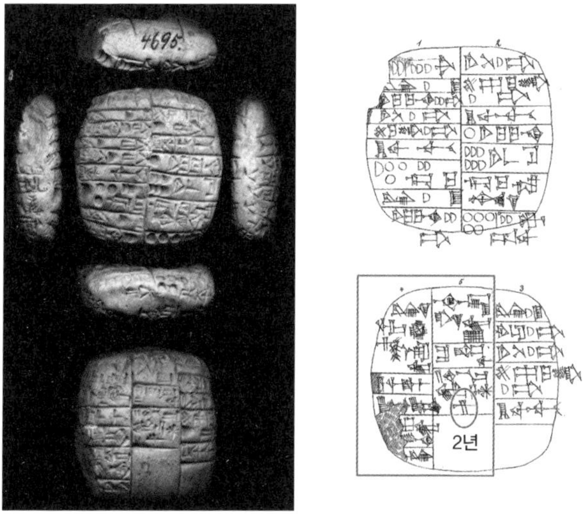

Δ102 바라남타라의 장례비 지출 내역

바라남타라 장례식에서 샤샤가 두 번째로 장례비를 지출한 내역을 기록한 점토판(독일 베를린 고대근동박물관 VAT 04695). 바라남타라의 장례식을 기록한 사료는 DMMA H 0870(Collection Département des Monnaies, Médailles et Antiques, Bibliothèque Nationale, Paris, France, 1909), Erm 14134 (State Hermitage Museum, St. Petersburg, Russian Federation, 1908), 그리고 사진의 VAT 04695(1916)까지 세 가지가 알려져 있다. VAT 04695 명문의 기록만으로도 장례식에 참가한 인원이 상당히 많았다는 것을 알 수 있다. 우루카기나의 왕비 샤샤는 신분이 낮은 수많은 여자 노동자(geme$_2$ 또는 1,778명의 여자 노예), 망자를 위해 애도곡을 하는 사제(gala) 92명, 기르수의 애도곡 전문 사제장(gala-mah gir$_2$-su^{ki}), 나이 많은 여자(dam ab-ba 또는 '장자(長者)의 부인') 48명에게 각각 빵과 독한 술을 나누어주었다. 필경사는 점토판 뒷면의 마지막에 다음과 같이 기록했다(네모칸). "바라남타라의 장례식에서 사람들이 애도하고 있었다(lu$_2$ ki-hul bara$_2$-nam-tar-ra-ka, er$_2$ sig$_7$-me). 라가쉬 왕 우루카기나의 부인 샤샤가 지출했다(sa$_6$-sa$_6$, dam URU-KA-gi-na, lugal, lagaš^{ki}-ka-ke$_4$, e-ne-ba). 이것은 두 번째 부분이다. 2년(2-kam-ma gu$_7$-a-am$_6$ 2)." 점토판에는 2년이라고 적혀 있으나 실제는 우루카기나 재위 3년이었다.

에도 구데아(Gudea)라는 아름다운 성군이 있었다. 그는 남부의 남쪽에서 최고 권력자였으나 살아생전 '루갈'이라는 칭호를 한 번도 쓰지 않고 '엔시'라는 칭호에 만족해하며 겸손한 자세를 취했다. 구데아는 일평생 백성들을 사랑하는 일에 혼신의 힘을 쏟은 위대한 왕이었다(3부 수메르 암흑기, '11. 유일한 빛' 참조).

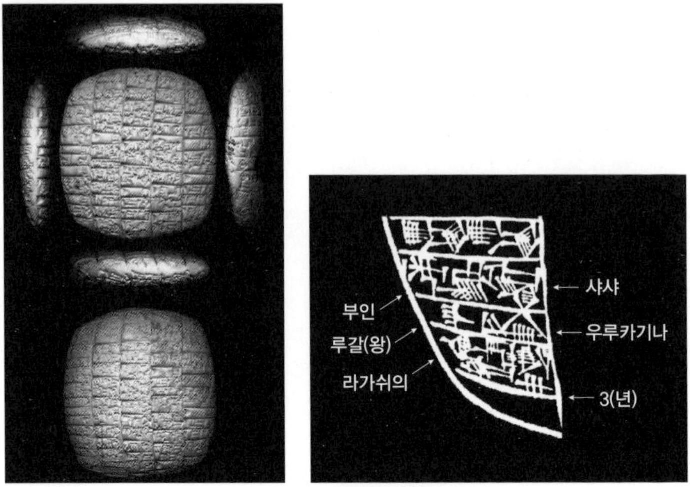

Δ103 우루카기나와 샤샤

우루카기나 재위 시절 키아나그에서 종묘제례를 올린 사료(독일 베를린 고대근동박물관 VAT 04875)의 일부분. 명문에 "라가쉬 왕 우루카기나의 부인, 샤샤"라고 적혀 있다. 필경사는 '3'이라는 숫자를 써서 우루카기나 재위 3년에 작성된 것임을 표시했으나 실제는 그의 재위 4년의 기록이다.

는 자가 스스로 자신이 '루갈'이라고 주장했으니 개혁은 이미 물건너간 상태였다. 이때부터 그의 혁명은 길을 잃었다. 그는 '위대한 성군' 엔메테나와 같은 진정한 사회개혁가가 아니었다. '루갈'이라는 욕망의 완장을 찬 우루카기나는 본색을 드러냈다. 그가 종묘 '키아나그'에서 행한 제례의 맨 앞자리에는 자신의 혈족이 차지하고 있었다.

우루카기나는 부정부패로 얼룩진 라가쉬를 정화했을까. 먼 옛날부터 관행적으로 내려오던 적폐를 깨끗이 청산했을까. 그는 과연 엔메테나에 버금가는 성군이 될 수 있었을까. 우루카기나의 정치적

야망은 너무 급하고 강했다. 그의 개혁은 실패했다. 외세의 침입이나 압력 때문이 아니었다. '자칭 루갈'이 된 그의 거짓된 욕망 자체가 개혁 실패의 원인이었다. 그는 급할수록 돌아가야 하는 법을 몰랐다. 겉과 속이 다른 개혁은 성공할 수 없다는 것을 정말 몰랐다. 우루카기나는 혁명가에서 독재자로 변해가고 있었기에 그는 '결코' 성군이 될 수 없었다. 그는 엔메테나의 아름다운 행로를 가랑이가 찢어지도록 따라가려고 노력했으나 뒷심이 부족했다. 그는 자신의 잘못된 본심이 바로 뒷심의 걸림돌이라는 사실을 알지 못했다. 우루카기나의 야망은 실패한 개혁으로 사라졌다. 라가쉬에 망조가 들었다.

26. 움마의 약진

라가쉬와 움마는 한동안 충돌하지 않았다. 라가쉬가 겪은 마지막 외침은 엘람의 급습이었다. 그것도 엔안나툼 2세 때의 일이었다. 우르-난쉐 왕조가 망하고 엔엔타르지·루갈안다·우루카기나를 거치는 약 20년 동안 국경선은 조용했다. 우루카기나 재위 3년차까지 이렇다 할 전쟁은 없었다.

한편 움마 정국은 어떻게 흘러가고 있었을까. 움마에서 왕위를 찬탈한 '일'의 아들 '기샤키두(Gišakidu)'가 정권을 잡았다.[200] **Δ104** 기샤키두는 선대왕들의 전철을 밟지 않으려고 심혈을 기울여 국력을 한데 모았다. 왕은 라가쉬와 맞닿은 물길에 제방을 쌓았고, 국경선

200) '움마의 역사 이야기가 될 만한 사료'를 찾는 일은 쉽지 않았다. B.C.E. 2500년에서 2340년 당대 움마 사료 400여 개를 뒤져 5개의 문자 사료(프랑스 루브르박물관 AO 19225, 영국박물관 BM 140889, 미국 예일대학 바빌로니아컬렉션 YBC 02139, 노르웨이 오슬로 쇼엔컬렉션 MS 2426+MS 4983)에서 움마의 왕위 찬탈자 '일'의 다음 왕인 기샤키두의 흔적을 발견했다. **기샤키두는 당대 사료로 증명된 실존 인물로, 우쉬·파빌갈투쿠·이름 모를 왕(또는 우슈르두)·엔아칼레·우르룸마·'일'에 이어 왕이 된 움마의 일곱 번째 통치자였다. 〈수메르 왕명록〉의 필경사는 라가쉬처럼 움마 국명과 움마 왕들을 역사에서 모두 지워버렸다.**

에 수많은 경계비를 세웠다. 그리고 운하와 운하 사이의 경계선을 튼튼하게 지켰다. 요새와 요새 사이의 경계선도 철저하게 관리했다. 국경지대를 흐르는 운하와 움마 신전 사이도 빈틈이 없었다. 움마 요새 꼭대기에서 보면 경계선은 철벽같았다. 기샤키두는 움마의 수호신 '샤라의 국경'을 완벽하리만치 재정비했다.**Δ105** 라가쉬 왕 엔메테나가 전쟁을 종식시키고 수메르의 평화를 위해 성군 정치를 펼치고 있을 때였다. 움마는 그 틈을 이용해 국력을 키우고 있었다.[201] 움마 왕 기샤키두는 '바라이르눈(Barairnun)'이라는 여성과 결혼을 했다. 그런데 놀랍게도 왕비는 움마 왕이었던 우르룸마의 딸이었다. 우르룸마는 기샤키두의 전전왕이었다.

> 에막(신전)의 주인 샤라를 위해, 바라이르눈, 움마 왕 기샤키두의 부인, 움마 왕 우르룸마의 딸, 움마 왕 엔아칼레의 후손, 움마 왕 '일'의 며느리가, 샤라를 화려하게 일으켜 세우면서, 신을 위해 신성한 단(壇)을 만들었는데, 자신의 삶을 위해서였다. 그녀는 에막(신전)에서 샤라에게 (이 황금 시트를) 바쳤다.[202]**Δ106**

---

201) 움마의 '일' 그리고 '일'의 아들 기샤키두는 라가쉬의 엔메테나와 동시대인이다.

202) 프랑스 루브르박물관 AO 19225 명문, 2~9행. 기샤키두 재위 당시에 제작된 금판에 '기샤키두의 왕비' 바라이르눈의 정체성을 확인할 수 있는 움마 왕가의 희귀한 족보가 남아 있다. 기샤키두는 왜 전전왕의 딸과 결혼했을까. 언뜻 보면 명문 내용은 혼란스럽다. 움마의 과거사를 잠시 돌이켜서 '최초의 왕실 족보'를 간단히 풀어본다. 움마 왕 엔아칼레는 수메르의 영웅이며 라가쉬 왕이었던 에안나툼과 동시대인이었다. 엔아칼레가 죽자 그의 아들 우르룸마가 움마 왕이 되었다. 그 당시 엔아칼레 왕족으로 에안다무아라는 자가 있었다(사진 70 참고). 그에게는 '일'이라는 아들이 있었는데, 움마의 용병 공급처이며 위성도시였던 자발라의 인안나 신전 '상가'였다. '일'은 우르룸마가 패

Δ104 도시 '기샤' 유적지와 기샤키두

기샤키두(Gišša-kidug, geš-ša$_3$-ki-du$_{10}$)는 '기샤는 좋은 땅'이라는 뜻이다. 약 4,300여 년 전 '기샤'는 자연재해(강물 범람)로 사라지기 전까지 움마의 본거지였다(각주 22 참조). 기샤키두가 다스린 '움마의 중심 도시' 기샤는 도시 움마에서 남동쪽으로 6~7킬로미터 떨어진 지점에 있었다. 기샤 북쪽 끝에서 움마 남쪽 끝은 불과 2~3킬로미터 정도의 거리이다.

Δ105 기샤키두의 업적

기샤키두가 움마의 국력을 신장시킨 업적은 점토로 만든 단지(영국박물관 BM 140889)와 석판(미국 예일대학 바빌로니아컬렉션 YBC 02139)에 뚜렷이 남아 있다.

Δ106 최초의 왕실 족보

프랑스 루브르박물관 AO 19225 명문에 움마 왕가의 족보가 기록되어 있다.

기샤키두와 바라이르눈은 모두 엔아칼레의 후손이었다. 왕이 고모뻘 되는 왕실의 어른과 살림을 차렸다. 공주였던 바라이르눈은 여왕이 될 수도 있는 위치에 있었다. 그런 그녀가 왕실의 조카뻘 되는 기샤키두와 한 이불을 덮게 된 상황이었다. 기샤키두는 움마를 재건하기 위해 혼신의 힘을 다했다. 왕은 왕실의 평화를 위해 바라이르눈과 '억지 결혼'을 했다. 역사상 최초의 정략결혼이었다.

움마의 자유는 '강대국 라가쉬로부터의 자유'를 뜻했다. 움마 왕들은 '라가쉬의 곡창지대' 에덴을 빼앗아 백성이 굶주리지 않길 바

전의 멍에를 쓰고 자국에서 살해당하자 혼란한 정국을 틈타 왕이 되었다. 움마 왕위 찬탈자 '일'의 통치 12년에 기샤키두는 왕자였으며, '일'이 죽자 그가 움마 왕이 되었다. '기샤키두'가 움마 왕이 되기 전의 행적은 미국의 코넬대학 근동학부가 소장한 점토판 CUNES53-01-007에서 움마 왕 '일'의 통치 12년에 기샤키두가 왕자였다는 사실을 확인했다.

랐다. 그들은 대대로 라가쉬와 싸웠지만 움마는 라가쉬의 그늘에서 벗어나지 못하고 있었다. 에안나툼과 엔안나툼 뒤를 이은 엔메테나의 라가쉬는 여전히 강했다. 그런데 움마를 재건하려던 기샤키두의 삶은 너무 짧았다. '기샤'에는 기샤키두 외에도 여러 군주들이 있었다. 그들은 '에딘(Edin)·메안네두(Meannedu)·우사르-두(Usar-du 또는 Usar-Hi)'라는 엔시들이었다.[203)] **Δ107** 그 후 움마는 '우--우(U-U)'라는 자가 권력을 잡았다. 그 무렵 움마는 개혁에 실패한 라가쉬를 물리치고 자유를 안겨줄 영웅을 맞이할 준비를 하고 있었다. **Δ108**

203) 움마 왕 기샤키두는 4년 남짓 다스리다 세상을 떠났다. 단명의 이유는 알 수 없다. 기샤키두와 '우--우' 사이에 존재했던 3명의 군주(엔시)는 '에딘·메안네두·우사르-두'였다. 이들에 대한 정보는 알려진 것이 별로 없다. 그렇지만 '에딘'은 6년 이상, '메안네두'는 32년 이상, '우사르-두'는 4년 이상 움마의 중심지였던 기샤를 다스린 통치자인 것만은 분명하다. 그리고 움마의 11번째 통치자인 '우--우'의 통치기간에 대해서는 아직 이렇다 할 정보가 없다. **〈수메르 왕명록〉의 필경사는 기샤키두와 그 이전의 움마 왕들처럼 이들에 대한 기록을 전혀 남기지 않았다. 그러나 당시의 사료가 발굴되어 '3명의 움마 군주'와 '우--우'가 빛을 보게 되었다.** 이들에 관한 정보는 S. Monaco, *Some new light on pre-Sargonic Umma*, (CRRAI 55, 2010)와 F. Pomponio, ET AL., *Tavolette cuneiformi di varia provenienza delle collezioni della Banca d'Italia*, (*Vol. II*), Roma: Centro Stampa della Banca d'Italia (2006), 그리고 T. Ozaki, *Three Early Dynastic Sumerian Sales Contracts of Immovable Houses in the Okayama Orient Museum*, Journal of Ancient Civilizations 23 (2008, 55~64)을 참고했다. 또한 미국 코넬대학 근동학부가 소장한 CUNES의 여러 사료들을 보고 움마 왕들의 통치기간을 정했다. '에딘·메안네두·우사르-두'의 연구는 아직 초보 단계이다. 통치기간과 통치 순서도 불분명하다.

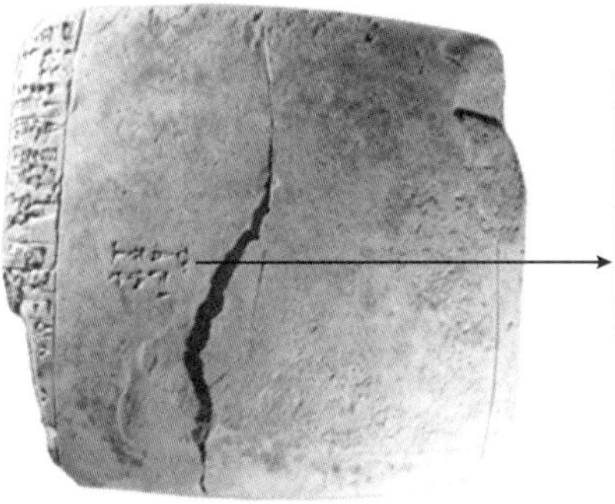

'메안네두, 엔시'의 설형문자

Δ107 도시 '기샤'의 폐허와 설형문자 '메안네두'

2003년 미국과 영국 등 연합군의 이라크 침공으로 수많은 수메르 유적들이 폐허로 변하고 도굴과 약탈로 만신창이가 되었다. 움마의 중심 도시 기샤도 예외는 아니었다. 움마에서 출토된 점토판(노르웨이 오슬로 쇼엔컬렉션 MS 2824) 뒷면에 '메안네두 엔시(me-an-ne_2-du_{10} $ensi_2$)라고 적혀 있다.

움마 왕조
(B.C.E. 2550~B.C.E. 2330)

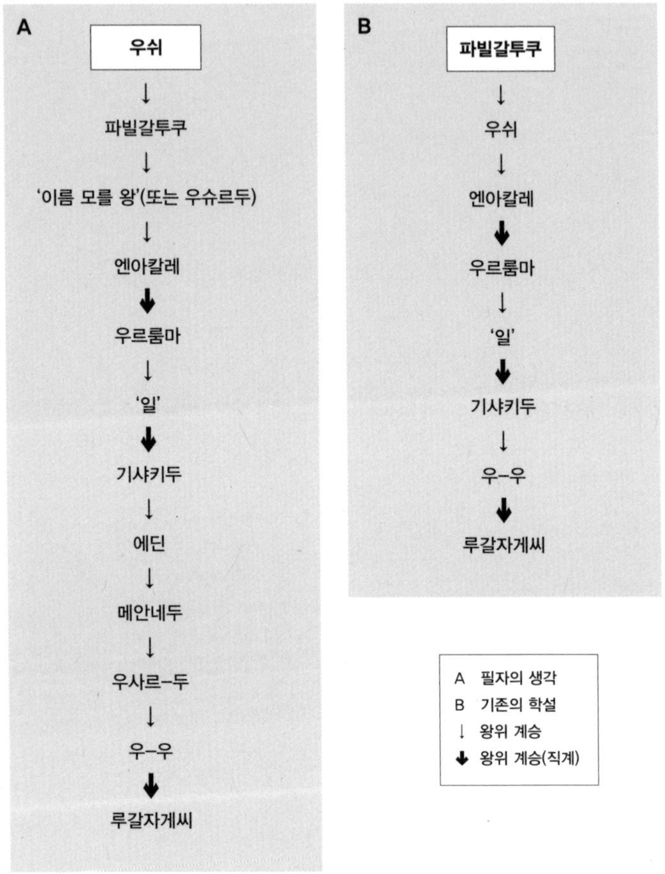

Δ108 움마 1왕조 계보

움마 왕조 통치자에 대한 기존 학설과 필자의 생각을 비교해보았다(Salvatore F. Monaco를 비롯한 몇몇 학자들의 견해가 필자의 생각과 비슷하지만 완전히 일치하지는 않는다). 큰 변화는 세 가지이다. 첫째, 우쉬와 파빌갈투쿠의 순서가 바뀌었다. 둘째, 파빌갈투쿠와 엔아칼레 사이에 '이름 모를 왕'(또는 우슈르두)이 추가되었다. 셋째, 3명의 왕들(에딘·메안네두·우사르-두)이 등장했다.

27. 난세의 영웅

난세였다. 수메르는 딱히 주도권을 잡은 강국이 없는 혼돈 속에 놓여 있었다. 난세에 영웅이 나온다고 했던가. 때가 왔다. 움마에서 수메르를 뒤흔들 만한 일들이 벌어지고 있었다. 움마 왕 '우-우'는 본디 니싸바(Nisaba) 여신의 사제였다.[204] 그는 천제(天帝) '안'의 주문을 암송하는 자였다. 그의 아들은 루갈자게씨(Lugalzagesi)였다.**Δ109** 그 역시 니싸바의 사제였다. '우-우'가 죽자 루갈자게씨가 움마의 권좌를 차지했다.

> 루갈자게씨는 우루크 왕으로 나라(수메르)의 왕이며, '안'의 주문을 암송하는 사제였고 니싸바의 사제였으며, 움마 지배자로 니싸바의 사제였던 '우-우'의 아들이었고 [⋯].[205]

204) 루갈자게씨의 전왕이자 아버지인 우-우(U_2-U_2)는 부부(Bubu) 또는 우쿠쉬(Ukuš, u_2-$kuš_3$)라고도 한다. 우-우와 루갈자게씨 모두 니싸바 여신의 사제였다. 우-우와 전왕들(기샤키두·에딘·메안네두·우사르-두)의 관계는 알려진 것이 없다.

205) 미국 펜실베이니아대학 인류고고학박물관 CBS 08615 명문, 1~7행.

Δ109 설형문자 '우-우'의 아들, '루갈자게씨'

'우-우'의 아들(dumu U_2-U_2) 루갈자게씨(lugal-za$_3$-ge-si)의 설형문자.

움마의 지배자 루갈자게씨가 우루크 왕이 되었다. 참으로 놀라운 일이었다. 그는 '나라(수메르)의 왕'으로 강력한 수메르의 통치자가 되었다. 대체 루갈자게씨가 어떻게 우루크 왕이 되었단 말인가. 우루크는 루갈키니쉐두두 통치시기에 라가쉬의 엔메테나와 의형제국이 된 적이 있었다. 우루크가 라가쉬 편을 들었으니 우루크와 움마 사이가 좋을 리 없었다. 루갈자게씨가 전쟁을 벌여 우루크 왕위를 빼앗은 것은 아니었다. 루갈자게씨는

> 우루크 여신, 닌기림(Ningirim)에 의해 세워진 종으로[206]

수메르 '루갈(왕)'이 되었다. 우루크 여신과 왕실이 루간자게씨를 물밑에서 지원해 우루크 왕으로 등극시켰다! 루갈자게씨는 탄탄대로를 걷기 시작했다. 왕은 움마가 비축해놓은 힘을 과시했다. 그는

206) 미국 펜실베이니아대학 인류고고학박물관 CBS 09301 명문, 6~9행. 우루크 여신 닌기림(^{d}nin-girim)이 무슨 이유로 움마 왕 루갈자게씨를 품에 안았는지는 알 수 없다.

Δ110 루갈자게씨의 정체성과 일부 업적

이스라엘 예루살렘성지박물관 BLMJ 3937 명문. 루갈자게씨는 니싸바(^{d}Nisaba)의 사제였으며, 수메르의 권력자가 되기 위해 여러 곳에 신전을 세워 힘을 과시했다.

많은 신들을 모시며 신전 건축에 공을 들이고 있었다.

도시의 주인 두무지를 섬기려는 루갈자게씨는 움마 지배자로 니싸바의 사제였고, 움마 지배자였고 니싸바의 사제였던 '우-우'의 아들로, 도시의 주인 두무지를 섬기려는 루갈자게씨는 자신의 삶을 위해 신전을 세웠다. 그는 (신전의) 토대를 땅속에 들어앉혔고, 적절하게 신성을 부여했다. 그는 리시(Lisi)의 신전을 세웠다. 그는 니싸바의 신전을 세웠다. 그는 움마의 에파(E-PA) 신전을 세웠다. 그는 키안(Ki'an)의 에파 신전을 세웠다.[207] **Δ110**

207) 이스라엘 예루살렘성지박물관 BLMJ 3937 명문, 1~18행. 키안은 움마의 중심 도시 기샤 남쪽에 인접해 있던 도시로, 움마에게 용병을 공급하던 위성도시 중 한 곳으로 여겨진다.

루갈자게씨가 수메르의 영웅으로 급부상하고 있었다. 그러자 수메르 도시들이 그의 앞에 무릎을 꿇었다. 수메르에서 격변이 일어나고 있었다.

> 그때, 우루크는 그의 아래에서 기쁨의 날을 보냈고, 우르는 그의 아래에서 황소처럼 머리를 하늘로 치켜세웠다. 라르싸, 우투가 사랑하는 도시는 그의 아래에서 만족하여 즐거웠다. 움마, 샤라가 사랑하는 도시는 그의 아래에서 위대한 뿔을 들어올렸다. 자발라의 땅은, 어린 새끼양이 떨어져나간 암양처럼 그의 아래에서 울부짖었다. 키안은, 그의 아래에서 목을 하늘로 추켜세웠다.[208)]

영웅 길가메쉬와 엔샤쿠쉬안나를 배출한 우루크가 움마 왕 루갈자게씨의 발아래로 들어왔다. 해양 도시국가로 명성을 날리던 우르도 자존심을 구겼다. 태양신 우투가 애지중지하던 우루크 남동쪽의 라르싸도 고개를 숙였다. 자국의 '엔시'가 우루크의 '루갈'이 된 움마는 기세등등했다. 움마의 용병 공급처로 보이는 자발라와 키안도 루갈자게씨의 수중에 있었다. 루갈자게씨는 우루크, 우르, 라르싸, 움마, 자발라, 키안을 다스리고 있었다. 왕은 '남부의 남쪽' 도시들을 모두 손안에 넣고 최고 권력자의 자리를 '꿰차고' 있었다.

루갈자게씨는 큰 신들의 주목을 받기에 충분했다. 그의 마음은

208) 미국 펜실베이니아대학 인류고고학박물관 CBS 09320+CBS 09910+CBS 09913+CBS 09914+CBS 09915 명문.

'남부의 북쪽 도시' 니푸르의 엔릴에게 가 있었다. 그는 라가쉬를 접수하고 북쪽 도시들을 '몰몰아' 공격해서 키쉬를 차지하는 꿈을 꾸고 있었다. 그렇게만 된다면 엔릴에게 '수메르 왕, 키쉬 왕'으로 인정받을 수 있을 테니까. 루갈자게씨는 과연 수메르의 남북을 모두 삼킬 수 있을까. 에안나툼·엔샤쿠쉬안나·루갈안네문두에 이어 '영웅이자 황제'의 대열에 합류할 수 있을까. 움마 왕이면서 우루크 왕이 된 루갈자게씨였다. 왕은 적어도 '남부의 남쪽'에 있는 6개의 도시를 통치하고 있었으나 가장 큰 걸림돌이 하나 있었다. 그가 남쪽을 모두 차지한 것은 아니었다. '수메르의 대국' 라가쉬를 넘어서는 일이 아직 남아 있었다. 라가쉬를 꺾지 못한다면 그가 영웅이 되는 일은 불가능했다. 라가쉬를 접수하지 못한다면 설령 북쪽의 맹주 키쉬를 손안에 넣는다고 해도 그는 만족할 수 없었다. 움마는 라가쉬에게 시달려온 루갈자게씨의 조국이 아니던가. 루갈자게씨에게 움마의 북받치는 설움을 시원하게 날려버릴 절호의 기회가 찾아오고 있었다. 그는 무조건 철천지원수 라가쉬를 넘어서야 했다. 반드시 앙숙의 땅을 쑥대밭으로 만들어야 했다. 새로운 수메르의 '예비 영웅' 루갈자게씨 앞에 '쪼그라들고 있는' 라가쉬가 버티고 있었다.

28. 황제 루갈자게씨

드디어 루갈자게씨가 행동을 개시했다. 우루카기나 재위 4년에서 6년 사이 라가쉬는 비참했다. 우루크의 시퍼런 칼날이 라가쉬를 겨누고 있었다. 우루카기나는 앙숙 움마가 아니라 우루크를 막아야 했다. 라가쉬는 금세라도 우루크와 움마에게 협공을 당할 판이었다. 라가쉬는 총체적인 난관에 봉착해 있었다. 심각한 내우외환이었다. 급기야 우루크가 파상 공세를 펼쳤다. 그 바람에 우루카기나는 수도를 '도시 라가쉬'에서 '성도 기르수'로 옮겼다. 우루크 쪽에서 보면 기르수는 라가쉬의 후방이었다.

그때 '우루크 남자'가 라가쉬를 공격했다. 라가쉬의 새 수도 기르수는 수차례 포위되었다. 라가쉬는 방어하기에 급급했다. 그러나 우루크의 라가쉬 공격은 처음부터 쉽지 않았다. 우루카기나는 기르수 성벽에 견고한 방어막을 구축하고 있었다. 그는 죽을힘을 다해 버텼다. '우루크 남자'의 공격은 집요했다.[209] **Δ111** 라가쉬가 위태로웠다.

우루카기나 재위 7년 라가쉬에서 죽음의 바람이 불기 시작했다.

Δ111 '우루크 남자'가 3번 넘어온 달(月)

러시아 상트페테르부르크 국립 에르미타시미술관 Erm 14227 명문에 기록되어 있다.

기어코 멸망의 폭우가 쏟아지고 있었다. 라가쉬의 최후가 눈앞에 다가오고 있었다. 우루카기나는 막고비를 넘기지 못했다. 라가쉬의 가장 치욕스러운 날이었다.

'움마 남자'가 경계구역의 제방에 불을 질렀다. 그는 안타수라(신전)에

---

209) 러시아 상트페테르부르크 국립 에르미타시미술관 Erm 14227 명문의 필경사는 우루크 군대를 이끄는 자를 막연히 '우루크 남자(lu_2 unu(g)^{ki})'라고만 기록했다. 다른 라가쉬의 필경사들도 마찬가지로 시종일관 루갈자게씨의 실명을 정확히 기록하지 않았다. 라가쉬의 필경사들은 이때조차도 '최초의 역사시대'에 내리내리 그랬던 것처럼 역사왜곡과 편향에서 벗어나지 못했다. 라가쉬의 필경사들은 승리를 거둔 전쟁에서는 움마 왕명을 일일이 기록했으나 이번에는 반대였다. 라가쉬의 필경사가 에둘러댄 '우루크 남자'는 바로 루갈자게씨였다.

불을 질렀고, 은과 청금석을 강탈했다. 그는 티라쉬 신전을 약탈했고, 압주반다(Abzu-banda)(신전)를 약탈했고, 엔릴의 제단과, 우투의 제단을 약탈했고, 아후쉬(Aḫuš)(신전)를 약탈했고, 은과 청금석을 강탈했다. 그는 에밥바르(신전)를 약탈했고, 은과 청금석을 강탈했다. 그는 거룩한 숲에 있는 닌막(Ninmah)[210] 신전 테라스를 약탈했고, 은과 청금석을 강탈했다. 그는 바가라(신전)를 약탈했고, 은과 청금석을 강탈했다. 그는 두그루(신전 지성소)에 불을 질렀고, 은과 청금석을 강탈했다.[211] **Δ112**

'움마 남자'가 쳐들어왔다. 그는 '우루크 남자' 루갈자게씨였다! '움마 남자'의 약탈과 강탈은 계속되었다. 그는 라가쉬의 모신으로 알려진 가툼두(Gatumdu(g)) 신전을 약탈했다. 인안나의 에안나 신전에도 불을 지르고 약탈했다. 또 신상까지 없애버렸다. 난쉐·루갈우룹·아마게쉬티나·두무지-압주·닌다르의 신전까지도 모두 쓸어버렸다. 그는 신들의 신전을 남김없이 불태웠다. 신전의 재물도 강탈했다. 어떤 신상은 잘라서 우물 속에 처박았다. 루갈자게씨는 눈에 보이는 대로 칼탕을 쳤다. 대표적인 농작물인 보리까지도 수난당했다.

210) 수메르의 모신 닌후르쌍의 다른 이름.

211) 프랑스 루브르박물관 AO 04162 명문, 1~36행. 라가쉬의 필경사가 조국의 패망을 기록했다. 그는 손바닥만한 크기의 점토판 위에 설형문자를 깨알같이 찍었다. 그의 슬픈 역사 기록은 루브르박물관 AO 04162 명문에 고스란히 담겨 있다. 기르수에서 발굴된 이 점토판의 명문은 라가쉬 1왕조 '최후의 역사'였다. 라가쉬의 필경사가 자인한 최초의 패전 기록이었다. 필경사는 루갈자게씨를 '움마 남자'라고 적었다.

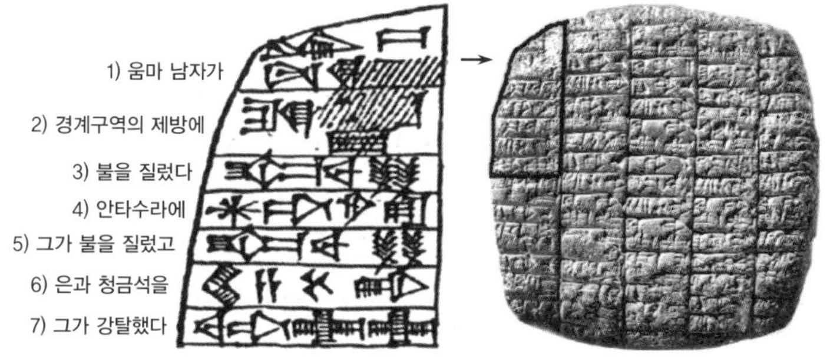

Δ112 루갈자게씨의 라가쉬 약탈과 강탈

프랑스 루브르박물관 AO 04162 앞면 명문의 1~7행. 루갈자게씨(움마 남자)가 라가쉬를 정복하면서 벌였던 잔인한 행위를 기록한 사료로, 라가쉬 1왕조가 멸망하는 역사적인 장면의 도입 부분이다.

그는 사굽(Sagub)[212)]의 아마게쉬티나 신전을 약탈했고, 여신의 은과 청금석을 강탈했으며, 그녀의 신상을 우물 속에 던졌다. 그는 닌기르수의 들판에서 경작한 그 많은 보리를 뿌리째 뽑아버렸다.[213)]

'움마 남자'는 잔악무도했다. 라가쉬는 초토화되었다. 라가쉬 땅에 피비린내가 진동하고 있었다. 국토는 결딴이 나고 백성은 어육(魚肉)이 되었다. 라가쉬 왕권이 졸지에 무너졌다. 라가쉬는 '성공한 개척자' 엔헤갈로 시작해 '실패한 혁명가' 우루카기나로 끝이 났다. 루갈자게씨는 움마의 한을 원 없이 풀었다. 그가 다른 도시국가를 정복했을 때 이토록 잔인하지는 않았다. 움마는 라가쉬에게 비

212) 기르수에서 움마 쪽에 근접한 라가쉬의 국경도시이다.

213) 프랑스 루브르박물관 AO 04162 명문, 76~85행.

옥토 에덴을 빼앗기고 그동안 억눌려 살았다. 움마 백성의 삶은 배고픔과 굴욕의 연속이었다. 대대로 이어진 움마의 고통은 이루 다 말할 수 없었다.

루갈자게씨는 복수에 목말라 있었다. 그는 독기를 품고 라가쉬를 처절하게 유린했다. 루갈자게씨는 마침내 조국 움마에게 자유를 안겨주었다. 라가쉬가 멸망하자 어느 충성스러운 라가쉬의 필경사가 피눈물을 흘리며 망국의 한을 절규하듯 써 내려갔다.

> 움마 남자, 그는 라가쉬를 파괴했으니 그의 짓은 닌기르수 신께 저지른 죄악이로다. 신께서는 반기를 든 그의 손목을 잘라버릴 것이다. 기르수 왕 우루카기나의 죄가 아니다! 움마 지배자 루갈자게씨. 그의 여신 움마의 니싸바가 그 죄를 그자에게 돌리게 하자![214] **Δ113**

---

214) 프랑스 루브르박물관 AO 04162 명문, 86~105행. 라가쉬의 필경사는 당시 망국의 상황을 슬프게 열거한 뒤 작심하고 써 내려갔다. 그가 점토판 위에 피눈물을 흘리며 기록한 역사적인 기사였다. 필경사는 루갈자게씨의 신성모독을 토로했다. 그는 우루카기나를 '기르수 왕'으로 적었다. 수도를 기르수로 옮기면서까지 저항했던 우루카기나였다. 그는 우루카기나가 억울하게 유죄의 죄를 뒤집어썼다고 항변했다. 그는 막판에 '움마 남자는 바로 루갈자게씨'라며 대놓고 이름을 밝혔다. 더욱이 움마의 니싸바 여신이 루갈자게씨의 죄를 인정하게 하자는 갈망도 적었다. 이는 바로 라가쉬 멸망의 원인은 모두 루갈자게씨 때문이라고 주장하고 있는 것이다. 루갈자게씨가 모시는 움마 신으로, 수메르에서 '필경술과 학문의 신'으로 존경받던 니싸바에게 호소라도 하듯이 말이다. 라가쉬의 모든 역사가들은 라가쉬가 움마를 판판이 이겼다고 기록했다. 그러나 AO 04162 명문의 필경사만이 처음이자 마지막으로 라가쉬의 '패배'를 인정했다. 그는 마지막 문장에서 움마 여신 니싸바가 루갈자게씨의 죄를 "그자(루갈자게씨)의 목(gu_2)에 걸게 하자!"고 적었다. 또한 마지막 단어를 2번 써서 "반드시 걸게 하자(he_2-il_2-il_2)"고 강조했다. 필자는 본문의 이 문장에 '!'를 붙여 "그자에게 돌리게 하자!"로 의역했다. 조국을 잃은 라가쉬 역사가의 통탄이었다. 모든 역사는 승자의 역사라고 했다. 승자의 역사가는 대개 자국을 미화하고 패자를 조롱하거나 업신여긴다. 라가쉬의 역사가들도 마찬가지였

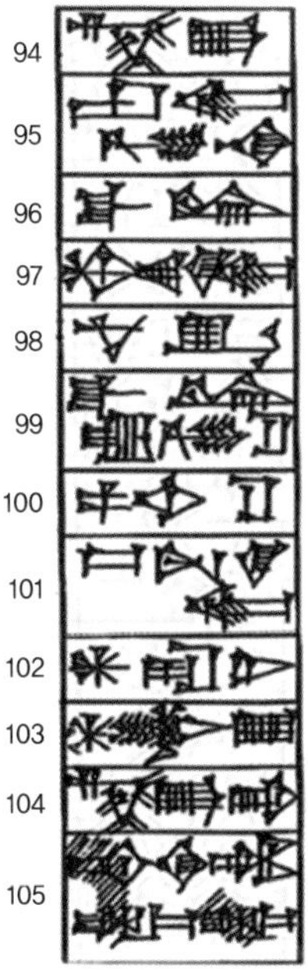

94) 죄 nam-dag
95) 우루카기나의 URU-KA-gi-na
96) 왕 lugal
97) 기르수의 gir_2-su-ka
98) 그것은 아니다! nu-gal_2
99) 루갈자게씨 lugal-za_3-ge-si
100) 지배자 $ensi_2$
101) 움마의 $umma^{ki}$-ka
102) 그의 여신 dingir-ra-ni
103) 니싸바가 ^{d}nisaba-ke
104) 그 죄를 nam-dag-bi
105) 그자에게 돌리게 하자! gu_2-na he_2-il_2-il_2

Δ113 우루카기나는 무죄, 루갈자게씨는 유죄

프랑스 루브르박물관 AO 04162 뒷면 3칸 6행~4칸 3행(94~105행). 라가쉬의 필경사가 처음으로 자국의 패전을 남기면서 '움마 남자' 루갈자게씨가 라가쉬를 무참히 파괴했다고 기록한 사료이다.

이로써 라가쉬 1왕조가 사라졌다.**Δ114**

루갈자게씨가 대국 라가쉬를 제압하자 수메르의 큰 신들이 모두 쌍수를 들어 환영했다. '신들의 제왕' 엔릴은 루갈자게씨를 공

다. 그런데 AO 04162 명문의 필경사는 라가쉬의 역사가들 중에서 유일하게 '패자의 역사'를 기록했다. 그러면서도 그는 패자인 자국을 미화하고 움마의 승전을 깎아내렸다. 그는 오히려 라가쉬가 망한 원인을 승자 루갈자게씨에게 덮어씌웠다. 그는 패자의 역사가였으나 승자의 역사가와 같은 짓을 했다. 모든 역사가 반드시 승자의 역사만은 아닌 셈이다.

라가쉬 1왕조
(B.C.E. 2600~B.C.E. 2342)

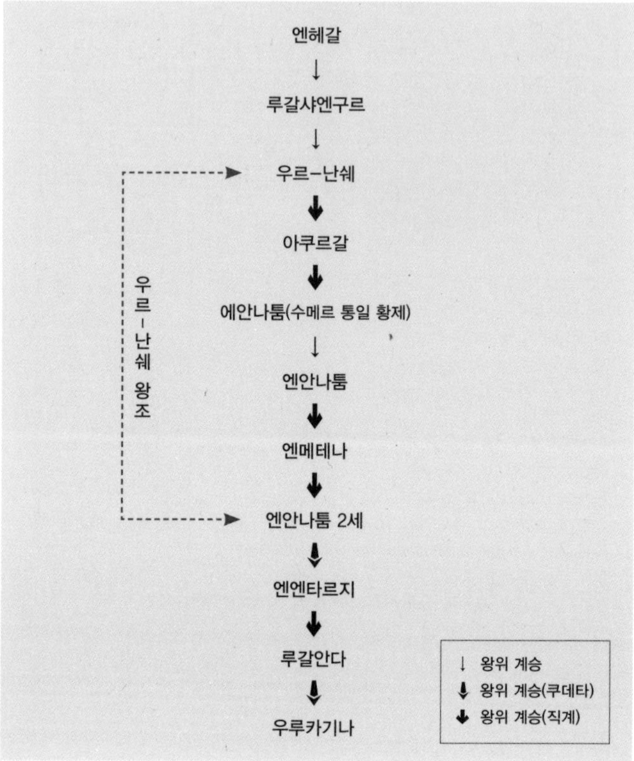

Δ114 라가쉬 1왕조 계보

식적으로 '수메르 왕'으로 인가했다. '인간의 창조주' 엔키는 그에게 지혜를 주었다. '정의로운 태양신' 우투가 그를 왕으로 지명했다. '전쟁의 여신'이자 '하늘과 땅의 여왕' 인안나, '필경술과 학문의 신' 니싸바, '신과 인간의 모신' 닌후르쌍까지 모두 루갈자게씨를 응원했다. 루갈자게씨는 수메르의 최고 권력자로 인정받았다.**Δ115**

Δ115 수메르의 최고 권력자 루갈자게씨

니푸르와 우루크에서 발굴된 여러 문자 사료에 움마 왕 루갈자게씨가 우루크 왕이 되는 과정에 대한 근거가 기록되어 있다. 그는 우루크 여신 닌기림의 '알 수 없는' 지원을 받아 피를 흘리지 않고 우루크로 입성해 수메르의 최고 권력자가 되었다. 이와 관련된 문자 사료(약 90개)는 상당수가 니푸르에서 발굴되었다. 여러 개의 CBS 사료들(왼쪽: 미국 펜실베이니아대학 인류고고학박물관 CBS 08614+CBS 08615+CBS 9300+CBS 9305)이 니푸르에서 발굴되었고, IM 045446(오른쪽: 이라크 바그다드국립박물관 IM 045446)은 우루크에서 발굴되었다.

움마가 개국한 이래 처음 있는 일이었다.

약 250년 동안 라가쉬와 움마는 질리도록 싸웠다. 가장 가까운 이웃이면서도 가장 먼 이웃처럼 척지고 살았다. 양국의 위정자들은 생존을 위해 전장으로 나갔다. 마지막에 라가쉬는 패했고 움마는 승리했다. 최후의 승자 루갈자게씨는 라가쉬를 짓밟고 수메르 남쪽을 모두 차지했다. 전쟁은 막을 내렸다. 루갈자게씨는 우루크를 수메르의 수도로 정하고 힘을 길렀다. 그는 더 이상 '약소국' 움마의 군주가 아니었다. 수메르에서 강력한 우루크 3왕조가 시작되었다.[215)]

그러나 루갈자게씨에게는 아직 할 일이 남아 있었다. 수메르 남쪽의 '우루크 남자'가 수메르 북쪽의 키쉬를 공략했다. 그 당시 키쉬는 우르-자바바(Ur-Zababa)가 다스리고 있었다. 그는 쿠-바바

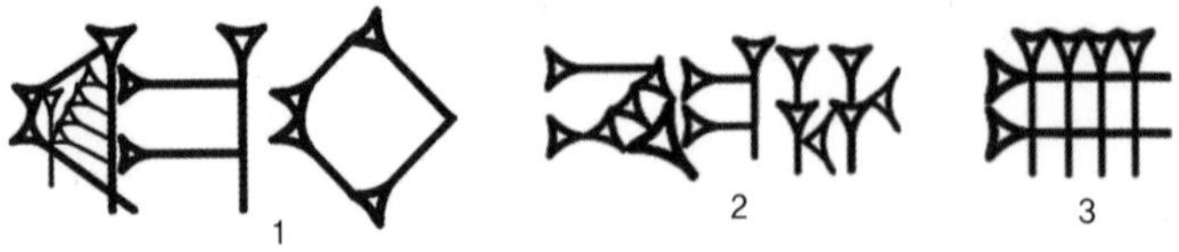

Δ116 설형문자 '평화'

'평화'를 의미하는 설형문자들로 1번은 5,000년 전부터 사용한 'inim-dug$_3$'이며, 2번은 4,000년 전부터 등장한 'ne-ha'이고, 3번은 'u$_2$'의 쐐기꼴이다. 모두 '평화'를 의미하고 있으나 다소 차이가 있다. 3번은 마음이 가라앉은 상태의 평화를, 2번은 평화로운 질서를, 특히 1번은 신정일치(神政一致) 시대였던 수메르의 진정한 평화를 의미한다고 볼 수 있다. 즉 1번은 전쟁이 멈추고 인간이 신에게 복종해 신이 평화의 시대를 인정하는 상태를 표현하는 문자인 셈이다. 앞에서 전쟁, 싸움, 투쟁, 다툼의 설형문자를 소개한 바 있다(사진 19). '수메르 성군' 엔메테나의 평화는 전쟁을 배제한 평화였고, '수메르 황제' 루갈자게씨의 평화는 전쟁을 통한 평화였다. 엔메테나의 평화는 사람을 살려서 얻은 평화였고, 루갈자게씨의 평화는 사람을 죽여서 얻은 평화였다. '평화'의 수메르어 'inim-dug$_3$'는 악카드어 'salīmu'이다. 'salīmu'는 다시 '전쟁이나 소요에서 벗어나 있는 상태'를 가리키는 히브리어 'Šalom'과 연결된다(히브리 경전의 문맥에 따라 평안·우정·전체 혹은 완전함·복지·구원·화합의 뜻으로도 해석된다).

(Ku-Baba) 여왕의 손자였고, 푸주르-씬(Puzur-Sîn)의 아들이었다. 키쉬 왕조는 영웅을 한 명도 배출하지 못했다. 우르-자바바는 루갈자게씨의 상대가 되지 못했다. '우루크의 새 왕'은 수메르 북쪽 도시들을 하나도 남김없이 모두 접수했다. 수메르의 남과 북이 루갈자게씨의 그림자에 가려졌다. 그는 '수메르 왕이며, 키쉬 왕'이었다.

수메르에 평화가 찾아왔다.**Δ116** 구에덴나도 평화로웠고 에덴도 평화로웠으며, '나라' 전체가 평화로웠다. 수메르 사람들은 아무 제약 없이 경작지에 물을 공급할 수 있었다. 그들에게 이보다 더한 행

215) 수메르 영웅의 시작은 우루크 1왕조의 길가메쉬였다. 그 후 문자 사료를 근거로 한 최초의 역사시대에 4명의 영웅이 출현했다. 이들은 모두 수메르 황제였다. 라가쉬 1왕조의 에안나툼, 우루크 2왕조의 엔샤쿠쉬안나, 아답 왕조의 루갈안네문두가 영웅의 맥을 이었다. 그리고 우루크 3왕조는 움마 출신의 영웅 루갈자게씨가 비상한 때였다.

복은 없었다. 루갈자게씨는 위대한 신들의 제왕 엔릴의 은총을 듬뿍 받았다. 엔릴은 해가 뜨는 곳에서부터 해가 지는 곳의 모든 국가들이 루갈자게씨를 받들도록 했다. 모든 수메르 군주들이 루갈자게씨에게 머리를 조아렸다. 그들은 우루크에서 그의 통치권 앞에 넙죽 엎드렸다. 엔릴이 루갈자게씨에게 선사한 통치권역은 "티그리스강과 유프라테스강을 따라 '아래쪽 바다'에서 '위쪽 바다'까지"였다.[216] 우루크 3왕조의 개창자 루갈자게씨는 새로운 영웅이었다. '비옥토' 에덴을 차지한 그는 명실공히 수메르의 황제였다.

---

216) 수메르의 새 황제 루갈자게씨의 통치권역에 대한 이 내용(티그리스강과 유프라테스강을 따라 '아래쪽 바다'에서 '위쪽 바다'까지: a-ab-ba, sig-ta-ta, idigna, buranun-be_2, a-ab-ba, igi-nim-ma-$\hat{s}e_3$)을 확인하기 위해 여러 문자 사료를 살펴보았다. 미국 펜실베이니아대학 인류고고학박물관의 사료에 가장 많은 증거가 남아 있었다(CBS 13228, CBS 13229, CBS 09658, CBS 09912, CBS 09642, CBS 09313, CBS 09921). 미국 시카고대학 동양학연구소(OIM A32781, OIM A28943), 이라크 바그다드 국립박물관(IM 070312, IM 057882), 독일 예나대학 힐프레히트컬렉션(HS 1952, HS 2000, HS 2006)에서도 동일한 내용을 확인했다. 루갈자게씨의 정체성과 그가 황제에 등극한 증거는 넘치도록 많다. '아래쪽 바다'는 페르시아만을, '위쪽 바다'는 지중해 동해안을 의미한다. **〈수메르 왕명록〉의 역사가는 루갈자게씨에 대해 "루갈자게씨는 우루크 왕이었다. 그는 25년을 다스렸다(unu^{ki}-ga lugal-za_3-ge-si lugal-am_3 mu 2(u) 5(diš) i_3-ak)"(Ashm 1923-0444, 259~260행)라고만 기록했다. 이 책에서 필자가 제시한 문자 사료를 근거로 한 최초의 역사시대에 출현한 라가쉬와 움마의 통치자 23명 중에서 루갈자게씨가 유일하게 〈수메르 왕명록〉에 등재되어 있다. 그러나 그가 움마 왕이었다는 사실은 은폐되었고, 우루크 왕으로만 기록되어 있다. 수메르 북서쪽에 위치한 마리 출신의 악카드인 이쉬비-에라(Išbi-Erra)가 세운 이씬 왕조의 〈수메르 왕명록〉 필경사는 라가쉬와 움마를 수메르 역사에서 완전히 지워버렸기에 루갈자게씨가 움마 출신이라는 사실조차 감춘 것으로 보인다. 이에 역사가들은 수메르 역사에서 루갈자게씨가 차지하는 비중을 소홀히 하는 경향이 있으며, 그가 과연 황제였을까라는 의심까지 하기도 한다. 루갈자게씨는 라가쉬 왕으로 수메르의 진정한 영웅이었고, 위대한 황제였던 에안나툼처럼 〈수메르 왕명록〉에서 그 실체와 왕명조차 따돌림당하는 수모를 겪지는 않았으나, 약 3,840년 전의 〈수메르 왕명록〉 필경사는 그를 그냥 우루크 왕으로만 짧게 기록했다. 〈수메르 왕명록〉에는 움마와 수메르 최대국 라가쉬 자체가 존재하지 않았으므로 라가쉬의 마지막 왕 우루카기나 역시 역사에서 지워져 있다.**

29. 수메르 황제의 치욕

루갈자게씨는 승승장구했다. 수메르의 모든 땅과 권력이 그에게 집중되어 있었다. 태양신 우투의 강렬한 빛은 루갈자게씨를 정통으로 비추고 있었다. 그의 부귀영화는 영원할 것만 같았다. 그러나 루갈자게씨 재위 25년, 그의 빛은 서서히 사라지고 있었다. 엔릴을 비롯한 큰 신들이 그를 등지기 시작했다.

수메르 북쪽의 키쉬는 루갈자게씨가 통치하던 우루크의 속국으로 우르-자바바가 다스리고 있었다. 그때 키쉬에는 키쉬 왕 우르-자바바를 모시는 사르곤(Sargon)이라는 충직한 자가 있었다.[217] 왕은 사르곤을 '잔(盞)을 나르는 시종'으로 승진시켰다.[218] 사르곤은 북서부

217) '사르곤'이라는 이름의 통치자는 3명이 알려져 있다. 첫째는 악카드 제국의 사르곤 (B.C.E. 2334~B.C.E. 2279), 둘째는 고(古)앗시리아 제국의 사르곤 1세(B.C.E. 1920~B.C.E. 1881), 셋째는 신(新)앗시리아 제국의 사르곤 2세(B.C.E. 722~B.C.E. 705)이다.

218) 이 내용은 사르곤 생존 당시의 기록이 아니다. B.C.E. 1900년에서 B.C.E. 1600년의 점토판 기록에 의하면 "우르-자바바(Ur-Zababa, ur-^{d}za-ba$_4$-ba$_4$)는 사르곤을 '잔을 나르는 시종(sagi)'으로 임명했고, 그에게 술 진열장을 관리하는 임무를 부여했다"('사르곤의 전설' 두 번째 단편 3N T296 명문, 6행). 사르곤은 우르-자바바의 일개 시종이라기보다는 왕의 두터운 신임을 받는 신하로 승진한 것으로 보인다. 키쉬 왕이 마실 술잔을 나르며 술

에서 들어온 이방인 출신이었다. 키쉬에는 오래전부터 원주민과 함께 섞여 살던 이주민들이 있었다. 악카드인이었다. 그들은 수메르 땅으로 들어와 수메르의 선진 문화, 종교, 풍습, 문자, 지혜 등을 배우며 세력을 키우고 있었다. 사르곤은 '곡식의 여신 에지나(Ezina)'의 술 보관소를 관리하며 왕을 모셨다. 그러나 그는 반란을 일으켜 우르-자바바를 제거했다.**Δ117** 키쉬가 하루아침에 분열되었다. 그 후 사르곤은 우여곡절 끝에 양분된 키쉬를 하나로 통합했다.[219)]

병 보관을 책임지게 된 사르곤은 마음만 먹으면 언제든지 왕을 독살시킬 수 있었다. 사르곤 사후의 사료들은 그의 수메르 왕권 탈취를 정당화하려는 일환으로 기록되었다.

219) 사르곤이 우르-자바바를 죽이고 곧바로 키쉬와 수메르 북쪽을 완전히 차지한 것은 아니었다. 〈수메르 왕명록 Ashm 1923-0444〉를 읽다가 의문점이 생겼다. 필경사는 우르-자바바 이후의 키쉬 왕을 5명 더 기록했다(250~255행). "지무다라(Zimudara)가 30년을 다스렸다. 지무다라의 아들 우씨-와타르(Uṣi-watar)가 7년을 다스렸다. 이쉬타르-무티(Ištar-mūtī)가 11년을 다스렸다. 이쉬메-샤마쉬(Išme-Šamaš)가 11년을 다스렸다. 석공 난니야(Nanniya)가 7년을 다스렸다." 이어서 필경사는 "키쉬가 칼로 망하고 왕권이 우루크로 넘어갔다"고 기록했다(257~258행). 그리고 다음 행에 우루크의 루갈자게씨를 등장시켰다. 즉 우르-자바바의 죽음으로 키쉬 4왕조가 끝난 것이 아니었다. 물론 필경사는 사르곤이 루갈자게씨의 우루크를 제치고 수메르 왕권을 차지했다고 기록했다(263~266행). 그렇다면 그 사이 '우르-자바바가 죽고 난 뒤 루갈자게씨가 사르곤에게 공격당할 때까지' 사르곤은 어찌 되었을까? 수메르 연구가들은 이 부분을 아예 다루지 않거나 물음표만 남겨두었다. 사르곤의 치적을 남긴 점토판에는 다음과 같은 구절이 기록되어 있다. "사르곤, 땅의 주인은, 키쉬의 두 곳을 변경했다. 그는 둘(키쉬의 두 영역)을 (한) 도시로 만들었다(šar-ru-GI lugal kalam-ma^{ki} kiš^{ki} [a]-ša-ri$_2$-su i-ni u$_3$ iri^{ki}-lam u-sa$_2$-hi-su-ni)"(CBS 13971 앞면 col. 9: 16~24행). 사르곤 '증발 기간'의 수수께끼를 풀 수 있는 단서였다. 정리하자면 이렇다. **사르곤이 우르-자바바를 죽였으나 곧바로 키쉬 전체를 차지하지는 못했다. 키쉬는 우르-자바바 후임 키쉬 왕들이 다스리는 지역과 사르곤이 다스리는 지역으로 양분된 것으로 보아야 한다. 이때 키쉬는 황제 루갈자게씨의 속국이었다. 사르곤은 더욱 힘을 키워 양분된 키쉬를 하나로 통합하고 북쪽의 실권자가 되어 남쪽으로 쳐들어가 루갈자게씨를 물리쳤다. 〈수메르 왕명록〉의 맹점이 드러났다. 루갈자게씨는 우르-자바바 통치시기에 이미 수메르의 황제였음에도 필경사는 이를 무시하고 일방적으로 왕들을 나열하는 데 그치고 말았다. 〈수메르 왕명록〉이 '수메르 왕권의 정확한 흐름도'라고 착각하고 〈수메르 왕명록〉만을 수메르 역사로 생각한다면 수메르의 실제 역사 복원은 불가능하다.**

TRS 73 앞면
(첫 번째 단편)

TRS 73 뒷면
(세 번째 단편)

3N T296 앞면과
뒷면(두 번째 단편)

Δ117 사르곤의 전설

사르곤 사후 '적어도' 400년이 지난 B.C.E. 1900년에서 B.C.E. 1600년 사르곤의 쿠데타를 정당화하기 위해 기록한 '사르곤의 전설'이 있다. 점토판의 첫 번째 단편(총 13행)과 세 번째 단편(총 12행)은[220] 우루크에서 발굴된 TRS 73(AO 07673)에, 두 번째 단편(총 56행)은 니푸르에서 발굴된 3N T296에 실려 있다. 첫 번째 단편(TRS 73 앞면)은 우르-자바바의 키쉬 왕 등극과 사르곤의 출생을, 두 번째 단편(3N T296 앞면과 뒷면)은 사르곤의 꿈 사건 과정을, 세 번째 단편(TRS 73 뒷면)은 사르곤이 루갈자게씨에게 편지를 보낸 이후의 상황이 기록되어 있다.

키쉬를 통합한 사르곤이 남쪽으로 칼끝을 돌렸다. 그는 아가데(Agade)의 아홉 부대를 이끌고 우루크로 쳐들어갔다. 우루크에서 수메르 황제 루갈자게씨가 마른침을 삼키고 있었다. 이에 '수메르 황제' 루갈자게씨는 우루크를 지키기 위해 50명의 엔시들을 집결시켰다. 큰 싸움이었다. 그러나 루갈자게씨는 사르곤의 칼날 앞에

220) '사르곤의 전설'에 의하면 키쉬에 우르-자바바가 태양처럼 나타나 다스렸다고 한다. 사르곤 출생에 대한 정보도 있다. "아버지는 라이붐(La'ibum)이었고, 어머니는 […] (ad-da-ni la-i-bu-um ama-ni […])"(첫 번째 단편: TRS 73 앞면 11행). 그의 어머니는 문자를 읽을 수 없어 확인할 수 없다. 키쉬 왕 우르-자바바의 '잔을 나르는 시종'이 된 사르곤은 어느 날 인안나가 우르-자바바를 강에 익사시키는 꿈을 꾸었다. 강은 피로 물들어 있었다. 사르곤은 신음하며 땅바닥을 긁었다. 키쉬 왕 우르-자바바가 사르곤의 신음소리를 듣고 그를 불러들였다. 사르곤은 자신의 꿈을 왕에게 고했다. 왕은 자신의 죽음을 대신할 사람으로 사르곤을 마음속에 두고 벨리쉬-티칼(Beliš-tikal)이라는 대장장이를

맥없이 무너졌다. 사르곤은 우루크 성벽을 부수고 엔시들을 모두 포박했으며, 황제의 목에 쇠사슬을 걸었다. 루갈자게씨는 '수메르의 성도' 니푸르로 끌려갔다. 그의 마지막은 끔찍했다. 루갈자게씨의 목은 엔릴 신전의 문설주에 걸렸다.**Δ118** 수메르 황제의 치욕이었다.

꼬드겨 청동이 녹아 펄펄 끓는 용광로에 사르곤을 집어넣어 죽이려는 계획을 세웠다. 이후 왕은 사르곤에게 청동을 대장장이에게 가져다주게 했지만 음모는 인안나의 개입으로 뜻을 이루지 못했다. 사르곤은 그 대장장이에게 청동을 전달했으나 대장간 안으로 들어가지는 않았다. 사르곤이 완성된 청동 동상을 들고 돌아오자 왕은 혼비백산했다. 우르-자바바는 궁여지책으로 루갈자게씨에게 '사르곤을 제거해야 할 사유'가 적힌 편지를 보냈다. 사르곤은 편지의 내용을 간파한 상태에서 왕명에 따라 루갈자게씨에게 갔다. 루갈자게씨는 편지의 진의를 제대로 파악하지 못했다. 사르곤은 죽지 않았다. 이후의 상황은 점토판의 행들이 깨져 알 수 없다. '사르곤의 전설'은 이렇게 끝났으나 결론적으로 사르곤은 쿠데타를 일으켜 우르-자바바를 죽였다. 즉 왕이 피로 물든 강에 익사한 꿈은 실현된 셈이다. '사르곤의 전설'은 악카드의 필경사들이 먼 옛날 수메르를 무너뜨린 사르곤을 위해 지어낸 이야기로 보인다. 이보다 약 1,000년 후(B.C.E. 8세기)의 악카드어판 '사르곤의 전설'은 "나는 사르곤, 강력한 왕, 악카드 왕이다. 내 어머니는 고위직 여사제였고, 나는 아버지를 모른다. 아버지의 형제들은 산지에 살았다. 내 도시(고향)는 유프라테스 강기슭에 위치한 아주피라누(Azupirānu)였다"고 적혀 있어 앞에서 이야기한 수메르어판의 '사르곤의 전설'과는 다른 내용이다(영국박물관 BM 47449). 아주피라누의 위치는 현재 알려져 있지 않다. 이어지는 그의 전설은 사르곤의 어머니가 그를 궤짝에 실어 강물에 띄워보냈는데, 아키(Aqqi)라는 물을 긷는 자가 사르곤을 건져 정원사로 키웠다고 한다. **B.C.E. 2004년 수메르가 멸망한 뒤 신바빌로니아 마지막 왕 나보니두스(Nabonidus)가 사라진 B.C.E. 539년까지 약 1,500년 동안 메소포타미아의 통치자들은 사르곤을 '최고의 우상'으로 섬겼으며 전설의 주인공으로 여겼다. 그들은 역사가 수메르에서 시작한 이래 수메르의 숙적 엘람을 최초로 정복한 뒤 북방의 수바르투까지 정복해 최초로 제국을 건설했던 위대한 황제 '라가쉬의 에안나툼'을 완전히 잊었다. 〈수메르 왕명록〉의 필경사가 벌인 '라가쉬 역사 지우기'로 수메르의 역사는 왜곡되었고 길을 잃었다.**

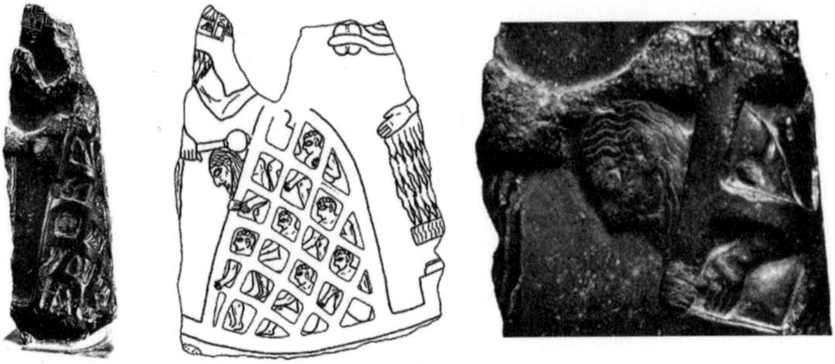

Δ118 패자의 최후

프랑스 루브르박물관 Sb 2/6053. 사르곤의 승전을 기념하기 위해 제작한 섬록암에 등장하는 전쟁포로의 모습이다. 그의 얼굴은 깡말랐고 광대뼈는 툭 튀어나와 있다. 그는 죽음 앞에서 떨고 있다. 어쩌면 저승에 가서라도 복수하고 말겠다는 다짐을 하고 있는 듯해 보인다. 아마도 루갈자게씨의 최후가 이런 모습이었을 것이다.

30. 사르곤의 수메르 정복

우루크를 접수한 사르곤의 다음 공격 목표는 우르였다. 그는 우르의 성벽을 허물고 우르를 손에 넣었다. 이어 사르곤은 라가쉬로 진군했다. 그는 라가쉬 여신 닌마르를 모신 신전을 파괴하고 그 성벽을 허물었으며 구압바를 정복했다. 라가쉬 북서쪽에서 남동쪽 끝의 바닷가까지 늘어서 있던 크고 작은 라가쉬의 도시들이 모두 사르곤의 수중으로 들어갔다. 수메르 최대국이었던 라가쉬 땅을 차지한 사르곤의 기쁨은 실로 컸다. 그는 '라가쉬의 항구' 에닌키마르의 바닷물에 칼을 씻고 승리를 자축했다. 사르곤이 사실상 수메르 남쪽을 차지했다는 상징적인 행위였다. 사르곤은 '남부의 황금 들판' 에덴의 새 주인이었다. 이후 '수메르의 침략자'는 루갈자게씨의 본국인 움마까지 집어삼켰다. 사르곤이 수메르의 남과 북을 모두 거머쥐었다.[221)]

221) "우리는 사르곤이 남쪽의 에리두에서 북쪽으로 티그리스강 중류의 히자(Hiza)까지, 서쪽의 카잘루(Kazallu)에서 동쪽의 데르까지 뻗어나갔다는 결론을 내릴 것이다" (Douglas R. Frayne, *Sargonic and Gutian periods (2334–2113 BC)* (The Royal Inscriptions of Mesopotamia. Early Periods, 2.) (Toronto : University Press of Toronto, 1993), 7).

Δ119 사르곤의 악카드 건설 과정

미국 펜실베이니아대학 인류고고학박물관 점토판(CBS 13972+CBS 14545)에 악카드인 사르곤이 수메르와 주변 도시들을 정복하고 악카드 왕국을 세운 과정이 실려 있다.

신들의 제왕 엔릴은 위쪽 바다에서 아래쪽 바다 사이에 있는 모든 땅을 사르곤의 영토로 인정해주었다. 사르곤은 그래도 성이 차지 않아 수메르 북동쪽에 있는 씨무르룸(Simurrum)[222]으로 원정을 떠났다. 사르곤의 공세로 엘람과 무역 요충지로 유명한 아라와도 무너졌다. 사르곤은 여기서 멈추지 않고 칼을 계속 휘둘러 바락슘(Barahšum)을 정복했다.[223] 그리고 수메르 북서쪽의 마리도 그에게 무릎을 꿇었다.[224] 사르곤은 '미지의 도시' 아가데를 수도로 정하고 악카드 왕국을 세웠다.**Δ119** 악카드인 사르곤이 황제가 되었다.

222) 수메르 북동쪽 디얄라(Diyala)강 상류와 티그리스강 사이에 있던 지방.

223) 고대 이란의 한 지방으로 추측되는 바락슘 또는 파락슘(Paraḫšum), 수메르어의 마르하쉬(Marhaši)의 정확한 위치는 아직 불분명하다.

수메르는 '적어도' 8,500년 전에 '남부의 남쪽' 오우에일리에서 출발했다. 4,000여 년 동안 이어져온 수메르의 역사는 수메르인의 몫이었다. 그러나 수메르는 악카드인 사르곤에게 국권을 넘겨주었다. 약 4,355년 전, B.C.E. 2334년의 일이었다. 수메르 초기 왕조 시대는 수메르의 황제 루갈자게씨의 죽음과 사르곤의 등극으로 막을 내렸다.

224) "마리가 파괴된 해(mu ma-ri$_2$.KI-a ḫul-a)"라는 기록이 남아 있다(미국 펜실베이니아대학 인류고고학박물관 CBS 08424, 독일 예나대학 힐프레히트컬렉션 HS 830). 마찬가지로 "사르곤이 아라와를 파괴한 해(HS 931)", "아라와가 파괴된 해(HS 836)", "사르곤이 엘람을 파괴한 해(HS 835)", "사르곤이 (원정하러) 씨무르룸으로 간 해(HS 901)"라는 기록도 확인했다.

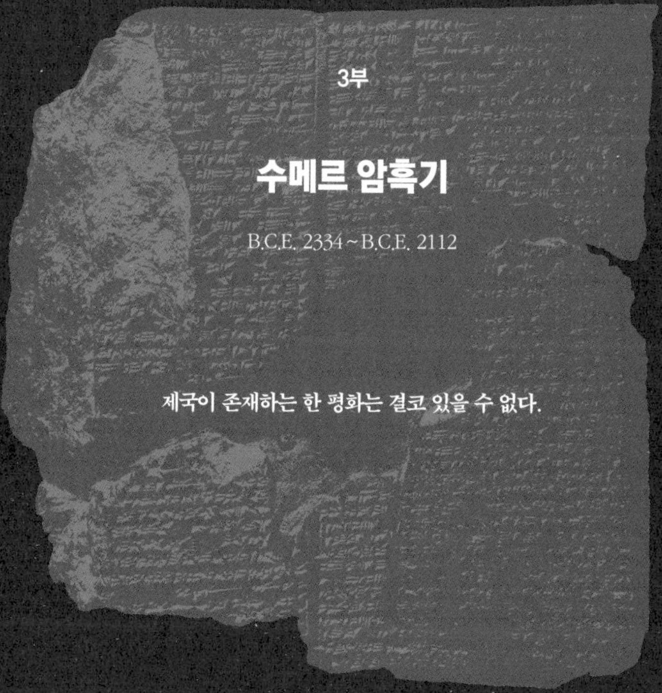

3부

수메르 암흑기

B.C.E. 2334~B.C.E. 2112

제국이 존재하는 한 평화는 결코 있을 수 없다.

1. 악카드 제국과 사르곤의 식민통치

악카드의 사르곤이 수메르 도시국가들을 완전히 정복했다. 사르곤은 정당하지 못한 방법으로 '개천의 용'이 되었다.[1)]

아가데에서, 샤루킨, 아버지가 정원사였던 자, 우르-자바바의 잔을 나르는 자, 아가데 왕, 아가데를 건설한 자, 그가 왕이었고, 56년을 다스렸다.[2)]

1) 악카드인은 정원사(nu-$kiri_6$, nu-$^{ĝeš}kiri_6$) 아들이었던 사르곤(šar-um-GI: šar-ru-GI)을 '정당한 왕(Šarru-kēnu: Šarru-kīn: Šarru-ukīn)'이라고 추켜세웠다. 세상의 모든 위정자는 자신이 권력을 쟁취한 과정이 전쟁이든 불법이든 상관없이 정당하다고 주장한다. 쿠데타로 키쉬 정권을 탈취한 키쉬 왕 우르-자바바의 '잔을 나르는 시종'이었던 사르곤도 마찬가지였다. 사르곤의 통치기간은 사료마다 다르다. 텔 레일란(Tell Leilan)에서 발굴된 〈수메르 왕명록〉 TL에는 54년, 니푸르에서 발굴된 〈수메르 왕명록〉 N1+L1에는 55년으로 되어 있다. 우르 3왕조의 〈수메르 왕명록〉 USKL에는 40년으로 되어 있다(425쪽의 사진 3 설명 참조). 일반적으로 그의 통치기간(중간 연대)은 B.C.E. 2334년에서 B.C.E. 2279년으로 본다.

2) 영국 옥스퍼드대학 에쉬몰리언박물관 〈수메르 왕명록 Ashm 1923-0444〉의 266~271행을 '직역'했다. 여기에 기록된 사르곤 이름은 '샤르-루-키-인(šar-ru-ki-in)'이다. 아가데(Agade)는 '악카드 국명'을 의미하기도 하고(a-ga-de_3^{ki}), '악카드 수도' 아가데를 의미하기도 한다(a-ga-de_3). '수도' 아가데의 위치는 현재 불분명하다. 역대 메소포타미아 제국의 수도들 중에서 유일한 예이다.

수메르의 암흑기가 시작되었다. 사르곤이 정복지를 지배하는 방법은 특별했다. 그는 속국의 통치자들을 내치지 않았다. 옛 수메르 도시국가의 루갈이나 엔시들도 신분을 그대로 유지했다. 그 대신 사르곤은 속국에서 그들을 감시하고 감독할 새로운 직책을 만들어 악카드인을 그 자리에 앉혔다. 수메르 이외의 정복지도 마찬가지였다. 사르곤은 수메르어뿐만 아니라 악카드어로 기록하도록 강요했다.**Δ1** 악카드어의 위상이 수메르어와 같아졌다. 그러다가 악카드어 문서가 점점 늘어났다.[3]

사르곤은 수메르인의 신앙과 종교를 그대로 수용했다. 수메르의 큰 신들이 악카드 만신전으로 들어갔다. 사르곤은 여신 이쉬타르(Ištar)를 악카드의 국가 수호신으로 모셨다. 이쉬타르는 다름 아닌 수메르의 인안나였다. 그는 아가데에 이쉬타르 신전과 자바바(Zababa)[4] 신전을 지었다. 그리고 왕은 공주 엔헤두안나(Enḫeduanna)를 수메르

266행: 아가데에서 사르곤(a-ga-de_3 šar-ru-ki-in)

267행: 아버지는 정원사(ab-ba-ni nu-$^{geš}kiri_6$)

268행: 우르-자바바의 잔을 나르는 자(sagi ur-^{d}za-ba_4-ba_4)

269~270행: 아가데의 왕, 아가데를 건설한 자(lugal a-ga-de_3^{ki} lu_2 a-ga-de_3^{ki} mu-un-du_3-a)

271행: 왕이었고, 그는 56년을 다스렸다(lugal-am_3 mu 5(u) 6(diš) i_3-ak)

3) 사르곤의 필경사들은 사르곤을 칭송하며 다음과 같이 수메르어와 악카드어로 기록했다. "사르곤, 아가데 왕, 인안나의 집행관, 세상의 왕, 안(아누)이 기름 부은 사제, 땅의 주인, 엔릴의 위대한 엔시." 그들은 이 내용을 수메르어로 "šar-um-GI lugal ag-ge-de_3.KI maškim ^{d}inanna lugal-KIŠ $guda_2$-an-na lugal kalam-ma $ensi_2$-gal $^{d}enlil_2$"이라고 적었고, 다시 악카드어로 "šar-ru-GI LUGAL a-ka_3-de_3.KI MAŠKIM.GI_4 ^{d}INANNA LUGAL KIŠ PA_4.ŠEŠ AN LUGAL KALAM.MA.KI $ENSI_2$ $^{d}enlil_2$"이라고 옮겨 적어서 악카드어의 위상을 높였다.

4) 키쉬의 수호신으로 전쟁의 신이다(^{d}za-ba_4-ba_4).

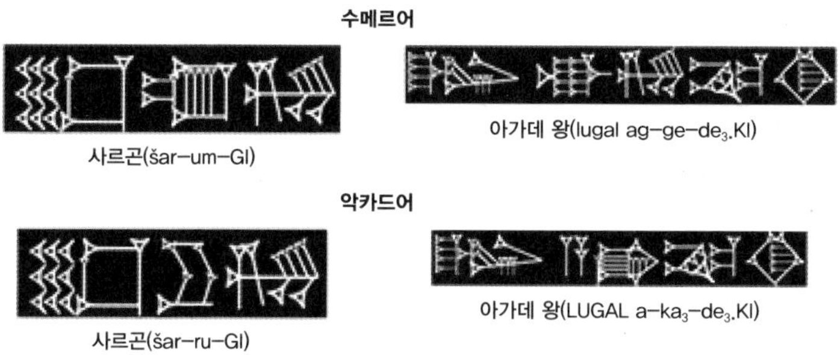

Δ1 설형문자 '아가데 왕 사르곤'

의 옛 도시국가 '우르의 수호신' 난나의 고위직 사제로 임명했다.[5] 사르곤은 수메르의 위대한 문화와 전통을 활용해 속국의 백성들을 정략적으로 다독이며 자신을 '정당한 왕'으로 정당화하는 데 일단 성공했다. 사르곤이 구축해 기세등등해진 악카드 문화가 여러 정복지와 남쪽 바다로 퍼져나갔다.

5) 1927년 영국의 고고학자 레너드 울리가 우르에서 발굴한 미국 펜실베이니아대학 인류고고학박물관의 둥근 설화석고판(CBS 16665)에 엔헤두안나와 3인—엔헤두안나의 부동산 관리인 앗다(Adda), 그녀의 미용사 일룸 팔일이스(Ilum Palilis), 그녀의 필경사 사가두(Sagadu)—의 모습과 기록이 남아 있다. 총 13행으로 적혀 있는 내용 중 1~5행에 "사르곤의 딸 엔헤두안나는 난나의 고위직 사제이자 부인(en-he$_2$-du$_7$-an-na MUNUS.NUNUZ. ^{d}NANNA dam-^{d}nanna dumu-šar-ru-GI)"이라고 적혀 있다. 필자는 졸저 〈수메르, 최초의 사랑을 외치다〉(휴머니스트, 2008, 339~343쪽)에서 엔헤두안나를 소개한 바 있다. 간략하게 언급하면 다음과 같다. 엔헤두안나는 우르뿐만 아니라 우루크에서도 인안나의 역할을 대리하는 중요한 자리를 차지했다. 그녀는 공주이자 사제이며 시인이었다. 또한 편집자이기도 했다. 엔헤두안나는 인안나를 '최고신'으로 격상시키는 과제를 충실히 수행했다. 그녀는 인안나를 "셀 수 없을 정도로 많은 신성한 힘을 가진 여제"로 찬미하는 154행의 시를 지었고, 옛 수메르 시절부터 내려오는 신과 신전을 소개하고 찬양하는 545행의 신전시를 지었으며, 이 시의 말미에 자신을 "점토판 편집자는 엔헤두안나(lu$_2$ dub zu keše-da en-he$_2$-du$_7$-an-na)"라고 적었다. 엔헤두안나는 수메르와 악카드라는 2개의 상반된 전통과 문화와 언어의 괴리를 온몸으로 극복한 가장 지성적이고 가장 창조적인 문학가였다.

세상의 왕 사르곤은 서른네 번의 전투에서 승리했다. 그는 바닷가 (도시) 성벽들을 파괴했다. 그는 멜루하의 배, 마간의 배, 딜문의 배를 아가데 항구에 정박시켰다. 사르곤, 왕은 투툴(Tutul)에서 다간(Dagan)에게 절을 했다. 그(다간)는 그(사르곤)에게 위쪽 땅을 주었다: 마리, 이아르무티(Iarmuti), 그리고 에블라(Ebla), 삼목숲과 은산(銀山)까지. 사르곤 앞에서 매일 5,400명의 남자들이 식사를 했다.[6] 엔릴께서 어떤 자도 왕과 경쟁할 수 없게 했다.[7] **Δ2**

그 당시 세상의 중심은 악카드였고, 세상의 주인은 사르곤이었

6) 투툴(지금의 Tell Bi'a)은 시리아 북부에 있던 고대도시로 다간 신을 섬겼다. '엔릴의 시종' 다간은 메소포타미아 서부와 유프라테스 중류 지역에서 숭배된 기후의 신으로 비, 풍요, 곡물과 관련이 있다. 점토판에 나오는 마리, 이아르무티(가나안의 고대도시), 에블라(시리아의 고대도시, 지금의 Tell Mardikh), 삼목숲(아마누스산맥)과 은산(토로스산맥)은 모두 다간을 모시는 서부 지역이었다. "사르곤이 다간에게 절을 했고, 다간이 자기 땅을 사르곤에게 내주었으며, 사르곤 군사 5,400명이 매일 식사를 했다"는 의미는 남다르다. 사르곤은 남쪽으로 원정을 떠나 바닷가 도시들과 치열하게 전쟁을 벌인 것과는 대조적으로 그의 서부 원정은 정복전쟁이 아니라 군사를 몰아 진군을 하며 자신의 위세를 과시한 것으로 볼 수 있다. 또한 왕은 그 대가로 삼나무와 은을 포함한 값비싼 귀금속을 조공으로 받아 실속을 챙긴 것으로 보인다. 사르곤이 북서부인 출신이었기 때문이었는지는 알 수 없다.

7) 미국 펜실베이니아대학 인류고고학박물관 CBS 13972 앞면 col. 5: 5~41행. 이어서 점토판에는 사르곤이 정복하고 전리품을 챙긴 이란의 옛 지명이 나열되어 있나. 엘람, 바락슘, 아라와, 살리아무(Sali'amu), 카르데데(Kardede), 헤니(Heni), 분반(Bunban), 후지X(Huzi…), 구닐라하(Gunilaḫa), 사붐(Sabum), 아완(Awan), 수사(Susa) 등이다(CBS 13972 앞면 col. 12: 1~51행). 악카드어로 된 이 명문을 읽다가 새로운 역사적인 인물들을 만났다. 엘람의 군주 사남-쉬무트(SaNAM-šimut), 엘람 왕 히쉬브라시니(Hišibrasini)와 그의 아들 루키샨(Luḫis'an), 바락슘 장군 울울(Ulul), 바락슘 왕의 형제 다구(Dagu), 바락슘 장군 씨드가우(Sidga'u, Si-it-ga-u$_2$), 바락슘 재판관 쿤두품(Kundupum), 후지X 군주 지나(Zina), 구닐라하 군주 히다리아(Hidaria) 등이다. 이후 옛 이란의 모든 도시는 사르곤에게 공물을 바쳐야 했고 악카드어를 공식어로 사용해야 했다.

다.[8] 그러나 사르곤 말년에 세상의 중심 악카드 제국은 혼란스러웠다.[9]Δ3

8) 사르곤은 일라바(Ilaba)라는 신을 개인 수호신으로 섬겼다. 악카드의 필경사는 사르곤이 우루크를 공격할 때 '수메르 황제' 루갈자게씨와 그의 곁에 집결해 있던 50명의 엔시들을 '전쟁의 신' 일라바(il_3-a-ba_4)의 무기로 제압했다고 기록했다(CBS 13972 앞면 col. 6: 50~59행, col. 7: 41~62행). 사르곤이 모셨던 일라바와 악카드의 국가 수호신이었던 이쉬타르(수메르의 인안나)는 '전쟁의 신'이라는 공통점이 있을 정도로 그는 정복욕에 사로잡혀 있던 전쟁광이었다. 사르곤의 왕비는 타쉬룰툼(Tašlultum)이었고, 슬하에 리무쉬(Rimuš)·마니쉬투슈(Maništušu)·슈-엔릴(Šu-Enlil)·일라바이쉬-타칼(Ilaba'iš-takal) 등의 왕자들과 엔헤두안나 공주를 두었으며, 우빌-이쉬타르(Ubil-Ištar)라는 형제도 있었다.

9) 신바빌로니아 시대의 〈초기 바빌로니아 왕들의 연대기〉에 사르곤의 행적이 남아 있다(영국박물관 BM 26472). "악카드 왕 사르곤은 이쉬타르 통치시기에 정권을 잡았고 적수가 없었다. 그의 영광이 널리 퍼졌다. 그는 동쪽 바다를 건넜다. 11번째 해에 그는 서쪽 땅 가장 먼 곳까지 정복했다. 땅의 권력이 그에게만 집중되었다. 그는 동상을 세우고 서쪽의 전리품을 배에 실어날랐다. 그는 궁정 관리들을 5시간 간격으로 배치하고 땅의 족속들을 통합해 다스렸다. 그는 카잘루로 진군해 새 1마리도 남지 않을 정도로 그곳을 폐허로 만들었다. 그 후 그의 노년에 온 땅이 다시 반란을 일으켜 아가데(수도)에서 그를 에워쌌다. 사르곤은 출정해 그들을 물리쳤다. 그는 그들을 전복시키고 그들의 대군을 제압했다. 이후 수바르투(북방민족)가 총공격하자 그가 무장했다. 사르곤은 군사를 매복시켜 그들을 완전히 섬멸했다. 그는 대군을 제압하고 전리품을 악카드로 보냈다. 그는 바빌론(Babylon) 구덩이의 흙을 파서 아가데 옆에 또 다른 바빌론을 만들었다. 그가 잘못을 저질렀기 때문에 위대한 신 마르둑(Marduk)이 분노해 기근으로 그의 가문을 쓸어버렸다. 동쪽에서 서쪽까지 모든 백성이 그에게 반기를 들었고, 마르둑은 그가 불면증에 시달리게 했다"(1~23행). 사르곤이 죽은 지 약 1,700년이나 지난 후의 기록이지만 왕의 말년이 순탄치 않았던 것은 분명해 보인다. 필경사는 모든 셈족이 우러르던 먼 옛날의 위대한 황제 사르곤을 추억한 것까지는 좋았으나 지나치게 바빌론의 수호신 마르둑에게 집착한 듯하다. B.C.E. 1897년에 출발한 고(古)바빌로니아는 B.C.E. 1792년 함무라비(Hammurabi)에 의해 고대 세계의 중심이 되었다. 그리고 엔키의 아들 마르둑은 '악카드의 사르곤' 통치 시절 그 신명조차 찾기 힘든 신이었으나 모든 신들의 제왕에 등극했다. 사르곤이 제2의 바빌론을 건설할 이유를 찾을 수 없었다. 뿐만 아니라 바빌론이 악카드 제국에서 중추적인 역할을 할 정도의 도시는 결코 아니었다. 게다가 마르둑이 사르곤의 삶을 통제하고 그의 가문을 쓸어버리거나 그의 정신세계를 지배할 수 있는 종교적 환경도 아니었다. 설령 사르곤 말년에 실제로 기근이 일어났다 하더라도 당시에 마르둑은 그럴 만한 신위(神威)를 갖지 못했다. 〈초기 바빌로니아 왕들의 연대기〉의 사르곤 기록은 절반은 맞고 절반은 틀리다. '기록의 역사'는 당대의 정치인이나 역사가가 자신과 자국의 정치적 목적을 정당화하려는 의도가 다분하다.

Δ2 사르곤의 승전비

프랑스 루브르박물관 Sb 00001 사르곤 승전비의 일부분(왼쪽), 미국 펜실베이니아대학 인류고고학 박물관 CBS 13972 앞면 col. 5: 12~16행(오른쪽 설형문자).

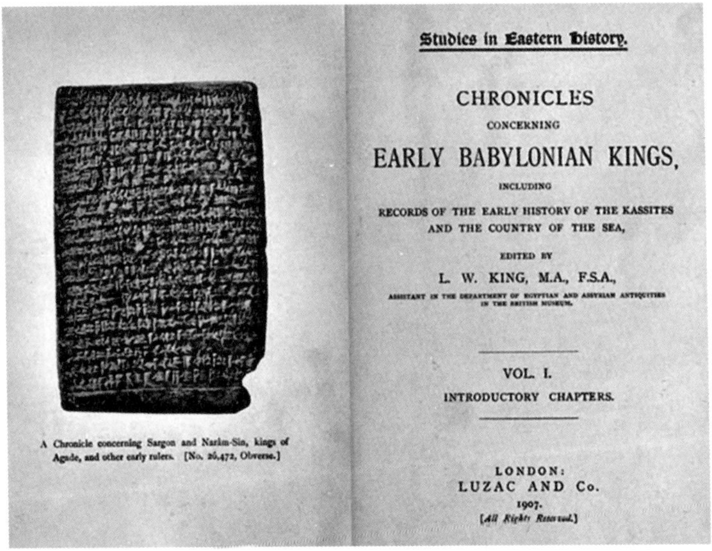

A Chronicle concerning Sargon and Narâm-Sin, kings of Agade, and other early rulers. [No. 26,472, Obverse.]

Studies in Eastern History.

CHRONICLES
CONCERNING
EARLY BABYLONIAN KINGS,
INCLUDING
RECORDS OF THE EARLY HISTORY OF THE KASSITES AND THE COUNTRY OF THE SEA,

EDITED BY
L. W. KING, M.A., F.S.A.,
ASSISTANT IN THE DEPARTMENT OF EGYPTIAN AND ASSYRIAN ANTIQUITIES IN THE BRITISH MUSEUM.

VOL. I.
INTRODUCTORY CHAPTERS.

LONDON:
LUZAC AND Co.
1907.
[All Rights Reserved.]

Δ3 사르곤의 말년

영국박물관 BM 26472 명문에는 사르곤 말년에 일어난 반란 기록이 남아 있다. 그러나 이 사료는 사르곤의 생전 기록이 아니다. 사르곤이 죽은 지 약 1,700년이 흐른 신(新)바빌로니아 시대(B.C.E. 626~B.C.E. 539)에 어느 필경사가 사르곤의 말년을 기록했다.

2. 리무쉬와 수메르 독립전쟁

악카드 황제 사르곤이 저승으로 내려갔다. 제국은 기근과 수메르인의 봉기로 뒤숭숭했다. 사르곤의 아들 리무쉬(Rimuš)[10)]가 왕이 되었다.Δ4 그는 왕관을 쓰자마자 수메르 독립군을 맞이했다.

수메르 땅에서 이방의 통일 왕조가 세습되자 옛 수메르 도시들이 들풀처럼 일어났다. 도시 지도자들은 사르곤 왕조의 정통성을 더 이상 인정할 수 없었다. 악카드인이 벌이는 전쟁에 수메르인이 끌려갔다. 비옥토 에덴에서 수확한 수메르의 작물들은 세금으로 강탈되어 악카드인의 입으로 들어갔다. 사르곤이 '정당한 왕'임을 정당화하려고 벌인 모든 수작들은 속 검은 입발림이었다. 아답과 자발라가 봉기했다.

리무쉬, 세상의 왕은 아답과 자발라를 상대로 싸웠고 1만 5,718명을

10) 〈수메르 왕명록 Ashm 1923-0444〉 272~273행에 따르면 "리무쉬, 사르곤의 아들, 그는 9년을 다스렸다"고 한다. 일반적으로 그의 통치기간(중간 연대)은 B.C.E. 2278~B.C.E. 2270년으로 본다.

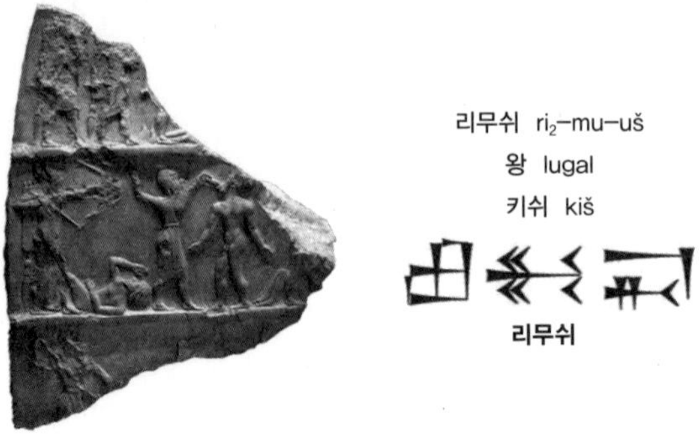

Δ4 '세상의 왕' 리무쉬

기르수에서 발굴된 리무쉬 석회암 승전비 일부(프랑스 루브르박물관 AO 02678). 악카드의 필경사들은 수메르 북쪽의 중심 도시 키쉬를 차지한 자가 세상의 실질적인 통치자라는 의미로 '키쉬 왕'이라는 표현을 상투적으로 즐겨 사용했다.

해치웠다. 그는 포로 1만 4,576명을 사로잡았다. 더군다나 그는 아답 군주 메스키갈라(Meskigala)[11]와 자발라 군주 루갈갈주(Lugalgalzu)를 사로잡았다.[12]

리무쉬는 아답과 자발라의 독립군을 제압하는 데 성공했다. 왕은 두 도시의 성벽을 파괴했다. 그에게 정복당한 두 도시의 백성들

11) 아답 군주 메스키갈라(또는 메스키갈(Meskigal))는 이라크 바그다드 국립박물관 IM 5572 설화석고 조각상 명문에서 한 번 더 실체를 확인했다. "아답 군주 메스키갈의 삶을 위해 이 조각상을 '안(An)'의 고관 닌슈부르(Ninšubur) 신께 바친다." 남신 닌슈부르는 또한 여신으로 인안나의 시종이며, 자웅동체의 수메르 신이다. **〈수메르 왕명록〉에서 찾아볼 수 없는 아답 군주 메스키갈라는 수메르 황제 루갈자게씨 통치 시절부터 오랫동안 아답을 통치한 만만치 않은 지도자였다.**

12) 미국 펜실베이니아대학 인류고고학박물관 CBS 13972 뒷면 col. 6: 32~53행. 니푸르에서 발굴된 이 박물관 점토판 UM 29-13-782 뒷면 3행에도 다음과 같은 내용이 실려 있다. "아답이 파괴된 해(mu adab^{ki} ḫul-a)."

은 자국에서 추방되거나 죽었다. 리무쉬는 잔인무도했다. 그는 움마와 키안에서 일어난 독립군도 제압했다. 8,900명이 죽었다. 그에게 포로로 잡히거나 노예로 끌려간 사람은 3,540명이었다. 리무쉬는 두 도시에서 3,600명을 추방해 수용소에 가두었다. 두 도시에서 봉기를 주도한 군주들도 붙잡혔다.[13] 리무쉬는 우르 독립군과 라가쉬 독립군도 모두 쓸어버렸다. 8,040명이 죽었고, 5,460명이 포로로 잡혔다. 그들의 지도자 역시 붙잡혔다. 그리고 리무쉬는 두 도시에서 5,985명을 추방해 수용소에 가두었다.[14]

리무쉬는 우르가 페르시아만으로 들어오는 외지인들에게 거두어들인 조공마저 빼앗았다. 그는 3번의 전쟁에서 모두 이겼다. 1만 1,322명을 죽였고, 1만 4,100명을 그들 도시에서 추방해 수용소에 가두었다. 리무쉬가 전쟁을 마치고 돌아오던 중 카잘루(Kazallu)가 들고일어났다. 그는 카잘루를 토벌한 뒤 카잘루에 살고 있던 1만 2,052명을 죽이고, 5,862명을 포로로 잡았다. 또한 카잘루 군주 아샤레드(Ašared)를 사로잡았고, 카잘루 성벽을 파괴했다.[15] 카잘루의 희생자는 1만 2,052명이었고, 5,864명이 죄수가 되었다. 악카드 입

13) 미국 필라델피아 펜실베이니아대학 인류고고학박물관 CBS 13972 뒷면 col. 7: 20~60행. 이 명문에 나오는 움마 군주는 엔x(En-x)이며(34행), 키안 군주는 루갈-카(Lugla-KA)이다(38행).

14) 미국 펜실베이니아대학 인류고고학박물관 CBS 13972 뒷면 col. 6: 1~25행. **이 명문에 나오는 우르 왕은 카쿠(KA-ku, Kaku)이며(8행), 라가쉬의 군주는 키투쉬-이드(Kituš-id)이다(10행). 카쿠는 '루갈(왕)'로 기록되어 있는 점으로 보아 당시 우르가 해상무역으로 상당한 영향력을 행사하고 있었던 것으로 추측할 수 있다. 우르의 카쿠와 라가쉬의 키투쉬-이드 역시 〈수메르 왕명록〉에서 찾아볼 수 없다.**

15) 미국 펜실베이니아대학 인류고고학박물관 CBS 13972 뒷면 col. 6: 27~39행.

장에서는 반란이었으나 수메르 입장에서는 독립전쟁이었다.[16)]

수메르 독립전쟁은 실패했다. 리무쉬가 휘두른 무자비한 칼날 앞에 수많은 수메르인이 목숨을 잃었다. 곧이어 엘람 땅 곳곳에서 대대적인 봉기가 일어났다. 리무쉬는 '바락슈, 자하라(Zahara), 엘람, 구핀(Gupin), 멜루하'의 반란군 1만 6,212명을 죽이고, 4,216명을 포로로 사로잡았다.[17)] 왕은 반란 진압에 성공했고 악카드를 지켰다. '수메르의 암흑기'는 더욱 깊어지고 있었다. 그런데 갑자기 리무쉬가 왕궁에서 죽었다.[18)]

16) 수메르 역사가들은 '반란'이라는 용어만을 고집한다. 이는 다분히 악카드 입장에서만 바라본 자세이다. 대일항쟁기(對日抗爭期)에 벌였던 독립군 활동을 반란이라고 할 수 없듯이 수메르 역사책이라면 당연히 '독립전쟁'이라는 용어를 써야 한다.

17) 미국 펜실베이니아대학 인류고고학박물관 CBS 13972 뒷면 col 8: 34~56행, col 9: 1~56행. 옛 이란 땅의 자하라와 구핀의 위치에 대해 밝혀진 정보는 없다. 이 사건으로 역사에 등장한 인물로는 바락슈 왕 아발가마쉬(Abalgamaš), 엘람 왕 에마시니(Emaḫsini), 자하라 장군 샤르가피(Šargapi)였고, 한때 사르곤과 전쟁을 벌였던 바락슈의 씨드가우(또는 씨잇가우) 장군이 다시 참가했다.

18) 리무쉬는 왕궁에서 살해당한 것으로 보인다. Beatrice L. Goff, "*The Rôle of Amulets in Mesopotamian Ritual Texts*", Journal of the Warburg and Courtauld Institutes, vol. 19, no. 1/2, (1956, 36)에 후대 바빌로니아 기록을 소개하는 흥미로운 내용이 실려 있다. "만일 '손가락'이 초승달과 같다면, 그것은 궁정 관리들이 '인장'으로 죽인 리무쉬 왕의 징조이다." '손가락'과 '초승달'은 어린 염소의 간(肝) 모양으로 미래를 예견하는 점술과 관련이 있다. 다른 기록에도 "만일 마음이 음낭과 같다면, 그것은 신하들이 점토판으로 죽인 리무쉬 왕의 징조이다"라고 기록되어 있다. 여기서 리무쉬를 죽이는 데 사용한 무기(인장)는 악카드어의 '쿠눅쿠(Kunukku), 수메르어의 키쉬브(kišib$_3$)'로 원통 인장을 말한다. 쿠눅쿠는 대개 외지에서 수입한 암석으로 만들었다. '모종의 무기(원통 인장)'로 맞아 암살당한 리무쉬 죽음의 배후에는 그의 형 마니쉬투슈의 그림자가 짙게 깔려 있다. 그러나 우르 3왕조의 〈수메르 왕명록〉 USKL에서는 리무쉬와 마니쉬투슈의 통치 순서가 "2대왕 마니쉬투슈, 3대왕 리무쉬"로 뒤바뀌어 있다.

3. 마니쉬투슈의 남방 무역전쟁

리무쉬 형제 마니쉬투슈(Maništušu)가 정권을 잡았다.[19] 악카드는 일시적으로 전쟁이 멈춘 듯했다. 그러나 환상이었다. 남부 땅은 저 멀리 수메르 초기부터 무역을 통해 삶을 유지하고 있었다. 마니쉬투슈는 옛 수메르 도시들과 에덴에서 거두어들이는 자본만으로는 만족하지 못했다. 남부에서 절대적으로 부족한 자원을 구하려면 밖으로 나가야 했다. 마니쉬투슈는 평화적인 통상외교가 아니라 전쟁을 택했다.Δ5

마니쉬투슈, 세상의 왕이 안샨(Anšan)[20]과 쉬리훔(Širiḫum)[21]을 정복했

19) 〈수메르 왕명록 Ashm 1923-0444〉 274~277행에 따르면 "마니쉬투슈, 리무쉬 형제, 샤루킨의 아들이 15년 동안 다스렸다"고 한다. 일반적으로 그의 통치기간(중간 연대)은 B.C.E. 2270년에서 B.C.E. 2255년으로 본다. 마니쉬투슈는 리무쉬의 형인데, 마니쉬투슈의 이름(Man-ištu-šu)은 종종 "누가 그와 함께 있는가?"로 해석되며, 형제는 쌍둥이일 가능성이 있다.

20) 이란 남서부의 자그로스 산지에 위치한 고대도시(지금의 Tall-e Malyan).

21) 쉐리훔(Šerihum)이라고도 한다. 고대 이란의 페르시아만 해안도시로 추정된다.

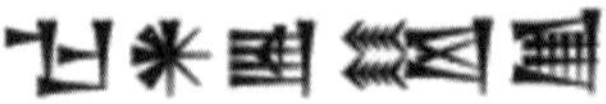

Δ5 마니쉬투슈의 섬록암 오벨리스크

프랑스 루브르박물관 Sb 00020 경계석(kudurru)에 마니쉬투슈의 행적이 빼곡히 적혀 있다.

을 때, 아래 바다를 [···] 의 배로 [···] 그가 건넜다. 바다 너머, 서른둘(도시들)이 싸우려고 모였으나, 그가 이겼다. 게다가 그는 그 도시들을 정복했고, 그 지배자들을 제압했다. 그 후 그가 그들을(그의 군대를) 재정비해 은광까지 빼앗았다. 그는 아래 바다 건너에 있는 산지의 검은 돌을 캐서 배에 실었고, 아가데 부두에 배를 정박시켰다. 그는 자신의 조각상을 만들어 엔릴께 바쳤다. 내가 샤마쉬와 일라바께 맹세하노니, 이는 거짓이 아니고 실로 진실이다![22]

22) 프랑스 루브르박물관 Sb 00051 섬록암 명문, 1~52행.

마니쉬투슈가 무역전쟁을 일으켰다. 그는 군대를 이끌고 동쪽 국경선을 넘었다. 엘람 국경선 부근의 도시 파쉬메(Pašime)[23] 총독은 마니쉬투슈가 임명한 악카드인 일슈-라비(Ilšu-rabi)였다. 더구나 엘람 총독으로 왕이 파견한 악카드인 에쉬품(Ešpum)이 수사에 있었다.[24] 마니쉬투슈 원정길에 걸림돌은 없었다. 그는 손쉽게 파쉬메와 수사를 거쳐 남동쪽 안샨을 짓밟고, 바닷가 도시 쉬리훔을 수중에 넣었다. 왕의 목적지는 아래 바다 건너편에 있는 '천연 광물자원의 보고' 마간 땅이었다. 마니쉬투슈 군대는 바다를 건넜고, 32개 도시 왕들이 뭉친 마간연합군을 무찔렀다. 왕은 은광을 약탈했고, 섬록암(검은 돌)을 아가데 항구로 싣고 왔다.

한데 마니쉬투슈가 대대적인 남방 무역전쟁을 일으킨 이유는 따로 있었다. 왕은 북방의 자원을 손에 넣을 수 없었다. 중차대한 무역로마다 극복할 수 없는 위기감이 팽배했다. 한때 사르곤이 점령했던 에블라가 악카드에 버금갈 정도로 강력해져 있었다. 에블라는 마리의 오랜 앙숙으로, 마리는 악카드의 속국이었다. 두 곳 모두 무역과 통상으로 유지되는 왕국이었다. 에블라가 마리의 기세를 꺾었다. 악카드 북서쪽의 무역로가 봉쇄되었다. 북쪽의 후리(Hurri)[25],

23) 바쉬메(Bašime, 지금의 Tell Abu Sheeja)라고도 한다. 이라크 국경에서 이란 쪽으로 7킬로미터 떨어져 있다.

24) 악카드 속국에 군사적인 목적으로 파견한 총독을 악카드어로 샤카낙쿠(šakkanakku), 수메르어로는 샤기나(šagina)라고 한다.

25) 메소포타미아 북부, 서쪽의 하부르(Khabur)강 계곡에서 동쪽의 자그로스산맥 기슭까지 이어지는 넓고 비옥한 농경지를 점령하며 살았던 호전적인 족속의 지방.

북동쪽의 룰루비(Lullubi)[26]와 구티(Guti)[27]에 사는 족속들은 모두 마니쉬투슈가 쉽게 원정을 감행할 수 없을 정도로 호전적이었다. 북방무역은 사실상 차단된 상태였다.[28] 결국 마니쉬투슈의 선택지는 상대적으로 만만한 남쪽이었다.

어느 날 갑자기 마니쉬투슈가 그의 동생 리무쉬처럼 왕궁에서 죽었다. 형제의 운명은 똑같았다.

26) 룰루비의 정확한 위치는 알려져 있지 않으나 디얄라강 상류와 이라크 북동부 슐레이마니아주(州) 사이의 지역으로 여겨진다.

27) 수메르 북동쪽 자그로스 산악지대에 살았던 호적전인 족속의 지방.

28) 악카드는 에블라, 후리, 룰루비, 구티 때문에 메소포타미아 북부 너머(지금의 아나톨리아, 아르메니아, 아제르바이잔 등)의 교역로가 모두 차단되어 북방 자본이 유입될 수 없는 상황이었다.

4. 나람-씬과 수메르 독립전쟁

마니쉬투슈의 아들 나람-씬(Naram-Sin)[29]이 그의 뒤를 이어 왕이 되었다. 나람-씬의 정복욕은 누구보다도 강렬했다.**Δ6** 그의 머릿속은 조부 사르곤처럼 광활한 제국을 점령할 생각으로 가득 차 있었다. 그는 세상에서 가장 강력한 왕권을 열망했다. 그러나 그는 커다란 난관에 봉착했다.

수메르 독립전쟁이 다시 일어났다. 수메르 도시들은 악카드의 속박에서 벗어나려고 몸부림쳤다. 수메르인은 포악하기 그지없던 '나람-씬의 숙부' 리무쉬 통치기간에 쓰라린 패배를 맛본 적이 있었다. 수메르 군주들은 마니쉬투슈의 갑작스러운 죽음으로 왕권을 잡은 나람-씬이 안정을 찾기 전에 악카드를 휘몰아칠 심사였다. 그들은 리무쉬에게 당한 비극적인 전철을 또다시 용납할 수 없었다. 그

29) 나람-쑤엔(Naram-^{d}Suen)이라고도 한다. 〈수메르 왕명록 Ashm 1923-0444〉 278~280행에는 "나람-쑤엔, 마니쉬투슈의 아들, 그가 56년 동안 다스렸다"라고 적혀 있다. 〈수메르 왕명록〉의 필경사는 사르곤과 나람-씬의 통치기간을 모두 56년으로 통일시켜 '역사 작위(作爲)의 흠'을 드러냈다. 그의 통치기간은 불분명하다. 일반적으로 나람-씬의 통치기간(중간 연대)은 B.C.E. 2254년에서 B.C.E. 2218년까지 약 36년으로 본다.

Δ6 나람-씬

이스탄불 고고학박물관의 나람-씬 비석 Ist EŞEM 01027. 에아(수메르의 엔키) 신이 사방의 어느 누구도 강력한 나람-씬을 이기지 못하게 할 것이며, 왕이 전멸시킨 적군의 무덤을 쌓아올렸으니, 이 비문을 훼손하는 자는 이쉬타르(수메르의 인안나) 신이 엄벌할 것이라는 경고가 적혀 있다.

때는 아답, 자발라, 움마, 키안, 우르, 라가쉬, 카잘루가 독립전쟁에 가담했으나 이번에는 심상치 않았다. 수메르 전역에서 독립을 열망하고 있었다.

수메르 전역의 도시들이 대대적으로 봉기할 태세였다. 수메르 북쪽과 남쪽 지도자들이 서로 힘을 모아 악카드를 쳐부술 전략을 세우고 있었다. 북쪽은 키쉬 왕 이프크르-키쉬(Ipḫur-Kiš)가 수메르 왕으로 추대되었고, 남쪽은 우루크 왕 아마르-기리드(Amar-girid)가 수메르 왕으로 추대되었나.[30]

30) **키쉬의 이프크르-키쉬와 우루크의 아마르-기리드는 〈수메르 왕명록〉에 나오지 않는 왕들이다. 이들이 각각 남북의 수메르 왕으로 추대되었기 때문에 두 사람에 의해 사실상 키쉬 5왕조, 우루크 4왕조가 시작되었다고 보아야 한다. 일반적으로 수메르 연구가들은 〈수메르 왕명록 Ashm 1923-0444〉를 기준으로 수메르 왕조를 구별한다. 그들은 키쉬 왕조를 수메르 초기 왕조시대의 키쉬 4왕조로 막을 내리고 만다. 그러나 키쉬에는 실제로 수메르 독립전쟁을 이끈 북부연합군의**

키쉬 왕 이프크르-키쉬가 무장봉기하자 이에 키쉬, 쿠타(Kutha),[31] 티와(Tiwa),[32] 씨파르, 카잘루,[33] 키리타브(Kiritab),[34] 아피아크(Apiak),[35] 에레쉬(Eresh),[36] 딜바트(Dilbat),[37] 보르씨파(Borsippa)[38]와 산악지대 아무르(Amurru) 사람들[39]이 동참했다. '씬(Sîn)의 들판'에서 피비린내 나는 전투가 벌어졌다. 나람-씬이 승리했다. 이 전투에서 티와 군주 푸주르-닌갈(Puzur-Ningal), 보르씨파 군주 일룸-단(Ilum-dan), 아피아크 군주 다다(Dada)를 비롯한 지휘관 300명과 수많은 수메르인이 포로가 되었다. 나람-씬은 '북부연합군의 수메르 왕' 이프크르-키쉬를 키쉬까지 추격했다. 그들은 키쉬 근처에

키쉬 왕 이프크르-키쉬의 키쉬 5왕조가 엄연히 존재했다. '키쉬 5왕조'라는 용어는 수메르학계에 필자가 처음 제시하는 것이다. 또한 〈수메르 왕명록 Ashm 1923-0444〉를 기준으로 분류된 우루크 4왕조는 수메르 독립전쟁을 이끈 남부연합군의 우루크 왕 아마르-기리드가 건설했다. 이 또한 〈수메르 왕명록〉의 필경사에 의해 역사에서 제거당한 우루크 왕을 부활시켜 수메르 역사의 진실을 알린다. 〈수메르 왕명록〉의 필경사는 수메르 독립전쟁에서 주도적인 역할을 한 2명의 수메르 독립군 지도자를 모두 역사에 남기고 싶지 않았던 모양이다. 그래서 키쉬 5왕조의 이프크르-키쉬는 역사에서 아예 지웠고, 우루크 4왕조는 역사에 남겼으나 아마르-기리드를 제외한 다른 우루크 왕들만 알리고 말았다.

31) 바빌론 북동쪽으로 40킬로미터 지점에 있는 도시.

32) 바빌론과 카잘루 인근의 도시.

33) 바빌론에서 약 15킬로미터 떨어진 유프라테스강 서쪽에 있는 도시.

34) 카잘루 남쪽 인근의 도시.

35) 카잘루 동남쪽 인근의 도시.

36) 니푸르 북동쪽 인근의 도시.

37) 바빌론 남동쪽 유프라테스 강변에 있는 도시.

38) 바빌론에서 남쪽으로 17.7킬로미터 떨어진 유프라테스강 제방에 있는 도시.

39) 메소포타미아 북서부, 유프라테스강 서쪽에 살던 고대 시리아와 가나안 사람들이며, 아모리인(Amorites)이라고도 한다. 아무르의 수메르어는 마르투(MAR.TU)이다.

있는 닌카락(Ninkarak) 신의 성문에서 다시 싸웠다. 이번 키쉬에서의 전투도 나람-씬이 이겼다. 그 바람에 카잘루 군주 푸주르-누무쉬다(Puzur-Numušda), 쿠타 군주 이디-일룸(Iddi-ilum), 씨파르 군주 일리쉬-타칼(Iliš-takal), 키리타브 군주 샬임-벨리(Šalim-bēlī), 에레쉬 군주 퀴슘(Qīšum), 딜바트 군주 이타-일룸(Ita-ilum)을 비롯한 지휘관 100명과 수많은 수메르 병사들이 사로잡혔다. 그들은 모두 유프라테스강에 수장되었다. 나람-씬은 키쉬를 정복하고 그 성벽을 파괴했다. 결국 북부연합군은 패배하고 말았다.

남쪽에서 '남부연합군의 우루크 왕' 아마르-기리드가 무장봉기했다. 우루크, 우르, 라가쉬, 움마, 아답, 슈루파크, 이씬, 니푸르 아래 바다 해안 지역의 도시에 거주하는 모든 수메르인이 같은 편이었다. 아마르-기리드는 유프라테스강 상류와 수바르투 지역 지도자들에게도 자신을 도와 참전해주길 바라는 서신을 보냈으나 헛된 꿈이었다. 그는 전쟁터에서 체포되었다. 이번에도 나람-씬은 남부연합군에게 막대한 피해를 입히며 승리를 쟁취했다. 그가 수메르인

40) 수메르 독립전쟁을 악카드어로 기록한 미국 펜실베이니아대학 인류고고학박물관 점토판 끝부분(CBS 02344+CBS 14547+N 3539, 234~239행)에 니푸르 군주 루갈닉주(Lugalnigzu, lugal-nig$_2$-zu)의 이름이 짧게 언급되어 있다. 문장 앞뒤의 명문이 깨져 자세한 상황은 알 수 없으나 루갈닉주도 독립전쟁을 일으켰다가 실패했다. 수메르 도시들과 나람-씬의 전쟁은 독일 예나대학 힐프레히트컬렉션의 점토판(HS 1954+HS 1955+HS 2499+HS 2506)에도 악카드어로 기록되어 있다. 그 내용 중에 수메르인의 희생자 통계를 제시한 구절(198~202행)이 있는데, "장군 13명, 군주 23명(또는 33명), 지휘관 1,212명, 그리고 군인 13만 7,400명(또는 11만 8,140명)"이 나와 있을 정도로 대대적인 봉기였음을 알 수 있다. **수메르 독립전쟁에 참가한 모든 수메르 군주들은 〈수메르 왕명록〉에 단 한 명도 나오지 않는다. 비록 악카드 치하였으나 적어도 키쉬의 이프크르-키쉬와 우루크의 아마르-기리드는 〈수메르 왕명록〉에 등재되었어야 한다. 진정한 〈수메르 왕명록〉이라면 '수메르 독립전쟁' 당시의 수메**

의 간절한 소망을 짓밟았다. 수메르 독립전쟁은 나람-씬에 의해 또다시 실패했다.[40]

르 왕조들이 실려 있어야 한다. 〈수메르 왕명록〉의 필경사는 우루크 4왕조를 악카드 왕조가 사라진 뒤에 등재시켰다. 그는 어찌하여 '수메르 독립전쟁 당시에 출발한 아마르-기리드의 우루크 4왕조'를 감추었던 것일까. 〈수메르 왕명록〉을 근거로 수메르 왕조를 구분해 수메르 역사를 쓰는 일은 너무나 많은 결점을 안고 있다. 〈수메르 왕명록〉은 수메르 시대 당시에 존재했던 역사가들이 쓴 실제 역사와 큰 차이가 있으며, 수메르 역사에 반드시 등장해야 할 중요한 통치자들이 〈수메르 왕명록〉 곳곳에서 빠져 있다. 〈수메르 왕명록〉 필경사의 실수가 아니라 '고의'였음은 두말 할 필요도 없다.

5. 나람-씬의 과대망상

강력한 나람-씬, 아가데 왕: 세상의 사방이 함께 그에게 반란을 일으켰을 때, 이쉬타르께서 그에게 보여준 사랑으로, 그는 한 해에 9번 전투에서 승리했으며, 그는 그에게 반기를 든 왕들을 사로잡았다. 그가 그의 도시(아가데)의 근간을 위기에서 지켰기 때문에, 그의 도시(백성들)가 에안나의 이쉬타르, 니푸르의 엔릴, 투툴의 다간, 케쉬의 닌후르쌍, 에리두의 에아(엔키), 우르의 씬, 씨파르의 샤마쉬, 쿠타의 네르갈(Nergal)[41]에게 (나람-씬이) 그들의 '도시의 신'이 되게 해달라고 빌었고, 그들은 아가데의 정중앙에 그(나람-씬)에게 줄 신전을 세웠다. 이 비문을 제거하는 자는, 샤마쉬·네르갈·왕의 집행관과, (앞에서 언급한) 모든 신들이 그의 (삶의) 근간을 찢어발기고, 그의 자손들을 없애버릴 것이다.[42]

41) 네르갈은 전쟁의 신이자 저승의 신으로, 니푸르 북쪽의 도시 쿠타(Kutha, 지금의 Tell Ibrahim)의 수호신이다.

42) 메소포타미아 북부 도시 마르다만(Mardaman, 지금의 Bassetki)에서 발굴된 청동 동상에 실린 악카드어 명문 전문(이라크 바그다드국립박물관 IM 077823 명문, 1~74행).

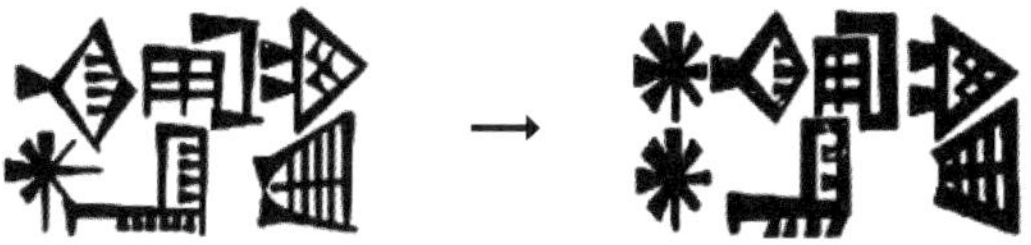

나람-씬　　　　신(神) 나람-씬

Δ7 나람-씬, '신'이 되다

나람-씬의 '씬(^{d}sîn)=쑤엔(^{d}suen)'은 달의 신으로, 수메르 신 난나(^{d}Nannar)의 변형이다. 왼쪽 사진의 'suen' 앞에 '신(神)'을 의미하는 '딩기(dingir)'의 '^{d}'를 붙여 정체성을 표시했다. '쑤엔'의 쐐기꼴은 'dingir+en+su'로 되어 있다. 엔쑤(EN.SU)=쑤엔(SU.EN)이다. 엔쑤는 엔주(EN.ZU)이기도 하다. 나람-씬(나람-쑤엔)은 '나람(na-ra-am)'과 '쑤엔'의 조합이다. 오른쪽 사진에서는 'dingir'를 하나 더 붙여 나람-씬(^{d}Naram-^{d}suen)이 '신'이 되었다. 그의 이름풀이는 '달의 신이 사랑하는 자 또는 달신의 사랑'이다.

나람-씬은 한 해에 9번이나 승전을 거듭할 정도로 강했다. 악카드인들은 무수한 수메르 독립군들이 나람-씬 앞에서 추풍낙엽처럼 쓰러지는 모습을 목격했다. 그들은 도시 아가데를 지킨 나람-씬을 '신'으로 받들었다. 악카드의 필경사들이 그를 신으로 기록하기 시작했다.**Δ7** 나람-씬 자신도 신이 되려는 욕망을 멈추지 못하고 있었다. 그리고 신이 된 나람-씬은 사방팔방 가리지 않고 정복하려는 안달증에 시달리고 있었다.

나람-씬은 조부 사르곤이 한때 접수했던 에블라를 공격하기 위해 서쪽으로 향했다. 에블라는 부친 마니쉬투슈가 꿈도 꾸지 못하고 포기했던 강국이었다. 나람-씬은 지나는 길에 마리 왕궁을 불태웠다. 왕은 에블라와 아르만(Arman)[43]을 정복했다. 그는 아르만 군

43) 아르마니(Armani) 또는 아르마눔(Armanum)이라고도 한다. 아르만의 위치는 현재 논쟁 중이다.

주 리다-아다드(Rida-Adad)를 왕궁 문 한가운데에서 사로잡았다. 아마누스산맥과 삼목산도 그의 수중에 있었다. 나람-씬은 북쪽의 후리를 정벌했고, 수바르투 지역을 손에 넣어 속국의 수를 늘려나갔다.

나람-씬의 칼바람은 동쪽으로도 불었다. 그는 자그로스산맥을 넘어 엘람을 공략했다. 엘람은 굴복했고, 평화조약이 체결되었다. 나람-씬과 엘람 왕 키타(Khita)는 한순간에 적에서 동지가 되었다.[44] 키타가 나람-씬에게 내준 엘람군은 악카드를 위해 싸웠다. 또한 키타는 공주를 나람-씬에게 시집보냈다. 엘람 땅에 나람-씬이 요구하는 신전이 세워졌다. 엘람의 공식어는 악카드어로 대체되었다. 엘람의 중심 도시 수사는 악카드의 일부나 다름없었으며, 악카드인이 엘람 총독으로 파견되었다.

나람-씬은 북동쪽으로도 정복의 깃발을 돌렸다. 이번에는 룰루비가 '악카드 전쟁광'의 사정권 안으로 들어왔다. 룰루비의 지배자 사투니(Satuni)가 저항했으나 역부족이었다.**Δ8**

'악카드 전쟁광'은 남쪽에서도 칼을 휘둘렀다. 나람-씬은 아래 바다를 건너 마간을 차지했다. 그곳의 희생자는 마간 왕 마니움(Manium)이었다. 나람-씬은 마간에서 섬록암을 채석해 배에 싣고 아가데로 돌아왔다. 그는 자랑스럽게 전리품으로 자신의 동상을 만들었다.

44) 프랑스 루브르박물관 Sb 08833 점토판에 수사에서 발굴된 나람-씬과 키타의 '악카드와 엘람의 평화조약' 증거물이 다음과 같이 적혀 있다. "나람-씬의 적은 나의 적이요, 나람-씬의 친구는 나의 친구이다."

Δ8 나람-씬의 승전비

수사에서 발굴된 프랑스 루브르박물관 Sb 00004 석회암 경계비. 신들의 제왕을 상징하는 뿔이 달린 모자를 쓴 나람-씬이 룰루비를 물리치고 있는 모습이다. 그는 활(왼손)과 화살(오른손), 도끼(왼팔)로 중무장하고 룰루비 병사들을 짓밟고 있다. 나람-씬이 바라보는 하늘에 '신들의 제왕'을 의미하는 별 모양의 상징 2개가 떠 있다. 이 승전비는 B.C.E. 1158년경 엘람 왕 슈트룩-나훈테(Šutruk-Nahunte)가 카시트(Kassite) 왕조의 바빌론을 공격해 멸망시켰을 때 씨파르에서 도난당했다. 슈트룩-나훈테는 '엘람의 신' 인슈쉬나크(Inšušinak)의 도움으로 이것을 씨파르에서 가져왔다고 승전비 여백에 기록했다. 이때 유명한 〈함무라비 법전〉도 수사로 옮겨졌다.

나람-씬은 승승장구했다. 그는 '악카드 신, 악카드 왕, 수메르 왕, 세계 사방의 왕, 우주의 왕'이라고 불렸다. 나람-씬은 우르의 씬 신전, 자발라와 아답의 이쉬타르 신전, 니푸르의 엔릴 신전을 개축했다. 그는 공주들을 여러 신전으로 보내 고위직 여사제로 임명하고 종교와 신앙을 정략적으로 이용했다.[45] 세월이 흘러 나람-씬은 노

45) 나람-씬의 공주로는 니푸르의 에쿠르 신전 고위직 여사제 투타-나프슘(Tūta-napšum), 우르의 씬 신전 고위직 여사제 엔멘안나(Enmenana), 씨파르의 샤마쉬 신전 고위직 여사제 슘샤니(Šumšani)·메울마쉬(Me-Ulmaš), 옛 시리아의 우르케쉬(Urkeš, 지금의 Tell Mozan) 지방의 후리족 우두머리에게 시집보낸 타람아가데(Taram-Agade)가 있었다. 사르곤이 자신의 딸 엔헤두안나를 우르의 난나(씬) 신전 고위직 여사제로 임명했던 때보다 나람-씬이 종교와 신앙까지 장악하려는 욕망의 강도가 훨씬 강했다. 악카드가 멸망한 뒤 나람-씬에 대한 평판은 좋지 못한 듯하다. 프랑스 루브르박물관 AO 06890, AO 06892를 비롯한 수많은 사료에 나람-씬과 니푸르 사제들 간의 대립이 기록되어 있다. 이를 모아 정리

쇠해지고 있었다. 자칭 타칭 신이었던 나람-씬은 죽음을 초월한 신이 결코 아니었다. 그는 과대망상 속에서 살았다. 나람-씬이 이승과 작별했다. "짐은 신이다"라고 외치며 '최초로 신이 된 왕'이 죽었다.

한 〈아가데의 저주〉를 보면 나람-씬은 니푸르의 에쿠르를 개축하고 싶어했다. 에쿠르는 '신들의 제왕' 엔릴의 신전이었다. 그러나 사제들은 7년 동안 응답하지 않았다. 그 당시 사제들은 어린 염소를 죽여 간의 모양을 보고 앞날을 점쳤다. 이에 고민하던 나람-씬은 군대를 보내 일방적으로 에쿠르를 허물었다. 이 사건으로 신들의 저주가 쏟아졌다. 그래서 후대인들은 나람-씬이 힘을 잃고 악카드가 기울어졌다고 생각했다. 수메르에는 악카드 왕조가 들어서기 4,000여 년 전부터 신전이 있었다. 최초의 수메르 왕들은 대사제였는데, 사제 신분은 세습되었다. 신정일치 사회에서 사제의 권위는 왕실에 버금갔다. 사르곤이 죽인 '수메르 초기 왕조시대의 마지막 수메르 황제' 루갈자게씨도 사제 출신이었다. 니푸르는 수메르의 종교와 신앙의 중심지였다. 수메르의 모든 중요 결정권은 니푸르의 에쿠르 신전에 있는 엔릴에게 있었다. 그런데 수메르의 초기 왕조를 멸망시키고 이제 막 출발해서 겨우 네 번째 왕이 된 나람-씬이 스스로 신이 되고 말았다. 에쿠르 신전을 대대손손 지키고 있던 대사제와 사제 그룹이 과연 나람-씬을 받아들일 수 있었을까. 나람-씬이 자신의 공주 투타-나프슘을 에쿠르 신전의 고위식 여사제로 임명했어도 말이다. 에쿠르 신전의 사제들이 비록 악카드 왕조 아래에서 목숨을 부지하고 있었지만 그들의 핏속에 흐르는 수메르 신앙의 자긍심은 지키고 있었으리라. 하물며 악카드의 시조 사르곤마저 수메르의 신 인안나를 숭배하고 이쉬타르로 개명해 국가 수호신으로 모신 판에 스스로 신이 되어 에쿠르 신전을 개축하겠다는 나람-씬의 제안은 에쿠르 신전의 사제단에게는 증오의 단초가 되고 만 듯하다. 그러나 〈아가데의 저주〉 내용이 실제 상황이었는지는 의문스럽다. 〈아가데의 저주〉는 나람-씬이 조부 사르곤도 엄두를 내지 못했던 '신'이 되면서까지 종교 위에 군림하려고 했던 과대망상을 악카드 멸망의 주원인으로 뒤집어씌우려는 사제 계열 작가의 문학작품으로 여겨진다.

6. 제국의 어두운 그림자

나람-씬의 아들 샤르칼리샤리(Šar-Kali-šarri)[46]가 악카드 왕권을 물려받았다.[47] 나람-씬의 죽음으로 니푸르에서 엔릴의 에쿠르 신전 공사가 중단되었다. 샤르칼리샤리는 에쿠르 신전의 완공을 위해 푸주르-이쉬타르(Puzur-Ishtar)를 니푸르 총독으로 파견했다. 왕은 아버지의 부재로 자칫 흔들릴 수 있는 제국을 염려하고 있었다. 그는 티그리스강과 유프라테스강의 수원지까지 갔고, 아마누스 산지에서 신전의 목재로 사용할 삼나무를 베었다. 마침내 에쿠르 신전의 개축이 마무리되었다.**Δ9**

샤르칼리샤리는 정권을 다시 안정시키기 위해 바빌론에서 악카

46) 〈수메르 왕명록 Ashm 1923-0444〉 281~283행에는 "샤르칼리샤리, 나람-씬의 아들, 그가 25년을 다스렸다"고 적혀 있다.

47) 나람-씬의 왕자로는 샤르칼리샤리, 수메르 북서쪽의 도시국가 에쉬눈나(Ešnunna, 지금의 Tell Asmar)에 속해 있던 투투(Tutu 또는 Tutub, 지금의 Khafajah)의 총독으로 있던 나비-울마쉬(Nabi-Ulmaš)·우킨-울마쉬(Ukīn-Ulmaš)·빈-칼리-샤리(Bin-kali-šarri)·리그무쉬-알슈(Rigmuš-alšu)가 있었고, 하프 연주자로 알려진 리푸쉬-이아움(Lipuš-ia'um, 나비-울마쉬의 딸)이라는 손녀도 있었다.

Δ9 에쿠르 신전의 건설자, 샤르칼리샤리

"샤르칼리샤리(šar-ka$_3$-li$_2$-šar$_3$-ri$_2$), 아가데 왕(lugal a-ga-de$_3^{ki}$), 엔릴 신전의 건설자(ba-dim$_2$ e$_2$ ^{d}en-lil$_2$)"라는 동일한 내용의 명문이 새겨져 있는 유물이 발굴되어 이라크, 미국, 터키 등 곳곳에 전시되어 있다. 이외에도 왕의 흔적을 남긴 여러 명문에도 '에쿠르(e$_2$-kur) 완공'이 기록되어 있어 당시 엔릴의 에쿠르 신전 개축이 의미하는 정치적 비중을 가늠케 한다.

드의 국가 수호신인 이쉬타르와 왕실 수호신인 일라바를 모실 신전 공사를 시작했다. 바빌론의 역할이 커지고 있었으나 제국에 서서히 어두운 그림자가 드리우고 있었다.

샤르칼리샤리는 구티 왕 샤르라갑(Šarlagab)[48]과 싸워 그를 사로

48) 〈수메르 왕명록 Ashm 1923-0444〉 312행에는 "자르라갑(Zarlagab)이 6년 동안 다스렸다"는 기록이 있는데, 샤르라갑과 동일인일 가능성이 매우 높다. 이는 구티 왕 자르라갑이 수메르 땅을 6년 동안 다스린 것이 아니라 단순히 그의 재위기간만을 기록한 것으로 보아야 한다. **그런데 〈수메르 왕명록〉에 기록된 순서를 수메르 왕권이 이동한 순서라고 생각한다면 혼란에 빠질 수밖에 없다. 〈수메르 왕명록〉에 의하면 수메르 왕권의 이동 순서는 악카드 왕조→우루크 4왕조→구티 왕조 순이다. 그렇다면 〈수메르 왕명록〉에 나오는 구티 왕 자르라갑은 악카드 왕조가 멸망한 뒤 그것도 수메르 왕권이 우루크 4왕조를 거친 이후에야 등장하는 셈이 된다. 이는 〈수메르 왕명록〉이 수메르의 실제 역사가 될 수 없는 큰 결점이기도 하다. 〈수메르 왕명록〉에 따른 수메르 왕권의 이동 순서는 착각이다. 구티인은 샤르칼리샤리 통치기간에 이미 악카드를 농락하고 있었다. 기르수, 움마, 아답, 키쉬 등에서 발굴된 행정문서에 그 증거가 남아 있다.**

잡았다. 왕은 바샤르(Bašar)산[49]에서 마르투인을 물리쳤다. 하지만 악카드의 국력은 하루가 다르게 약해지고 있었다. 그즈음 엘람에서 격변이 일어났다. 수사의 군주이며, 엘람 총독으로 있던 푸주르-인슈쉬나크(Puzur-Inšušinak)[50]가 악카드와 악카드어를 버리고 독립을 선언했다. 그는 수사에 거대한 요새를 만들고 엘람어로 문서를 작성하도록 권장했다. 그리고 안샨을 정복하는 등 엘람 땅을 대부분 통합해 엘람 왕으로 등극했다. 푸주르-인슈쉬나크는 엘람인의 영웅이었다.

악카드의 정복 시대는 끝났다. 샤르칼리샤리는 오직 방어에만 온 신경을 집중하고 있었다. 악카드의 힘이 더욱 쇠해지자 엘람과 자하라가 쳐들어왔다. 샤르칼리샤리는 도시 아크샤크 목전에서 침략자들을 간신히 막아냈다. 게다가 자그로스 산악지대에 사는 야만적인 구티인이 자주 출몰해 '치고 빠지는 전술'로 악카드를 괴롭혔다. 엎친 데 덮친 격으로 나람-씬과 샤르칼리샤리에게 충성하던 라가쉬의 지배자 루갈-우슘갈(Lugal-ušumgal)이 세상을 떠나자 푸주르-

49) 시리아 북동부 유프라테스강 서쪽에 있는 고지대(지금의 Jebel Bishri 또는 Mount Bishri)로 마르투인이 살던 본거지이다.

50) 엘람어로 쿠티크-인슈쉬나크(Kutik-Inšušinak)라고도 한다. 악카드 제국은 식민지를 지배하려고 '샥카낙쿠(군정 총독)'라고 하는 자들을 '속국 총독'으로 임명했다. 그들은 군사적인 목적으로 악카드 황제를 섬기는 가신이 되어 속국을 다스렸다. 푸주르-인슈쉬나크도 '샥카낙쿠'였다. 샤르칼리샤리가 엔릴 신전을 완공하기 위해 파견한 니푸르 총독 푸주르-이쉬타르도 마찬가지였다. 특히 북서부의 무역도시 마리는 수많은 샥카낙쿠들이 장기간 통치했으며, 악카드인의 소굴이었고 악카드인의 도시였다. 수메르가 해방된 뒤 수메르를 통일하고 신(新)수메르 시대를 열었던 우르 3왕조 시대에도 마리는 여전히 악카드인의 후예들이 진을 치고 있었다.

마마(Puzur-Mama)[51]가 '라가쉬 루갈(왕)'에 올라 독립을 선언했다. 역사적인 라가쉬 2왕조의 시작이었다. 수메르에도 잠시나마 광복을 쟁취할 수 있는 기운이 감도는 듯했다.

51) 푸제르-마마(Puzer-Mama)라고도 한다. 프랑스 루브르박물관 AO 04597 명문의 필경사는 신들(엔릴·닌기르수·엔키·닌후르쌍·인안나·가툼두)이 왕을 지지한다고 열거한 뒤 명문 21~24행에서 "그를 낳은 그의 어머니는 닌슈부르 신이며, 그의 (개인 수호)신은 슐우툴(ama tu-da-ni ^{d}nin-šubur-kam ^{d}ingir-ra-ni šul-utul$_{12}$-am$_{3}$)"이라며 독립을 쟁취한 라가쉬 왕조를 자랑했다. 이 명문 25~27행에는 "라가쉬 왕 푸주르-마마(puzur$_{4}$-^{d}ma-ma lugal lagaš^{ki}-kam)"라고 선명하게 기록되어 있다. **〈수메르 왕명록〉의 필경사는 악카드 이전의 라가쉬뿐만 아니라 악카드 이후의 라가쉬도 역사에서 흔적도 없이 지웠다. '라가쉬 2왕조의 실질적인 건설자' 푸주르-마마 역시 〈수메르 왕명록〉에서 그 자취를 찾아볼 수 없다.**

7. 악카드, 사라지다

악카드는 혼돈에 휩싸여 있었다. 서쪽의 마르투, 동쪽의 엘람, 북동쪽의 구티, 남쪽의 라가쉬까지 모두 '힘이 빠진 악카드'를 흔들었다. 악카드 왕실이 에덴의 자본과 조공, 전리품으로 누리던 풍족한 삶은 이제 꿈속에서나 가능했다. 제국은 식민지의 자본과 노동력으로 유지해왔다. 이것이 불가능해진 악카드가 비틀거리며 제국의 면모를 상실했을 때 갑자기 알 수 없는 궁중 암투로 샤르칼리샤리가 세상을 떠났다. 악카드는 일순간에 무정부 상태에 빠졌다. 권력에 미친 '왕 같지 않은 왕' 4명이 3년 동안 통치했다.[52] 그 후 두두(Dudu)[53]와 그의 아들 슈투룰(Šu-turul)[54]이 왕조의 수명[55]을 유지

52) 〈수메르 왕명록 Ashm 1923-0444〉 284~289행에 이와 관련된 기록이 남아 있다. "누가 왕이었고, 누가 왕이 아니었단 말인가. 이르기기(Irgigi)가 왕이었고, 이미(Imi)가 왕이었고, 나누움(Nanûm)이 왕이었고, 이룰루(Ilulu)가 왕이었으니, 그들이 3년 동안 다스렸다." 그러나 이들의 실제 사료는 발굴되지 않았다.

53) 두두가 사르곤 왕가 혈통이라는 증거는 없다. 〈수메르 왕명록 Ashm 1923-0444〉 290행에 "두두, 그가 21년을 다스렸다"라고 기록되어 있다. **두두는 라가쉬 왕 푸주르-마마가 기세를 올리자 라가쉬를 공격해 전리품을 챙겼고, 루갈안나툼(Lugalannatum 또는 Lugalannatuma)이 다스리던 움마를 제압한 바 있다. 프랑스 루브르박물관 AO 04783에 의하면 〈수메르 왕명록〉에 나**

했다. 그러나 악카드의 국운은 이미 기울고 있었다. 마침내 악카드가 무너졌다.[56] 우루크가 잠시 수메르 왕권을 잡는 듯했다.[57] 그렇

오지 않는 루갈안나툼(루갈안나투마)은 구티의 20대왕 씨우(Si'u, Si'um)와 동시대인이었다. 움마 역시 루갈안나툼이 움마 2왕조를 이어갔으나 〈수메르 왕명록〉에서 움마는 라가쉬처럼 철저하게 외면당했다. 움마를 거론하면 라가쉬가 따라올 수밖에 없는 역사적 사실들이 너무 많았기 때문이다. 움마도 라가쉬처럼 '수메르 암흑기'에서도 〈수메르 왕명록〉에서 완전히 배제되어 역사왜곡의 희생물이 되고 말았다.

54) 악카드 왕조의 마지막 왕으로, 슈두룰(Šu-durul)이라고도 한다. 〈수메르 왕명록 Ashm 1923-0444〉 291~292행에 "슈두룰, 두두의 아들, 그가 15년을 다스렸다"라고 기록되어 있다.

55) 일반적으로 악카드 왕조의 존속 기간은 B.C.E. 2334년에서 B.C.E. 2154년(중간 연대)으로 보고 있다. 그런데 니푸르에서 발굴된 이라크 바그다드국립박물관 IM 008912 사료에는 악카드어로 "리-루-울-단, 아가데 왕(LI-lu-ul-DAN LUGAL a-ka$_3$-de$_3$-KI)"이라는 명문이 남아 있다. '리루울단'의 실체에 대해서는 아직 명확한 결론이 나지 않고 있다. **새로운 사료가 발굴될수록 〈수메르 왕명록〉의 결점이 드러나고 있다.** 그런데 씨파르에서 발굴된 또 다른 〈수메르 왕명록〉(일명 'S' 사료)에는 악카드가 12명의 왕이 191년을 다스렸다고 한다. 또한 수사에서 발굴된 〈수메르 왕명록〉(일명 'Su1' 사료)에는 악카드에서 9명의 왕이 161년을, 수사에서 발굴된 또 다른 〈수메르 왕명록〉(일명 'Su3+Su4')에는 9명의 왕이 177년을 다스렸다고 한다. '9명의 왕'은 두두와 슈투룰을 제외한 숫자이다.

56) 〈수메르 왕명록 Ashm 1923-0444〉 293~294행에는 악카드에 "11명의 왕, 그들이 181년을 다스렸다"라고 기록되어 있다.

57) 〈수메르 왕명록 Ashm 1923-0444〉 295~304행에는 우루크가 악카드에 이어 수메르 왕권을 잡았다는 내용이 실려 있다. "아가데가 무기로 망했다. 왕권이 우루크로 넘어갔다. 우루크에서 우르-니가르(Ur-nigar, Ur-nigin)가 왕이 되었다. 그가 7년을 다스렸다. 우르-기기르(Ur-gigir) 우르 니가르의 아들, 그가 6년을 다스렸다. 쿠다(Kuda), 그가 6년을 다스렸다. 푸주르-일리(Puzur-ilī), 그가 5년을 다스렸다. 우르-우투(Ur-Utu), 그가 6년을 다스렸다. 5명의 왕, 그들이 30년을 다스렸다." 이 시기를 우루크 4왕조라고 한다. **그러나 〈수메르 왕명록〉에 등재되지 못한 아마르-기리드가 이들보다 우루크 4왕조의 선대왕이다. 아마르-기리드는 나람-씬에게 반기를 든 남부연합군이 수메르 왕으로 옹립했던 우루크 통치자였다. 또한 앞에서 이야기한 우루크 왕 5명이 실제로 존재했다면 그들은 악카드의 마지막 왕 슈투룰이 죽고 악카드가 멸망하자 수메르 왕권을 이어받은 악카드 후대의 왕들이 아니라, 악카드 왕들과 동시대에 살았던 우루크 통치자들을 단순히 나열한 것으로 보아야 한다.**

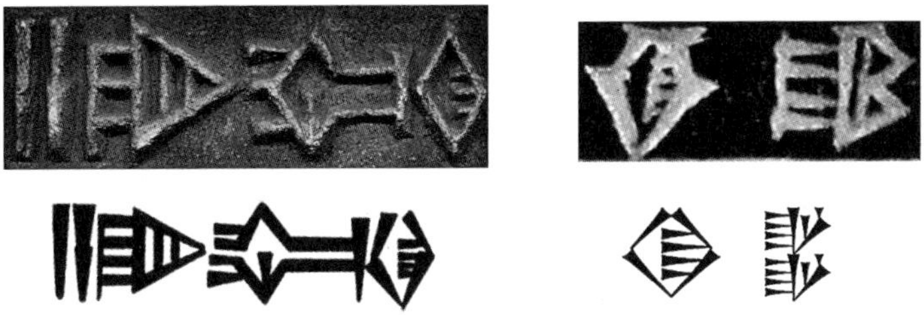

아가데(a-ga-de$_3^{ki}$) 키우리(ki uri)

Δ10 악카드의 두 이름

지만 수메르가 남북통일이 되어 온전한 광복을 찾기에는 아직 험난한 여정이 남아 있었다. 호시탐탐 남부 땅을 집어삼키려고 악카드를 농락하던 구티에게 기회가 찾아왔다. 구티인은 집요하고도 약삭빨랐다. 그들이 악카드를 습격해 노략질을 일삼는 횟수가 늘어나면서 악카드의 경제가 마비되었다. 하늘마저 악카드를 버리려는 듯 비가 내리지 않았다. 결국 구티인이 남부의 북쪽으로 몰려들어 악카드를 휩쓸었다.**Δ10**

엔릴은 자신이 사랑하는 에쿠르를 파괴한 대가로 무엇을 파괴해야 할지를 고민하고 있었다. 그는 구빈(Gubin)산맥[58]을 바라보았고, 넓은 산맥에서 모든 주민을 내려오게 했다. 다른 사람들을 닮지 않은 사람들, 땅의 일부로 간주되지 않는 사람들, 인간다운 지능은 있으나 개 같은 본능과 원숭이 같은 특징을 가진 무절제한 사람들, 엔릴은 그들을 산에서 데

58) ‘구빈(gu-bi-in^{ki})산맥’은 이란에 있는 자그로스산맥을 가리킨다.

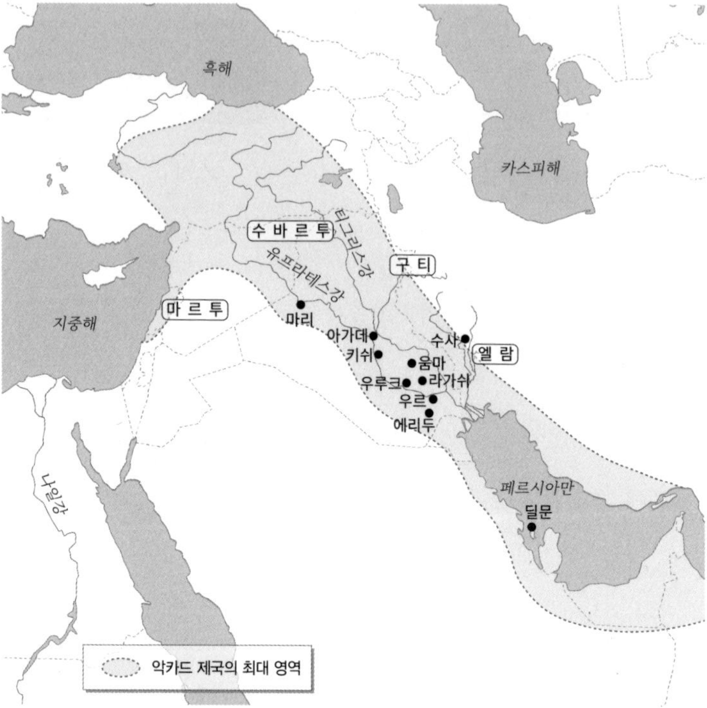

Δ11 악카드 제국의 최대 영역

리고 내려왔다. 그들은 작은 새들처럼 떼를 지어 땅을 덮쳤다. 엔릴 때문에, 그들은 짐승을 잡는 그물처럼 두 팔을 벌리고 평원을 가로질렀다. 그들 손아귀에서 벗어날 수 있는 것은 하나도 없었고, 아무도 그들 손아귀에서 떠나지 못했다.[59)]

수메르 역사상 가장 비극적인 암흑기를 열었던 악카드는 그렇게 역사 속으로 사라졌다.**Δ11,12**

악카드 왕조
(B.C.E. 2334~B.C.E. 2154)

1대왕: 사르곤
↓
2대왕: 리무쉬(사르곤의 아들)
↓
3대왕: 마니쉬투슈(사르곤의 아들)
↓
4대왕: 나람-씬(마니쉬투슈의 아들)
↓
5대왕: 샤르칼리샤리(나람-씬의 아들)
↓ → 무정부 상태: 4인의 권력 다툼 (이르기기·이미·나누움·이룰루)
6대왕: 두두
↓
7대왕: 슈투룰(두두의 아들)

Δ12 악카드 왕조 계보

59) 〈아가데의 저주(The cursing of Agade)〉 151~161행. Jeremy Black, Graham Cunningham, Eleanor Robson, and Gábor Zólyomi (eds.) *The literature of ancient Sumer* (Oxford : New York : Oxford University Press, 2004, 121~122). 본문의 번역은 원래 우르에서 발굴되어 영국박물관에 소장된 점토판(발굴번호 U 1684) 뒷면에 나오는 내용을 토대로 다른 점토판들과 대조해 정리한 것이다. 1914년부터 해독하기 시작한 〈아가데의 저주〉는 각지에서 발굴된 약 120개의 점토판 단편들을 모아 완성되었다.

8. 구데아, 희망을 품다

악카드가 무너지면 수메르에 광복이 찾아올 줄 알았다. 서슬이 퍼렇던 나람-씬도 죽은 지 오래되었건만 자유는 멀찍이 떨어져 있어 요원하기만 했다. 악카드 황제에게 조공을 바치던 허탈도, 악카드가 벌이는 전쟁터로 강제징용을 가던 참혹한 고통도 멈추었으나 더 큰 장벽이 가로막았다. 구티Δ13가 '수메르 암흑기'를 연장시키고 있었다.

구티인은 문명인이 아니었다. 자그로스 산악지대에 살고 있던 그들의 타고난 습성은 도시와 맞지 않았다. 그들은 수메르 땅에 뿌리를 내릴 만한 정치력을 가지고 있지 않았다. 가난하고 미개한 자들이었다. 그런 만큼 거칠고 포악해서 악카드를 흔적도 없이 철저히 파괴했다. 악키드 수호신 이쉬타르 신전이 박살났다. 잠시 수메르 왕권을 잡고 있던 우루크 왕 우르-우투(Ur-Utu)도 구티에게 패배했다. 남부의 남쪽마저 흔들렸고, 수메르 왕권이 구티인에게 넘어갔다.[60)]

남부의 북쪽은 구티 천하였다. 구티 왕 에르리두-피지르(Erridu-

Δ13 설형문자 '구티움(구티)'

pizir)는 강력한 '사방의 왕'이었다.[61] 남부의 남쪽 도시들은 구티에게 굽실거리며 살아남았다. 구티는 수메르의 종주권을 가지고 있었으나 우루크와 라가쉬는 다른 도시들에 비해 훨씬 안정적이었다.

---

60) 〈수메르 왕명록 Ashm 1923-0444〉 305~307행에는 "우루크가 무기로 망했다. 왕권이, 구티움(Gutium) 군대에게 넘어갔다"라고 기록되어 있다. 필경사는 이 대목에서 구티를 국가나 왕조로 취급하기보다는 '군대(ugnim)'라는 수식어를 사용해 야만족으로 하대했다.

61) 니푸르에서 발굴된 이스라엘 하이파대학 브록몬컬렉션 점토판 BT 02+BT 03의 12~18행, 26~32행, 43~49행, 57~63행, 94~100행에 연속으로 "에르리두-피지르, 강력한 구티움의 왕, 세계 사방의 왕"이라는 동일한 내용의 문장이 악카드어로 나열되어 있다. 그런데 〈수메르 왕명록 Ashm 1923-0444〉 308~309행의 내용은 다음과 같다. "유명한 왕이 없었고, 자신들의 왕이 있었는데 3년 동안 다스렸다." 필경사는 구티에서 내세울 만한 왕이 없었다는 모멸적인 표현을 썼다. 그다음 행부터 필경사는 구티의 왕명과 재위기간을 "인키슈쉬(Inkišuš, 6년), 자르라갑(Zarlagab, 6년), 슐메(Šulme, 6년), 씰룰루메쉬(Silulumeš, 6년), 이니마바케쉬(Inimabakeš, 5년), 이게쉬아우쉬(Igešauš, 6년), 야르라갑(Yar-lagab, 15년), 이바테(Ibate, 3년), 야를라(Yar-la, 3년), 쿠룸(Kurum, 1년), 아필킨(Apil-kin, 3년), 라에라붐(La-e-rabum, 2년), 이라룸(Irarum, 2년), 이브라눔(Ibranum, 1년), 하블룸(Ḫablum, 2년), 푸주르-쑤엔(Puzur-Suen, 7년), 야르라간다(Yar-laganda, 7년), 씨우(Si'u, 7년), 티리가(Tiriga, 40일)"라고 시시콜콜하게 기록했고, 21명의 왕이 총 124년 40일을 다스렸다고 설명했다(310~329행). **문제가 있다. 앞에서 언급한 '에르리두-피지르' 왕은 〈수메르 왕명록〉에 없었다. 더군다나 그는 강력한 왕이었고, '사방의 왕'이었다. 그는 〈수메르 왕명록〉의 필경사가 언급한 '유명한 왕이 없던 시절'의 왕으로, 악카드와 남부의 북쪽을 뒤흔든 구티 왕조 초기의 왕으로 간주되어야 한다. 그의 계승자는 '임타(Imta)' 또는 '니비아(Nibia)'라는 왕이었다. 그런 뒤에 가서야 비로소 〈수메르 왕명록〉의 필경사가 기록한 인키슈쉬 왕으로 연결된다. 〈수메르 왕명록〉이 실제 역사와 다른 이유를 또 하나 찾은 셈이다. 구티 왕조에서 실제 사료 발굴로 확인된 왕은 '에르리두-피지르, 샤르라갑(Šarlagab=자르라갑), 라시랍(Lasirab=라에라붐), 이아르라간(Iarlagan=야르라간다), 씨움(Si'um=씨우), 티리간(Tirigan=티리가)'이며, 나머지 왕들의 자취는**

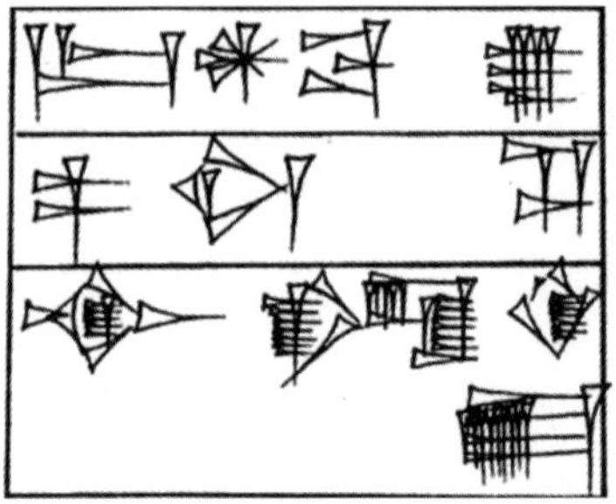

Δ14 설형문자 '우르-바바(우르-바우)'

"우르-바바, 라가쉬 군주(ur-^{d}ba-ba$_{6}$, ensi$_{2}$ lagaš^{ki}-ke$_{4}$)"를 뜻한다.

남쪽 도시 한곳에서 수메르의 독립을 예견하는 싹을 키울 지배자가 나타났다. 주인공은 라가쉬의 군주 우르-바바(Ur-Baba)였다.[62] **Δ14**

우르-바바는 신들의 비호를 받으며 독립을 선언했다. 왕은 기르수의 재건사업에 착수했다. 그는 신들에게 바칠 신전을 12개나 짓기 시작했다. 우르-바바의 공주 엔안네파다(Enannepada)는 우르에 있는 난나 신을 모시는 고위직 사제가 되었다. 라가쉬가 우르에 영향력을 행사하고 있었다. 또 다른 공주 닌알라(Ninalla)는 구데아(Gudea)와 결혼했다. 우르-바바가 세상을 떠나자 그의 사위 구데아

현재 알 수 없다. 앞의 구티 왕들은 상당수가 샤르칼리샤리 시대의 악카드 왕조 및 우루크 4왕조와 겹친다는 점을 유념해야 한다. 즉 〈수메르 왕명록〉에서처럼 악카드 왕들이 모두 사라진 뒤 우루크 4왕조의 왕들이 통치하기 시작했고, 우루크 4왕조의 왕들이 모두 사라진 뒤 구티 왕조의 왕들이 통치하기 시작했다는 말이 '결코' 아니다.

62) 〈수메르 왕명록〉에 등재되지 않은 왕으로, 우르-바우(Ur-Bau)라고도 한다. 그는 악카드의 마지막 왕 슈투룰과 동시대 사람이다. 우르-바바의 실체를 증명하는 500여 개의 사료가 발굴되어 상당수가 해독되었으며, 그 일부는 세계 곳곳에 전시되어 있다.

Δ15 라가쉬 군주 구데아의 모습과 설형문자

프랑스 루브르박물관 AO 29155 명문에서 확인할 수 있다.

가 라가쉬 왕위에 올랐다.[63] **Δ15** 당시 수메르의 도시 대부분은 구티에게 고통을 받고 있을 때였으나 라가쉬는 극히 예외였다. 구데아는 왕이 되자 실력을 발휘하기 시작했다. 그는 장인이 벌인 재건사업을 힘차게 이어나갔다. 구데아가 새로운 세상을 열 준비를 하고 있었다.

---

63) 구데아(gu_3-de_2-a)는 '부름을 받은 자'라는 뜻이다. **구데아도 〈수메르 왕명록〉에 나오지 않는다. 구데아는 〈수메르 왕명록〉의 필경사가 저지른 '수메르 암흑기' 역사왜곡의 가장 큰 희생양이었다.** 일반적으로 구데아의 통치기간은 B.C.E. 2144년에서 B.C.E. 2124년(중간 연대)으로 추정하지만 이는 대략적이며 정확한 정보는 없다.

9. 구데아의 꿈

구데아는 남달랐다. 왕은 정의로운 라가쉬를 건설하려는 마음으로 가득 차 있었다. 그는 신하들에게 정의롭게 행동하도록 독려했다. 구데아의 목적은 분명했다. 수메르가 악카드에게 빼앗겼던 명예를 되찾고 라가쉬를 완벽하게 복원하는 것이었다. 구데아는 전쟁이 아닌 다른 길을 택했다. 왕은 사회정의 구현에 몰두했다. '수메르의 최대국' 라가쉬가 부활하고 있었다. 그는 악카드의 압제에 시달리고, 구티인이 벌인 괴기스러운 침략 소식에 치를 떨었던 백성들에게로 눈을 돌렸다. 당면 과제는 '라가쉬의 국가 수호신 닌기르수'의 위상을 높여 민심을 한데 모으는 것이었다. 그 지름길은 '닌기르수 신전, 에닌누'를 짓는 일이었다. 그래야만 자신도 마음을 안정시킬 수 있을 것만 같았다. 그는 매일같이 기르수에 들어설 에닌누가 완공되기만을 학수고대했다.

어느 날 구데아는 곤히 잠들어 꿈을 꾸었다.**Δ16** 꿈속에서 키가 하늘과 땅에 닿을 정도로 거대한 남자가 나타났다. 그의 머리는 신을 닮았고 신조 안주처럼 날개가 있었으며, 홍수를 일으키는 폭풍

Δ16 구데아의 꿈과 닌기르수 신전 건축

1877년 기르수에 있는 에닌누 신전 아래에서 에르네스트 드 사르제크가 발굴한 점토 사료로, B.C.E. 2125년경에 제작되었다. 총 1,366행을 모아 정리한 아름다운 수메르어 명문에는 구데아의 꿈과 거대한 '복합 종교센터'인 닌기르수 신전 '에닌누 공사'와 관련된 정보가 가득 실려 있다. 오른쪽 사료(MNB 1511a, 30개의 단편 총 814행)는 높이 61센티미터, 가로 32센티미터, 두께 2.9센티미터이고 왼쪽 사료(MNB 1511b, 24개의 단편 총 552행)는 높이 56.5센티미터, 가로 33센티미터, 두께 2.5센티미터이며 둘 다 중앙은 비어 있다. 현재 프랑스 루브르박물관에 소장되어 있다. 이것 외에도 'X'로 분류된 단편들이 있으나 'X'와 'A, B'와의 관계는 아직 모호한 상태이다.

같은 하체를 가지고 있었다. 거인의 좌우에는 사자가 누워 있었다. 거인은 구데아에게 자기 집을 짓는 일에 대해 이야기하고 있었으나 구데아는 도통 이해할 수가 없었다. 지평선 위로 햇살이 떠올랐다. 그런 뒤 한 여자가 등장했는데 그녀는 빛나는 금속으로 만든 첨필을 들고 있었고, 길조를 의미하는 별이 있는 점토판을 무릎 위에 올려놓고 상담하고 있었다. 두 번째로 어떤 영웅이 있었다. 그는 팔을 구부리고 또 손에 청금석 판을 들고 있었는데, 집을 지을 계획도를 그렸다. 구데아 앞에 정결한 바구니가 있었고, 정결한 주형(鑄型)이 준비되어 있었으며, 운명을 결정하는 벽돌이 구데아를 위해 그 틀에 놓여 있었다. 포플러나무에서 하루 종일 새들이 재잘거리고 있었고, '구데아의 주인'을 태우는 착한 당나귀가 왕을 위해 앞발로 땅을 긁고 있었다.

구데아는 꿈에서 깨어났으나 여전히 꿈을 이해할 수 없었다. 왕은 해몽을 위해 난쉐 여신을 만나기로 결심했다. 그는 닝인두아(Niĝindua)운하[64]를 타고 도시 닝인으로 향했다. '라가쉬의 모신' 가툼두가 왕을 격려하고 보호해주었다. 드디어 구데아는 난쉐 여신을 만났다.

난쉐 여신이 해몽을 했다. 거인은 닌기르수 신, 빛나는 금속 첨필을 가지고 상담하던 여자는 니싸바 여신으로 신성한 별들과 천문학적으로 일치하는 신전 배치를 설명하는 모습, 지평선 위로 떠오르는 햇살은 '구데아의 개인 수호신' 닌기쉬지다(Ningišzida), 집을 지을 계획도를 그리던 영웅은 '건축의 신' 닌두바(Ninduba), 바구니와 벽돌, 벽돌 주형은 거룩한 에닌누 신전 건축에 동원될 신성한 자재, 포플러나무에서 쉽없이 새가 재잘거린 것은 구데아가 집을 짓는 동안 잠을 편히 자지 못한다는 것, 땅을 긁고 있는 당나귀는 에닌누 때문에 땅을 파헤치는 구데아 자신이었다.

64) 닝인두아는 기르수와 닝인을 연결하는 운하이다. '강, 운하'는 '$id_2 = i_7$'이며, 도시 '닝인과 닌아'는 같으므로(niĝin.KI = $nina^{ki}$), 닝인두아(id_2-niĝin.KI-du-a: Niĝindua)운하를 이닌아두아(i_7-$nina^{ki}$-du-a: Ininadua)라고 부르기도 한다.

10. 꿈이 이루어지다

구데아는 에닌누 신전을 지을 작정을 하고 창고에서 목재를 꺼냈다. 왕은 밤낮없이 신전 건축만 생각했다. 그는 닌기르수에게 간절히 기도했다.Δ17

구데아는 다시 꿈을 꾸었다. 닌기르수는 신전 구조에 대한 구체적인 지시를 내렸다. 왕은 신명에 따라 움직이고 있었다. 그는 현명했고 지혜로웠다. 라가쉬 땅과 백성들은 한 어머니의 자식들처럼 구데아의 명대로 혼연일체가 되어 있었다. 왕은 백성들을 괴롭히던 속박과 족쇄에서 해방시켜주었다. 가난한 사람들의 빚은 청산되었고, 여성은 가족을 위해 땅을 소유할 수 있었다. 또한 공정하고 적절하게 세금을 거두어들였다. 집집마다 평화가 깃들어 불평불만이 사라졌다. 어머니는 큰 소리로 아이를 나무라지 않았고, 아이는 어머니에게 대들지 않았다. 도시마다 사회 정화가 착착 실현되었다. 그리고 구데아는 신전을 지을 구역을 정하고 정결하게 했다. 가장 중요한 신전 도면이 완성되었다. 벽돌을 찍어낼 틀도 제작했다. 사람들이 벽돌을 만들 흙을 날랐다. 왕은 신전 토대가 들어설

Δ17 기도하는 구데아

런던의 영국박물관에 소장되어 있다 (WA 122910).

자리를 정화했다. 경건하게 기공식을 마친 뒤 신전 공사가 시작되었다. 벽돌이 만들어지자 구데아가 직접 첫 번째 벽돌을 머리에 이고 날랐다.

엘람과 수사에서 장인들이 라가쉬로 몰려들었다. 더 멀리 떨어진 마간과 멜루하에서도 사람들이 신전 건축에 사용할 목재를 가지고 기르수로 모여들었다. 왕은 공사 자재를 사방에서 들여왔다. 떡갈나무, 흑단나무, 홍수(紅樹) 같은 목재도 구했다. 구데아는 자신이 직접 수메르 위쪽 먼 산지로 가서 큰 도끼로 삼나무를 잘랐다. 삼나무나 편백나무 같은 목재들이 뗏목에 실려 유프라테스강을 따라 기르수에 도착했다. 구리 광산이 있는 북동쪽 엘람에 있는 도시 키마쉬(Kimaš)에 구데아가 나타났다. 왕은 그곳에서 구리, 금, 은 등을 싣고 기르수로 돌아왔다. 멜루하에서는 홍옥수와 설화석고를 구입했다. 왕은 금은세공인, 석공, 대장공, 보석가공사에게 작업을 지시하며 밤을 지새웠고, 힘들어도 한낮에는 눕지 않았다. 도시와 도시민들은 구데아와 함께 즐거운 나날을 보내고 있었다.

어렵사리 닌기르수 신전이 완성되었다. 신탁이 실현되었다. 에닌누는 모든 땅을 장엄하게 옷처럼 덮었다. 그리고 구데아는 닌기르수와 '닌기르수의 부인' 바바(바우)가 머물 숙소를 마련했다. 그는 마간에서 들여온 섬록암으로 아름다운 조각상을 만들어 신께 바쳤다. 에닌누 신전은 신들이 다양하게 이용할 수 있는 편의시설까지 갖춘 '거대한 복합 종교센터'였다. 에닌누 신전의 완공으로 라가쉬에 평화가 찾아왔다. 그리하여 닌기르수와 바바를 위한 신성한 결혼식이 거행되었다. 라가쉬에서 7일 동안 열광적인 축제가 열렸다. 구데아가 꾼 꿈은 그대로 현실이 되었다. 수메르의 암흑기였으나 불안증은 사라졌다. 백성들은 평화로웠다. 구데아가 열정적으로 라가쉬를 이끌고 있었다.

11. 유일한 빛이 저물다

구데아는 신들의 사랑을 한 몸에 받았다. 왕은 21명이나 되는 신들을 위해 신전을 신축하거나 개축했다.[65] 그는 사실상 남부의 남쪽에서 최고 권력자였다. 구데아는 라가쉬뿐만 아니라 우루크, 우르, 아답, 니푸르, 바드티비라에서도 막강한 지위를 가지고 있었다. 그런데도 왕은 다른 수메르 도시들을 단 한 번도 공격하지 않았다. 그는 오직 수메르 백성들이 평화롭게 살기를 원했고, 수메르 사회

65) 구데아는 구티가 점령한 남부의 북쪽을 제외한 남부의 남쪽 지역 대부분에서 지대한 영향력을 행사했다. 왕은 21명의 수메르 신들을 위해 신전을 짓고 비문을 만들어 바쳤다. 그 신들의 명단은 다음과 같다. 괄호 안의 숫자는 사료에서 구데아가 건설한 신전을 언급한 횟수를 합산한 것이다. 바바(43회), 두무지압주(Dumuzi-abzu, 35회), 엔키(1회), 엔릴, 가툼두(Gatumdu, 59회), 게쉬틴안나(Geštinanna, 3회), 헨두르쌍(Hendursaĝ, 1회), 이그알림(Igalim, 43회), 인안나(25회), 메스람타에아(Meslamtaea, 32회), 난쉐(57회), 닌아주(Ninazu, 1회), 닌다라(Nindara, 160회), 닌두바(Ninduba, 5회), 닌에갈라(Ninegalla, 1회), 닌기르수(1,731회), 닌기쉬지다(Ningišzida, 128회), 닌후르쌍(10회), 닌마르키(Ninmarki, 1회), 닌슈부르(7회), 슐샤가(Šulšaga, 29회)(Claudia E. Suter, *Gudea's Temple Building*, The Representation of an Early Mesopotamian Ruler in Text and Image; Cuneiform Monographs, 17. (Groningen: Styx Publications., 2000) 23). 다만 닌기르수 신전의 통계는 '도시 기르수'의 에닌누(e_2-50, 1,625회)·에파(e_2-PA, 70회)와 '도시 라가쉬'의 에바가라(e_2-ba-ga_2ra, 36회) 건축 기록을 필자가 다시 합산한 것이다.

가 정의롭기를 바랐다. '악카드의 신'이 된 나람-씬의 말을 거역하면 '반역'이었지만, 구데아의 말을 거역하면 '불의'였을 정도로 왕은 '정의'를 사랑했다. 그는 신과 백성들의 가교 역할을 충실하게 수행했다.

구데아는 매우 겸손한 왕이었다. 그는 살아생전에 정치적인 목적으로 '왕(루갈)'이라는 칭호를 한 번도 사용하지 않았고 세상을 떠나는 날까지 한결같이 '군주(엔시)'에 만족했다.[66] 또한 구데아는 자신을 '신'이라고 주장하지도 않았다.[67] 그는 신전 건축에 필요한 재료를 구하기 위해 동분서주했으나 그의 왕궁에서 타국에게 강요한 조공이나 칼부림으로 약탈한 전리품은 좀처럼 찾기 어려웠다. 그러나 '딱 한 번' 예외가 있었다. 구데아가 벌인 유일한 원정은 안샨과 엘람 정벌이었다.[68] 그러나 그는 악카드 제국이 만들어낸 무지막지한 전쟁광들과는 차원이 달랐다. 왕은 과거 라가쉬 1왕조의 철천지

66) 구데아를 비롯한 라가쉬 통치자들은 신앙과 관련된 상황에서는 '왕(루갈)'이라는 칭호를 사용했다. 이는 단순히 신과 '인간 통치자'를 구별하는 종교적인 용어일 뿐이지 정치적인 용어가 아니기 때문이다.

67) 구데아는 자신을 전혀 신격화하지 않았다. 수메르의 후손들은 구데아에게 바치는 인장을 만들 때 또는 '키아나그'에서 종묘제례를 올릴 때 그를 신으로 숭배했다. 그 정도로 구데아의 통치가 아름다웠다는 반증이다. 그는 전쟁 군주로서가 아니라 선정을 베풀어 사후에 신으로 추앙받았다. 말하자면 악카드의 나람-씬처럼 자신을 신이라고 떠벌리며 숱한 생명을 무참히 살육한 전쟁광과는 질적으로 달랐다. 흥미롭게도 필자는 구데아의 꿈과 닌기르수 신전 건축을 기록한 원형 점토 명문에서 벌써부터 '신'으로 추앙받던 길가메쉬가 짧게 등장하는 대목을 발견했다. "길가메쉬처럼 키가 크게 자란(^{d}gilgameš(BIL$_3$.GA.MEŠ)-da mu$_2$-a)"(프랑스 루브르박물관 MNB 1511b 명문, 466행). 당시에도 길가메쉬는 이름 앞에 '신'을 의미하는 'dingir'를 붙여 신으로 숭배되고 있었다는 사실을 알 수 있다.

68) 프랑스 루브르박물관 AO 00002 섬록암 조각상 명문, 195~200행. "그가 안샨과 엘람의 도시들을 무기로 파괴했고, 그들로부터 (빼앗은) 전리품을 닌기르수의 에닌누로 가져왔다."

원수였던 움마와 단 한 번도 전쟁을 벌이지 않았다. 그는 먼 나라들과 이웃처럼 폭넓게 교류를 이어나갔다.[69] 구데아가 행한 외교술은 침략자 구티인의 존재를 무색하게 할 정도로 화려했고 평화적이었다. 구데아는 뛰어난 건축가로 신께 경건했고 자신과 백성들에게 정의로웠으며, 문예에 출중했고 다방면에 박식했으며, 사회를 올곧게 정화했고 고결한 인격을 지닌 평화주의자였다. 왕은 '수메르의 최대국' 라가쉬가 이어온 자긍심을 되살리기 위해 국가 수호신 닌기르수를 섬기는 종교적 전통을 회복하는 데 최선을 다했다.**Δ18** 구데아는 남부의 남쪽에서 라가쉬의 지위를 최대치로 끌어올렸다. 그 당시 수메르에서 구데아보다 강하고 구데아보다 아름다운 왕은 없었다.

구데아가 다스리는 라가쉬는 8곳의 지구로 나뉘어 있었는데, 한 곳의 지구는 수메르 도시국가 한 곳과 맞먹는 크기였다. 또한 사방에 17곳이나 되는 제법 큰 도시들이 있었다. 그리고 큰 마을도 '최소한' 40곳이나 있었다. 당시 라가쉬는 세상에서 가장 큰 도시국가였다.[70] 구데아는 '수메르 암흑기'의 유일한 빛이었다. 왕은 수메르 최고의 권력자였으나 결코 전쟁 군주가 아니었다.

약 20년 동안 정의롭고 평화롭게 수메르를 다스리던 '성군' 구데

69) 프랑스 루브르박물관 AO 00001 명문, 59행. 특히 인도와 해양무역이 활성화되어 지금의 고아(Goa) 지방이었던, 구데아 시대의 설형문자로는 '구비(Gu-bi[ki])'가 처음으로 역사에 등장할 정도였다.

70) Jean-Pierre Grégoire, *La Province méridionale de l'État de Lagash*, Impr. Bourg-Bourger. Luxembourg (1962), Tertius Chandler, *Four Thousand Years of Urban Growth: An Historical Census* (Edwin Mellen Press, 1987).

Δ18 프랑스 루브르박물관 1호와 2호

프랑스 루브르박물관 AO 00001(왼쪽)과 AO 00002(오른쪽). 1881년 에르네스트 드 사르제크가 기르수에서 발굴한 구데아의 섬록암 조각상으로 AO 00002에는 구데아 무릎 위에 닌기르수 신전 설계도가 그려져 있다.

아의 시대가 저물고 있었다. 구데아는 꿈을 이루었으나 '수메르의 꿈'은 아직 이루어지지 않고 있었다. 구데아가 세상을 떠나자 그의 아들 우르-닌기르수 2세(Ur-Ningirsu II)가 왕이 되었다.[71] 그러나

71) **라가쉬 2왕조의 왕들은 안타깝게도 〈수메르 왕명록〉에 나오지 않는다. 당대 사료를 통해 필자가 확인한 라가쉬 2왕조의 통치자 14명의 명단은 다음과 같다.** 루갈-우슘갈(Lugal-ušumgal)→푸주르-마마(Puzur-Mama)→우르-닌기르수 1세(Ur-Ningirsu I)→피리그-메(Pirig-me) →루-바바(Lu-Baba, Lu-Bau)→루굴라(Lugula)→카쿠→우르-바바(Ur-Baba, Ur-Bau)→구데아→우르-닌기르수 2세(Ur-Ningirsu II)→우르-가르(Ur-Gar)→우르-아얍바(Ur-ayabba)→우르-마마(Ur-Mama)→남막하니(Nammaḫani). 그런데 남막하니는 한때 라가쉬 군주이자 움마 군주이기도 했다. 미국 예일대학 바빌로니아컬렉션 YBC 02149 명문에 그 증거가 남아 있다. 명문에서 남막하니는 '남막니(Nammaḫni)'로 적혀 있으나 동일인물이다.

1행: ^{d}nin-ur$_4$-ra 닌우라 여신을 위해

2행: ama umma^{ki}-ra 움마의 어머니

3행: nam-mah-ni 남막니

4행: ensi$_2$ 군주

5행: umma^{ki}-ke$_4$ 움마의

6행: e$_2$-u$_3$-la-ni 그녀의 에-울라 신전을

7행: mu-na-du$_3$ 그가 세웠다.

8행: ki-be$_2$ mu-na-gi$_4$ 그리고 그녀를 위해 복구했다.

9행: u$_4$-ba i$_3$-ar-la-ga-an 그 당시에 이아르라간이

10행: lugal gu-ti-um-kam 구티움의 왕이었다.

아들은 아버지처럼 라가쉬를 이끌지 못했다. 라가쉬는 서서히 힘이 빠지고 있었다.

구데아는 평화주의자였으나 라가쉬 2왕조의 마지막 왕 남막하니는 결국 움마를 속국으로 삼아 움마의 군주 노릇까지 했다. 한데 9행의 구티 왕 이아르라간은 구티의 19대왕으로 7년간 다스린 '야르라간다'이다. 라가쉬 군주 남막하니는 구티 왕 야르라간다와 동시대인이다. 그런데 왜 필경사는 자국의 통치자는 '군주'로, 구티의 통치자는 '루갈'로 적었을까. 이는 남막하니의 라가쉬가 구티의 속국이 되었거나 구티와 손을 잡았다는 뜻이다. 해방을 간절히 원하던 수메르 입장에서 남막하니는 배신자였다. 흥미로운 것은 구데아가 우르-바바의 사위였듯이 남막하니도 우르-바바의 사위였다. 남막하니 왕비는 우르-바바의 딸 닌헤두(Ninḫedu)였다.

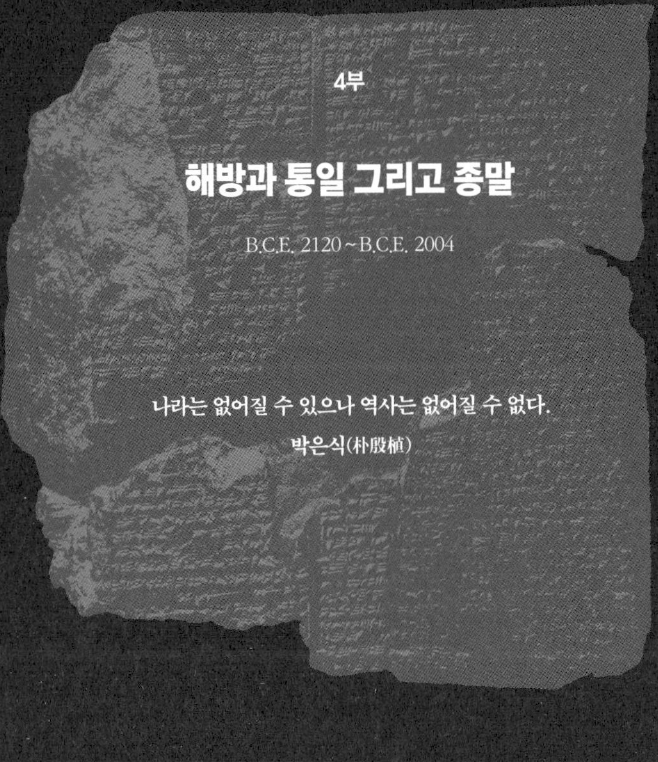

4부

해방과 통일 그리고 종말

B.C.E. 2120 ~ B.C.E. 2004

나라는 없어질 수 있으나 역사는 없어질 수 없다.

박은식(朴殷植)

1. 해방자, 우투-헤갈

라가쉬가 구데아를 잃고 주춤거리고 있었다. 구티는 수메르를 계속 압박해왔다. 이때 우루크에서 걸출한 왕이 혜성처럼 등장했다. 우루크 왕 우투-헤갈(Utu-ḫegal)이었다.[1] 그는 일취월장했다. 수메르인은 우투-헤갈을 주목하고 있었다. 그는 구티를 몰아내고 수메르를 해방시킬 수 있는 자질을 갖추고 있었다. 당시 구티 왕은 티리간(Tirigan)이었다. 자신만만했던 우투-헤갈은 티리간을 칠 계획을 세웠다. 수메르인은 구티와 티리간을 격하게 증오하고 있었다.

> 구티움, 독니를 가진 산(山)뱀, 신들에게 폭력적으로 행동하는 자, 수메르 땅의 왕권을 산지로 빼돌린 자, 수메르 땅을 사악으로 물들인 자, 아내를 가진 사람에게서 아내를 빼앗은 자, 아들을 가진 사람에게서 아들을 빼앗은 자, (수메르) 땅에 사악과 폭력을 심은 자.[2]

1) 우루크 5왕조의 유일한 왕. 우투-헨갈(Utu-hengal)이라고도 한다.

2) 프랑스 루브르박물관 AO 06018 점토판 명문, 1~14행.

우투-헤갈은 신들의 제왕 엔릴의 신임을 듬뿍 받고 있었다. 엔릴은 그를 '세계 사방의 왕'으로 인정했다. 우투-헤갈은 '전쟁의 여신' 인안나에게 수메르를 해방시켜달라고 기도했다. 왕은 엔릴·인안나·두무지·길가메쉬가 자신을 돕고 있다고 백성들에게 알렸다. 이 소식에 우루크 시민들과 쿨아바 시민들 모두 기뻐했다. 그들 모두가 일치단결해 왕을 따랐다. 우투-헤갈은 자신이 뽑은 정예부대를 집결시킨 뒤 구티를 공격하기 위해 이쉬쿠르(Iškur)[3] 신전에서 출정했다. 그는 차츰차츰 티리간의 목을 조이고 있었다. 그러자 티리간이 우투-헤갈을 달래려고 우르-닌아주(Ur-Ninazu)와 나비-엔릴(Nabi-Enlil)이라는 장수를 수메르 사절단으로 보냈다. 그러나 타협은 안중에도 없던 우투-헤갈은 그들을 즉시 붙잡아 수갑을 채웠다. 왕은 '이쉬쿠르와 우투' 신에게 자기편이 되어달라고 간절히 기도했다. 전투가 벌어졌고 우투-헤갈이 승리해 티리간의 장수들이 체포되었다. 티리간은 걸어서 홀로 다브룸(Dabrum)[4]으로 도망쳤다.

그가 도망쳐서 목숨을 구한 다브룸에서, (처음에는) 사람들이 그에게 호의적이었다. (그러나) 엔릴이 우투-헤갈에게 권력을 준 사실을 알게 된 다브룸 사람들은 티리간을 놓아주지 않았다. 우투-헤갈 파견대가 다브룸에서 티리간과 그의 아내와 아이들을 사로잡았다. 파견대는 그들 손에

3) 천제 '안'의 아들로 폭풍과 비의 신이다.

4) 움마 북쪽에 있던 수메르 도시로 아답과 자발라 사이에 있다. 두브룸(Dubrum)이라고도 한다.

우투-헤갈
^{d}utu-he$_2$-gal$_2$

티리간
ti-ri$_2$-ga-a-an

Δ1 우투-헤갈과 티리간

우루크 5왕조의 우투-헤갈이 구티의 마지막 왕 티리간을 제압했다. 그는 214년 만에 수메르 백성에게 해방을 안겨주었다. '수메르의 해방자' 우투-헤갈은 영웅이었다. 그때 그 순간이 프랑스 루브르박물관 AO 06018 점토판에 수메르어 128행으로 남아 있다.

수갑을 채웠고 눈을 붕대로 가렸다. 우투 신 앞에 있던 우투-헤갈이 그(티리간)를 신의 발아래 눕혀놓고 그의 목을 발로 짓눌렀다.[5] **Δ1**

구티가 남부에서 철수했다. 수메르 왕권이 우루크로 넘어왔다.[6] 수메르는 실로 214년 만에 해방되는 기쁨을 맛보았다.[7] 구티가 악카드를 무너뜨린 지 약 34년 만이었다.[8] 수메르가 광복을 쟁취했

5) 프랑스 루브르박물관 AO 06018 점토판 명문, 105~122행.

6) 〈수메르 왕명록 Ashm 1923-0444〉 332~334행. "구티움 군대가 무기로 망했다. 왕권이 우루크로 넘어왔다."

7) 중간 연대를 기준으로 수메르 초기 왕조(우루크 3왕조의 루갈자게씨)가 악카드의 사르곤에 위해 무너진 때는 B.C.E. 2334년이고, 우투-헤갈이 구티의 티리간을 몰아낸 때는 B.C.E. 2120년이므로, '수메르의 암흑기'는 B.C.E. 2334년에서 B.C.E. 2120년으로 214년 동안이다.

8) 악카드가 멸망한 때는 B.C.E. 2154년이고, 구티가 물러난 때는 B.C.E. 2120년이므로, 실질적인 구티의 압제 기간은 B.C.E. 2154년에서 B.C.E. 2120년으로 34년 동안이다. **이 대목에서 다시 한 번 〈수메르 왕명록〉의 기록을 거론하지 않을 수 없다. 〈수메르 왕명록 Ashm 1923-0444〉 330~331행에는 "21명의 왕이 124년 40일을 다스렸다"고 기록되어 있다. 이는 구티 왕들이 수메르 왕권을 장악하고 수메르 전체를 통치한 기간이 아니라 단순하게 구티 왕들의 재위기간을 합친 것일 뿐이다. 따라서 구티인이 수메르 종주권을 행사한 실제 기간은 40년을 넘지 못한다. 그것도 남부의 남쪽은 구데아의 라가쉬가 독립국이었으므로 반쪽짜리 수메르 왕권이었다고 볼 수 있다.** 한편 수사에서 발굴된 고바빌로니아판 〈수메르 왕명록〉 Su3+Su4 사료에는 구티 왕조의

다. 참으로 가슴 벅찬 일이었다. 우투-헤갈은 수메르 역사에 영원히 빛날 위대한 영웅이 되었다. 우루크는 그 옛날의 명예를 되찾았다.[9] 마침내 '수메르의 암흑기'가 막을 내렸다.

통치기간이 25년이라고 기록되어 있다. 구티 왕조가 지배한 기간을 약 100년으로 보는 학자(Piotr Steinkeller)도 있다.

9) 우루크는 1왕조의 길가메쉬, 2왕조의 엔샤쿠쉬안나, 3왕조의 '움마 왕' 루갈자게씨에 이어 5왕조의 우투-헤갈이 수메르 왕권을 거머쥐었다. 무엇보다도 우투-헤갈이 이룬 수메르의 해방은 200년이 넘도록 악카드와 구티에게 억눌렸던 수메르인의 한을 풀어준 엄청난 대사건이었다. 우투-헤갈은 수메르의 위대한 영웅으로 마땅히 추앙받아야 한다. 그가 없었다면 우르 3왕조가 '수메르 문예부흥기'를 맞이할 틈도 없이 수메르는 영원히 멸망했을지도 모를 일이다.

2. 통일 황제, 우르-남무

'수메르의 해방자' 우투-헤갈의 시대는 그리 오래가지 못했다.[10) 한동안 라가쉬의 속국이었던 우르는 수메르의 해방과 동시에 우루크의 속국이 되었다.[11) 우르 총독은 우투-헤갈이 임명한 우르-남무(Ur-Nammu)[12)였다. 우르-남무가 라가쉬를 공격해 에덴 들판의

10) 〈수메르 왕명록 Ashm 1923-0444〉 335~336행을 보면 다소 황당한 기록이 있다. "우루크에서 우투-헤갈이 왕이 되었다. 그가 427년 […]일 동안 다스렸다." 그러나 이씬의 〈수메르 왕명록〉 'IB' 사료에는 26년 […]달 15일, 바빌론 1왕조의 〈수메르 왕명록〉 'J' 사료에는 7년 6달 15일, 고바빌로니아 탈 레일란(Tall Leilan) 교정본인 〈수메르 왕명록〉 'TL' 사료에는 7년 6달 5일로 나와 있다. 우투-헤갈의 통치기간은 약 7년 정도로 추정된다.

11) **악카드 왕 샤르칼리샤리가 죽은 뒤부터 우르-남무가 출현할 때까지 우르의 국력은 매우 약했으며, 그동안의 사료에 남아 있는 우르 군주는 〈수메르 왕명록〉에 나오지 않는 '루사가(Lu-saga, 영국박물관 BM138344, 139345)'가 있을 뿐이다. 우르는 수메르 초기 왕조 시절 메스안네파다 왕이 잠시 수메르의 권력자가 된 뒤로는 수메르에서 큰 영향력을 행사하지 못했다. 그러나 이마저도 메스안네파다가 '우루크 1왕조를 꺾고' 수메르 왕권을 물려받았다(〈수메르 왕명록 Ashm 1923-0444〉 133행~136행)는 증거가 매우 부족해서 "현재로서는 완전히 미스터리이다"라고 주장하는 학자(Douglas R. Frayne)까지 있다. 따라서 우르가 수메르 역사를 이끌었다는 착각은 하지 말아야 한다. 그리고 수메르의 암흑기가 지나고 우르-남무 통치기간에 이르러서야 비로소 우르가 수메르의 중심지로 떠올랐다.**

12) 우르-남무 이름의 '남무(^{d}Nammu)'는 우르 근교의 작은 도시 에쉬슈/아쉬슈(Eššu/Aššu)의 수호신이다. 엔키의 어머니로 알려진 '남무'는 '남마(^{d}Namma, na-am-ma)'라고 하기에

보리를 빼앗아 우르로 가져왔다. 그러자 그의 주군 우투-헤갈이 라가쉬와 맞닿은 경계선을 새로 그었다. 우투-헤갈이 갑자기 세상을 떠났다.[13] 우르-남무에게 절호의 기회가 찾아왔다.

수메르 해방은 우투-헤갈이 이루었으나 수메르 통일은 우르-남무의 몫이었다. 우투-헤갈이 세상을 떠난 뒤에 우르-남무는 니푸르로 가서 수메르 왕권을 이어받았다. 우르-남무는 우르를 지키기 위해 '우르 성벽'을 쌓았다. 그는 수메르의 여러 도시를 접수했다. 수메르 내부에서 우르를 괴롭히는 최대 강적은 라가쉬였다. 우르-남무가 라가쉬를 제압하자 수메르에서 가장 큰 영토가 그의 수중으로 들어왔다.[14] 왕은 구티와 싸워 이겼고, 엘람과 싸워 이겼다. 마침내 우르-남무가 옛 악카드 전역을 차지했다. 그는 엘람 왕 푸주르-인슈쉬나크가 점령하고 있던 서부와 북부 땅을 해방시켰다. 우르-남무는 소와 양, 당나귀를 빼앗아가는 서부 유목민과 노략질을 일삼는 뱃사람들로부터 우르의 백성들을 보호하는 정의로운 왕이었다. 그는 수메르와 악카드 땅에 살고 있던 악카드인과 이방인들

우르-남무를 우르-남마(Ur-Namma)라고 쓰기도 한다. 우르-남무는 우투-헤갈의 동생이라는 주장(C. Wilcke)도 있고, 우투-헤갈의 사위라는 주장(H. Hunger)도 있다.

13) 우투-헤갈이 비극적으로 물에 빠져 죽었다는 기록이 있다. "[…]… 이것은 운하의 댐 공사를 하는 동안, 둑이 그를 덮쳐서, 그때 죽은, 어부, 우투-헤갈의 징조이다"(Nicla De Zorzi, *THE DEATH OF UTU-HEGAL AND OTHER HISTORICAL OMENS*, JCS 68, 2016, 130). '둑이 그(우투-헤갈)를 덮친 사건'이 우르-남무가 벌인 음모였는지는 알 수 없다.

14) 우르-남무가 제압한 라가쉬 2왕조 마지막 왕은 '남막하니'이다. 〈우르-남무 법전〉에는 우르-남무가 '남카니'를 라가쉬 군주(엔시)로 임명했다고 기록되어 있다. "내가 남카니를 라가쉬 엔시로 승진시켰다(nam-ha-ni $ensi_2$ $lagaš^{ki}$ he_2-mi-il_2)"(터키 이스탄불 고고학박물관 Ist Ni 03191 명문, 75~78행). **〈수메르 왕명록〉의 필경사는 〈우르-남무 법전〉에까지 등장하는 라가쉬와 남막하니(남카니)를 역사에서 지웠다.**

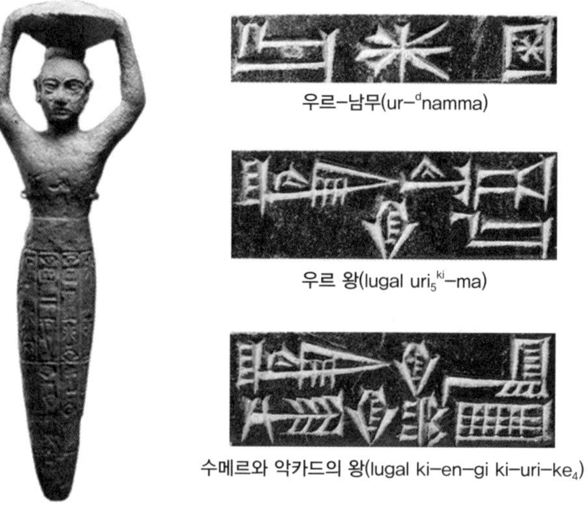

Δ2 우르-남무

미국 뉴욕 메트로폴리탄예술박물관의 우르-남무 조각상(MET DP375097)과 설형문자

에게도 자유를 주었다. 우르-남무는 안샨의 종노릇을 하고 있던 아크샤크를 비롯한 수메르 북쪽 도시들을 속박에서 풀어주었다. 왕은 북서쪽의 무역 요충지이자 '악카드인의 소굴'인 마리에게도 우호적인 정책을 펼쳤다. 이는 점점 강해지고 있는 서쪽의 마르투인을 막기 위한 방편이었다. 우르-남무는 수메르의 통일 황제이며, 우르 3왕조의 건설자로 '우르 왕, 수메르와 악카드의 왕'이 되었다.**Δ2**

3. 수메르 재건

수메르가 통일되었다. 가장 시급한 일은 도로를 뚫는 것이었다. 악카드와 구티가 수메르를 지배하던 '수메르 암흑기'에는 수메르 남쪽과 북쪽을 잇는 도로가 차단되어 있었다. 우르-남무는 도로를 남북으로 연결시켰다.Δ3 그는 전령들을 위해 모든 도로를 안전하게 정비했고, 큰길가에 여행자들을 위한 여관을 지었다. 게다가 그 주변에 과수원을 만들었고, 과수원을 관리할 정원사를 두었다. 우르-남무는 수메르 중부를 잇는 이투룬갈운하를 다시 건설했다. 그 결과 중부도시들, '아답-움마-바드티비라-라르싸'를 연결하며 유프라테스강과 다시 합류하는 거대한 물길이 뚫렸다. 그리고 아-닌투(A-Nintu)라는 운하도 새로 개통했다. 우르-남무는 적어도 8개의 새 운하를 만들었다. 그는 티그리스강과 유프라테스강뿐만 아니라 그 지류와 수로에 있는 부두를 모두 새로 정비했다. 도로 정비와 운하 건설이 마무리되자 수메르의 재건사업은 속도를 내기 시작했다.

우르-남무는 민심을 수습하기 위해 신전 건축과 복구사업을 시

mu ur–^{d}namma lugal–e sig–ta igi–nim–še$_3$ giri$_3$ si bi$_2$–sa$_2$–a
해[年]: 우르–남무, 왕이 남쪽에서 북쪽까지 도로를 곧게 만들었다

Δ3 도로 정비

프랑스 루브르박물관 AO 03331 점토판에 우르-남무가 도로 정비를 벌인 해가 기록되어 있다. 이때는 우르-남무 통치 초기였다.

작했다. 제일 먼저 챙겨야 할 신은 우르 백성들이 섬기는 '국가 수호신' 난나였다. 왕은 우르의 '복합 종교센터'인 난나 신전 재건에 몰두했다. 거대한 신전 건축 공사장 중심에 지구라트 '에테멘니구루(Etemenniguru)'가 올라가고 있었다. 왕은 '난나 신의 아들' 닌구블라가(Ningubalaga)를 모실 신전도 짓도록 했다. 그는 점을 쳐서 난나를 모실 사제를 새로 뽑았다. 그리고 해상무역을 장악해 수입한 마간 목재로 배를 만들어 난나에게 바쳤다. 우르-남무는 에리두에 있는 엔키 신전도 손을 보았다. 우르와 쿠아라에 닌순 신전을 세웠고, 우르에 인안나-닌쿠눈나(Inanna-Ninkununa)[15] 신전도 세웠다. 그리고 그의 자식을 인안나의 사제로 임명했다. 더불어 니푸르에 엔릴

15) 닌쿠눈나는 인안나의 별칭이다.

신전을 개축했고, '엔릴의 부인' 닌릴(Ninlil)에게 전차를 만들어 바쳤다.

우르-남무는 '우르 성벽'을 쌓아 '수도' 우르에 철통 보안시스템을 갖추었다. 왕은 도량형을 표준화해 부정한 행위를 막고 세금을 공정하게 거두었다. 또한 대사면을 단행하기도 했다. 그는 온전히 백성 편이었다.

> 나는 고아를 부자에게 넘기지 않았다. 나는 과부를 힘있는 자에게 넘기지 않았다. 나는 1쉐켈을 가진 자를 1미나(mina)를 가진 자에게 넘기지 않았다. 나는 양 1마리를 가진 자를 소 1마리를 가진 자에게 넘기지 않았다. 나는 나의 장군들, 나의 어머니들, 나의 형제들, 그들의 가족들을 정착시켰다. 나는 그들의 가르침을 받아들이지는 않았으나 그들에게 명령을 강요하지도 않았다. 나는 정의를 위해 적대감, 폭력, 불평불만을 제거했다. 나는 온 땅에 정의를 뿌리내렸다.[16)]

'수메르의 통일 황제' 우르-남무가 수메르 재건에 박차를 가하고 있었다.

16) 〈우르-남무 법전〉 서문 마지막 부분이다. 인용한 구절은 터키 이스탄불 고고학박물관 Ist Ni 03191(니푸르 발굴) iv 150~170행과 Ist Si 0277(씨파르 발굴) i 22행~ii 51행이다. '쉐켈'은 수메르어 '긴(gin_2)', 즉 깅($gi\hat{g}_4$)이다. 1쉐켈은 약 8.4그램±0.34그램이다. '미나'는 수메르어 '마나(mana)'로 1마나는 60쉐켈(약 500그램)이다. 따라서 본문에 나오는 '1쉐켈을 가진 자'는 빈자를, '1미나를 가진 자'는 부자를 가리킨다.

4. 우르-남무 법전

새로운 세상이 열렸다. 우르-남무는 수메르를 정의로운 사회로 만들기 위해 법을 만들어 만천하에 선포했다.[17] **Δ4**

1조(살인) 살인자는 사형시켜야 한다.

2조(강도) 강도질하면 사형시켜야 한다.

3조(유괴) 다른 사람을 납치하면, 구금하거나 은 15쉐켈을 배상한다.

4조(신분보호) 종으로 팔려온 자가 그 집안 여종을 아내로 삼으면, 그자가 자유인이 된 뒤에도 아내와 그 주인집에서 살 수 있다.

17) 수메르어 법조문 내용을 '풀어서 이해하기 쉽게 재구성'했다. 〈우르-남무 법전〉은 고바빌로니아의 함무라비 왕 시절과 히브리족의 구약 시대에 시행된 '눈은 눈으로, 이는 이로, 손은 손으로'와 같은 동해보복(同害報復)의 잔인한 법이 아니었다(Samuel N. Kramer: *Orientalia 23*. 1953, 40-48. + Fatma Yildiz "*A Tablet of Codex Ur-Nammu from Sippar*", Orientalia, vol. 50, no. 1, 1981, 87-97. + Claus Wilcke: *Laws of Urnamma*: The Oxford Encyclopedia of the Bible and Law. Oxford et al.: Oxford University Press 2015, 513-518).

Δ4 〈우르-남무 법전〉

노르웨이 오슬로 쇼엔컬렉션 MS 2064. 이 밖에 〈우르-남무 법전〉이 담겨 있는 사료들로 터키 이스탄불 고고학박물관 Ist Ni 03191과 Ist Si 0277이 있다.

5조(신분보호, 입양) 종이 된 자가 '자유인 여자'와 결혼하면, 둘 사이에서 낳은 자식 중 아들 한 명은 주인 소유가 된다. 주인 소유가 된 그 아들은 새 아버지의 재산이나 부동산 등에 대한 자식의 권리를 보호받는다. 종이 된 자의 아내인 '자유인 여자'는 '남편 주인'의 종이 되지 않으며, 노예 신분을 강요당하지 않는다.

6조(강간) 젊은이 아내를 강제로 또는 속여서 강간하면, 사형시킨다.

7조(간통) 젊은이 아내가 스스로 다른 남자와 잠을 잤다면, 여자는 사형시키지만 간통한 남자는 벌을 받지 않는다.

8조(강간) 남의 여종을 강제로 강간하거나 속여서 강간하면, 은 5

쉐켈을 배상한다.

9조(이혼) 같은 신분을 가진 부부로 남편이 아내를 버리면, 은 1 미나를 배상한다.

10조(재혼이혼) 과부와 결혼한 자가 과부를 버리면, 은 2분의 1미나(30쉐켈)를 배상한다.

11조(위자료) 과부와 결혼계약서를 작성하지 않고 잠자리를 하면, 배상은 없다.

12조 [⋯]면, 그자 [⋯].

13조(강신(江神)재판/무고죄) [⋯]로 고소를 했으나 (명백한 증거가 없을 때), 고소당한 자를 강물에 던져 '강의 신'이 그를 살려주면 무죄, 그가 물에 빠져 죽으면 유죄로 간주한다. 만일 무죄가 확정되면 고소한 자는 은 3쉐켈을 배상한다.

14조(강신재판/간통/무고죄) 젊은이 아내가 간통으로 고소당했는데 그녀가 강에 빠져 죽지 않고 살아 무죄가 되면, 고소한 자는 은 3분의 1미나(20쉐켈)를 배상한다.

15조(파혼 배상) 남자가 결혼하기 위해 여자와 약혼하고 신부 집에서 살고 있는데 장인이 딸을 다른 남자에게 시집보냈다면, 장인이 남자에게서 받은 지참금의 2배를 배상한다.

16조(배상) [⋯]면, 그자 [⋯] 은 2쉐켈을 배상한다.

17조(보상) 종이 도주해 도시를 벗어났는데 어떤 사람이 그 종을 잡아 주인에게 돌려주었다면, 그 주인은 그 사람에게 [⋯] 쉐켈을 보상한다.

18조(상해) 그의 [⋯] 다른 사람의 발을 잘랐다면, 은 10쉐켈을 배상한다.

19조(상해) 다른 사람의 뼈를 무기로 부셨다면, 은 1미나를 배상한다.

20조(상해) 다른 사람에게 […] 코를 잘랐다면, 은 3분의 2미나(40쉐켈)를 배상한다.

21조(상해) […]에게 […]을 잘랐 […], […]을 배상한다.

22조 […], 은 2쉐켈 […]한다.

23조 […]면, […].

24조(납치, 인신매매) […] (남의 여종을 납치해서 다른 곳에 팔아버려) 여종 주인이 여종을 돌려받지 못할 경우, 납치한 자는 은 10쉐켈을 배상해야 하며, 은이 없다면 '동일한 값어치'의 배상을 한다.

25조(인신공격) 어떤 여종이 다른 사람에게 마치 여주인처럼 제 마음대로 저주하는 입놀림을 하면, 소금 1씰라[18]로 여종의 입을 강제로 문지른다.

26조(폭행) 어떤 여종이 다른 사람을 마치 여주인처럼 제 마음대로 때리면, […].

27조 [……].

28조(위증) 어떤 자가 증인을 섰으나 그자가 바로 도둑이면, 은 15쉐켈을 배상한다.

29조(증인 맹세) 어떤 자가 증인을 섰으나 '신의 이름을 걸고' 맹

18) 1씰라($sila_3$)는 약 1리터로 우르 3왕조 때는 약 0.84리터였다.

세하기를 거절하면, 재판 비용에 해당하는 액수를 배상한다.

30조(농지경작권) 어떤 자가 남의 밭에서 제 마음대로 농사를 지어놓고 고소사건이 발생하자, 그자가 원주인이 밭을 버렸기 때문에 그랬다고 둘러대면, 그자가 기른 그 땅의 농작물은 몰수한다.

31조(농지경작권) 어떤 자가 남의 밭을 물에 잠기게 해서 손해를 입혔으면, 밭 1이쿠[19]마다 보리 3구르[20]를 배상한다.

32조(소작제) 타인의 밭을 경작하게 된 자가 씨를 뿌리지 않아 불모지가 되었다면, 밭 1이쿠마다 보리 3구르를 배상한다.

33조 어떤 자가 타인에게 [···], [···].

34조~36조 [······].

37조(배상) [···], 그자는 배상한다.

우르-남무는 수메르인에게 번영과 복지, 질서의 시대를 열어주었다.

---

19) 1이쿠(iku)는 0.36헥타르(=3,600제곱미터)이다.

20) 1구르(gur)는 300씰라(300리터 또는 252리터)이다.

5. 슐기의 내치

'수메르의 통일 황제' 우르-남무의 말로는 비참했다. 우르-남무는 수메르 북동쪽 디얄라강 부근에서 구티와 씨무다르(Simudar)[21]를 상대로 벌인 전투에서 전사했다. 우르군은 부상당한 우르-남무를 버리고 달아났다.

그들은 살육의 장소에서 우르-남무를 깨진 항아리처럼 버렸다.[22]

슐기(Šulgi)가 왕이 되었다(슐기 1).[23]**Δ5** 그는 한창 젊은 나이에 아

21) 우투-헤갈에 의해 수메르에서 추방당한 구티인은 여전히 위협적이었다. 씨무다르는 구티의 이웃으로 수메르 북동쪽 디얄라강 근처에 있던 도시이다.

22) "[ki]-lul-la ur-^{d}nammu dug-gaz-gin$_7$ ba-ni-in-tag$_4$-aš"(Samuel N. Kramer, "*The Death of Ur-Nammu and His Descent to the Netherworld*", Journal of Cuneiform Studies, vol. 21, 1967, 113: 59행). 〈수메르 왕명록 Ashm 1923-0444〉 341~342행에는 우르-남무에 대해 다음과 같이 간략하게 기록되어 있다. "우르에서 우르-남무(우르-남마)가 왕이 되었고, 18년 동안 다스렸다(urim$_2$^{ki}-ma ur-^{d}namma lugal-am$_3$ mu 1(u) 8(diš) i$_3$-ak)." 우르-남무 재위기간은 B.C.E. 2112년에서 B.C.E. 2094년(중간 연대)이다.

23) 슐기는 학자들이 오랫동안 연구한 끝에 '연대기'를 갖게 되었다(Nikolaus Schneider 1936;

Δ5 슐기

미국 뉴욕 메트로폴리탄예술박물관의 슐기 청동상(MET DP375095)과 설형문자

Fritz R. Kraus 1951; Edmond Sollberger 1954-1956; Albrecht Goetze 1960; René Marcel Sigrist 1984, 참고문헌 참조). 본문에서는 사건에 따라 슐기의 재위 연도를 표시했다. 예를 들어 슐기 1년의 기록(프랑스 루브르박물관 AO 03336 명문 뒷면, 5행)은 다음과 같다. "해[年]: 슐기가 왕이다(mu šul-gi lugal)." 명문에서 보았듯이 실제 기록에는 수메르어 'mu(年)'만 있을 뿐 재위 연도의 '숫자(1~48)'는 없다. 하지만 본문에서는 "슐기가 왕이 되었다(슐기 1)"로 적었다. 본문의 '연대기'는 앞에서 소개한 5명의 슐기 연구자들의 참고문헌과 가장 많은 내용이 실려 있는 터키 이스탄불 고고학박물관 Ist Ni 00394, 프랑스 루브르박물관(AO 03333, 03335, 03336, 03339, 03345, 03365, 03893, 19715), 영국 옥스퍼드대학 에쉬몰리언박물관(Ashm 1911-0141, 1911-0154, 1911-0165, 1911-0171, 1911-0181, 1911-0217, 1911-0229, 1911-0237, 1911-0486, 1911-0488, 1911-0490, 1912-1150, 1923-0415, 1924-0656, 1924-0678, 1924-0693, 1935-0512, 1971-0260, 1971-0277, 1935-0526, 1935-0561, Bod S 184, 179), 영국박물관(BM 10049, 014559, 014681, 015902, 016072, 111638), 터키 이스탄불 고고학박물관(Ist L 06704, 06744, 06805, 06820), 이라크 바그다드국립박물관(IM-: 발굴번호: IB 0542a+b+, 070311), 미국 코넬대학 근동학부(CUNES 58-01-135), 독일 베를린 고대근동박물관(VAT 02428)의 명문을 추가로 검토해서 적었다. 슐기는 과거에 '둔기(Dungi, DUN-gi)'라고도 했으나 지금은 '슐기'로 통용되고 있다. 슐기의 어머니 '씨아-툼(SI.A-tum)'을 악카드어 '와타르툼(Watartum)'으로 읽는 학자(Edmond Sollberger)도 있다.

버지를 잃었다. 슐기는 자신의 아버지 우르-남무가 이루지 못한 수메르 재건사업을 그대로 이어나갔다. 왕은 20년 동안 수메르 내치(內治)에 집중했다. 그는 우르-남무의 죽음으로 요동쳤을 흉흉한 민심을 시급히 다잡아야 했다. 역시 그 지름길은 신을 잘 모시는 일이었다.

슐기는 '정의로운 신' 닌구발락(Ningubalag) 신전의 기초를 다졌다(슐기 2).[24] 아버지가 그토록 원하던 정의로운 사회를 이루기 위한 출발이었다. 그리고 니푸르의 엔릴에게 청금석으로 옥좌를 만들어 바쳤다(슐기 3). 엔릴에게 인정받지 못하면 모든 것이 무용지물이었다. 슐기는 닌우르타(Ninurta) 신전의 기초를 세웠다(슐기 4). 엔릴의 아들이며 '농업의 신'인 닌우르타는 니푸르에 머물렀다. 왕은 백성의 논과 밭이 풍요로운 땅이 되길 바랐다. 슐기는 우루크의 인안나에게 눈을 돌렸다. 인안나 신전이 거대한 담벼락으로 에워싸였다(슐기 5). 수메르의 위정자는 누구라도 인안나의 눈 밖에 나면 국토가 위태로웠다.

슐기는 우르, 우루크, 니푸르 중심으로 나라를 운영했다. 왕은 우르를 행정의 중심지로 삼았으므로 '우르 수호신' 난나를 국가 수호신으로 모셨다. 또한 그는 우루크를 왕조의 중심지로 삼았으므로 '우루크 수호신' 인안나와 '길가메쉬의 모신' 닌순을 우내했다.[25] 그

24) '닌구발락(^{d}nin-gubalag)'은 태양신 우투의 다른 이름이다.

25) 슐기는 치세 21년부터 스스로 '신'이 되었는데, 자신은 닌순의 아들이며 길가메쉬와 형제이자 친구이고, 인안나의 남편이라고 떠벌렸다. 이런 억지 주장은 슐기의 아버지 우르-남무가 먼저 시작했다. 이유는 우르-남무가 '수메르의 해방자' 우투-헤갈의 우루크

리고 니푸르를 종교와 신앙의 중심지로 삼았으므로 엔릴과 닌릴을 숭배했다. 슐기는 길을 뚫어 세 곳의 중심 도시를 연결하는 일부터 시작했다. 왕은 먼저 니푸르의 도로를 정비했다(슐기 6).[26] 그 결과 '우르-우루크-니푸르'를 잇는 도로망이 완성되었다. 그는 약 1단나(danna)[27] 간격으로 도로 위치를 표시하고 여관을 지었다. 더불어 그 옆에 조성된 과수원은 여행자들의 허기진 배를 채워주었다.

어느 날 슐기는 우르와 니푸르를 왕복했다(슐기 7). 니푸르를 출발한 왕은 우르에 도착해 난나 신전에서 예배를 드렸다. 그는 다시 니푸르로 향했는데 폭풍우가 치고 우박이 내렸다. 그러나 왕은 무사히 니푸르로 돌아와 제사를 지냈다. 단 하루 만의 일이었다.

> 나는 같은 날 니푸르와 우르에서 에쉐쉬($eš_3$-$eš_3$) 축제를 열었다.[28]

5왕조에서 우르 총독으로 있다가 수메르를 통일하고 우르 3왕조를 열었으나 실상 우루크가 수메르 왕조 역사의 으뜸이요, 길가메쉬가 수메르 최고의 영웅이며, 그의 어머니가 여신 닌순이었기 때문이다. 또한 우루크 수호신 인안나는 수메르 초기 왕조 시절에 가장 강력했던 황제로 모든 수메르의 통치자들이 부러워했던 라가쉬 왕 '에안나툼의 배우자'였기에 이를 따라한 것이다. 우르-남무는 우루크 왕조의 정통성을 승계한 왕으로 남길 바랐다. 슐기도 마찬가지였다.

26) 슐기 재위 7년에 벌인 사업으로 보기도 한다. 우르-남무가 시행한 도로 정비는 남부의 남쪽과 북쪽을 연결하는 '수메르 통일'에 중점을 두었으나, 슐기가 벌인 도로 정비는 '우르-우루크-니푸르'를 연결해 수메르를 세 도시의 중심으로 운영하려는 의도였다.

27) '단나'는 길이를 나타내는 단위로 '1단나'는 약 10킬로미터이다. 5,000년 전에는 '다나(da-na)'라고 했으나 4,500년 전부터 '단나'로 대치되기 시작했고, 4,000년 전에는 대부분 '단나'로 쓰였다.

28) "u_4 1(diš)-a nibru^{ki} uri$_2^{ki}$-ma $eš_3$-$eš_3$-bi hu-mu-ak." 이 사건 기록은 약 80개의 단편들을 모아 새로 구성한 슐기 자찬시(自贊詩) 〈슐기 A〉에 실려 있다(Jeremy Black, Graham Cunningham, Eleanor Robson, and Gábor Zólyomi (eds.) *The literature of ancient Sumer*, Oxford : New York : Oxford University Press, 2004, 304~308). 〈슐기 A〉 78행의 수메르

신들을 향한 슐기의 행보는 계속되었다. 툼말(Tummal) 지성소에 모신 닌릴의 배를 진수시켰고(슐기 8),[29] 카르지다(Karzida)의 난나를 신전으로 모셨다(슐기 9).[30]

남부의 남쪽과 북쪽까지 수메르 전역을 다스리는 일은 쉽지 않았다. 마침내 슐기는 왕이 된 지 10년 만에 우르에 에후르쌍(Ehursaĝ) 왕궁을 지었다(슐기 10). 그리하여 왕권이 더욱 견고해졌다. 그는 북동쪽으로 멀리 떨어져 있는 도시 데르로 눈을 돌렸다. 슐기는 데르의 수호신이며 '국경을 관장하는 신'인 이쉬타란을 신전에 모셨다(슐기 11). 수메르와 엘람의 국경지대에 있는 데르까지 그의 영향력이 미쳤다. 왕은 한때 안샨에 예속되어 있다가 우르-남무가 해방시킨 카잘루로 손을 뻗었다. 슐기는 카잘루의 수호신 누무쉬다(Numušda)를 신전에 모셨고, 닌기르수를 바가라 신전으로 모신 뒤 라가쉬를 통제했다(슐기 12). 슐기 왕권이 전국을 휩쓸었다. 그리고 그는 왕실에 얼음창고를 지었다(슐기 13). 슐기가 성도 니푸르에서 난나를 신전으로 모셔(슐기 14) 국가 수호신인 난나의 위상은 더욱 높아졌다.

슐기는 점을 쳐서 자신의 딸 엔니르지안나(Ennirzianna)를 난나를 모시는 여사제로 내정했다(슐기 15). 그는 닌릴에게 침상을 만들어

어 '에쉐쉬, (에쉬-에쉬($eš_3$-$eš_3$))'는 '축제'를 뜻하며, 우르 3왕조의 국가 수호신으로 달의 신이기도 한 난나를 위해 매달 1일, 7일, 15일에 열렸다.

29) '툼말'은 니푸르 외곽으로 '엔릴의 부인' 닌릴을 모시는 지성소가 있는 신성구역이다.

30) '카르지다'는 우르 근교의 작은 도시 가에쉬(Gaeš)에 있던 부두로, 그곳에 난나 신전 '에카르지다(Ekarzida)'가 있었다. 난나 신전은 여러 곳에 있었으며, '에눈나(Enunna)'라고도 한다.

바친 다음(슐기 16) 엔니르지안나를 난나를 모실 여사제로 공식 임명했다(슐기 17).[31] 우르의 공주들이 슐기 정권의 앞잡이가 되고 있었다. 슐기는 31명의 자녀가 있었는데 17명은 왕자였고, 14명은 공주였다. 공주 리위르미따슈(Liwirmittašu)가 저 멀리 속국 마르하쉬로 시집가서 왕비가 되었다(슐기 18).[32] 정략결혼이었다. 슐기 자신도 왕세자 시절 우르-남무 때부터 우호관계를 유지하던 '마리 총독' 아필킨(Apil-kin)의 딸 타람우람(Taram-Uram)과 정략결혼을 한 바 있다.[33] 슐기는 '어떤 곳'을 우르에 편입시켰다(슐기 19).[34] 그런

31) 우르의 난나 신전 여사제는 본래 우르-남무의 공주 엔니르갈안나였다. 슐기 15년 왕의 공주 엔니르지안나를 난나 신전의 여사제로 뽑았을 때 엔니르갈안나가 중병을 앓았으며, 2년 뒤에 그녀가 죽자 슐기가 엔니르지안나를 난나 신전의 여사제로 임명했을 것이라고 추측된다. 악카드의 사르곤이 공주 엔헤두안나를 난나 신전의 여사제로 임명했던 전례처럼, 수메르 공주가 난나 신전의 여사제가 되는 일은 제국의 통치자가 늘상 하던 정략적인 통치술이었다.

32) 리위르미따슈는 악카드어 이름이다. 슐기의 자식들 중에서 15명은 수메르어 이름을 가졌고, 15명은 악카드어 이름을 가졌으며 나머지 1명은 이름이 확인되지 않았다. 이는 슐기가 '수메르와 악카드의 왕'이라는 위세를 부리기 위한 정략이었다. 옛 이란의 한 지방이었던 마르하쉬는 악카드 제국의 속국으로 악카드어 사용을 강요했던 곳이므로 악카드어 이름을 가진 공주를 정략적으로 시집보낸 듯하다. 왕자들은 대개 우르 3왕조가 통치하던 지방도시나 군정도시에 총독으로 가 있었고, 공주들은 난나를 모시는 여사제 또는 우르 신관이 되거나 정략결혼에 동원되었다.

33) 우르를 섬기는 마리의 '총독' 아필킨은 자신의 딸 타람우람을 우르-남무 통치시기에 우르 왕세자 슐기에게 시집보냈다. 우르 왕실은 이미 마리의 악카드인들로 넘쳐나고 있었다. 우르-남무의 친(親)마리정책은 악카드 압제에 시달렸던 '수메르 암흑기'의 과거사를 망각하게 만들었다. 슐기가 맞이한 첫 번째 왕비는 '마리의 공주' 타람우람이었고, 타람우람이 사라지자 게메쑤엔나(Gemesuena)가 그 뒤를 이었으며, 게메쑤엔나가 사라지자 후궁이었던 슐기씸티(Šulgisimti)가 세 번째 왕비가 되었다. 그녀는 사료에 가장 많이 등장하는 유명한 왕비로 원래 '루쿠르(lukur)'였다. 루쿠르는 왕이 행차할 때 거느리는 후궁을 말한다. 슐기씸티는 디얄라강 주변에 있던 도시 에쉬눈나 출신으로 정략결혼한 것으로 추측된다. 슐기가 거느린 '루쿠르'로는 게메닌릴라(Gemeninlila), 에아니샤(Eaniša), 닌

데 수메르 북동쪽 디얄라 지방에 있는 데르 통치가 만만치 않았다. 각고의 노력 끝에 수메르를 안정권에 올려놓은 슐기가 불안해하고 있었다.

칼라(Ninkala), 씸아테아(Simatea), 슈쿠르툼(Šuqurtum) 등이 있었다.

34) '어떤 곳'은 'EZENxKASKAL^{ki}'로 기록되어 있는데 현재까지 알 수 없는 지명이다.

6. 슐기의 광기

뜻밖이었다. 슐기가 우르 사람들을 창병(槍兵)으로 징집했다(슐기 20). 왕은 같은 해에 누투르(Nutur)의 닌후르싹가(Ninhursagga)를 신전으로 모셨다.[35] '엔릴의 위대한 지배자' 닌우르타가 엔릴과 닌릴 신전에서 신탁을 내려 슐기가 엔릴과 닌릴의 밭과 장부를 재정비했다(슐기 21).**Δ6**

그런데 기이한 일이 벌어졌다. 슐기가 신권마저 탐내고 있었다. 그때 슐기는 '신'이 되었다. 악카드 제국의 나람-씬이 그랬듯이 슐기는 인간의 한계를 뛰어넘으려는 욕망에 사로잡혀 있었다.[36] '유한자(有限者) 슐기'는 '무한자(無限者) 슐기'가 되려고 발버둥치고 있었다. 그리고 나람-씬처럼 전쟁광으로 돌변해 있었다.

35) 누투르는 우르 지척에 있는 텔 알-우바이드를 가리킨다. 그곳의 수호신은 닌후르싹가로 수메르의 모신 닌후르쌍이며, 신전 이름은 에누투라(Enutura)이다.

36) 슐기는 '나람-씬 따라하기'를 했으나 그는 '최초로 스스로 신이 된 왕' 나람-씬보다 더 큰 욕망을 가지고 있었다. 슐기는 특정한 도시의 신이 아니라 'dingir-kalam-ma'였다. 즉 그는 '수메르 땅(kalam)의 신'이 되어 인간이 수메르 판테온에 합류하는 꼴이 되었다.

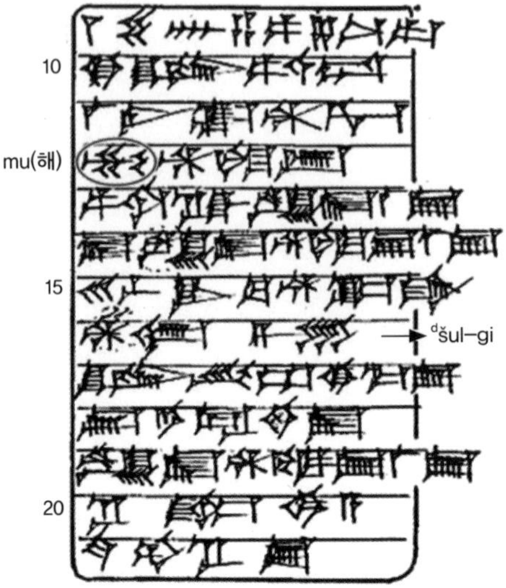

12) mu ^{d}nin-urta
13) ensi$_2$ gal ^{d}en-lil$_2$-la$_2$-ke$_4$
14) e$_2$ ^{d}en-lil$_2$ ^{d}nin-lil$_2$-la$_2$-ke$_4$
15) eš-bar kin ba-an-du$_{11}$-ga
16) ^{d}šul-gi
17) lugal uri$_5^{ki}$-ma-ke$_4$
18) gan$_2$ nig$_2$-ka$_9$ ša$_3$ e$_2$
19) ^{d}en-lil$_2$ ^{d}nin-lil$_2$-la$_2$-ke$_4$
20) si bi$_2$-sa$_2$-a

해[年]: 닌우르타, 엔릴의 '위대한 지배자'가 엔릴과 닌릴 신전에서 신탁을 내려, 우르 왕 슐기(신)가 엔릴과 닌릴의 밭과 장부를 재정비했다.

Δ6 슐기, 신이 되다

슐기는 재위 21년부터 '슐기(šul-gi)'가 아니라 '슐기 신(^{d}šul-gi)'으로 불렸다. 이때부터 슐기 사료에는 그의 이름 앞에 '신'을 뜻하는 '^{d}=dingir'가 붙기 시작했다.

수메르에 전운이 감돌았다. 지금까지 슐기는 지혜롭고 강건해 영혼과 육체가 조화로운 완벽한 왕이었다. 그런데 신으로 다시 태어난 슐기는 완전히 다른 모습이었다.[37] 슐기는 신이 된 바로 그해에

37) 슐기는 소년 시절부터 학교에 다녔다. 왕은 자신이 수메르어와 악카드어에 능통하다고 자랑했으며, 자신의 지적 능력과 육체적 능력에 대단한 자부심을 늘 가지고 살았다. 슐기는 스스로 "나는 어머니 뱃속에서부터 영웅이었고, 모든 땅의 신"이라며 자화자찬을 늘어놓은 시를 쓰기도 했다. 필경사들이 그를 찬양하며 쓴 여러 편의 시도 알려져 있다. 슐기는 '수메르 문예부흥 시대'를 이끈 가장 지성적인 왕이었으나, 악카드의 전쟁광 '나람-씬 따라하기'로 '신'이 되고 난 뒤 나람-씬처럼 전쟁광이 되었다.

데르를 무너뜨렸다.[38] 왕은 전투 전날 데르 관개지의 제방을 허물어 적군의 진지를 침수시켰다. 그는 디얄라강과 타반(Taban)강[39] 근처에서 적을 무찔렀으며, 데르 성벽을 허물고 도시를 파괴했다. 국경 도시 데르가 줄곧 골칫거리였다. 왕은 대비책을 내놓았다. 그는 요새를 2개 지어 슐기-난나(Šulgi-Nanna)와 이쉼-슐기(Išim-Šulgi)라는 이름을 붙였다. 데르의 새 총독은 우루크 총독으로 슐기의 아들인 우르-쑤엔나(Ur-Suena)였다.[40] 슐기는 아버지를 죽음으로 내몬 디얄라 지역을 철저히 응징했다. 데르가 파괴된 다음 해(슐기 22)는 나라가 조용했다.

슐기 인생에서 가장 중요한 순간이 찾아왔다. 슐기가 엔릴로부터 수메르에서 가장 강력한 권력자로 인정받았다(슐기 23).[41] 20여 년간 노력한 결실을 거두는 순간이었다. 비로소 슐기는 진정한 수메르의 통치자로 공인되었다. 하지만 그는 더 이상 아름다운 왕도, 정

38) 데르전쟁이 슐기의 첫 번째 원정은 아닌 것으로 보인다. 슐기 7년에 안샨 국경선과 위쪽 바다에 이르는 이란 북서부의 고지대 사람들이 메뚜기처럼 일어나서 메소포타미아를 공격했고, 슐기가 이들을 토벌하러 나섰다(T. Maeda, '*The Defense Zone during the Rule of the Ur III Dynasty*', Acta Sumerologica, 14. 1992: 138~139).

39) 디얄라강과 타반강이 있는 디얄라 지방은 우르-남무가 죽은 곳으로, 젊은 슐기가 아버지를 잃은 한이 맺힌 지역이다. '타반'은 수메르 북동쪽 디얄라 지방의 일부(지금의 Nahr Kan'an)로 타반강은 그곳을 흐르는 물길을 뜻한다.

40) 미국 예일대학 바빌로니아컬렉션 NBC 01934.

41) 이라크 바그다드국립박물관 발굴번호 IB 0542a+b+(소장번호는 알려지지 않음) 단편 b, 앞면 6행에 "해[年]: 슐기, 왕이 엔릴로부터 강력한 권력을 인정받았다 […](mu ^{d}šul-gi lugal-e a_2 mah ^{d}en-lil_2 sum-ma-ni […])"는 내용이 있다. 슐기는 엔릴이 인정하기 2년 전인 그의 재위 21년부터 닌우르타가 엔릴과 닌릴 신전에서 신탁을 내렸을 때 이미 '슐기 신(^{d}šul-gi)'으로 불렸다.

의로운 왕도 아니었다. 왕은 전쟁에 목말라 있었다. 슐기는 엔릴에게 인정을 받은 다음 해부터 본격적으로 정복전쟁에 나섰다.

슐기는 '수메르 북서쪽 도시' 에쉬눈나에서 북동쪽으로 펼쳐진 '디얄라강 지류들과 자그로스산맥 사이에 있는 땅'을 노리고 있었다. 그는 카라하르(Karahar)[42]를 파괴했다(슐기 24). 씨무르룸을 파괴했고(슐기 25), 씨무르룸을 또다시 파괴했으며(슐기 26), 하르쉬(Harši)[43]를 파괴했다(슐기 27).

슐기의 눈동자는 정복욕으로 핏발이 가라앉지 않았다. 이때 슐기는 어깨에 화려한 완장을 찼다. 그는 나람-씬처럼 '세계 사방의 왕'이 되었다.[44] 슐기는 정기적으로 수메르 북동쪽을 급습했다. 이제부터 끊임없이 위험을 초래하는 자는 다름 아닌 슐기 자신이었다. 슐기는 '아버지의 한풀이' 수준을 훨씬 뛰어넘고 있었다. 왕은 북동쪽 도시들이 가지고 있던 인력, 가축, 물자 등을 착취했다. 그리고 정치적 안정마저 빼앗았다. 당하는 쪽은 혼란에 빠졌고, 빼앗는 쪽은 경제적 이득을 몇 배나 챙겼다. '신이며, 세계 사방의 왕'이 된 슐기는 강자를 꺾어 약자를 보호하는 위정자가 절대 아니었다.

---

42) 정확한 위치는 알려져 있지 않으나 디얄라강 상류의 지류와 자그로스산맥 사이에 있던 도시로, 데르보다 북쪽이며 씨무르룸과는 지척이다.

43) 정확한 위치는 알려져 있지 않으나 수메르 북동쪽 자그로스산맥 쪽에 있던 도시이다.

44) 터키 이스탄불 고고학박물관 Ist L 07129 뒷면 10행에는 슐기가 "세계 사방의 왕(lugal an ub-da $limmu_2$-ba-ke_4)"이 된 해가 기록되어 있다. 슐기 27년은 "슐기, 강한 사람, 세계 사방의 왕이 씨무르룸을 두 번째 파괴한 다음 해이며, 하르쉬를 파괴한 해(mu šul-gi nita kal-ga lugal an ub-da $limmu_2$-ba-ke_4 si-mu-ur_4-um^{ki} a-ra_2 2-kam-aš mu-hul-a mu us_2-sa-bi, mu ha-ar-$ši^{ki}$ ba-hul)"였다.

슐기는 정신없이 밖에서 전쟁을 치르다가 어느 날 문득 국내 상황을 점검했다. 왕은 '지혜로운 신' 엔키를 달래기 위해 머리를 굴렸다. 그는 '이름 모를 공주'를 에리두로 보내 여사제로 임명했다(슐기 28). 에리두에서 엔키를 모실 여사제가 취임한 그 다음 해에는 아무 일도 없었다(슐기 29). 그런데 슐기는 난데없이 또 다른 '이름 모를 공주'를 안샨 군주와 결혼시켰다(슐기 30).[45] 그는 속국 안샨을 정략적으로 이용하려는 속셈을 대놓고 드러냈다. 그러나 평화는 잠시뿐이었다. 슐기의 심장이 재차 전쟁의 광기로 요동치고 있었다. 그는 카라하르를 두 번째 파괴했다(슐기 31). 타빠다락(Tappa-Daraḫ)이 다스리던 씨무르룸을 세 번째 파괴했고(슐기 32), 카라하르를 세 번째 파괴했다(슐기 33). 심지어 공주를 시집보낸 안샨마저도 파괴해버렸다(슐기 34). 슐기의 머릿속은 온통 전쟁과 정복욕으로 가득차 있었다.

슐기는 안샨을 파괴한 다음 해에는 잠시 숨을 돌렸다(슐기 35). 그는 난나에게 더욱 집착했다. 왕은 난나를 우르 외곽에 있는 작은 도시 가에쉬(Gaeš)의 신전으로 모셨다. 카르지다의 난나가 두 번째로 그의 신전으로 들어갔는데 슐기는 우르, 니푸르, 푸즈리쉬-다간(Puzriš-Dagan),[46] 라가쉬, 움마에서도 난나를 신전으로 모셨다(슐

45) 안샨 군주와 정략결혼을 한 슐기의 공주는 틀림없이 악카드어 이름을 가지고 있었을 것이다. 안샨은 오랫동안 악카드 제국의 속국이었는데 악카드어를 공용어로 사용하고 있었다. 슐기 28년에 에리두의 여사제로 임명된 공주는 수메르어 이름을 가졌던 것으로 보인다. 슐기는 수메르어 이름을 가진 공주들은 내국에, 악카드어 이름을 가진 공주들은 외국에 정략적으로 배치했다.

46) 니푸르 남동쪽 약 10킬로미터 지점에 있는 작은 도시(지금의 Drehem)이다.

기 36). 슐기는 끝없이 전쟁을 일으키면서도 틈만 나면 국론 결집을 위해 신들을 극진히 모시려고 애를 썼다. 언제나 그랬듯이 신들 중에서 '우르 3왕조의 수호신' 난나 숭배가 제1순위였다.

슐기는 외침을 막기 위해 장성을 쌓았다(슐기 37).[47] 그 장성을 쌓은 다음 해(슐기 38)는 아무 일도 일어나지 않았다. 그리고 푸즈리쉬-다간에 '신전'을 지었다(슐기 39). 이 신전은 다름 아닌 '슐기 신'을 위한 왕궁이었다.[48] 이 신전을 지은 다음 해(슐기 40)와 그 다다음 해(슐기 41)에도 수메르는 조용했다.

47) 이민족(티드눔)의 외침을 방어하기 위해 쌓은 '바드-이기-후르싹가(Bad-igi-ḫursagga)'라는 이름의 장성은 슐기의 신하 푸주르-슐기(Puzur-Šulgi)가 쌓았다. 슐기는 푸주르-슐기에게 편지를 보내 "한 달 이내에 장성을 완성해야 한다!"라고 지시했다(Douglas R. Frayne, *Ur III Period 2112–2004*. The Royal Inscriptions of Mesopotamia. Early Periods, 3, 2. Toronto, etc.: University Press of Toronto, 1997, 106).

48) 슐기는 지방도시로 전락한 수메르 도시들에서 '순환적으로' 세금을 거둬들였다. 그는 일명 '발라(bala, 순환, 교대) 과세제도'로 국가를 운영했다. 지방도시의 '군인 총독'(샤기나, 샤카낙쿠)과 엔시들은 '돌아가면서' 니푸르의 엔릴 신을 섬기고 우르에 있는 중앙정부의 운영을 위해 가축, 곡물, 공예품 등의 각종 특산물과 노동력을 바쳐야 했다. 약 500명이나 되는 엘리트 계층이 연간 곡물 1억 8,800만 리터를 관리했는데, 가장 큰 곡창지대인 에덴 들판을 끼고 있는 기르수는 수메르 제1의 곡식 공급원이었다. 상납받은 공물과 각종 세금 및 소, 양, 염소 등의 가축들은 니푸르 외곽에 있던 푸즈리쉬-다간에 모았다가 니푸르 신전과 슐기 왕궁에 분배되었다. 사제와 신관을 비롯한 신전 구성원들, 왕족과 그 측근들, 행정조직 관리들, 군인들까지 포함해서 내략 50만 명 정도가 '발라 과세제도'로 먹고살았다(Marek Stępień, *From the history of state system in Mesopotamia : the kingdom of the Third Dynasty of Ur*, Instytut Historyczny UW 2009, 75~98). 한 마디로 푸즈리쉬-다간은 수메르 가축의 집산지이며, 우르 3왕조의 경제 중심지였다. 슐기가 이곳에 자신의 신전을 지어놓고 국가의 주요 자본을 주물렀다. 슐기의 아버지 우르-남무가 주로 정치적 통합과 통일에 매진했던 반면, 슐기는 스스로 '신'이 된 새로운 종교질서와 정치질서의 기둥이 되어 수메르와 주변 영토를 지배하려는 욕망의 화신이었다. 슐기는 기르수, 움마, 푸즈리쉬-다간, 구압바, 키안에 자신의 신전을 세웠으며, 큰 마을 작은 마을 할 것 없이 곳곳에 그를 '신으로' 섬기는 예배당이 있었다.

Δ7 슐기와 그의 행적

터키 이스탄불 고고학박물관 Ist Ni 00394. 슐기의 얼굴은 문화애호가와 전쟁광의 양면을 동시에 느끼게 한다. 점토판은 문장마다 첫 단어를 '해[年, mu]'로 시작하는 '그의 재위기간 동안 가장 중요한 사건'을 기록했다.

슐기가 다시 전쟁광으로 돌아왔다.Δ7 그는 저 멀리 후리 북동쪽 변경에 위치한 샤쉬룸(Šašrum)[49]을 파괴했다(슐기 42). 그런데 왕은 '뜬금없이' 점을 치고는 엔우부르지안나(Enuburzianna) 공주를 난나를 모실 여사제로 다시 임명했다(슐기 43).[50] 슐기의 전쟁은 계속되었다. 그의 광기가 극에 달하고 있었다. 왕은 씨무르룸과 룰루붐(Lullubum)[51]을 아홉 번째 파괴했다(슐기 44). 우르빌룸(Urbilum),[52]

49) 디얄라강보다 더 북쪽의 이라크 북동부 소(小)자브(Little Zab)강 상류에 있던 도시(지금의 Tell Šemšara).

50) 슐기는 재위 17년에 공주 엔니르지안나를 난나 신전의 여사제로 임명한 바 있으나, 재위 43년에 다시 공주 엔우부르지안나를 그 자리에 임명했다는 의미는 엔니르지안나가 사망해 공석이 된 자리를 비워둘 수 없어서였을 것이다.

51) 정확한 위치는 알려져 있지 않으나 디얄라강 상류와 이라크 북동부 슐레이마니아주 사이의 지역으로 악카드의 나람-씬 승전비에 나오는 '룰루비'이다.

씨무르룸, 룰루붐, 카라하르의 중심부를 단방에 쳐부수었다(슐기 45). 그는 계속해서 키마쉬, 후르티(Hurti)[53]와 그 영토를 단 하루 만에 파괴했다(슐기 46). 키마쉬, 후르티와 그 땅을 단 하루 만에 파괴한 다음 해(슐기 47)가 지나자마자 슐기는 하르쉬, 키마쉬, 후르티와 그들의 영토를 또다시 단 하루 만에 파괴했다(슐기 48). 키마쉬와 하르쉬를 두 번째 파괴한 해였다. 오랜 전쟁으로 자그로스산맥 서부가 초토화되었다. 또한 슐기는 같은 해에 셋째 공주 타람슐기(Taram-Šulgi)를 속국 바쉬메의 군주 슈따바니(Šuddabani)와 결혼시켰다. 슐기의 마지막 해였다. 그해 11월 2일 슐기는 종묘제례를 올리는 키아나그에서 이미 제삿밥을 받아먹고 있었다.[54]

슐기의 광기가 멈추었다. 슐기는 48년 동안 왕위에 있었다. 그는 재위 20년까지 수메르의 문예부흥 시대를 힘차게 이끌었다. 왕은 가장 존경받는 위정자였고, 가장 지성적인 문화애호가로 살았다. 그는 박식했으며 만능인이었다. 그러나 슐기는 남은 28년 동안 북

52) 대(大)자브(Great Zab)강과 소자브강 사이의 도시(지금의 Erbil).

53) 정확한 위치는 알려져 있지 않다. 수메르 북동쪽 국경지대의 키마쉬와 함께 종종 등장하는 점으로 보아 룰루붐과 가까운 자그로스산맥 중부와 후리 국경지대 부근의 도시인 듯하다.

54) Piotr Michalowski, "*The Death of Shulgi*", Orientalia 46 (1977) 220~225. 슐기가 죽은 이유는 알려지지 않았다. 〈수메르 왕명록 Ashm 1923-0444〉 343~344행에는 "슐기, 우르-남마의 아들이 46년 동안 다스렸다(^{d}šul-gi dumu ur-^{d}namma-ke_4 mu 4(u) 6(diš) i_3-ak)"고 기록되어 있다. 그러나 수사에서 발굴된 고바빌로니아판 〈수메르 왕명록〉 'Su3+Su4' 사료와 고바빌로니아 탈 레일란(Tall Leilan) 교정본인 〈수메르 왕명록〉 'TL' 사료에는 48년으로, 니푸르에서 발굴된 바빌로니아 1왕조 시대의 〈수메르 왕명록〉 'P5' 사료에는 58년으로 기록되어 있다. 현재 일반적으로 통용되는 슐기의 재위기간은 48년(B.C.E. 2094~B.C.E. 2046, 중간 연대)이다.

쪽의 후리인을 끊임없이 경계했다. 특히 북동부 전선을 주기적으로 공격해 후리인의 침입을 사전에 봉쇄했다. 수메르를 부흥시키고 지켜낸 슐기는 위대했다. 그는 할 수 있는 모든 것을 다하고자 했다. 그러나 '신'을 자처한 슐기는 멈추지 않는 전쟁의 광기로 성군이 되지 못하고 빛이 바랬다.[55]

55) 슐기는 역대 수메르 왕들 중에서 가장 널리 알려져 있는 인물이다. 그는 수메르 역사를 다루는 책에서 항상 지성적인 문화애호가로 소개되며, 수메르의 문예부흥기를 이끈 위대한 왕으로 묘사된다. **그러나 필자는 슐기를 '성군'으로 인정할 수 없다. 수메르 역사에서 진정한 성군은 〈수메르 왕명록〉의 필경사가 역사에서 지워버린 라가쉬 1왕조의 엔메테나와 라가쉬 2왕조의 구데아였다.** 우르 3왕조는 '수메르 암흑기'를 극복하고 수메르를 해방시킨 우루크 5왕조의 우투-헤갈이 이루어놓은 위업을 등에 업고 탄생했다. 수메르 초기 왕조의 마지막 황제 루갈자게씨가 악카드의 사르곤에게 치욕을 당하고 사라진 지 214년 만에 수메르를 해방시킨 우투-헤갈은 참으로 위대했다. 그러나 우르 3왕조의 왕들은 181년 동안 수메르가 악카드의 식민지로 비참한 암흑기를 보냈음에도 불구하고 '과거사 청산'에 실패했다. 사르곤은 악카드어를 메소포타미아의 공용어로 만들었다. 슐기는 마땅히 악카드어를 완전히 버렸어야 했다. 슐기는 '악(카드)제 181년'이라는 비참한 과거사를 깨끗이 정리하지 못했다. 그는 오히려 악카드의 전쟁광 나람-씬을 따라하며 나람-씬처럼 '신'이 되었고, '세계 사방의 왕'이라고 주장하며 전쟁광이 되었다. 비유하자면 대한민국 대통령이 아시아의 권력자가 되기 위해 이토 히로부미(伊藤博文)의 인생행로를 그대로 따라하는 짓과 같았다. 물론 슐기가 아버지 우르-남무를 죽음으로 내몬 한을 풀려고 혹은 수메르를 지키기 위해 전쟁을 계속 했을 수도 있다. 그러나 '나람-씬 따라하기'를 한 그의 욕망은 도를 뛰어넘었고, 문화애호가로 살다가 전쟁광으로 생을 마감했다. 전쟁광은 진정한 영웅도, 진정한 성군도 결코 될 수 없다.

7. 우르의 분열

아마르-씬(Amar-Sin)이 왕이 되었다. 그는 아버지 슐기가 펼친 방식대로 살았다. 슐기처럼 자처해서 '신'이 되었고, '사방의 왕'이라고 주장했다. 슐기처럼 팽창정책을 펼쳤다.[56] 왕은 북쪽에 있는 앗슈르(Aššur)의 반란을 잠재웠다.[57] 아마르-씬은 우르를 지키기 위해 감시탑을 세웠다. 그는 수메르 중부를 흐르는 유프라테스강과 이투룬갈운하를 동서로 연결하는 새로운 운하를 만들어 물자 수송력을 증대했다. 우르는 제국이었다.[58] 그러나 아마르-씬은 단

56) 아마르-씬은 재위 2년에 우르빌룸, 재위 4년에 샤쉬룸과 슈루트훔(Šuruthum), 재위 6년에 다시 샤쉬룸, 재위 7년에 엘람의 비툼-라비움(Bitum-rabium), 이아브루(Iabru, Jabru), 훅누리(Huḫnuri)를 파괴했다. 비툼-라비움과 이아브루의 위치는 알려져 있지 않으며, 훅누리는 수사와 엘람의 고지대 사이에 있던 도시로 여겨진다.

57) 앗슈르는 수메르 북쪽(니네베 남쪽 100킬로미터)에 있는 도시로, 아마르-씬은 슐기 재위 40년부터 엘람의 수사에 총독으로 가 있던 자르리쿰(Zarriqum)을 앗슈르의 군정 사령관(GIR.NITA)으로 발령했다. 자르리쿰은 나중에 다시 수사 총독으로 돌아갔다.

58) 제국은 대략 세 구역으로 구성되어 있었다. 첫째는 지방도시였다. 수메르와 악카드의 도시들과 디얄라강 주변 도시들은 모두 제국의 지방도시로 편입되었고, 우르의 군인 총독이 파견되었다. 교대로 공물과 세금을 바치는 '발라 과세제도'가 시행되는 지역이었다. 둘째는 에쉬눈나, 데르, 앗슈르, 바빌론, 씨무르룸, 수사, 룰루부(붐), 사붐, 우르빌룸,

명했다.[59]

슈-씬(Šu-Sin)이 그의 뒤를 이어 왕위를 물려받았다. 왕은 티그리스강 상류까지 올라가 반란이 일어난 씨마눔(Simanum)을 무찔렀다.[60] 제국의 서쪽에서 '야만적인 유목민' 마르투(아무르)인이 수메르를 위협해왔다. 슈-씬은 그들을 막기 위해 유프라테스강과 티그리스강 사이에 길게 성을 쌓았다. 슈-씬도 스스로 '신'이요, '사방의 왕'이라고 주장했으나 전왕처럼 단명했다.[61] 집도 없이 초원에서 날고기를 먹고 사는 마르투인이 수메르의 목을 점점 조이고 있었다.

키마쉬, 하마지, 후르티 등 89개의 군정도시들이었다. 이 도시들은 그곳 출신으로 제국에 충성을 다하는 엔시 또는 우르에서 임명한 군인 총독이나 군정 사령관이 다스렸으며, '군 마다(gun_2 ma-da, 지방 공물)'를 바쳤다. 셋째는 속국 또는 동맹국이었다. 군정도시보다 멀리 떨어져 있으면서 제국에게 의존하지만 그들만의 독립된 통치자들이 있었으며, 시시때때로 우르 제국과의 정치적 관계가 변화무쌍했다. 티그리스강 상류 지역과 유프라테스강 중류 지역, 지금의 시리아 일부 지역과 이란의 먼 지방으로 서쪽의 마리, 투툴, 에블라, 동쪽의 안샨, 마르하쉬, 남쪽의 마간 등이었다. 이들은 제국과 정략결혼을 하거나 '군 마다'가 아니라 다양한 형태의 조공이나 외교 선물을 바쳤다. 조금 더 떨어진 지중해 연안도시 구블라(Gubla, Byblos)는 우르 제국에서 파견된 대사가 조공을 챙겼다.

59) 〈수메르 왕명록 Ashm 1923-0444〉 345~346행에는 "아마르-쑤엔, 슐기의 아들이 9년 동안 다스렸다"고 기록되어 있다. 아마르-씬은 아마르-쑤엔(Amar-Suen)이라고도 한다. 왕은 신발에 의한 세균 감염으로('신발에 물려서': Albrecht Goetze, *Old Babylonian Omen Texts*. *New Haven and London*, 1947. no. 25: 32행) 사망한 것으로 보인다.

60) 슈-씬의 딸 쿤쉬-마툼(Kunši-matum)은 정략결혼으로 북쪽 먼 땅의 속국 씨마눔 왕의 며느리가 되었다. 그런데 씨마눔에서 반란이 일어나 씨마눔 왕이 궁지에 몰리자 이를 빌미삼아 슈-씬이 나서서 반란군을 토벌했다. 그러나 왕의 속내는 티그리스강 상류 지역의 지배력을 더욱 강화해 후리인의 침입을 막는 데 있었다.

61) 〈수메르 왕명록 Ashm 1923-0444〉 347~348행에는 "슈-쑤엔, 아마르-쑤엔의 아들이 9년 동안 다스렸다"고 기록되어 있다. 슈-씬은 '슈-쑤엔(Šu-Suen)'이라고도 한다. 단명의 원인은 밝혀지지 않았다.

^{d}amar - ^{d}suen

^{d}šu - ^{d}suen

^{d}i–bi$_{2}$ - ^{d}suen

Δ8 설형문자 '아마르-씬', '슈-씬', '입비-씬'

우르 3왕조의 3대왕 아마르-씬, 4대왕 슈-씬, 5대왕 입비-씬의 설형문자 이름이다. 이들은 '악카드 정복왕 나람-씬 따라하기'를 한 선대왕 슐기처럼 '자처해서' 신이라는 착각 속에서 살았다. '우르의 수호신'으로 달의 신이기도 한 '씬=엔쑤=쑤엔' 앞에 별 모양의 '^{d}=dingir'가 붙은 것은 당연하지만, 우르의 필경사들은 세 왕의 이름 앞에도 한결같이 '^{d}=dingir'를 붙여 왕의 권위를 극대화했다.

입비-씬(Ibbi-Sin)이 호화로운 대관식[62]을 거행하고 제국의 통치자로 등장했다. 왕은 즉위하자마자 움마에 샤라 신전을 재건했다. 입비-씬도 선대왕들처럼 자신이 '신'이라는 착각 속에서 살았다.**Δ8** 그러나 입비-씬의 앞날은 험난했다. 그는 더 이상 신이 아니었다. 놀라운 상황이 전개되고 있었다. '제국의 물류 재분배센터'였던 푸즈리쉬-다간이 왕에게 충성하지 않았다. 우루크, 에쉬눈나, 씨무르룸이 왕에게 고개를 숙이지 않았다. 입비-씬은 씨무르룸을 파괴했으나 '무언의 반발'[63]은 수그러들지 않았다. 수사와 엘람도 왕의 곁

62) Marek Stępień, *From the history of state system in Mesopotamia: the kingdom of the Third Dynasty of Ur*, Instytut Historyczny UW (2009), 39. 입비-씬의 대관식은 세 곳의 중심 도시에서 진행되었는데, 우르에서 16일 동안 거창하게 계속되었고 우루크에서는 6일 동안, 니푸르에서는 5일 동안 열렸다.

63) 입비-씬을 섬기지 않은 도시들은 각종 행정문서에 입비-씬의 '재위 연대'를 사용하지 않고 자국 통치자의 '재위 연대'를 사용하는 '무언의 반발'로 독립 의지를 표현했다.

을 떠났고 라가쉬도 그 대열에 합류했다. 지방도시와 군정도시들이 사라지고 있었다.

입비-씬은 불안했다. 그는 공주 투킨-하띠-미그리샤(Tukin-hatti-migriša)를 '자그로스 종족' 자브샬리(Zabšali)의 군주와 결혼시켰다. 그렇다고 왕의 불안증이 사라진 것은 아니었다. 입비-씬은 니푸르 성벽과 우르 성벽을 보수하고 확장했다. 그런데 움마도 왕에게 반기를 들었다. 니푸르마저 등을 돌리고 말았다. 게다가 기르수가 왕의 통제에서 벗어났다. 수메르의 곡창지대인 에덴 지역으로, 최대 영토인 '기르수-라가쉬'를 잃은 입비-씬은 치명타를 입었다. 에덴의 자본이 우르 왕실에서 사라졌다. 애당초 자급자족할 수 없었던 '수도 우르'는 깊은 늪에 빠지고 말았다. 또한 선대왕들이 공들여 접수한 국경도시 데르도 이탈해버렸다. 우르의 경제가 휘청이고 있었다. 입비-씬에게 등을 돌린 도시들에서 바치던 세금과 공물도 끊겼다. 도시들의 이탈과 여러 악재로 경제난을 가중시켜 물가가 폭등했다. 주식인 보리**Δ9** 가격은 무려 60배까지 올랐다.[64]

64) 우르는 입비-씬이 니푸르와 우르에 성벽을 쌓은 왕의 재위 6년부터 식량 위기에 직면했다. 우르 정부가 노동자와 그 가족에게 기본적으로 지급하는 생필품 중 가장 중요한 것은 보리, 기름, 모직이었다. 그런데 입비-씬 재위 6년 하반기부터 보리 공급이 현저히 줄어들었다. 그리고 기본 식량(보리, 참기름, 대추야자 열매) 가격이 치솟기 시작했다. 다섯 번째 달까지 정상적으로 지급되던 보리는 여섯 번째 달부터 참기름과 대추야자 열매로 대체되고 있었다. 보리 대신 보리 반, 참기름 반 또는 보리 반, 대추야자 열매 반과 같은 식으로 지급되었다. 왕의 재위 1년부터 6년 상반기까지 보리 가격은 거의 정상이었다. 우르 3왕조는 건국 초기부터 줄곧 보리 1씰라(0.84리터)를 사는 데 은 0.6쉐(še, 약 0.028그램)가 필요했다. 1쉐는 약 0.047그램이다. 그런데 재위 6년 하반기부터 7년까지 보리 가격은 15배까지 폭등했다. 즉 보리 1씰라를 사기 위해서는 은 9쉐(0.423그램)가 필요했다. 재위 8년에는 더 심각했다. 보리 1씰라의 가격은 은 36쉐(1.682그램)로 정상가의 약 60배

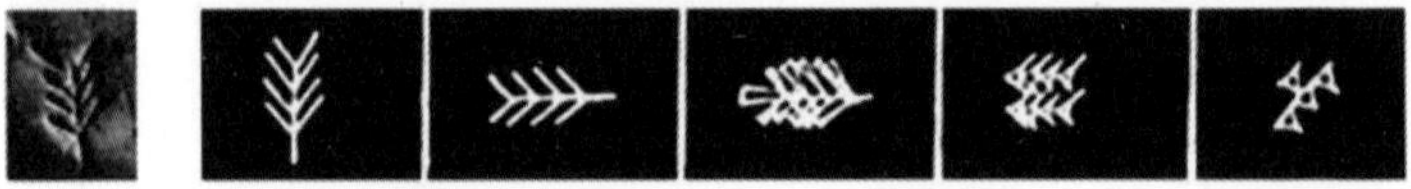

Δ9 '쉐'의 문자 변화

'쉐(še)'는 수메르인의 대표 주식으로 '보리'를 말하며, '곡물'을 지칭하기도 한다. 또한 '쉐'는 무게의 기초 단위(1'쉐'는 약 0.047그램)와 길이의 기초 단위이기도 하다(1'쉐'는 약 0.0025미터).

나라의 행정이 붕괴되고 있었다. 입비-씬의 우르는 더 이상 제국이 아니었다.

까지 치솟았다. 대추야자 열매 가격도 약간 올랐지만 특히 참기름 가격은 7~9배까지 올랐다. 보리는 모든 경제활동의 기준이었다. 식량 수출국이었던 수메르 역사상 전무후무한 일이었다. 우르는 식량 위기와 곡식 가격 급상승으로 나라의 경제가 흔들렸다.

입비-씬 재위 1~6년 상반기: 보리 1씰라 = 평균 은 0.6쉐

입비-씬 재위 6년 하반기~7년: 보리 1씰라 = 평균 은 9쉐(15배)

입비-씬 재위 8년: 보리 1씰라 = 평균 은 36쉐(60배)

(입비-씬 재위 6~8년의 경제 위기 상황에 대해서는 T. Gomi의 "*On the Critical Economic Situation at Ur Early in the Reign of Ibbisin*", Journal of Cuneiform Studies, vol. 36, no. 2, 1984, 211~242를 참조할 것). 경제 위기의 원인은 우선 지방도시의 이탈이었다. 무엇보다도 수메르의 곡창지대인 에덴을 소유한 기르수와 라가쉬의 독립이었다. 게다가 여러 도시들의 이탈로 세금과 공물이 수도 우르로 들어오지 않아 '발라 과세제도(각주 48, 58 참조)'가 붕괴했다. 당연히 생필품을 확보할 수 없었고 자본의 재분배가 멈추었다. 이와 더불어 반복되는 가뭄과 기근이 한몫했고, 농토의 염분화까지 가속되면서 보리 생산량이 급감해 우르 경제는 마비되고 말았다.

8. 배신자, 이쉬비-에라

북서쪽 국경이 요동치고 있었다. 마르투의 위협이 가중되고 있었다. 엎친 데 덮친 격으로 지독한 기근이 들어 비축해둔 곡물이 바닥을 보이고 있었다. 경제는 악화일로를 걸었다. 입비-씬은 당장 보리를 구해야 했다. 왕은 믿음직한 신하 이쉬비-에라(Išbi-Erra)를 이씬과 카잘루로 급파했다. 그런데 보리를 구한 이쉬비-에라가 돌아올 생각은 하지 않고 왕에게 편지를 보냈다.

나의 왕 입비-씬께 말씀드립니다. 당신의 신하 이쉬비-에라가 전합니다. 당신께서는 저에게 이씬과 카잘루로 가서 식량을 구입하라고 하명하셨습니다. 곡식(보리) 거래 가격이 1구르에 1쉐켈까지 올랐습니다.[65] (저에게 주신) 은 20탈렌트(talent)[66]로 곡식을 구입했습니다. 저는 적의를 품

65) 은 1긴(깅, 쉐켈)으로 보리 1구르를 살 수 있다는 말이다. 1구르는 300씰라(1씰라 0.84리터×300=약 252리터)이다. 1씰라는 일반적으로 1리터로 취급하지만 우르 3왕조 당시에는 0.84리터였다. 따라서 1구르는 300리터이나 이쉬비-에라가 말하는 1구르는 약 252리터로 계산된다.

은 마르투인이 전하의 영역으로 침입했다는 소식을 들었습니다. 저는 (구입한) 식량 7만 2,000구르[67]를 전부 이씬으로 가지고 왔습니다. 그리고 지금 마르투인이 모두 강토(수메르)로 들어왔습니다. 그들은 모든 요새들을 하나씩 점령했습니다. 마르투인 때문에 저는 (구입한) 곡식을 탈곡할 수 없습니다. 그들은 저보다 너무 강해서 저는 갇혀 있습니다.[68]

이쉬비-에라는 마르투인의 침입 때문에 이씬을 빠져나갈 수 없다는 편지에서 입비-씬에게 1척당 120구르씩 실어나를 수 있는 배 600척을 제공해달라고 요구했다. 그러면서 입비-씬이 엘람에서 벌인 힘겨운 전투[69]를 은근히 걱정해주는 척했다. 또한 그는 15년 동안 입비-씬의 왕궁과 그의 모든 도시들이 먹을 수 있는 곡식을 자신이 가지고 있다고 말하면서 의미심장한 글을 남겼다.

이씬과 니푸르는 전하를 위해 제가 지켜야 합니다. 전하, 제가 책임져

---

66) 탈렌트의 수메르어는 군(gun_2)이며, 1군은 30킬로그램이다. 즉 입비-씬이 이쉬비-에라에게 건넨 식량 구입비는 은 600킬로그램이다. 1군은 1긴의 3,600배이다.

67) 7만 2,000구르는 1,814만 4,000리터(7만 2,000구르×252리터)이다. 1구르를 300리터로 취급해 7만 2,000구르를 2,160만 리터로 계산하는 학자도 있다.

68) 〈이쉬비-에라가 입비-씬에게 보낸 편지〉. Piotr Michalowski, "*The Royal Correspondence of Ur*", Yale University: 1976 (PhD Dissertation): 243-251, no. 19, 1~12행.

69) 입비-씬 재위 8년, 우르의 경제가 파탄나자 왕이 이쉬비-에라를 급파해 보리를 구하게 했으나 이쉬비-에라가 돌아오지 않았다. 입비-씬 재위 9년에 왕은 궁여지책으로 엘람의 훅누리로 원정을 떠났다. 엘람은 이미 독립한 상태였고 우르에게 적대적이었다. 이쉬비-에라가 비꼬듯이 말한 '엘람에서 벌인 힘겨운 전투'란 바로 입비-씬의 훅누리 원정을 말한다. 그러나 이쉬비-에라는 이미 왕을 배신하고 이씬에 자리를 잡은 상태에서 거짓말을 하고 있는 것이었다.

야 하지 않겠습니까? 통촉해주시옵소서![70]

입비-씬은 이쉬비-에라가 품고 있는 검은 속내를 눈치채고 있었다. 왕은 신하의 잘못된 행동을 질책하는 편지를 보냈다.

너는 식량을 구입하라고 은 20탈렌트를 받았다. 너는 '은 1쉐켈로 곡물 2구르'를 사면서, 내게는 '은 1쉐켈에 곡물 1구르'라고 못을 박다니! 바드-이기-후르싹가(Bad-igi-ḫursagga)[71] 요새 사령관인 푸주르-누무쉬다(Puzur-Numušda)가 적군 마르투인이 내 땅으로 침투하게 내버려두었다니(말이 되느냐)! 지금까지 그는 전투에 참가한다는 말을 전하지 않았다. 이 강토에 '골빈 놈들(마르투인)'이 있다고! 왜 그(푸주르-누무쉬다)는 마르투인과 마주치지 않았을까?[72]

입비-씬이 이쉬비-에라에게 보낸 편지는 아무런 효력이 없었다.**Δ10** 이미 엎질러진 물이었다. 이쉬비-에라는 북서쪽의 무역도시 마리 출신으로, 상술이 뛰어났으며 계산에 밝은 악카드인이었다. 이쉬비-에라는 '개천의 용'이었던 악카드의 사르곤만큼이나 약삭빨랐다. 주군을 배신하고 수메르를 뒤엎은 악카드인 염색체의 유전

70) 영국 옥스퍼드대학 에쉬몰리언박물관 Ashm 1930-0581, Jeremy A. Black. et al., ETCSL (1998-2006) 3.01.17 〈이쉬비-에라가 입비-씬에게 보낸 편지〉 31~33행.

71) 슐기 재위 37년에 마르투인을 방어하기 위해 쌓은 장성을 말한다.

72) 영국 옥스퍼드대학 에쉬몰리언박물관 Ashm 1922-0165, Jeremy A. Black. et al., ETCSL (1998-2006) 3.01.18 〈입비-씬이 이쉬비-에라에게 보낸 편지〉 11-18행.

Δ10 이쉬비-에라의 편지와 입비-씬의 답장

이쉬비-에라가 입비-씬에게 보낸 편지(왼쪽) 일부분(영국 옥스퍼드대학 에쉬몰리언박물관 Ashm 1930-0581)과 입비-씬이 이쉬비-에라에게 보낸 답장(오른쪽) 일부분(영국 옥스퍼드대학 에쉬몰리언박물관 Ashm 1922-0165)이다.

자가 꿈틀거리고 있었다. 이쉬비-에라는 입비-씬에게 돌아가지 않았다. 구입한 곡식도 그가 차지했다. 이쉬비-에라는 이씬의 지배자가 되었다. 그리고 니푸르를 장악해버렸다. 이쉬비-에라의 독립선언이었다.[73)]

마지막 식량까지 이쉬비-에라에게 빼앗긴 입비-씬의 희망은 사리졌다. 우르에게 닥칠 재앙은 이제 시간문제였다. 왕은 칼을 뽑아

73) B.C.E. 2017년의 사건이다. 이씬 왕조는 수메르 왕조가 아니라 '마리 출신의 악카드인' 이쉬비-에라가 세운 또 다른 악카드 왕조이다. **B.C.E. 1817년에 〈수메르 왕명록Ashm 1923-0444〉를 쓴 필경사는 우르 3왕조 뒤에 이씬 왕조의 왕들을 줄줄이 이어 붙였다. '이방의 왕조'인 이씬 왕조가 마치 수메르의 정통 왕조인 것처럼 꾸미기 위해서였다.**

들고 엘람으로 진군했다. 입비-씬은 수사, 아담둔(Adamdun), 아완을 단 하루 만에 쓸어버리고 전리품을 잔뜩 챙겼다. 우르는 일시적으로 호황을 누렸다.[74] 입비-씬은 남부 국경지대에서 마르투인을 막아냈다. 그러나 잠시뿐이었다.

어느 날 이쉬비-에라가 보낸 사신이 카잘루 군주를 만났다. 카잘루는 입비-씬의 충신 푸주르-슐기(Puzur-Šulgi)[75]가 다스리고 있었다. 사신은 그의 면전에서 이쉬비-에라의 편지를 읽어 내려갔다. 그에 따르면 엔릴이 수메르 땅의 목자권(牧者權)을 이쉬비-에라에게 주었으며, 여러 도시들이 이미 자신의 주군 이쉬비-에라에게 넘어왔다는 내용이었다. 이쉬비-에라는 점령한 도시들에 부하들을 총독으로 임명했으므로 이쉬비-에라를 반대하는 카잘루를 가만두지 않겠다는 협박이었다.

이번에는 이와 같은 정황을 담은 푸주르-슐기의 편지가 입비-씬에게 도착했다. 푸주르-슐기는 편지 말미에 이렇게 적었다.

이제 이쉬비-에라가 제 쪽을 주시하고 있습니다. 저를 도와줄 사람도 없고, 저와 연대할 사람도 없습니다. 그가 아직 저를 그의 손아귀에 넣지 못했으니, 그가 저를 덮치면 전하께 (도망)가겠습니다. 통촉해주시옵소서![76] **Δ11**

---

74) 입비-씬의 엘람 원정은 재위 14년의 일이다. '일시적인 호황'은 입비-씬 재위 14~16년의 일이다.

75) 푸주르-슐기는 마르투인을 방어하기 위해 쌓은 장성에서 요새 사령관으로 있던 푸주르-누무쉬다의 다른 이름이다.

Δ11 푸주르-슐기(푸주르-누무쉬다)의 편지와 입비-씬의 답장

푸주르-슐기가 입비-씬에게 보낸 편지(왼쪽) 일부분(영국박물관 BM-소장번호 없음)과 입비-씬이 푸주르-슐기에게 보낸 답장(오른쪽) 일부분(미국 펜실베이니아대학 인류고고학박물관 CBS 14224)이다.

수메르의 정세는 이씬의 이쉬비-에라에게 유리하게 돌아가고 있었다. 수메르는 사실상 남북으로 두 동강이 나 있었다. 남쪽 입비-씬의 우르는 가난했고, 북쪽 이쉬비-에라의 이씬은 풍족했다. 푸주르-슐기마저 떨고 있었고, 카잘루도 풍전등화였다. 입비-씬이 답신을 보냈다. 왕은 마지막 충신에게 배신자 이쉬비-에라의 실체를 폭로하며 버텨줄 것을 호소했다.

76) 〈푸주르-슐기(푸주르-누무쉬다)가 입비-씬에게 보낸 편지〉. Piotr Michalowski, "*The Royal Correspondence of Ur*", Yale University: 1976 (PhD Dissertation): 253~268 no 21, 49~53행.

이제 엔릴이 아위(阿魏)(로 만든 향신료)를 팔며 떠돌아다니는 멍청이에게,[77] 수메르 혈통도 아닌 이쉬비-에라 놈에게 왕권을 주었다. … 네가 네 동포들처럼 네 도시를 적에게 넘겨주면, 이쉬비-에라가 너를 자신의 충직하고 고분고분한 신하로 인정해주겠느냐? … 나에게 오지 마라! 개 같은 성향을 지닌 마리 출신의 이놈이 통치권을 행사해서는 안 된다! … 그들(마르투인)이 엘람을 격퇴하고 이쉬비-에라를 사로잡으리라. 강토를 되찾으면 정말로 모든 이방의 땅에 우리의 힘을 알리게 된다. 급하다! 모두 포기하지 마라![78]

입비-씬은 고독했다. 자신을 따르던 도시들은 모두 사라지고 하나 남은 카잘루도 쓰러지기 일보 직전이었다. 그러나 '입비-씬의 기대'는 무너지고 말았다. 마지막 보루였던 카잘루마저 이씬을 제압하지 못했다. '마르투인이 이쉬비-에라를 사로잡으리라는 입비-씬의 예상'도 빗나갔다. 이쉬비-에라가 오히려 마르투인을 당근과 채찍으로 내몰았다. 이쉬비-에라의 이씬은 더욱더 강력해지고 있었다. 이대로 우르가 이씬에게 꺾인다면 수메르는 다시 악카드의 세상이 될 형국이었다.

---

77) '아위(nu-luh-ha^{sar})'는 서남아시아에서 자라는 여러해살이 미나리과 풀이며, 줄기와 뿌리에서 채취한 유액을 향신료로 만들어 썼다. 이쉬비-에라는 '무역과 통상의 도시' 마리 출신 '상인'이었기에 입비-씬이 화가 나서 비꼬아 이야기한 것이다.

78) 미국 펜실베이니아대학 인류고고학박물관 CBS 14224, Jeremy A. Black. et al., ETCSL (1998-2006) 3.01.20 〈입비-씬이 푸주르-슐기(푸주르-누무쉬다)에게 보낸 편지〉 18~38행. 본문의 '…'는 점토판의 문자가 깨져서 읽을 수 없는 부분이 아니라 요점만 전달하기 위해 필자가 중략했다는 의미이다.

9. 수메르, 사라지다

입비-씬에게 남은 국토는 '도시 우르'뿐이었다. 우르가 소유하고 있던 넓은 영토는 모두 사라졌다. 우르 제국이 다스리던 지방도시와 군정도시들은 입비-씬의 '도시 우르'가 상대할 수 없을 정도로 강해졌다. 그들은 두 편으로 크게 나뉘어 있었다. 한쪽은 이쉬비-에라의 이씬이 주도하고 있었는데 키쉬, 에쉬눈나, 보르씨파가 합류해 있었다. 또 한쪽은 북방민족인 수바르투의 진눔(Zinnum)이 주도하고 있었는데 엘람, 수사, 니푸르, 카잘루가 동참하고 있었다. 이쉬비-에라는 우르 제국의 옛 땅과 수메르 종주권을 차지할 욕망으로 가득 차 있었다. 이쉬비-에라가 입비-씬의 우르를 집어삼키는 일은 이제 시간문제였다. 그는 우르보다 '자그로스 종족 동맹군'[79]을 무찔러야만 자신의 욕망을 충족시킬 수 있다는 것을 잘 알고 있었다.

79) 예전에는 '엘람 동맹군, 엘람연합군'이라고 주로 썼으나 이 책에서는 '자그로스 종족 동맹군'으로 표현했다. 이는 우르 왕들에게 시달리던 자그로스산맥과 그 부근에 살고 있던 종족들이 우르를 공격하기 위해 연합전선을 구축한 '수바르투-엘람 연합군'을 말한다.

자그로스 종족 동맹군이 우르를 집어삼키려고 티그리스강을 빠르게 넘어오고 있었다. 그들을 막아낼 수 없었던 우르의 입비-씬은 겁에 질려 있었다. 이쉬비-에라도 위기의식을 느끼고 있었다. 자칫 남부의 남쪽과 북쪽이 모두 끝장날 판이었다. 이쉬비-에라는 침략자들이 들이닥치기 전에 군대를 북쪽으로 진군시켰다. 이씬연합군이 쉬마쉬키(Šimaški) 왕 킨다투(Kindattu)[80]와 수바르투 왕 진눔이 이끄는 자그로스 종족 동맹군을 물리쳤다. 그 덕에 입비-씬은 우르를 지킬 수 있었다.[81] 그 다음 해에 또다시 외침이 있었으나 입비-씬은 간신히 버텨냈다.[82]

그러나 결국 올 것이 오고 말았다. '자그로스 종족 동맹군'이 우르를 향해 몰려들고 있었다. 실상 자그로스 종족들에게 대대손손 고통을 준 존재는 우르 3왕조였다. 그런데 이번에는 이쉬비-에라가 방관했다.[83] 우르가 맥없이 무너졌다.

80) '쉬마쉬키'는 안샨 북쪽에 있던 이란의 고대 지방이며, 킨다투는 쉬마쉬키 왕조의 6대왕이다.

81) "해[年]: 입비-씬, 우르 왕이 우르를 튼튼히 지켜냈고 […] 신들이 명령을 내려 '홍수'로 황폐해졌으며, 온 세상이 뒤흔들렸다(mu ^{d}i-bi$_2$-^{d}suen lugal uri$_2^{ki}$-ma-ke$_4$ a-ma-ru nig$_2$-du$_{11}$-ga dingir-re-ne-ke$_4$ za$_3$ an-ki im-suh$_3$-suh$_3$-a uri$_2^{ki}$ uru$_2^{ki}$ tab-ba bi$_2$-in-ge-en)"(이라크 바그다드 국립박물관 발굴번호 U 10625 명문 뒷면 col. ii 4행+미국 펜실베이니아대학 인류고고학박물관 명문 뒷면 col. ii 13행). 입비-씬 재위 22년의 일이다. '홍수'는 '자그로스 종족 동맹군'을 말한다.

82) "해[年]: 이국의 멍청한 원숭이가 우르 왕 입비-씬에게 덤벼들었다(mu ^{d}i-bi$_2$-^{d}suen lugal uri$_2^{ki}$-ma-ra ugu-dul$_5$-bi dugud kur-be$_2$ mu-na-e-ra)"(이라크 바그다드 국립박물관 발굴번호 U 17211r 명문 뒷면 3행+미국 펜실베이니아대학 인류고고학박물관 명문 뒷면 UM 47-29-297 3행). 입비-씬 재위 23년의 일이다. '멍청한 원숭이'는 자그로스산맥에서 내려온 종족을 말한다.

83) '수메르의 마지막 전쟁'에 이쉬비-에라가 관여했다는 기록은 없다. 이쉬비-에라가 '자그로스 종족 동맹군'의 킨다투와 동맹을 맺었을 것이라는 견해도 있다(B. André & M. Salvini).

> 우르 왕은 왕궁에서 미동도 하지 않고 홀로 앉아 있었다. 입비-씬은 왕궁에 홀로 앉아 괴로워하고 있었다. 그는 자신의 '기쁨의 왕궁' 에남틸라(E-namtila)에서 비통하게 울고 있었다.[84]

입비-씬은 안샨으로 끌려간 뒤 영영 돌아오지 못했다.[85] 입비-씬은 수메르의 마지막 왕이었다. 수메르는 남부의 '황금 들판' 에덴을 자그로스 종족들에게 빼앗겼다.

> 아, 폭풍이 불고 불어 온 강토를 쓸어버렸구나.
> 하늘의 거대한 폭풍, 끝없이 으르렁대는 폭풍,
> 강토를 휩쓸어버린 사악한 폭풍,
> 도시를 파괴한 폭풍, 가옥을 파괴한 폭풍,
> 외양간을 파괴한 폭풍, 양우리를 불태운 폭풍,
> 신성한 제의를 건드리고,
> 중대한 조언을 더럽힌,
> 강토에서 유익한 모든 것을 끊어버린 폭풍,
> 검은 머리 사람들의 양팔을 묶어버린 폭풍.[86] **Δ12**

84) Piotr Michalowski, *The Lamentation Over the Destruction of Sumer and Ur* (Winona Lake: Eisenbrauns, 1989) 43.

85) 입비-씬 재위 24년(B.C.E. 2004)의 일이다. "해[年]: 입비-씬, 우르 왕이, … 당했다(mu ^{d}i-bi$_2$-^{d}suen lugal uri$_2$^{ki}-ma-ke$_4$ … bi$_2$-ra)"(이라크 바그다드 국립박물관 IM 085465, U 07755 col. ii 1행). 〈수메르 왕명록 Ashm 1923-0444〉 349~352행에는 "입비-씬, 슈-쑤엔의 아들, 그가 24년을 다스렸다. 4명의 왕이 108년 동안 다스렸다"고 기록되어 있다. '4명의 왕'은 필경사의 오기로 우르 3왕조의 왕은 5명이었다.

Δ12 〈우르를 위한 애가〉

영국박물관 발굴번호 U 16900m 명문의 앞면(왼쪽)과 뒷면(오른쪽).

우르 3왕조가 멸망했다.**Δ13** 원수메르인은 '적어도' 8,500년 전에 오우에일리에 정착했다. 수메르는 약 4,500년 만에 지상에서 사라졌다. B.C.E. 2004년의 일이었다.

86) 〈우르를 위한 애가(哀歌)〉로 영국박물관 발굴번호 U 16900m(소장번호는 알려지지 않음) 명문의 앞면 33~40행, 뒷면 1행. 우르에서 발굴된 이 점토판은 고바빌로니아 시대(B.C.E. 1900~B.C.E. 1600)에 제작되었다. 〈우르를 위한 애가〉는 여러 판본이 있으며, 가장 많은 내용을 담고 있는 판본은 프랑스 루브르박물관 AO 06446 점토판이다.

우르 3왕조
(B.C.E. 2112～B.C.E. 2004)

우르-남무(우르-남마)

↓

슐기

↓

아마르-씬(아마르-쑤엔)

↓

슈-씬(슈-쑤엔)

↓

입비-씬(입비-쑤엔)

수메르의 마지막 왕

Δ13 우르 3왕조(수메르의 마지막 왕조) 계보

덧붙이는 글

'최초의 역사'를 되찾은 기쁨

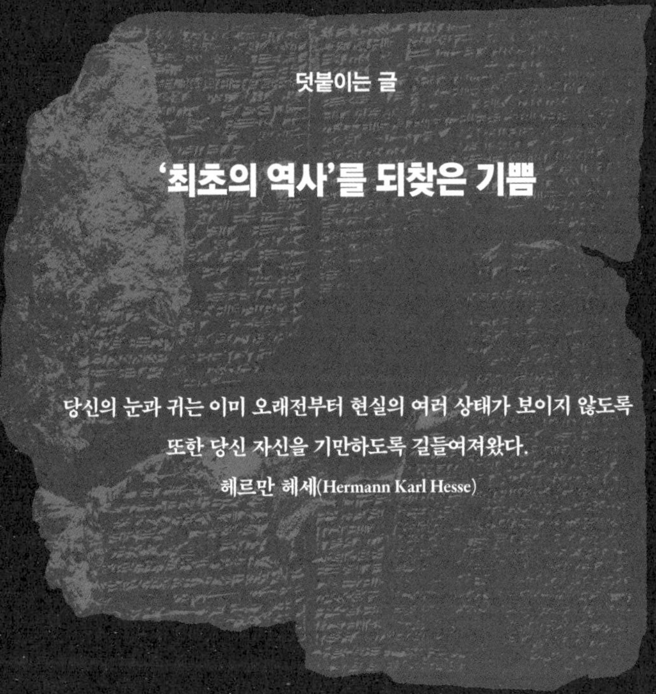

당신의 눈과 귀는 이미 오래전부터 현실의 여러 상태가 보이지 않도록
또한 당신 자신을 기만하도록 길들여져왔다.
헤르만 헤세(Hermann Karl Hesse)

이쉬비-에라의 본색

B.C.E. 2004년 우르 3왕조가 멸망하고 수메르가 역사에서 사라진 뒤 이쉬비-에라는 어찌 되었을까. 우르의 마지막 왕 입비-씬은 안샨으로 끌려갔고, 자그로스 종족 동맹군은 '도시 우르'에 주둔군을 남겨두고 철수했다. 수메르 정복자는 '남부의 황금 들판' 에덴 자본의 새 주인이었다. 그러나 2년이 채 지나지 않아 이쉬비-에라가 본색을 드러내기 시작했다.[1] 이쉬비-에라는 끝내 주둔군을 몰아내고 우르를 냉큼 차지해버렸다.

> 해[年]: 이쉬비-에라, 왕이, 그의 강력한 무기로 그곳(우르) 중심지에 머물러 있던 엘람인을 내몰았다.[2]

1) "해[年]: 키마쉬와 엘람 군대를 꺾었다(mu ugnim ki-maš u_3 elam-e nim-e bi_2-in-ra)", "해[年]: 이쉬비-에라 왕이 쉬마쉬키와 엘람 군대를 무찔렀다(mu ^{d}iš-bi-er_3-ra lugal-e ugnim $šimašgi_{(2)}^{ki}$ u_3 elam bi_2-in-ra)"(미국 예일대학 바빌로니아컬렉션 NBC 07377 뒷면 3행). 이쉬비-에라 재위 16년(B.C.E. 2002)의 일이다.

2) "mu ^{d}iš-bi-er_3-ra lugal-e elam $ša_3$ uri_2^{ki}-ma tuš-a ^{geš}tukul kalag-ga-ni im-ta-e_{11}"(미국 예일대학 바빌로니아컬렉션 NBC 08451 뒷면 4행). 이쉬비-에라 재위 26년(B.C.E. 1992)의 일이다.

이쉬비-에라가 기어이 우르에 입성했다. 그는 '15년 동안 입비-씬의 왕궁과 그의 모든 도시들이 먹을 수 있는 곡식'을 빼돌린 사기꾼이었다. 이쉬비-에라는 '더러운 자본'을 바탕으로 이씬에 독립국을 세우고 주변 도시들까지 장악했다. 그 바람에 우르는 완전히 분열되었다. 입비-씬은 이씬을 공격할 힘이 없었다. 이쉬비-에라가 입비-씬을 배신하지 않았다면 수메르는 쉽사리 쓰러지지 않았으리라.

그런데 B.C.E. 2006년 이쉬비-에라는 수메르를 위협하는 자그로스 종족 동맹군을 물리친 바 있다. 그러나 B.C.E. 2004년 침략자들이 다시 쳐들어와 우르를 쓸어버렸을 때 이쉬비-에라는 전쟁터에서 볼 수 없었다. 그 후 이쉬비-에라가 우르 주둔군을 내몰아 그를 수메르의 구세주로 착각하는 사람들이 있다. 과연 그럴까.

이쉬비-에라는 애초 우르를 배신하고 수메르를 분열시킨 장본인이었다. 그는 우르를 차지하고 남부의 주인이 되는 꿈을 꾸었다. 그가 가장 두려워한 존재는 우르가 아니라 '우르 3왕조'에게 원한이 사무쳐 있던 자그로스 종족이었다. 우르 3왕조의 왕들은 자그로스산맥 일대에 사는 종족들을 상대로 끊임없이 정복전쟁을 일으켜 그들을 죽이고, 그들의 자본을 빼앗고, 그들의 삶을 엉망으로 만들었다. 따라서 '자그로스 종족 동맹군'은 우르를 배신한 이쉬비-에라의 이씬이 아니라 그들의 철천지원수인 우르 3왕조를 무너뜨리는 것이 지상 과제였다.

이쉬비-에라는 '자신이 빈곤의 수렁에 빠뜨린' 입비-씬의 우르를 지지하는 도시가 한 곳도 없었으므로 우르를 제압하는 일은 식은 죽 먹기였다. 자그로스 종족 동맹군은 강력해진 이씬을 얕보지 못했다. 그들은 우르로 쳐들어가 '한풀이'에 성공했다. 이쉬비-에라는 우르와 자그로스 종족의 원한관계를 이용해 우르를 망하게 했고, 수메르가 사라지게 만들었다. 그래서 그는 '수메르의 마지막 전쟁'에서 슬쩍 빠져 있었다. 이쉬비-에라는 이씬에 철벽같은 요새를 3번이나 세워 힘을 축적했다. 그가 우르에서 주둔군을 몰아낸 뒤에도 이씬과 자그로스 종족 동맹군은 몇 년 동안 계속 충돌했다. B.C.E. 1987년 마침내 이쉬비-에라가 우르에 '안착'했다.[3)] B.C.E. 2004년에 벌였던 그의 교활한 '우르 방치작전'이 결실을 거두었다. 그때 이쉬비-에라는 이미 늙어 있었다. 따지고 보면 이쉬비-에라의 노욕 때문에 수메르가 끝장난 셈이다.

3) "해[年]: 그의 자리가 우르에서 확고해졌다(mu uri_2^{ki}-ma ki-dur_2-ba bi_2-ge-en)"(미국 예일대학 바빌로니아컬렉션 NBC 07380). 이쉬비-에라 재위 31년의 일이다. 이쉬비-에라의 재위는 그가 우르의 입비-씬을 배신하고 도시 이씬에서 독립국을 세운 때(B.C.E. 2017)부터 시작된다.

악카드인의 기질

이쉬비-에라는 노예였다. 팔려온 노예가 아니라 '집에서 태어난 노예'였다. 우르 황제 슐기는 상술에 뛰어난 이쉬비-에라를 칭찬하면서 편지를 썼다.

> 누가 너 같은 '집에서 태어난 노예'를 내게 주겠느냐. 누가 그렇게 유능하고, 그토록 자기 주인에게 유익한 자란 말이더냐.[4)]

그 당시 이쉬비-에라는 은 600탈렌트(1만 8,000킬로그램)와 금 600탈렌트라는 엄청난 거금으로 곡식을 구입하는 임무를 맡았다. 슐기는 수메르 내부의 여러 지방도시 이외에도 89개의 군정도시를 거느리고 있었다. 훗날 입비-씬의 은 20탈렌트(600킬로그램)을

4) Piotr Michalowski, "*Königsbriefe*", *in Reallexikon der Assyriologie 6*. 1980-83, 51-59: 57. section 7.1 & Black, Jeremy A., et al., ETCSL (1998-2006) 3.01.13.2 *Letter from Shulgi to Ishbi-Erra* about Purchase of Grain. 이쉬비-에라는 일찍이 슐기가 통치하던 시절에도 뛰어난 상술을 발휘하며 활동했던 자였다.

빼돌려 독립국을 세운 이쉬비-에라가 이때에는 감히 그런 짓을 할 수 없었다. 우르가 세상에서 가장 강력한 제국이었기 때문이다. 이쉬비-에라는 오랫동안 우르 왕실을 기웃거렸다. 그 뒤 입비-씬이 신하 푸주르-슐기에게 보낸 편지에서 확인한 이쉬비-에라는 "아위(로 만든 향신료)를 팔며 떠돌아다니는 멍청이, 개 같은 성향을 지닌 마리 출신의 이놈"이었다. 이쉬비-에라는 마리 출신의 노예였지만 왕의 시종으로 왕명을 받고 곡식을 구하러 다니던 상인이었다. 그의 혈관에는 악카드인의 피가 흐르고 있었다. 강자에게는 굽실대지만 약자는 깔아뭉개버리는 천박한 기질이었다. 그런 기질의 최대 희생자가 바로 입비-씬과 우르였다.

이쉬비-에라가 주군 입비-씬을 배신해 수메르가 망하는 데 결정적인 역할을 했듯이 그와 매우 비슷한 삶을 살았던 한 사람을 기억해야 한다. 바로 악카드의 사르곤이다. 사르곤 역시 자신을 시종으로 뽑아 신임한 주군 우르-자바바를 죽이고 수메르 황제 루갈자게씨를 제압해 수메르의 초기 왕조를 멸망시켰다. 이쉬비-에라와 사르곤은 주군의 신임을 두텁게 받던 자들이었다. 그럼에도 두 사람은 수메르를 역사에서 지우는 '악역무도한 자들'이었다. 두 악카드인이 왜 이런 짓을 저질렀을까. 대체 그들의 몸속에는 무슨 이유로 배반과 반역의 피가 흐르고 있었단 말인가.

수메르 북서부에는 유목민들이 살고 있었다. 그들은 가축을 기르며 농사를 짓고, 생활환경이 바뀌면 시시때때로 거처를 옮겨가며 사는 반유목 상태였다. 북서부인이 선망하던 마리는 '무역과 통상의 도시'였다. 그들 중에서 운이 좋은 자는 마리로 진출해 상업과 교역에 종사했다. 그러다가 기회를 잡으면 수메르의 도시로 내려가 정착했다. 한마디로 머리 회전이 빠르고 눈치 하나는 최고 실력을 갖춘 자들이었다. 뛰어난 상술로 셈속이 빠른 것은 차치하더라도 타인을 이용하거나 속이는 '교활하고 잔인한 유전자'가 염색체 속에 가득 차 있는 자들이었다. 수메르 초기 왕조가 멸망한 것도, 수메르인이 나라를 잃고 오랫동안 암흑 속에서 고통을 받은 것도, 수메르가 역사 속에서 사라진 것도 모두 악카드인의 기질로부터 시작되었다.

과거사 청산 실패와 망국

B.C.E. 2334년 수메르인은 악카드의 사르곤에게 처음으로 나라를 빼앗겼다. 수메르인은 181년 동안 악카드의 온갖 압제에 시달렸다. 수메르인이 단결해 2번의 독립전쟁을 일으켰으나 모두 실패하고 말았다. 수메르 독립군을 몰살시킨 악카드 2대왕 리무쉬는 잔인했고(1차 독립전쟁), 악카드 4대왕 나람-씬은 더 잔인했다(2차 독립전쟁). 수많은 수메르인이 악카드 왕들이 일으킨 정복전쟁에 끌려가 목숨을 잃었다. 일제의 강제징집으로 전쟁터에서 죽은 조선인과 같은 신세였다. 악카드 제국은 수메르의 자본을 빼앗아 자신들의 배를 채웠다. 일본이 한 짓과 똑같았다. 수메르인은 '36년 동안'이 아니라 '181년 동안'이나 제국의 그늘 아래에서 인고의 세월을 견디며 살아야 했다.

더욱 가증스러운 짓은 나람-씬이 수메르 독립군을 무찌르고 한 해에 9번이나 승리하자 자칭타칭 신이 된 것이다. 그는 '악카드 신, 악카드 왕, 수메르 왕, 세계 사방의 왕, 우주의 왕'이라고 자랑했다. 수메르인이 도저히 받아들일 수 없는 치욕이었다. 그때까지 어느 수메르 왕도 "짐은 신이다"라고 스스로 말하지 않았다. 악카드가 구티인에게 무너지고 '수메르 암흑기'가 연장되었다. 다행히 수메르 남쪽에서 라가쉬 왕 구데아가 나타나 성군으로서 선정을 베풀었다. 그럼에도 구데아는 스스로 '신'이라고 주장하지 않았다. 구티인은 34년 만에 물러났다. '수메르의 해방자'는 우루크 왕 우투-헤갈이었다. 그가 갑자기 세상을 떠나자 우르 총독 우르-남무가 수메르를 통일했다. 그러나 우르 3왕조는 불과 108년 만에 멸망했다. 수메르는 내부 분열, 경제 파탄, 이쉬비-에라의 배신, 외침으로 쓰러졌다. 그러나 보다 근본적인 원인은 따로 있었다.

우르 3왕조의 왕들은 '악카드 제국 식민통치 181년의 과거사'를 청산하지 못했다. 우르-남무는 수메르 재건에 성공했으나 '악카드인의 소굴'이나 다름없는 마리와 너무 가깝게 지냈다. 왕은 왕세자 슐기를 마리 공주 타람우람과 '정략적으로' 결혼시켰다. 슐기가 왕이 되자 더 많은 마리인들이 우르 왕실에 득실거렸다. 악카드인 이쉬비-에라도 그들 중 한 명이었다. 슐기에게는 31명의 자녀가 있었는데, 그중 15명은 악카드어 이름을 가지고 있었다. 슐기는 악카드어 이름을 가진 공주들을 정략적으로 속국에 시집을 보냈다. 왕은 악카드 압제 181년을 잊고 있었다. 게다가 슐기는 '나람-씬'처럼 "짐은 신이다"라고 선언했다. 슐기가 '나람-씬 따라하기'를 하면 할수록 '악카드 최고의 전쟁광'을 닮아갔다. 슐기는 성군이 되지 못하고 끝내 전쟁광으로 생을 마감했다. 그는 지나칠 정도로 똑똑했으나 '나람-씬의 길'을 따라 걸었다. 슐기는 자신의 광기로 끝없이 고통받은 자그로스 종족들이 한데 뭉쳐 우르를 멸망시킬 것이라고는 꿈에도 상상하지 못했으리라.

우르 왕실은 '수메르 암흑기'라는 슬픈 역사를 되풀이하지 않기 위해 철저하게 악카드인을 멀리했어야 했다. '악카드 배우기'가 아닌 '악카드 지우기'를 했어야 했다. 악카드어까지도 말이다. 그러나 우르 왕실은 아무리 정략적이라지만 그 반대로 살았다. 해방 이후 대한민국이 걸어온 '과거사 청산 실패'가 여전히 국론을 분열시키고 있는 상황보다 훨씬 더 심각했다. 대한민국 대통령이 일본 왕실의 공주를 청와대 안주인으로 앉히고, 일본 상인을 대통령 경제특별보좌관으로 불러들여 신임하는 상황이 우르에서 벌어진 것이다. 결국 악카드인의 피가 흐르는 이쉬비-에라가 수메르를 멸망의 늪에 빠뜨리고 말았다. 1945년 '해방을 훼방한' 미군정과 이승만이 일제의 앞잡이들을 끌어들여 과거사 청산을 망치기 시작한 이후 대한민국의 역사는 혼란의 연속이었다. 한반도가 남북으로 갈라지고 과거사 청산마저 실패해 큰 이득을 본 일본은 여전히 배짱을 튕기며 대한민국을 깔보고 있다. 대한민국도 과거사를 청산하지 못한 채 '정략적으로' 일본을 껴안으면 수메르 꼴이 될 것은 불을 보듯 뻔하다.

수메르의 배신자와 〈수메르 왕명록〉

'수메르의 배신자' 이쉬비-에라가 남부에서 최강자로 부상했다. B.C.E. 1987년 우르의 새 주인이 된 악카드인 이쉬비-에라는 '사방의 왕'이라고 주장했다. 이씬의 필경사들은 이씬 왕조가 우르 왕조를 정상적으로 계승한 수메르 왕조라고 대놓고 떠벌렸다. 황당무계한 일이었다. 그러나 고령이었던 이쉬비-에라는 3년이 지나지 않아 배신자의 길을 마감했다. 그의 아들 슈-일리슈(Šu-ilišu)[5]가 이씬 왕조를 물려받았다. 그도 아버지처럼 '배신자답게' 억지주장을 해댔다. 이씬의 필경사들은 이씬 왕을 아예 '우르 왕'이라고 일컬었다. 어처구니없는 일이었다. 더군다나 '수메르와 악카드 땅의 왕'이라 했고, '신'이라고도 했다. 이씬 3대왕 이딘-다간(Iddin-Dagan)[6]도 마찬가지였다. 이씬 왕들은 모두 똑같았다.

이씬의 필경사들이 수메르 역사를 다시 꾸미기 시작했다. 그들

5) 이씬 왕조 2대왕(재위 B.C.E. 1984~B.C.E. 1975).

6) 이씬 왕조 3대왕(재위 B.C.E. 1975~B.C.E. 1954).

중에 매우 박식한 누르-닌슈부르(Nur-Ninšubur)라는 자가 장문의 〈수메르 왕명록 Ashm 1923-0444〉을 만들었다.[7)]Δ1 그는 우르 3왕조의 마지막 왕 '입비-씬 다음에' 이씬 왕들을 줄줄이 이어 붙였다. 그 결과 이씬 왕조가 영락없이 우르 3왕조를 정통으로 물려받은 수메르 왕조처럼 보였다. '수메르 혈통도 아닌 이쉬비-에라 놈'이 세운 이씬 왕조가 표면적으로는 단박에 수메르 왕조에 편입되었다. 〈수메르 왕명록 Ashm 1923-0444〉에 기록된 마지막 왕은 누르-닌슈

---

7) 〈수메르 왕명록〉은 1906년부터 세상에 알려지기 시작했다(H. V. Hilprecht, *Mathematical, Metrological, and Chronological Tablets from the Temple Library of Nippur*, Babylonian Expedition of the University of Pennsylvania, chap. iv, 1906). 〈수메르 왕명록〉은 이라크와 이란의 여러 고대도시에서 다수의 판본이 발굴되어 세계 유수 박물관에 보관되어 있다. 〈수메르 왕명록〉 SKL(Sumerian King List)의 종류는 다음과 같다.

1. WB(Weld-Blundell collection): a) WB-444(Ashm 1923-0444): 이 책에서 인용한 SKL. 홍수 이전의 에리두 왕조부터 이씬 왕조 14대왕 쑤엔-마기르 11년까지 기록. 점토로 만든 사각기둥에 가장 많은 내용을 담고 있는 SKL. 저자는 B.C.E. 1817년경의 이씬 필경사 누르-닌슈부르. b) WB-62: B.C.E. 2000년경에 제작된 작은 점토판.
2. BT 14+P3: 니푸르에서 발굴된 고바빌로니아 초기 버전.
3. G: 키쉬에서 발굴된 작은 단편. 바빌론 1왕조 후반기 버전.
4. Ha+P4: 니푸르에서 발굴된 작은 단편. 고바빌로니아 초기 버전.
5. IB: 이씬에서 발굴된 고바빌로니아 버전.
6. J: 발굴지가 알려지지 않은 고바빌로니아 버전.
7. L1+N1: 니푸르에서 발굴된 고바빌로니아 초기 버전.
8. Mi: 니푸르에서 발굴된 고바빌로니아 초기 버전.
9. P2(~4)+L2: 니푸르에서 발굴된 고바빌로니아 초기 버전.
10. P5: 니푸르에서 발굴된 바빌론 1왕조 버전.
11. P6: 니푸르에서 발굴된 고바빌로니아 초기 추정 버전.
12. S: 씨파르에서 발굴된 바빌론 1왕조 후반기 버전.
13. Su1: 수사에서 발굴된 고바빌로니아 원통 점토 버전.
14. Su2+Su4: 수사에서 발굴된 고바빌로니아 원통 점토 버전.
15. TL: 시리아 북동부 텔 레일란에서 발굴된 고바빌로니아 버전.
16. USKL: 우르 3왕조 슐기 때 아답에서 제작된 것으로 추정되는 가장 오래된 버전.
17. Erlenmeyer Collection A-B: 고바빌로니아 버전.

사1 〈수메르 왕명록 Ashm 1923-0444〉[9](왼쪽)과 〈우르-이씬 왕명록〉[10](오른쪽)

부르가 모시던 이씬 14대왕 쑤엔-마기르(Suen-magir)였다.[8] 누르-닌슈부르는 '계획대로' 수메르 역사에 더할 왕조와 삭제할 왕조를 정했다. 가관이었다. 더욱 충격적인 일은 수메르에서 가장 큰 도시

8) 쑤엔-마기르(재위 B.C.E. 1828~B.C.E. 1817)는 씬-마기르(Sîn-magir)라고도 한다.

9) 필자가 이 책에서 주로 인용한 〈수메르 왕명록〉은 B.C.E. 2004년에 우르 3왕조가 멸망하고 수메르가 사라진 뒤 B.C.E. 1817년에 이씬 왕조의 필경사가 제작한 영국 옥스퍼드대학 에쉬몰리언박물관의 Ashm 1923-0444 사료이다. 즉 수메르의 배신자(이쉬비-에라)가 세운 이방의 왕조(이씬 왕조)가 배출한 필경사가 현재 가장 인정받고 있는 〈수메르 왕명록〉을 만든 셈이다. 〈수메르 왕명록 Ashm 1923-0444〉의 필경사는 자신이 누르-닌슈부르라고 밝혔다. 그 증거로 Ashm 1923-0444 마지막에 'šu nu-ur$_2$-^{d}nin-šubur'라는 문장이 실려 있다. 'šu'는 '손'이라는 뜻으로, 누르-닌슈부르의 손으로 문서가 작성되었다고 볼 수 있다. Ashm 1923-0444 제작 시기를 B.C.E. 1817년으로 잡은 것은 나름대로 타당한 이유가 있

국가였던 라가쉬의 증발이었다. 또한 수메르 초기 왕조 시절 곡창 지대 에덴을 사이에 두고 라가쉬와 오랫동안 전쟁을 벌였던 움마도 〈수메르 왕명록〉에서 사라졌다. 누르-닌슈부르가 이런 해괴한 짓을 정말 처음 했을까. 그가 참고했을 〈수메르 왕명록〉의 원본은 과연 어땠을까 자못 궁금하다.

다. 〈수메르 왕명록 Ashm 1923-0444〉는 이씬 왕조의 쑤엔-마기르 재위 11년까지만 기록되어 있다.

10) 이씬 15대왕이자 마지막 왕은 다밐-일리슈(Damiq-ilišu, 재위 B.C.E. 1817~B.C.E. 1794)이다. 그 당시 우르-쑤엔(Ur-Suen)이라는 필경사가 있었는데 왕의 재위 4년에 〈우르-이씬 왕명록〉(노르웨이 쇼엔컬렉션 MS 1686: SKL-Erlenmeyer Collection A)을 제작했다. 이자는 우르 3왕조의 1대왕 우르-남무부터 마지막 왕 입비-씬까지 기록한 뒤 곧이어 이씬 왕조의 1대왕 이쉬비-에라부터 마지막 왕이자 자신의 주군이었던 다밐-일리슈 재위 4년까지 기록했다. 그는 이씬 왕조가 수메르 마지막 왕조인 우르 3왕조를 정통으로 계승한 수메르 왕조임을 주장하기 위해 〈우르-이씬 왕명록〉을 제작했다.

우르 3왕조판 〈수메르 왕명록〉과 역사왜곡

우르 3왕조 슐기 왕이 통치하던 시절에 〈수메르 왕명록〉이 있었다. 수메르 연구가들은 〈수메르 왕명록〉을 SKL(Sumerian King List)로, 우르 3왕조판(版) 〈수메르 왕명록〉을 USKL(Ur Ⅲ Sumerian King List)**Δ2**로 줄여서 쓴다. USKL은 슐기 재위 21년부터 재위 48년 사이에 제작된 것으로 보인다. 이는 USKL 마지막 문장 때문이다.

슐기, 나의 왕이여, 만수무강하옵소서![11)]

USKL에서도 라가쉬를 찾을 수 없었다. 우르의 필경사도 이씬의 필경사처럼 라가쉬를 수메르 역사에서 지워버렸다. 악카드인 이쉬

11) "^{d}Šul-gi lugal-mu ud še$_{3}$ ḫa-ti-il"(Piotr Steinkeller, "*An Ur III Manuscript of the Sumerian King List*", in Literatur, Politik und Recht in Mesopotamien. Festschrift für Claus Wilcke, ed. Sallaberger, W.; Volk, K.; and Zgoll, A. (Orientalia Biblica et Christiana 14). Wiesbaden: Harrassowitz: 2003, 274). 슐기는 재위 21년부터 '슐기 신(^{d}Šul-gi)'으로 불렸다. USKL 마지막 문장에 나타난 슐기가 '슐기 신'이므로, USKL 제작 연대는 슐기 재위 21년에서 재위 48년 사이로, 아무리 늦어도 B.C.E. 2046년(슐기 재위 48)이다.

Δ2 우르 3왕조판 〈수메르 왕명록〉 USKL

비-에라가 세운 이씬에서 수메르의 역사왜곡이 시작된 것이 아니었다. 그렇다면 엄연한 수메르 왕조인 우르에서 왜 이런 비극이 벌어진 것일까. 우르와 라가쉬는 대체 어떤 사이였을까.

우르와 라가쉬의 지역감정 싸움

우르는 수메르 역사에서 별다른 두각을 나타내지 못하다가 우르 3왕조 통치기(B.C.E. 2112~B.C.E. 2004)에 비로소 빛을 보았다. 식자들조차도 수메르 역사가 줄곧 우르 중심으로 전개되었다고 착각하는 경우가 허다하다. 물론 우르가 그리스도교의 아브라함이 태어난 곳이기에 더욱 그렇지만 역사적으로 우르는 우르 3왕조를 제외하면 라가쉬보다 훨씬 열등한 곳이다. B.C.E. 2500년경까지 수메르 남서부의 우르는 페르시아만에 인접한 작은 도시에 불과했다. 누르-닌슈부르의 〈수메르 왕명록〉에 의하면 우루크 1왕조의 왕들에 이어 메스안네파다가 나타나 수메르 왕권을 물려받고 우르 1왕조를 열었다고 한다. 그때와 우르 3왕조를 제외하면 우르는 수메르 역사에서 이렇다 할 역할을 한 적이 없었다. 이마저도 메스안네파다가 '우루크를 꺾고' 수메르의 권력자가 되었다는 증거가 매우 부족해서 "현재로서는 완전히 미스터리이다"라고 주장하는 학자(Douglas R. Frayne)도 있다.

B.C.E. 2600년경 라가쉬 왕이자 거부였던 엔헤갈이 곳곳의 땅을

사들여 라가쉬를 일으켰다. 라가쉬는 졸지에 수메르에서 가장 넓은 영토를 갖게 되었다. 라가쉬는 기르수, 라가쉬, 닝인, 구압바 같은 도시들이 줄줄이 늘어서 있었고, 수메르 남동쪽 끝에 있던 에닌키마르는 수메르 최대 무역항이었다. 우르는 라가쉬 도시 한 곳과 비슷할 뿐이었다. B.C.E. 2500년경 라가쉬에서 우르-난쉐가 세습 왕조를 일으키자 라가쉬가 강력해졌다. 수메르의 해상무역은 남서쪽의 우르와 남동쪽의 에닌키마르가 쌍벽을 이루고 있었다. 결국 우르가 전쟁을 일으켰다. 우르 해군이 에닌키마르로 쳐들어왔다. 역사상 최초로 해전이 벌어졌다. 우르-난쉐가 우르를 무찔렀다. 사실상 무역전쟁이었다. 라가쉬의 역사가들이 이 사건을 기록했다.

라가쉬와 우르의 관계가 좋았던 적은 단 한 번도 없었다. 수메르의 영웅이었던 라가쉬 왕 에안나툼이 수메르를 통일하고 최초로 황제가 되자 우르도 다른 도시들과 함께 라가쉬의 속국이 되었다. 수메르의 위대한 성군이었던 라가쉬 왕 엔메테나가 평화로운 서방 정책을 펼친 기록에도 우르는 빠져 있었다. 악카드의 사르곤이 수메르 초기 왕조를 멸망시킬 때까지 수메르 역사는 대부분 라가쉬의 역사가들이 기록했다. 반면 우르의 역사가들은 할 일이 별로 없었다. 그들이 남긴 것은 회계장부나 다름없는 경제 문서들이 대부분이었다.

라가쉬와 우르는 '최초의 해전'을 치른 뒤 해상무역의 주도권 싸움으로 줄곧 앙숙관계였다. '수메르 암흑기'를 거치는 동안 라가쉬는 구데아라는 걸출한 성군을 배출해 수메르 남쪽의 최강자가 된 반면, 우르는 라가쉬에 눌려 기를 펴지 못했다. 우루크 왕 우투-헤갈이 수메르를 해방시켰을 때에도 우르는 우루크의 군정도시 내지 속국에 불과했다. 이후 우투-헤갈의 신하로 우르 총독이었던 우르-남무가 주군의 힘을 등에 업고 라가쉬를 공격하기 시작했다. 그 뒤 우르-남무는 우투-헤갈의 갑작스러운 죽음으로 수메르 최고의 권력자가 되자 숙적 라가쉬를 무너뜨렸다. 이로써 대대로 응어리진 우르의 한이 풀렸다. 라가쉬와 우르의 지역감정은 골이 너무 깊었다.

수메르 역사에서 라가쉬의 증발

단순히 수메르의 동서(東西) 지역감정 싸움으로 라가쉬가 역사에서 사라졌단 말인가. 있을 수 없는 일이다. 신라와 백제가 대립했다고 두 나라 중의 한 나라가 대한민국 역사에서 사라지겠는가. 라가쉬가 증발한 이씬의 SKL과 우르의 USKL은 '도저히 받아들일 수 없는' 수메르 역사였다. 더욱이 라가쉬는 대한민국 역사에서 가장 큰 나라였던 고구려와 같았다. 라가쉬 1왕조의 에안나툼은 고구려의 광개토대왕과 같은 위대한 영웅이었다. 고구려가 없는 대한민국 역사처럼 라가쉬가 없는 수메르 역사는 허구일 뿐이다. 또한 라가쉬 1왕조의 엔메테나와 라가쉬 2왕조의 구데아는 수메르 역사를 빛낸 아름다운 성군이었다. 다른 수메르 도시국가에서 그들 같은 성군은 나오지 않았다. 그런 라가쉬에 비하면 우르는 우르 3왕조가 나타나기 전까지는 하잘것없는 도시 중 하나에 불과했다. 그런데 수메르 역사를 기록한 왕명록에 라가쉬와 그 통치자들이 없다니 어안이 벙벙하다.

〈수메르 왕명록〉 역사왜곡의 진범

약 150년 전 수메르가 부활하자 세상은 발칵 뒤집혔다. 모든 진리의 척도였던 그리스도교의 구약성서에 나오지 않는 왕들이 '실제로' 존재했다. 그들은 4,000년 전에 이미 죽은 자들이었다. 그때까지 서구 지식인들은 수메르를 몰랐고, 수메르 왕들을 '전혀' 알지 못했다. 그리고 세상의 빛을 본 〈수메르 왕명록〉이 해독되자 그들은 더욱 혼란에 빠졌다. 난생처음 들어보는 수메르 왕들이 수두룩했다. 수메르의 도시들이 발굴되었고, 수메르 왕들의 실체가 드러났다. 역사가들은 4,000년 전까지의 역사를 다시 써야 했다. 그들은 이씬의 필경사 누르-닌슈부르가 쓴 〈수메르 왕명록 Ashm 1923-0444〉를 기준으로 수메르 역사를 재구성했다. 그러나 불행히도 이씬 왕조의 SKL에는 라가쉬가 존재하지 않았다. 그 원본격인 우르 3 왕조의 USKL에도 라가쉬는 없었다.**Δ3**

〈수메르 왕명록〉은 악카드 왕조에서 탄생했다고 보아야 한다.[12] 수메르는 메소포타미아 '남부의 남쪽' 우루크에서 일어난 문명이었다. '남부의 북쪽' 중심지는 키쉬였다. 악카드의 사르곤은 키쉬에서 세력을 키웠다. 그는 키쉬 왕 우르-자바바의 시종으로 발탁되자 야망을 품었다. 이방인이었으나 왕실로 들어간 사르곤은 기회를 놓치지 않았다. 그는 '배신자의 기질'을 마음껏 발휘해 수메르 남쪽과 북쪽을 모두 차지했다. '이방의 왕조'가 수메르를 통치하게 되었으니 그 역사가들은 무슨 생각을 했을까. 그것은 다름 아닌 '역사 다시 쓰기'였다. 마치 일제가 조선사편수회(朝鮮史編修會)를 만들어 역사왜곡을 시작한 것과 같았다. 〈수메르 왕명록〉의 필경사들은 키쉬를 수메르 왕권의 출발지로 삼았다. 사르곤의 근거지가 바로 키쉬였기 때문이다. 그래서 〈수메르 왕명록〉이 등장했다. '과거사 청산'을 하지 않은 우르 3왕조의 USKL 필경사는 악카드 문화에 젖어 있던 자였다. '악카드인 이쉬비-에라가 세운' 이씬의 SKL 필경사가 어떤 역사가였는지는 두말 할 필요도 없다. 〈수메르 왕명록〉으로 역사를 왜곡한 진범은 바로 악카드인이었다.

---

12) 우르 3왕조의 〈수메르 왕명록〉 USKL은 크게 3단계의 시기를 거쳐 제작되었다는 주장이 있다. (1) 사르곤의 악카드 왕조 원본, (2) 구티 압제로부터 수메르를 해방시킨 우투-헤갈의 우루크 왕조 버전, (3) 슐기 재위 21년에서 재위 48년 사이의 우르 3왕조 버전(일명 아답 버전, 아답 왕조가 추가되었고, 구티의 마지막 왕 티리간이 아답의 마지막 왕으로 나온다)(Piotr Steinkeller, "*An Ur III Manuscript of the Sumerian King List*", in Literatur, Politik und Recht in Mesopotamien. Festschrift für Claus Wilcke, ed. Sallaberger, W.; Volk, K.; and Zgoll, A. (Orientalia Biblica et Christiana 14). Wiesbaden: Harrassowitz: 2003, 283~284).

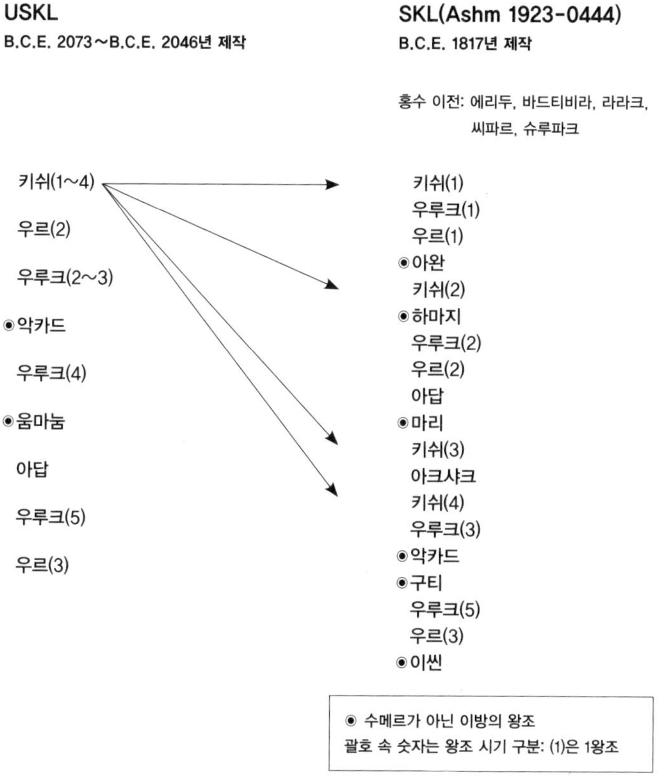

Δ3 우르 3왕조의 USKL과 이씬 왕조의 SKL(Ashm 1923-0444)의 비교

홍수 이전을 제외하면 USKL과 SKL은 모두 키쉬 왕조로 시작된다. SKL 제작자 누르-닌슈부르는 USKL의 키쉬 왕조를 여러 시기로 나누고, 그 사이사이에 다른 왕조들을 끼워 넣었다. USKL 명문에 나오는 악카드의 사르곤이 통치한 기간은 40년으로 SKL의 56년과 다르다. 특히 악카드 2대왕 리무쉬와 3대왕 마니쉬투슈가 USKL에서는 2대왕 마니쉬투슈, 3대왕 리무쉬로 바뀌어 있다. 또한 USKL에서는 구티 왕조의 이름이 움마눔(Ummaum)이며, 움마눔 다음에 아답 왕조가 나온다. 그런데 아답 왕조의 마지막 왕이 SKL에 나오는 구티의 마지막 왕 티리간으로 기록되어 있다. 그러므로 티리간이 우루크의 우투-헤갈에게 패했을 당시 구티의 수도가 아답이었을 것이라는 주장도 있다(Piotr Steinkeller).

애국심은 사악한 자의 미덕

현재까지 알려진 〈수메르 왕명록〉 중에서 Ashm 1923-0444가 가장 많은 내용을 담고 있다.[13] 필경사 누르-닌슈부르는 무서울 정도로 치밀한 자였다. 그는 단순히 이씬 왕조에게 유리하도록 수메르 역사를 기술하는 차원이 아니었다. 그가 '거짓 역사 꾸미기'에 집착할 수밖에 없었던 정치 상황이 있었다.

악카드인 이쉬비-에라가 세운 이씬에서 골치 아픈 사건이 발생했다. 이씬의 속국 라가쉬 총독으로 파견된 군구눔(Gungunum)[14]이라는 아무르인이 있었다. 그런데 그가 이씬과 '결별'하고 라르싸를 힘차게 건설했다. 군구눔은 엘람의 안샨을 파괴했고 우르를 점령했다. 우르는 이씬이 애지중지하던 해상무역의 전진기지였다. 군구눔

13) 1923년 〈수메르 왕명록Ashm 1923-0444〉에 관한 첫 번째 출판물이 나왔다(S. H. Langdon, *Historical inscriptions, containing principally the chronological prism, W-B 444*, Oxford editions of cuneiform texts, v. 2. London: Oxford University Press, 1923).

14) 군구눔(재위 B.C.E. 1933~B.C.E. 1906)은 라르싸의 5대왕이지만 라르싸의 실질적인 건설자였다.

은 남부의 절반을 차지하고 페르시아만 항로를 차단했다. 그 후 데르, 라가쉬, 우루크뿐만 아니라 엘람 땅의 수사까지도 라르싸의 영향력 아래 놓이게 되었다. 이로 인해 이씬은 급속도로 쇠퇴했다. 얼마 후 수무-아붐(Sumu-Abum)[15]이라는 아무르인이 바빌론(고(古)바빌로니아)을 건설했다. 라르싸와 바빌론에게 밀리던 이씬은 쑤엔-마기르의 아들 다믹-일리슈(Damiq-ilišu)를 끝으로 역사에서 사라졌다.

누르-닌슈부르는 이씬 14대왕 쑤엔-마기르 11년에 〈수메르 왕명록〉을 개작했다. 이씬 왕조의 운명이 기울어가던 B.C.E. 1817년이었다. 그는 조국을 수렁에 빠뜨린 라르싸의 군구눔을 증오했을 것이다. 군구눔은 라르싸를 건설하기 직전에 라가쉬 총독이었으므로 라가쉬 또한 눈엣가시였을 것이다. 누르-닌슈부르는 독기를 품고 〈수메르 왕명록〉을 써내려갔다. 그의 거짓 역사 꾸미기에는 세 가지 원칙이 있었다.

첫째, 악카드인의 정체성을 확고히 하는 일.

둘째, 악카드인 사르곤을 최고의 영웅으로 부각시켜 그의 수메르 정복에 정당성을 부여하는 일.

셋째, 악카드인의 이씬 왕조가 수메르의 우르 3왕조를 계승했다는 정통성을 강조하는 일.

그랬다. 〈수메르 왕명록〉을 개작한 이유는 위기에 몰린 악카드인의 정체성·정당성·정통성을 향한 지나친 욕망과 집착 때문이었다.

15) 수무-아붐(재위 B.C.E. 1897~B.C.E. 1883)은 바빌론(Babylon)의 1대왕이다.

이씬의 〈수메르 왕명록〉은 악카드인을 위한 역사 기록이었고, 악카드인에 의한 역사 기록이었다. 어느 역사가라도 조국의 정체성·정당성·정통성에만 물불을 가리지 않고 몰입한다면 역사는 왜곡될 수밖에 없다. 누르-닌슈부르의 "애국심은 사악한 자의 미덕"[16]이었다.

16) 아일랜드의 시인이자 극작가인 오스카 와일드(Oscar Wilde, 1854~1900)가 한 말이다.

라가쉬 애국 청년의 분노

B.C.E. 1794년 다믹-일리슈의 이씬 왕조는 결국 라르싸의 통치자 림-씬 1세(Rim-Sin I)[17]에게 넘어갔다. 한때 이씬의 속국이었던 라가쉬 사람들도 정체성 찾기에 나섰다. 라가쉬에서 〈라가쉬 왕명록〉(영국박물관 BM 23103)이 나타났다.**Δ4** 〈라가쉬 왕명록〉의 필경사는 학교에 있었다.[18] 〈라가쉬 왕명록〉은 라가쉬 열혈 청년의 어설픈 습작이었다.[19] 그는 대홍수 이후의 라가쉬 왕들만 나열했고, 구데아까지만 기록했다. 〈라가쉬 왕명록〉의 필경사(학생)는 '수메르 암흑기의 유일한 빛' 구데아를 수메르의 영웅으로 드러내고 싶

17) 림-씬 1세(재위 B.C.E. 1822~B.C.E. 1763)는 라르싸의 14대왕이다.

18) 〈라가쉬 왕명록〉의 필경사는 영국박물관 BM 23103 명문 마지막 200행에 "학교에서 썼음. 니바다를 찬미하라!(e_2.dub.ba sar.ra ^{d}nidaba za_3.mi_2)"라고 썼다. 니바다(Nibada)는 '학문과 필경의 신' 니싸바(Nisaba)의 다른 이름이다.

19) 예를 들어 라가쉬의 필경사는 BM 23103 명문의 198행에서 구데아를 '우르-바우의 동생(šeš ban_3-da ur-^{d}ba-u_2-ka)으로 잘못 기록했다. '우르-바우(우르-바바)'는 구데아의 전왕(前王)으로 그의 장인이었다. BM 23103은 부정확한 왕명 표기, 〈수메르 왕명록〉을 모방해 지나치게 과장한 통치기간, 그리고 내용의 오류까지 보이는 라가쉬 학생의 습작일 뿐이다.

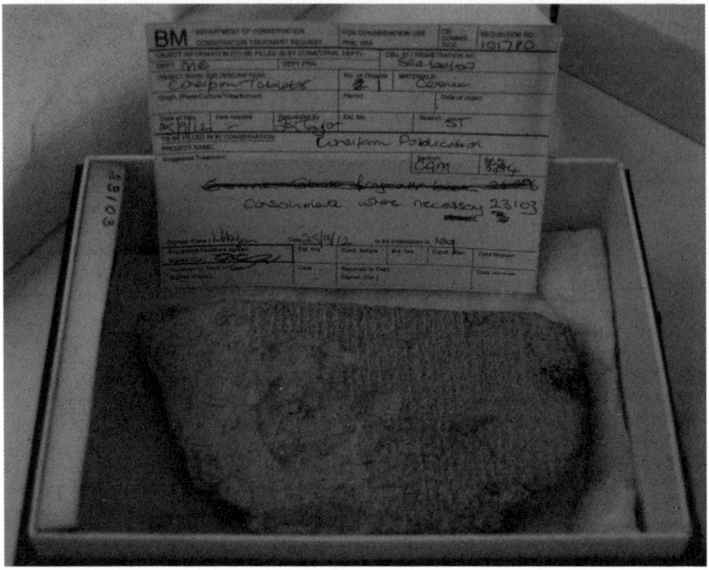

사4 영국박물관의 〈라가쉬 왕명록〉

었다. 〈라가쉬 왕명록〉은 라가쉬의 애국 청년이 악카드인의 이씬을 향해 표출한 분노이며, 라가쉬의 '정체성 찾기'였다.

B.C.E. 1763년 바빌론의 함무라비(Hammurabi)[20]가 림-씬 1세의 강력한 적수 라르싸를 무너뜨렸다. 이로써 남부는 고바빌로니아의 세상이 되었다.

20) 함무라비(재위 B.C.E. 1792~B.C.E. 1750)는 바빌론의 1왕조 6대왕이다.

대혼란

1872년 12월 3일 젊은 영국인이 세상을 뒤흔들었다. 32세의 조지 스미스(George Smith)가 '구약성서'보다 더 오래된 〈길가메쉬 서사시〉의 대홍수 이야기를 세상에 알렸다. 서구인의 집단기억[21]은 '구약성서'가 진리의 절대기준이었다. '무려' 거의 2,000년 동안이었다. 1840년 첼시에서 태어난 스미스는 가정 형편이 어려워 14세에 브래드버리 앤드 에반스(Bradbury & Evans)라는 회사에 견습생으로 취직했다. 유명한 고고학자들의 메소포타미아 발굴 안내서를 출판하는 곳이었다. 스미스는 순식간에 미지의 세계에 빠져들었다. 견습생은 박봉을 털어 위대한 학자들의 책을 구입해 읽기 시작했다. 그는 독학으로 설형문자를 익히면서 매일 영국박물관을 오갔다. 그러다가 '앗시리아학의 아버지' 헨리 롤린슨(Henry Rawlinson)의 눈에 띄어 박물관 고대 유물부 조수가 되었다. 1870년 30세의

21) 집단기억(Mémoire collective, 한 집단이 가지고 있는 공동의 기억 수행) 이론은 프랑스 사회학자 모리스 알박스(Maurice Halbwachs)의 "역사는 사회문화적 맥락에 따라 선택적으로 재구성된다"에서 출발한다.

스미스는 박물관 앗시리아학부 수석 조교가 되었다. 2년 뒤 그는 20년 전 호르무즈 라쌈(Hormuzd Rassam)이 니네베의 앗슈르바니팔 왕립도서관에서 가져온 점토판들을 살펴보았다. 2만 4,000여 개의 점토판들 속에 〈길가메쉬 서사시〉 홍수 이야기가 실려 있었다.

스미스는 일약 유명인사가 되었다. 그런데 그는 홍수 이야기 일부가 누락되었다고 털어놓았다. 영국 유력 일간지 《데일리 텔레그래프》가 새로운 발굴을 위해 1,000기니(guinea)[22]의 현상금을 걸었다. 1873년 3월 2일 스미스는 티그리스 강변에 있는 모술(Mosul) 외곽에 도착했다. 5월 7일 그는 노동자들을 고용해 라쌈이 도굴이나 다름없는 발굴을 하던 니네베의 쿠윤지크(Kouyunjik) 언덕의 구덩이를 다시 파기 시작했다. 그는 불과 5일 만에 기적같이 대홍수 이야기의 나머지 부분(17행)을 찾아냈다. 1873년 5월 21일 그의 소식을 전해받은 《데일리 텔레그래프》가 이를 신문 1면에 대서특필해 모든 영국인의 갈증을 풀어주었다. 그 당시 신문사마다 특종 경쟁을 하며 발행 부수 늘리기에 혈안이었던 영국이 다시 뒤집어졌다. 소기의 목적을 달성한 《데일리 텔레그래프》의 편집장 에드윈 아널드(Edwin Arnold)가 다른 특종을 찾기 시작하자 신문사의 후원과 관심에서 멀어진 스미스는 귀국해야 했다. 같은 해 11월 영국박물관 측은 더 많은 발굴을 원하는 국민들의 요구를 받아들여 스미스를 다시 모술로 보냈다. 1876년 3월 스미스는 앗슈르바니팔 왕립도서관의 나머지 발굴을 하기 위해 다시 영국을 떠났다. 그러나

22) 옛 영국 화폐로 1기니는 1.05파운드이다.

스미스는 시리아를 통과하면서 이질에 걸렸고, 그의 모험은 시리아 북부의 알레포(Aleppo)에서 북동쪽으로 60마일 떨어진 이키스지(Ikisji)라는 작은 마을에서 멈추었다. 노새가 끄는 가마에 실려 알레포로 온 스미스는 8월 19일 36세의 나이로 짧은 생을 마감했다.

조지 스미스의 〈길가메쉬 서사시〉는 고대 셈족보다 오래된 '최초의 문명국'을 세상에 알리는 가장 강력한 신호탄이었다.

수메르족이 먼저냐, 셈족이 먼저냐

〈길가메쉬 서사시〉 대홍수 이야기가 세상에 나온 지 4년이 지난 1876년 비가 부슬부슬 내리던 어느 날 프랑스 학사원에서 묘한 일이 발생했다. 1663년 설립된 약 360년 전통의 금석학·문학 아카데미(Académie des inscriptions et belles-lettres)에서였다. '그날' 이곳 복도에서 중년의 두 신사가 우산대를 휘두르며 다투었다. 그들은 놀랍게도 당시 명성이 자자한 최고의 지성인들인 동양학자이자 고고학자이며 언어학자였던 쥘 오페르트(Jules Oppert)와 조제프 알레비(Joseph Halévy)였다.Δ5 두 사람은 '가장 지성적인 장소'에서 체면 불고하고 핏대를 올리며 언쟁을 벌였다. 메소포타미아에서 발견된 설형문자는 본디 누구의 것이란 말인가. 한쪽은 셈족 이전의 다른 민족이라는 것이었고, 다른 쪽은 오직 셈족일 수밖에 없다는 것이었다.

두 사람은 금석학의 달인이었지만 생각은 정반대였다. 쥘 오페르트는 이미 1869년 1월부터 "악카드 시대 이전 사람들은 '수메르인'이었고, 그들의 땅은 '수메르'였다"고 주장하고 있었다. 반면 '셈족

Δ5 쥘 오페르트(왼쪽)와 조제프 알레비(오른쪽)

파'의 거두 조제프 알레비는 쥘 오페르트의 주장에 이의를 제기했다. 두 사람 모두 유대인 혈통이었다. 2,000년 가까운 세월 동안 철석같이 믿었던 절대 진리가 무너지는 상황이었다. 그들은 감정을 통제할 수 없었다.[23)]

1905년 한때 '셈족파'였던 프랑수아 튀로-당쟁(François Thureau-Dangin)이 '수메르어는 셈족 이전의 언어'임을 입증했다. 그는 셈족 이전의 그 어떤 민족이 수메르어를 사용했다는 '분명한 사실'을 세

23) J. S. Cooper, '*Sumerian and Aryan. Racial theory, academic politics and Parisian Assyriology*,' Revue de l'Histoire des Religions, vol. 210, no. 2, 1993, 192. 이 일화를 기록한 쿠퍼는 170쪽에서 다음과 같이 적었다. "오늘날 모든 학생들이 '역사는 수메르에서 시작되었다는 사실'을 알고 있는 파리가 한때 바로 그 수메르인과 수메르어의 존재를 부정하는 운동의 중심지였다는 사실은 상상조차 하기 어렵다."

상에 알렸다. 그때까지도 쥘 오페르트와 조제프 알레비는 계속 논쟁을 벌였는데 그해에 오페르트가 세상을 떠났다. 조제프 알레비는 변함없이 위대한 셈어학자로 존경받았다. 그는 1917년 사망할 때까지 자신의 주장을 굽히지 않았다.

유치찬란한 제국의 속성

1877년 프랑스인 에르네스트 드 사르제크(Ernest de Sarzec)가 수메르 역사를 세상에 드러내기 시작했다. 그는 1872년 이라크 남동쪽의 무역항 바스라(Basra)의 부영사로 파견되었다. 〈길가메쉬 서사시〉의 대홍수 이야기가 알려져 세상이 뒤집힌 바로 그해였다. 사르제크는 당시 유행했던 '발굴의 열정'을 참지 못해 5년 뒤 '라가쉬의 성도' 기르수로 달려가 역사적인 보물들을 발굴했다. 그의 발굴품은 '최초의 역사시대'를 기록한 당대 명문이 실린 사료들로 과거에 발굴된 것들과는 본질적으로 달랐다. 수메르 역사가 '본격적으로' 세상 밖으로 모습을 드러냈다. 이미 영국과 프랑스가 이라크 땅을 파헤치고 있을 때였다. 이를 계기로 제국(영국, 프랑스, 독일, 미국)의 지식인들뿐만 아니라 일본과 러시아까지 서로 경쟁하며 이라크로 몰려들었다. 그들의 '수메르 유물 도굴 경쟁'은 광적이었다.

사르제크의 기르수-라가쉬 발굴은 위대했다. 그는 4,355년 전(B.C.E. 2334년, 악카드 왕조의 출발점)보다 더 오래된 수메르 역사를 증명했다. 사르제크는 '수메르 역사 복원의 아버지'였다. 그는 바

Δ6 사르제크(왼쪽)와 울리(오른쪽)

로 이 책에서 다룬 '최초의 역사'라는 존재를 확실하게 보여주었다. 1877년 사르제크가 수메르 역사를 복원하기 시작한 이후 3년 뒤 또 한 명의 위대한 영국 고고학자가 탄생했다.**Δ6** 1922년 40대 초반의 C. L. 울리(Charles Leonard Woolley)가 수메르 도시국가 우르를 집중적으로 발굴하기 시작했다. 그는 '우르 발굴의 영웅'이었다.

서구의 유식자들이 수메르 땅에 광분한 까닭은 따로 있었다. 그들은 대부분 '구약성서'의 내용이 옳다는 것을 증명하고자 했다. 그로 인해 '수메르의 대표 도시국가'로 무조건 우르를 내세우는 경향이 생겼다. 하지만 그보다 더 유치찬란한 제국의 속성이 있었다. 가장 오래된 문명의 땅을 차지하고 그 문화의 부산물을 착취해서 '세계 제일'이 되려는 욕망이었다. 유사 이래 변치 않는 제국의 심보였다. 제국이 존재하는 한 평화는 결코 있을 수 없다.

'기억의 역사'도, '기록의 역사'도 허구였다

수메르가 부활한 뒤 약 2,000년 동안 모든 서구인의 집단기억 속에 뿌리박힌 진리는 더 이상 버틸 수가 없었다. 1064년에 세상을 떠난 에스파냐학자 이븐 하즘(Ibn Hazm)이 가장 처음 사용한 '셈, 셈어, 셈족'이라는 신조어가 1781년 독일의 역사학자 루트비히 폰 슐뢰처(August Ludwig von Schlözer)에 의해 본격적으로 세상에 알려지기 시작했다. 고대 셈족은 최초의 종족이 아니었다. 셈어는 최초의 언어가 아니었다. 그들의 신화는 최초의 신화가 아니었다. 그들의 문명은 최초의 문명이 아니었다. 그들의 역사는 최초의 역사가 아니었다. 서구인이 가지고 있던 최초의 기억은 진실이 아니었다.

그러나 '기록의 역사'에도 문제가 있었다. 〈수메르 왕명록〉에 큰 함정이 있었다. 수메르는 실로 위대했다. '적어도' 8,500년 전부터 무려 4,500년 동안 지속된 문화였다. '에덴'은 문자가 발명되자마자 점토판에 나타나기 시작했다. 수메르의 통치자들은 '황금 들판' 에덴을 차지하기 위해 혈안이었다. 이는 수메르뿐만 아니라 메소포타미아의 위정자들 또한 마찬가지였다. 라가쉬의 필경사들이

4,600년 전부터 가열된 에덴쟁탈전의 실제 상황을 기록했다. 그들은 약 250년 동안 지속된 라가쉬-움마 전쟁사(에덴전쟁사)를 남겼다. 그 당시 라가쉬와 에덴은 수메르 역사의 중심이었다. 그때 어느 누구도 그들처럼 역사 이야기를 '적나라하게' 문자로 남기지 않았다.

수메르는 우르 3왕조를 마지막으로 역사에서 사라졌다. 3,840년 전쯤(B.C.E. 1817) 이씬의 필경사 누르-닌슈부르가 수메르 역사를 '크게' 왜곡했다. 〈수메르 왕명록〉은 수메르 왕조와 왕들의 정보를 남겼다. 그런데 역사왜곡은 바로 그 〈수메르 왕명록〉 속에 있었다. 〈수메르 왕명록〉에는 이 책에 나오는 '최초의 역사'가 없었다. 수메르의 최대국이며 최대강국이었던 라가쉬가 흔적도 없이 사라졌다. 라가쉬의 위대한 명예는 〈수메르 왕명록〉의 역사왜곡으로 인해 악카드에게 빼앗겼다. 뿐만 아니라 누르-닌슈부르는 악카드 왕조 이후의 라가쉬 역사까지도 모두 지워버렸다. '기록의 역사'의 비극이었다.

작금의 역사가들이 수메르의 표준 역사 교과서로 사용하고 있는 〈수메르 왕명록〉마저도 거짓으로 포장되었다. 이는 '고대 셈족'이었던 악카드인의 짓이었다. 그로부터 약 1,200여 년 후 히브리인은 '수메르의 비옥토 에덴'을 '에덴동산'으로 바꾸었다. 수메르에 실재했던 '황금 들판' 에덴은 신화 속으로 들어갔다. 에덴쟁탈전을 벌였던 수메르의 도시국가들은 히브리인의 기억과 기록에서 대부분 지워졌다. '구약성서'와 '에덴동산 신화'를 쓴 역사가들은 누르-닌슈부르보다 훨씬 더 '적나라하게' 수메르와 최초의 역사를 지웠다. 역사왜곡의 유전자는 긴 세월을 무시하며 셈족의 염색체 속에 강렬하게 남아 있었다.

'최초의 역사'를 되찾은 기쁨

'잃어버린 최초의 역사'를 되찾았다. 최초의 역사는 '에덴전쟁사'였다. 이씬의 필경사 누르-닌슈부르가 〈수메르 왕명록〉을 개작하며 저지른 역사왜곡을 까발렸다. 그의 역사왜곡은 인류 역사에서 '최초의 역사가 사라지는' 지대한 악영향을 끼쳤다. 누르-닌슈부르의 '소설'은 망가졌다. '최초의 황제'는 악카드의 사르곤이 아니라 수메르의 에안나툼이었다. '최초의 제국'은 라가쉬 왕 에안나툼의 수메르였다. '최초의 성군'은 수메르의 라가쉬 왕 엔메테나였다. 그는 노예들과 노동자들의 빚을 탕감해주고 모두 집으로 돌려보냈다. 아들이 어머니에게 돌아갔고, 어머니가 아들에게 돌아갔다. 자유, 자유였다! 엔메테나는 최초의 노예해방자였고, 최초의 사회개혁가였다. 과연 누가 진정한 영웅인가. 전쟁 영웅은 피를 흘려 얻은 명예일 뿐이다. '최초의 역사시대'의 진정한 영웅은 바로 '최초의 휴머니스트'였던 성군 엔메테나였다. 〈수메르 왕명록〉은 수메르 역사와 '최초의 역사'를 절대로 대변할 수 없다. 라가쉬가 없는 수메르 역사는 무의미할 뿐이다. 에덴전쟁사와 라가쉬가 없는 〈수메르 왕명록〉

은 거짓되고 망령된 역사이다! 이는 필자가 대한민국 산방(山房)에 홀로 앉아 세상에 던지는 화두이다. 약 3,840년 동안 잃어버린 '최초의 역사'를 되찾아 한없이 기쁘다.

제국·전쟁·국경 없는 세상을 꿈꾼다

'최초의 문명국' 수메르는 폐허 속에 잠들어 있었다. 약 150년 전부터 수메르가 기지개를 켜기 시작했다. 서구 열강이 앞다투어 이라크 땅을 파헤쳤다. 유식자들과 모험가들이 별별스런 이유로 도굴을 자행했다. '전리품'을 안고 고국으로 돌아간 도굴꾼들은 영웅 대접을 받았다. '도굴꾼'의 제국은 자국의 박물관에 수메르의 유산을 가두어두었다. 제국의 박물관은 문화선진국의 상징이었다. 그들은 강탈하고 약탈하고 착취해서 제국을 세웠다. 반면 정열적인 연구가들이 있었다. '서양'의 그들이 '동양'의 수메르 문자를 해독했다. 최초의 문명, 최초의 신화, 최초의 역사가 드러났다.

안타까운 일이 있다. 수메르가 전쟁의 제물이 되고 있다는 사실이다. 잊지 못할 전쟁이 있다. 1990년에 시작되어 2011년에 끝난 미국 대통령 부자(父子)가 일으킨 전쟁이다. 부시 부자는 수메르의 옛 땅을 '부수는' 특별한 재주가 있었다. 수많은 사람이 죽고 숱한 수메르 유적지와 유물이 사라졌다. '희대의 제국' 미국의 광기였다.

1980년에는 이라크의 사담 후세인이 이란을 공격했다. 1988년까지 100만 명 이상이 목숨을 잃었다. 잊을 만하면 '호르무즈해협 봉쇄'라는 뉴스가 어김없이 들려오곤 한다. 너도나도 해상무역의 요충지를 차지하려고 난리들이다. 이곳은 수메르인이 딜문(바레인)을 거쳐 마간(오만)을 지나다니던 곳이다. 4,025년 전쯤(B.C.E. 2004) 수메르의 우르 3왕조는 '자그로스 종족 동맹군'의 공격을 받아 멸망했다. '고대의 이란-이라크 전쟁'은 이란의 승리로 끝났다. 고대 이란인이 수메르의 '황금 들판' 에덴의 자본을 차지했다. 그러나 종국에 가서는 고대 셈족이 에덴을 빼앗았다. 오늘날에도 이란과 이라크에서 전쟁이 되풀이되고 있다. 미국이 두 나라 사이에서 '제국의 검은손'을 줄곧 뻗고 있다. 작금의 '유일한 제국'은 800개의 해외기지를 세웠다. 지구는 '제국의 놀이터'로 변했다.

불행한 일이 있다. 수메르에서 시작된 문명과 신화와 역사는 곳곳으로 퍼져나갔다. 그 여파로 인간은 개명했다. 수메르의 우르를 떠난 아브라함의 후손들이 종교를 만들었다. 그들의 유대교, 가톨릭교, 이슬람교, 기독교가 맞서고 있다. 이로 인해 가없는 생명들이 무참히 사라지고 있다. 이슬람교와 기독교가 으르렁댄다. 이슬람교는 파벌 싸움을 벌이고 있다. 기독교는 이단 싸움을 해대고 있다. 사랑보다는 비난, 반목, 대립, 증오, 이기심이 판치고 있다. '신의 이름으로' 전쟁이 멈추지 않는다. 제국과 종교가 결탁했다. 곳곳에서 고귀한 생명들이 개죽음, 떼죽음, 생죽음, 벼락죽음을 당하고 있다. 나는 예수의 혁명을 사랑한다. 그의 사랑을 사랑한다. 그의 가르침을 사랑한다. "네 오른편 빰을 치거든 왼편도 돌려 대라." "네 원수를 사랑하라." 예수가 재림한다면 다시 한 번 '대혁명'을 일으켜야 할 판이다.

슬픈 일이 있다. 수메르는 인류에게 큰 선물을 안겨주었다. 물질 풍요와 과학문명은 수메르에게 큰 빚을 졌다. 수메르는 위대했지만 결국 멸망하고 말았다. 수메르에서 벌어졌던 숱한 작태가 지금도 반복되고 있다. '최초의 역사시대'에 경험했던 적폐와 아귀다툼이 재현되고 있다. 인간의 욕망은 끝없이 수직 상승하고 있다. 지구별은 해괴망측한 짓들로 망조가 들고 있다. 지구인은 '욕망 극대 충족'의 희열을 맛보고 있다. 동시에 핵무기를 품고 있다. 우리는 역사상 가장 멍청한 시대에 살고 있는지도 모른다. '최초의 역사'에서 얻은 교훈을 망각하고 있으니 말이다. 제국은 강압으로 국경선을 정하고, '핵 단추'를 자랑한다. 지구의 문명은 수메르가 멸망했듯이 단 한 번의 핵전쟁으로 끝장날 것이다. 딱 한 가지 차이가 있다. "제4차 세계대전은 나뭇가지와 돌로 싸울 것이다."[1)]

미국 시카고대학 학회지 핵과학자회보(The Bulletin of the Atomic Scientists)가 발표하는 '지구 종말의 날 시계'가 있다. 1947년 최초 발표는 오후 11시 53분이었다. 2021년 1월 27일 초침은 '오후 11시 58분 20초'를 가리키고 있다. 인류의 삶은 '100초'가 남아 있다.

수메르는 '최초의 역사'를 가진 문명국이었다. 현시점에서 검증된 '최초의 역사'를 알릴 뿐이다. '최초의 역사'를 되찾았다. '최초의

1) 독일 출생의 이론물리학자 알베르트 아인슈타인(Albert Einstein, 1879~1955)은 "제3차 세계대전에 어떤 무기가 사용될지 모르지만 제4차 세계대전은 나뭇가지와 돌로 싸울 것이다"라고 이야기했다.

역사'가 왜곡되었다는 사실을 이야기하고 싶었다. "역사는 거대한 조기경보시스템이다."[2] 그런데 현재 그 시스템은 무용지물이다. 작금의 세상살이가 참으로 가슴을 짓찧는다.

정권욕과 '금배지'에 혈안이 된 정치인, 위정자의 권력 유지를 위해서만 움직이는 비밀조직들, 유권무죄, 무권유죄(無權有罪)를 일삼는 판검사들, 결탁질로 모은 재산을 대물림하기에 정신없는 재벌들, 교세 확장과 성전 건축에 정신 나간 종교인들, 직업소개소로 변질된 대학과 권위의식에 빠진 교수들, '히포크라테스 선서'를 망각한 의료인들, 편견과 오류로 뒤범벅된 언론들, '문화의 가면'을 쓴 교양인과 지식인들, 성(性)을 도구로 치장한 온갖 행태, 곳곳에서 자행되고 있는 가증스러운 갑질, 일말의 반성도 없는 '제국주의자들의 하수인'의 후예들, 그리고 대국민 살인극을 벌였던 장군들과 그 떨거지들까지 아무렇지도 않게 뻔뻔히 살아가는 현실은 '최초의 역사'에서 본 그것과 무엇이 다르랴. 더욱이 제국들의 고래 싸움에 낀 새우 꼴이 된 서글픈 과거사를 반성 없이 역사의 청맹과니로 현재를 그냥저냥 견딘다면 아으, 그 비참한 역사는 되풀이되고야 말리라. 우리는 후손들에게 어떤 역사를 남겨줄 것인가. '100초가 지난' 어느 날 지구별 역사 이야기의 마지막 장은 어떻게 장식될 것인가.

---

2) 미국의 저널리스트이자 평화운동가인 노먼 커즌스(Norman Cousins, 1912~1990)가 한 말이다.

나는 제국 없는 세상을 꿈꾼다.
나는 전쟁 없는 세상을 꿈꾼다.
나는 국경 없는 세상을 꿈꾼다.

지금 이 순간 당신은 어떤 세상을 꿈꾸고 있는가.

부록

인류 역사상 '최초의 목록 57가지' 해설
수메르와 메소포타미아 남부의 간략한 연표
이 책에 나오는 사람
이 책에 나오는 도시·국가·유적지
이 책에 나오는 신
이 책에 나오는 신전·왕궁
이 책에 나오는 강·운하·해협·바다·산
이 책에 나오는 기타 목록
이 책에 나오는 박물관·컬렉션
사진 출처

인류 역사상 '최초의 목록 57가지' 해설

이 해설은 수메르가 멸망한 B.C.E. 2004년 이전에 살았던 수메르인이 실제로 남긴 문자 사료를 근거로 작성했다. '에덴전쟁사'는 라가쉬와 움마뿐만 아니라 수메르 도시국가들의 이해관계가 뒤엉켜 있는 정치사였고, 유의미한 최초의 역사였다. 수메르인은 암흑기를 거쳐 해방과 통일의 희열을 맛보면서 문예부흥을 이룩했다. 따라서 그 과정에서 알게 된 '최초의 목록'은 당연히 '최초'일 수밖에 없다.

1. 최초의 역사가 메소포타미아 남부의 남동쪽에 있던 수메르 도시국가 라가쉬 1왕조의 이름 모를 역사가들.

2. 최초의 전쟁사 라가쉬-움마의 에덴쟁탈전.

3. 최초의 역사왜곡 라가쉬의 역사가들은 라가쉬-움마 전쟁사를 자국에 유리하게 기술했다. 라가쉬 1왕조의 역사가들끼리도 비슷한 상황이 연출되었다. 우르-난쉐 세습 왕조의 역사가들과 쿠데타로 정권을 잡은 왕들의 역사가들은 모두 자신이 섬기는 왕조에게 불리한 국면에서는 '역사적 사실'을 감추기에 급급했다. 그러나 인류 역사에서 가장 '치명적인' 최초의 역사왜곡은 북서부에서 온 악카드인 이쉬비-에라가 세운 이씬 왕조의 필경사 누르-닌슈부르가 쓴 〈수메르 왕명록 Ashm 1923-0444〉를 통해서였다. 그는 '최초의 역사시대'의 주인공인 라가쉬와 그 왕들을 역사에서 통째로 삭제했다. 또한 에덴쟁탈전에서 라가쉬의 맞상대였던 움마 왕조 역시 같은 방식으로 지워버렸다. 말하자면 북서부인은 남부인의 '최초의 역사시대'를 주도한 '라가쉬-움마 전쟁사'를 철저

히 숨겨 역사에 결정적인 오류를 남겼다. 더욱 가증스러운 일은 라가쉬 1왕조와 관련된 키쉬 왕, 아답 왕, 우르 왕까지도 상당수가 〈수메르 왕명록〉에서 배제되었다는 것이다. 학자들은 대부분 〈수메르 왕명록〉 원본이 등장한 시기는 수메르 초기 왕조를 집어삼키고 수메르 전역을 식민통치한 악카드 왕조 때라고 지목한다. 악카드의 사르곤 시대 이후에 나온 라가쉬 2왕조의 왕들도 모두 흔적도 없이 제거되었다. 〈수메르 왕명록〉에서는 라가쉬와 움마의 국명 자체가 지워져 있다.

4. 최초의 에덴 에덴의 진면목은 메소포타미아 남부의 남쪽에 있는 물이 흐르는 비옥한 곡창지대이다. 에덴의 시작(길목)은 라가쉬의 성도 기르수와 '움마의 중심지' 기샤 사이에 있는 구에덴나 들판이다. 에덴은 불행하게도 라가쉬-움마의 전쟁터였다. 이라크국립박물관 IM 134790 점토판에 약 5,200년 전의 '최초의 에덴'이 문자로 새겨져 있다.

5. 최초로 왕이 된 땅부자 약 4,600년 전 라가쉬 1왕조의 1대왕 엔헤갈. 그는 구리 2톤으로 곳곳에서 많은 땅을 사모아 라가쉬를 개척했다.

6. 최초의 사제 라가쉬 1왕조의 루갈키갈라와 움마의 우슙갈. 루갈키갈라는 라가쉬 1왕조의 1대왕 엔헤갈 시대에 '라가쉬 수호신' 닌기르수를 섬기면서 부동산 거래까지 관여했다. 움마에서는 루갈키갈라보다 조금 이른 시기에 우슙갈이라는 사제가 있었다. 그 역시 땅, 집, 가축을 거래하는 자였다.

7. 최초의 자본전쟁 라가쉬-움마 전쟁. 에덴쟁탈전은 수메르의 비옥토 에덴과 그 산물을 차지하기 위한 자본전쟁이었다.

8. 최초의 왕홀 5,100년 전부터 만들어진 '이름 모를 왕들의 왕홀'이 수메르에서 무수히 출토되었다. 4,600년 전 이후 '최초의 역사시대'에서 찾을 수 있는 최초의 왕홀은 키쉬의 메실림 왕의 손에 들려 있었다.

9. 최초의 휴전협상 중재자 키쉬 1왕조의 왕 메실림. 그는 라가쉬-움마 전쟁을 일시적으로 멈추게 했고, 구에덴나에 경계비를 세웠다.

10. 이름이 확인된 최초의 왕실 가족 라가쉬 1왕조의 3대왕 우르-난쉐와 왕비 멘바라압주, 왕세자 아쿠르갈, 공주 아브다와 닌우수 그리고 적어도 10명의 왕자들 이름을 확인했다.

11. 최초의 용병 움마 1왕조는 강대국 라가쉬 1왕조와 싸우기 위해 자발라(자발람)와 키안 등의 주변 도시에서 용병을 끌어모았다. 움마는 용병부대를 동원해서 약 250년 동안 라가쉬와 끊임없는 전쟁을 벌였다.

12. 최초의 대상인 라가쉬 1왕조의 3대왕 우르-난쉐와 움마 1왕조의 2대왕 파빌갈투쿠가 전쟁을 벌였을 때 전쟁에 참가한 움마 대상인(담가르갈) 후르삭쉐막.

13. 최초의 해전(海戰) 라가쉬 1왕조의 3대왕 우르-난쉐와 이름이 알려지지 않은 우르 왕 사이에 벌어진 전쟁.

14. 최초로 사제가 된 공주 아브다. 라가쉬 1왕조의 3대왕이자 '우르-난쉐 세습 왕조의 태조' 우르-난쉐의 딸.

15. 최초의 왕실 주술사 발루. 라가쉬 1왕조의 3대왕 우르-난쉐를 모시던 뱀을 다루는 주술사들의 대표.

16. 최초의 국적 세탁자 '최초의 대상인' 후르삭쉐막. 그는 움마 대상인이었으나 라가쉬 1왕조의 3대왕 우르-난쉐와 움마 1왕조의 2대왕 파빌갈투쿠가 벌인 전쟁에서 생포되었다. 그러나 우르-난쉐는 움마 왕을 비롯한 다른 포로들은 모두 죽였으나 후르삭쉐막은 살려주었다. 그 후 후르삭쉐막은 라가쉬 대상인으로 국적을 세탁하고 우르-난쉐의 꼭두각시가 되었다.

17. 최초의 왕실 필경사 남아주. 라가쉬 1왕조의 3대왕 우르-난쉐의 왕실 서

기관. 그러나 5,500년 전 수메르의 상형문자가 발명되면서부터 필경사들이 존재했다. 5,100년 전 점토판에 자필 서명한 '아마-가르/가르-아마'라는 필경사가 있었다. 그의 점토판(노르웨이 오슬로 쇼엔컬렉션 MS 2429/4)에는 41개의 제목과 직업이 적혀 있다. 이는 최초의 학교 교육의 증거물이었다.

18. 최초의 꿈의 신탁 라가쉬 1왕조의 5대왕이었던 에안나툼이 '라가쉬 수호신' 닌기르수로부터 꿈속에서 받은 신탁. 에안나툼의 '꿈의 신탁'은 그대로 실현되어 수메르 황제가 되었으며, 엘람과 수바르투까지 접수해 위대한 영웅이 되었다. 이후 필경사들은 자국의 왕을 영웅으로 만들기 위해 꿈의 신탁을 즐겨 사용했다.

19. 최초로 여신의 남편이 된 왕 라가쉬 1왕조의 5대왕 에안나툼. 여신은 인안나였다. 이는 그 시절의 역사가가 에안나툼을 영웅으로 부각시키기 위한 필법으로 보인다. 이후 메소포타미아 역사에서 인안나와 통치자 간의 결합은 상투적으로 나타났다.

20. 최초의 수메르 통일 황제 라가쉬 1왕조의 5대왕 에안나툼. 그는 수메르 전체를 통일하고 메소포타미아 북방의 수바르투와 동방의 엘람까지 수중에 넣어 거대한 영토를 다스렸다.

21. 최초의 영웅 라가쉬 1왕조의 5대왕 에안나툼. 에안나툼은 '문자 사료를 근거로 한 최초의 역사시대'가 배출한 최초의 영웅이었다. 그렇지만 수메르의 영웅시대(B.C.E. 2900~B.C.E. 2600)를 이끌었던 최초의 영웅은 우루크 1왕조의 길가메쉬였다.

22. 최초의 '평화의 전령' 비둘기 라가쉬 1왕조의 5대왕 에안나툼이 평화를 기원하며 전쟁 발발의 불안증을 달래기 위해 수메르의 여러 도시에 있는 큰 신들에게 날려보낸 2마리의 야생 비둘기.

23. 최초의 역사관 충돌 최초의 수메르 통일 황제였던 라가쉬 1왕조의 5대왕 에안나툼의 업적을 기록한 2명의 역사가들이 보인 정치적인 편향성. 그들은 프랑스 루브르박물관의 독수리 석비(AO 00050 + AO 02436 + AO 02437 + AO 02438 + AO 16109(=BM 023580))와 옥석(AO 02677)에 '최초의 역사시대'에서 가장 유명한 역사적인 사료를 명문으로 남겼다. 그러나 동시대에 살았던 두 역사가의 사관은 사뭇 달랐다. 라가쉬 역사가들이 벌인 최초의 '역사관 충돌'이었다. 생각건대 독수리 석비의 필경사는 '움마정벌론자'였고, 옥석의 필경사는 '엘람정벌론자'였다. 즉 전자는 움마 정복을 1순위로 기록했고, 후자는 엘람 정복을 1순위로 기록했다.

24. 최초의 제국 라가쉬 1왕조의 5대왕 에안나툼의 수메르. 더 정확하게 말하면 에안나툼의 라가쉬. 에안나툼은 수메르 전역, 메소포타미아 북방의 수바르투와 동방의 엘람을 정복하고 다스렸다. 그 당시 수메르에는 말이 없었으므로 당나귀가 전차를 끌었던 점을 감안하면 에안나툼의 수메르는 세계 최대의 제국이었다.

25. 최초의 이발사 슈니알두구드. 라가쉬 1왕조의 6대왕 엔안나툼(1세)의 미용 담당 관료(킨다갈).

26. 최초의 방진(方陣) 라가쉬-움마 전쟁에서 라가쉬 1왕조의 5대왕 에안나툼이 움마를 상대로 쓴 전법.

27. 최초의 불평등조약 라가쉬 1왕조의 5대왕 에안나툼이 움마 1왕조의 4대왕 엔아칼레에게 전쟁 방지와 불가침을 맹세하도록 강요한 휴전협정서. 수메르 황제 에안나툼이 움마 백성에게 보리를 빌려주고 40배의 고리대금을 받는다는 내용이 포함되어 있다.

28. 최초의 전차부대 움마 1왕조의 5대왕 우르룸마는 라가쉬를 공격하면서

외국 용병을 고용해 60팀의 당나귀 전차부대를 동원했다.

29. 최초의 대교(大橋) 에덴 들판에서 '라가쉬 성도' 기르수로 들어가는 입구에 있던 큰 다리.

30. 최초의 외교조약 라가쉬 1왕조의 7대왕 엔메테나와 우루크 2왕조의 왕 루갈키니쉐두두 사이에 맺은 의형제국 조약. 엔메테나의 평화로운 서방 외교 정책의 일환이었다.

31. 최초의 왕위 찬탈자 움마 1왕조의 6대왕 '일.' '움마의 위성도시' 자발라의 신전 행정 책임자이며 왕족이었던 '일'은 5대왕 우르룸마가 라가쉬-움마 전쟁에서 패해 움마 백성에 의해 살해당하자, 움마 왕위가 비어 있는 본국의 혼란한 정국을 틈타 왕이 되었다. 그는 자발라에서 곧장 움마의 중심지 기샤로 들어가지 않고 국경을 넘어 라가쉬의 기르수로 들어갔다. 그리고 구에덴나를 몰래 건너 기샤로 잠입했다.

32. 최초의 노예해방자 라가쉬 1왕조의 7대왕 엔메테나. 왕은 빚더미에 눌려 인생을 망친 백성들을 가엽게 여겼다. 그는 '보리 빚 탕감제도'를 실시했다. 빚 때문에 노예생활을 하던 아들이 어머니에게 돌아갔고, 같은 처지의 어머니도 아들에게 돌아갔다. 엔메테나는 라가쉬 백성에게 자유를 선물했다. 왕은 타국 백성들에게도 자비를 베풀었다. 수메르의 경제대국 라가쉬에는 타국에서 빚 때문에 팔려온 수많은 노예와 노동자들이 있었다. 왕은 그들에게도 아무런 조건 없이 똑같은 선처를 베풀었다. 그들도 모두 자유인이 되어 고국으로 돌아갔다. 우루크, 라르싸, 바드티비라의 백성들이었다. '보리 빚 탕감제도'는 '아마-기', 즉 '자유'였다. 세계 역사상 이런 자유를 자국 백성과 타국 백성에게 선사한 위정자는 단 1명도 없었다.

33. 최초의 일부일처제 라가쉬 1왕조의 7대왕 엔메테나가 시행한 사회개혁의

하나.

34. 최초의 사회개혁가 라가쉬 1왕조의 7대왕 엔메테나. 지금껏 이 명예는 라가쉬 1왕조의 11대왕 우루카기나의 것으로 알려져 있었다. 우루카기나는 성군 엔메테나의 길을 밟는 척만 했을 뿐이며, 그는 진정한 사회개혁가가 결코 아니었다.

35. 최초의 사회개혁 칙령 라가쉬 1왕조의 7대왕 엔메테나가 내린 최초의 사회개혁 포고문. 이후 우루카기나가 이를 모방한 칙령을 내린 바 있다. 현재 이 목록의 주인공은 우루카기나로 잘못 알려져 있다.

36. 최초의 성군 라가쉬 1왕조의 7대왕 엔메테나. 라가쉬 2왕조의 9대왕 구데아도 성군 정치를 펼친 바 있다.

37. 최초의 휴머니스트 라가쉬 1왕조의 7대왕 엔메테나. 왕은 수메르의 평화를 위해 전쟁을 멈추고 서방 외교를 펼쳤다. 그는 '최초의 노예해방자'였고, 최초로 일부일처제를 시행했으며, 최초의 사회개혁가였고, 최초의 성군이었다. 엔메테나는 수메르 백성들의 생명을 중시하고 그들의 소망과 행복을 귀중하게 여겼다. 엔메테나는 세상에서 가장 아름다운 왕이었으며 진정한 영웅이었다.

38. 최초의 왕명 세습 라가쉬 1왕조의 8대왕 엔안나툼 2세. 그는 조부 엔안나툼의 왕명을 그대로 물려받았다.

39. 최초의 치사랑과 내리사랑 라가쉬 1왕조의 7대왕 엔메테나는 아버지 엔안나툼과 아들 엔안나툼 2세를 끔찍이 사랑했다.

40. 최초의 왕실 족보 움마 1왕조의 7대왕 기샤키두가 그의 전전왕(前前王, 5대왕) 우르룸마의 딸 바라이르눈과 결혼했다는 내용과 함께 실린 움마 왕가의 짧은 족보가 실린 금판 사료.

41. 최초의 정략결혼 움마 왕조의 7대왕 기샤키두와 바라이르눈의 결혼. 기

샤키두는 바라이르눈의 왕실 조카뻘이다. 바라이르눈은 기샤키두의 전전왕 우르룸마의 공주였다.

42. 최초의 편지 라가쉬 1왕조의 8대왕 엔안나툼 2세 때 엘람이 라가쉬를 습격했다. 당시 라가쉬의 도시 구압바에 있던 닌마르 신전의 행정 총책임자 루엔나가 엔엔타르즈지에게 전황을 알리는 편지를 보냈다. 엔엔타르즈지는 기르수에 있던 닌기르수 신전의 행정 총책임자로, 라가쉬의 권력 서열 2인자였다.

43. 최초의 세무 비리 라가쉬 1왕조에서 벌어진 부정부패의 한 면. 특히 라가쉬 1왕조의 10대왕 루갈안다 통치시기에 가장 심했다.

44. 최초의 적폐 폭군 라가쉬 1왕조의 10대왕 루갈안다.

45. 최초의 부동산 갈취사건 라가쉬 1왕조의 10대왕 루갈안다와 왕비 바라남타라를 비롯한 왕실이 벌인 부정부패 중 하나. 루갈안다는 자신뿐만 아니라 내궁의 왕비와 친인척, 심지어 어린 자녀들까지 동원해 신전 소유의 부동산을 갈취했다.

46. 최초의 독재자와 재벌 2세의 결혼 라가쉬 1왕조의 10대왕 루갈안다와 대지주의 딸 바라남타라의 결혼.

47. 최초의 치맛바람 라가쉬 1왕조의 10대왕 루갈안다의 왕비였던 바라남타라가 벌인 여왕이나 다름없는 위세와 부정부패.

48. 최초의 현금 세탁자 라가쉬 1왕조의 대상인(담가르갈) 우르에무쉬. 그는 라가쉬 1왕조의 9대왕 엔엔타르즈지, 10대왕 루갈안다, 11대왕 우루카기나로 이어지는 라가쉬 왕실의 대상인으로 활동하면서 온갖 부정부패를 돕는 하수인이었다.

49. 최초로 외교력을 과시한 왕비 라가쉬 1왕조의 10대왕 루갈안다의 왕비였던 바라남타라. 그녀는 아답 왕비 닌게쉬킴티와 선물을 주고받으며 외교에도

깊이 관여했다.

50. 최초의 정경유착 라가쉬 1왕조의 9대왕 엔엔타르지(왕비 딤투르), 10대왕 루갈안다(왕비 바라남타라), 11대왕 우루카기나(왕비 샤샤)는 하수인이었던 상인 우르엔키, 대상인 우르에무쉬, 내궁의 상인 엔우다나 등과 맞장구를 치며 한통속이 되어 부를 축적해 떵떵거리며 살았다. 부정부패의 떡은 왕들이 먹고 그 떡고물은 하수인들이 주워먹었다.

51. 최초의 생일 기록 라가쉬 1왕조의 10대왕 루갈안다와 왕비 바라남타라는 딸이 태어난 날을 기념하기 위해 라가쉬 상류사회에서 서로 주고받던 '공공연한 부조(마쉬다레아/마쉬다리아)'를 걷어 곳간을 채웠다.

52. 최초의 왕실 요리사 아마르-기리. 라가쉬 1왕조 11대왕이자 마지막 왕 우루카기나 시절의 왕실 요리사.

53. 최초의 사면(赦免) 라가쉬 1왕조의 11대왕이자 마지막 왕 우루카기나가 시도한 사회개혁의 일환.

54. 최초의 종묘제례 라가쉬 1왕조의 9대왕 엔엔타르지는 라가쉬 왕실의 조상들에게 제사를 지내기 위해 '키아나그'를 지었다. 왕은 본래 '기르수에 있던 닌기르수 신전의 행정 총책임자'로 있다가 라가쉬 1왕조의 우르-난쉐 세습 왕조를 무너뜨린 자였다. 그러나 엔엔타르지는 왕권 탈취의 정당성을 확보하기 위한 수작으로 우르-난쉐 왕실의 조상들에게도 제삿밥을 올렸다. 그 후 10대왕이 된 그의 아들 루갈안다를 제거하고 쿠데타로 정권을 잡은 11대왕 우루카기나 역시 같은 짓을 했다. 그렇지만 시간이 지나면서 우루카기나는 라가쉬 왕들과 왕족보다 자신의 친족들을 종묘 '키아나그'에 모셔놓고 우선적으로 제례를 올려 자신의 개혁이 거짓임을 드러냈다. 결국 우루카기나의 '무늬만 개혁'은 실패했고, 마지막 에덴쟁탈전에서 움마 12대왕으로 우루크 왕까지 된

루갈자게씨에게 패해 나라를 잃고 말았다.

55. 최초의 지역감정 싸움 우루크와 키쉬의 남북 대립, 라가쉬와 우르의 동서 대립. 수메르는 초기 왕조시대부터 남쪽의 우루크와 북쪽의 키쉬가 자웅을 겨루며 발전했다. 우루크의 길가메쉬는 키쉬의 아가와 싸웠다. '수메르 암흑기'에 악카드의 전쟁광 나람-씬에게 봉기한 수메르 독립군은 남부연합군과 북부연합군으로 나뉘어 있었다. 당시 남부연합군이 수메르 왕으로 추대한 인물은 우루크의 아마르-기리드였고, 북부연합군이 수메르 왕으로 추대한 인물은 키쉬의 이프크르-키쉬였다. 한편 남쪽의 라가쉬와 우르의 대립도 심각했다. 남동쪽의 라가쉬와 남서쪽의 우르는 수메르 해양무역의 쌍두마차였다. 라가쉬 1왕조 시절 우르-난쉐는 우르와 바다에서 전쟁을 벌였다. 페르시아만 해상무역을 독점하려는 우르의 욕심 때문이었다. 양국은 수메르가 사라질 때까지 단 한 번도 친하게 지낸 적이 없는 앙숙이었다. 우르 3왕조의 창시자 우르-남무가 수메르를 통일하는 과정에서 가장 심혈을 기울여 제거하려던 상대가 바로 라가쉬였다.

56. 최초의 과거사 청산 실패 우르 3왕조 통치자들의 '악카드의 수메르 압제' 망각과 악카드 따라하기. 수메르인은 '수메르 암흑기(B.C.E. 2334~B.C.E. 2120)'를 견디고 해방과 통일을 맞이했다. 그러나 우르 3왕조의 통치자들은 악카드가 수메르를 압제한 식민지 시절의 고통을 망각하고 악카드인의 소굴이었던 마리 왕실과 친하게 지냈다. 수메르의 통일 황제 우르-남무는 친마리 정책으로 일관했다. 슐기는 마리 총독 아필킨의 공주 타람우람과 정략결혼을 했으며, 이쉬비-에라 같은 마리 상인들이 우르 왕실에 드나들며 수메르 경제를 좌지우지했다. 게다가 슐기는 31명의 자녀들 중 15명의 이름을 악카드어로 지었다. 또한 왕은 수메르인의 철천지원수나 다름없는 '악카드 정복왕' 나람-

씬처럼 자신을 '신'으로 규정하고 전쟁광이 되어 '나람-씬 따라하기'를 했다. 우르 3왕조 마지막 왕 입비-씬도 우르의 경제난이 가중되는 비상시국에 슐기가 신임했던 노예 출신의 악카드 상인 이쉬비-에라에게 막대한 보리 구입비를 통째로 맡겼다. 결국 이쉬비-에라는 주군을 배신하고 우르 자본(보리)을 모두 빼돌려 이씬에 '이방의 왕조'를 세웠다. 그로 인해 우르는 가난하고 힘없는 나라가 되었다. 결국 우르 통치자들에게 끝없이 시달림을 당하던 자그로스 산맥의 종족들이 힘을 합쳐 쳐들어와 수메르를 역사에서 지워버렸다. 그러나 우르가 파멸한 근본적인 원인은 우르 왕실이 '악카드 지우기'를 행하지 않고 '악카드 배우기'를 하여 과거사를 청산하지 못했기 때문이다.

57. 최초의 왕명록 우르 3왕조의 2대왕 슐기 재위 21년에서 48년(B.C.E. 2073~B.C.E. 2046)에 제작된 〈수메르 왕명록〉 USKL. 그러나 〈수메르 왕명록〉의 원본은 B.C.E. 2334년 악카드가 수메르를 무너뜨리고 '수메르 암흑기'를 열었던 악카드 시대에 처음으로 제작된 것으로 보아야 한다. 지금껏 발굴된 모든 〈수메르 왕명록〉은 키쉬가 대홍수 이후의 수메르 왕권을 잡았다고 기록했다. 키쉬는 악카드인 사르곤이 우르-자바바의 시종으로 지내다가 권력을 잡은 기회의 땅이었다. 〈수메르 왕명록〉은 키쉬 왕조를 기준으로 작성되었고, 수메르를 무너뜨린 악카드 왕조를 부각시키는 내용으로 구성되어 있다. '과거사 청산에 실패한' 우르 3왕조의 〈수메르 왕명록〉 USKL도 그랬고, 이씬 왕조의 필경사 누르-닌슈부르가 개작한 〈수메르 왕명록 Ashm 1923-0444〉도 그랬다. '에덴쟁탈전 시대'의 라가쉬와 움마를 모두 수메르 역사에서 지워버리면서.

수메르와 메소포타미아 남부의 간략한 연표(B.C.E. 6500~B.C.E. 1763)

* 이 연표는 필자 나름대로의 대략적인 추정치이며, 그 내용 또한 앞으로 새로운 발굴과 연구로 수정될 수도 있음을 밝힌다.

B.C.E. 6500년 이라크 남부 유프라테스강 근처에 있는 텔 엘-오우에일리에서 원수메르인이 '이미' 정착생활을 하다. 오우에일리에서 수메르문명의 뿌리가 자라기 시작하다(오우에일리 최초의 주거지층은 지하수면 아래에 있어 아직 발굴하지 못하고 있다. 원수메르인이 오우에일리에 처음 정착한 시점은 8,500년 전보다 더 오래되었다).

B.C.E. 5400년 오우에일리 남쪽에 있는 에리두가 큰 도시로 발전하다.

B.C.E. 5000년 우루크가 건설되다. 텔 알-우바이드에도 작은 도시가 들어서다. 우바이드 도자기의 유행으로 '우바이드 문화'가 퍼지기 시작하다.

B.C.E. 4500년 우바이드 문화가 메소포타미아 전역으로 확산되다.

B.C.E. 4000년 우루크가 에리두를 밀어내고 문화의 중심지로 떠오르다. 수많은 우루크 사제-왕들이 약 1,000년 동안 세상을 다스리다. 우루크 문화가 메소포타미아를 휩쓸기 시작하다.

B.C.E. 3750년 외지인들(메소포타미아 북부인·북서부인·동부인, 페르시아만으로 들어온 다양한 해양민족)이 남부와 비옥토 에덴으로 들어와 원수메르인과 섞이다. 인구가 기하급수적으로 늘어나기 시작하다. 우루크 문화가 대륙 문화와 해양 문화와 융합해서 더욱 거대해지다. 큰 마을들이 대부분 도시로 탈바꿈되다.

B.C.E. 3500년 우루크에서 수메르 문자가 발명되다. 문명이 탄생해 역사시대

가 열리다.

B.C.E. 3300년 우루크의 인안나 여신을 모시던 신전 에안나에서 '이미 발명된' 문자가 쓰이다.

B.C.E. 3100년 상형문자가 설형문자로 바뀌기 시작하다.

B.C.E. 2900년 수메르에서 홍수가 발생하다. 슈루파크가 물난리로 몰락하다. 홍수가 멈춘 뒤 메소포타미아 '남부의 북쪽'에서는 키쉬가 득세하다. 에타나가 수메르 권력자가 되다. '남부의 남쪽'에서는 우루크가 강력한 지배 세력이 되다. 라가쉬와 움마가 에덴을 사이에 놓고 대립하기 시작하다.

B.C.E. 2800년 키쉬의 엔메바라게씨가 엘람을 굴복시키다. 그 후 키쉬의 '아가'가 우루크를 침공했으나 길가메쉬가 물리치다. 길가메쉬가 수메르의 영웅이 되다.

B.C.E. 2600년 엔헤갈이 각지에서 수많은 땅을 사들이고 규합해 라가쉬를 개척해 대국으로 만들다. 홍수 이후 지속된 라가쉬와 움마의 '에덴쟁탈전'이 격화되다. 엔헤갈이 움마에게 빼앗긴 구에덴나(에덴의 길목)를 되찾다.

B.C.E. 2550년 키쉬의 메실림이 라가쉬, 움마, 아답을 손에 넣고 수메르의 실권자가 되다. 메실림이 라가쉬-움마 전쟁을 중재하고 양국의 국경에 경계비를 세우다. 얼마 뒤 움마의 우쉬가 라가쉬를 침공했으나 라가쉬의 루갈샤엔구르가 물리치다.

B.C.E. 2500년 우르에서 메스안네파다가 수메르 실력자로 급부상하다. 라가쉬의 우르-난쉐가 세습 왕조를 열다. 얼마 뒤 우르의 수군이 라가쉬를 공격했으나 우르-난쉐가 물리치다. 연이어 움마의 파빌갈투쿠가 쳐들어왔으나 우르-난쉐가 제압하다. 라가쉬가 수메르의 강대국이 되다.

B.C.E. 2455년 라가쉬의 아쿠르갈이 움마의 공격으로 죽다. 그의 아들 에안나

툼이 움마의 군대를 물리치다. 움마의 엔아칼레가 혼란에 빠진 정국을 수습하고 왕관을 쓰다. 엔아칼레가 에안나툼과 최초로 불평등조약을 맺고 굴욕적인 맹세를 하다. 그 후 에안나툼은 수메르 전역을 접수하고 최초로 수메르의 통일 황제가 되다. 이어 그는 동방의 엘람을 무너뜨리고 '엘람의 수도' 수사를 점령하다. 엘람의 여러 도시들이 그의 수중에 들어오다. 에안나툼이 북방의 수바르투를 수중에 넣고 북서부의 마리까지 통제하다. 에안나툼이 최초로 제국을 건설해 위대한 영웅의 반열에 오르다.

B.C.E. 2440년 우루크의 엔샤쿠쉬안나가 수메르를 통일하고 황제가 되다.

B.C.E. 2425년 에안나툼의 형제 엔안나툼이 라가쉬 왕이 되다. 얼마 뒤 움마의 우르룸마가 라가쉬를 침공하다. 엔안나툼이 전쟁 중에 죽자 그의 아들 엔메테나가 우르룸마를 물리치다. 우르룸마는 움마로 도망쳤으나 자국에서 살해되다.

B.C.E. 2420년 움마 왕족이며 자발라의 신전 행정 총책임자였던 '일'이 혼돈 속에 빠진 움마의 왕위를 찬탈하다. 그 후 '일'의 아들 기샤키두가 움마를 재건하다.

B.C.E. 2405년 라가쉬의 엔메테나와 우루크의 루갈키니쉐두두가 의형제국이 되다. 엔메테나가 자국민과 외국 노동자들의 보리 빚을 탕감해주어 수메르인에게 자유를 선사하다. 또한 노예해방을 선언하고 사회개혁을 단행하다. 최초의 휴머니스트 엔메테나가 최초로 위대한 성군이 되다. 움마의 메안네두가 '움마의 중심 도시' 기샤의 지배자가 되다.

B.C.E. 2375년 엔메테나의 아들 엔안나툼 2세가 라가쉬 왕이 되다. 키쉬의 쿠-바바 여왕이 장기 집권하다.

B.C.E. 2370년 라가쉬가 엘람에게 급습을 당하다. 얼마 뒤 엔안나툼 2세가 죽다.

B.C.E. 2365년 라가쉬에서 닌기르수 신전의 최고위 행정 책임자였던 엔엔타르지가 왕이 되다. 라가쉬의 우르-난쉐 세습 왕조가 막을 내리다. 그즈음 아답을 장기 집권하고 있던 루갈안네문두가 수메르의 통일 황제가 되다.

B.C.E. 2359년 엔엔타르지의 아들 루갈안다가 라가쉬 왕이 되어 최악의 폭정을 저지르다. 루갈안다의 왕비 바라남타라가 부패의 치맛바람을 날리다. 라가쉬 백성이 도탄에 빠지다.

B.C.E. 2355년 움마에서 우-우의 아들 루갈자게씨가 정권을 잡다.

B.C.E. 2352년 라가쉬에서 우루카기나가 쿠데타를 일으켜 루갈안다를 제거하고 정권을 잡다. 이후 우루카기나의 개혁이 실패하다.

B.C.E. 2342년 움마 왕으로 우루크 왕까지 된 루갈자게씨에게 패한 우루카기나의 라가쉬가 망하다. 그 후 루갈자게씨가 수메르의 남쪽과 북쪽을 모두 차지하고 수메르의 통일 황제가 되다.

B.C.E. 2334년 '키쉬 왕실 우르-자바바의 시종 출신'이었던 악카드인 사르곤이 수메르 황제 루갈자게씨를 꺾고 수메르를 차지하다. 수메르 초기 왕조가 몰락하고 수메르 땅에 '이방의 왕조' 악카드가 들어서다. 수메르 암흑기가 시작되다. 그 후 사르곤이 메소포타미아 전역을 장악하고 이란의 옛 영토까지 점령해 악카드를 제국으로 만들다.

B.C.E. 2278년 리무쉬가 악카드 왕이 되다. 수메르의 도시국가들이 독립전쟁을 일으켰으나 리무쉬가 제압하다.

B.C.E. 2254년 악카드에서 나람-씬이 왕이 되다. 수메르 남북의 모든 도시국가가 대대적인 독립전쟁을 일으켰으나 나람-씬이 제압하다. 그 후 나람-씬이 사방에서 전쟁을 벌여 악카드 영토가 최대로 넓어지다. 나람-씬이 최초로 '신'이 되다.

B.C.E. 2154년 자그로스 산악지대에서 내려온 구티인의 침략과 더불어 내우외환으로 악카드 왕조가 약 180년 만에 멸망하다. 구티인이 메소포타미아 남부의 북쪽을 장악하다. 남부의 남쪽도 구티의 폭풍우가 몰아쳤으나 우루크와 라가쉬가 구티의 압제를 버티다.

B.C.E. 2144년 라가쉬의 구데아가 메소포타미아 남부의 남쪽에서 막강한 영향력을 행사하며 위대한 성군 정치를 펼치다.

B.C.E. 2120년 우루크의 우투-헤갈이 구티 왕 티리간을 꺾고 구티를 수메르에서 몰아내다. 214년 만에 수메르가 해방되어 수메르 암흑기가 끝나다.

B.C.E. 2112년 우르 총독이었던 우르-남무가 수메르를 통일하고 사회개혁을 단행해 수메르의 르네상스 시대를 열다.

B.C.E. 2094년 슐기가 20년 동안 내치와 개혁에 성공하다. 그 후 슐기는 악카드의 나람-씬을 따라해 자칭 신이 되다. 마리의 악카드인 이쉬비-에라가 슐기의 노예가 되어 우르 왕실에서 상인으로 활동하다. 슐기는 자그로스산맥에 사는 여러 종족들을 끊임없이 정복하다가 전쟁광으로 세상을 떠나다.

B.C.E. 2017년 우르 왕 입비-씬의 신하로 있던 상인 이쉬비-에라가 주군 입비-씬과 우르를 배신하다. 이쉬비-에라가 빼돌린 우르 자본(보리)을 기반으로 이씬에 왕조를 세우다. 이로써 우르 경제가 완전히 회생 불능한 상태에 빠지다. 수메르가 남쪽의 가난한 우르와 북쪽의 부유한 이씬으로 나뉘다.

B.C.E. 2004년 '자그로스 종족 동맹군'이 우르를 침공하다. 입비-씬이 안샨으로 끌려가 죽다. 수메르가 멸망하다. 고대 이란인에게 에덴이 넘어가다.

B.C.E. 1992년 이씬의 이쉬비-에라가 '자그로스 종족 동맹군'이 떠나면서 우르에 남긴 주둔군을 몰아내다.

B.C.E. 1987년 이씬의 이쉬비-에라가 우르를 차지하고 메소포타미아 남부의

남쪽에서 강력한 권력자가 되다.

B.C.E. 1933년 '라가쉬의 총독'으로 파견된 아무르인 군구눔이 이씬을 배신하고 라르싸를 건설하다. 그 후 군구눔은 우르를 손안에 넣고 메소포타미아 남부의 실력자로 급부상하다.

B.C.E. 1817년 이씬의 필경사 누르-닌슈부르가 국력이 땅에 떨어진 이씬을 위해 '조국의 정체성·정당성·정통성'에 물불을 가리지 않고 몰입해 기존의 〈수메르 왕명록〉을 개작하다. 이로 인해 수메르 역사에서 라가쉬와 움마가 사라지다. 수메르 역사가 크게 왜곡되다.

B.C.E. 1794년 라르싸의 림-씬 1세가 다믹-일리슈의 이씬을 무너뜨리다.

B.C.E. 1763년 바빌론의 함무라비가 림-씬 1세의 라르싸를 무너뜨리다. 메소포타미아 남부가 고바빌로니아 세상이 되다.

이 책에 나오는 사람

게메닌릴라(Gemeninlila) 우르 3왕조의 왕 슐기의 후궁.

게메바바(GemeBaba) 라가쉬 1왕조의 왕 엔엔타르지의 공주, 사제.

게메쑤엔나(Gemesuena) 우르 3왕조의 왕 슐기의 두 번째 왕비.

구니두(Gunidu) 라가쉬 1왕조의 왕 우르-난쉐의 아버지.

구데아(Gudea) 라가쉬 2왕조의 왕.

구르사르(Gursar) 라가쉬 1왕조의 왕 우르-난쉐의 할아버지(또는 그의 고향).

구슈르(Ĝušur) / 게슈르(Gešur) 키쉬 1왕조의 태조.

구티인(Gutian) 악카드를 무너뜨린 수메르 북동쪽 자그로스산맥에 살던 야만적인 산악 민족.

군구눔(Gungunum) 이씬 왕조가 파견한 라가쉬 총독이었다가 라르싸의 왕이 된 아무르인.

굴라(Gu-la) 라가쉬 1왕조의 왕 우르-난쉐의 아들.

기샤키두(Gišakidu) 움마를 재건한 움마 1왕조의 왕.

기쉬리(Giširi) 라가쉬 1왕조의 왕 우루카기나의 어머니.

길가메쉬(Gilgameš) 우루크 1왕조의 왕.

나누움(Nanûm) 악카드 무정부 시대에 권력을 휘두른 4인 중의 한 명.

나람-씬(Naram-Sin) / 나람-쑤엔(Naram-^{d}Suen) 최초로 '신'이라고 주장한 악카드 왕조의 왕.

나보니두스(Nabonidus) B.C.E. 539년에 페르시아에게 멸망한 신바빌로니아의 마지막 왕.

나비-엔릴(Nabi-Enlil) 구티 왕조의 왕 티리간이 우루크 5왕조의 왕 우투-헤갈의 공격이 두려워 수메르로 보낸 구티의 장군.

나비-울마쉬(Nabi-Ulmaš) 악카드 왕조의 왕 나람-씬의 왕자, 수메르 북서쪽의 도시국가 에쉬눈나에 속해 있던 작은 도시 투투(투툽)의 총독.

난니(Nanni) 우르 2왕조의 왕.

난니야(Nanniya) 키쉬 4왕조의 왕.

남막하니(Nammaḫani) / 남막니(Nammaḫni) / 남카니(Namḫani) 라가쉬 2왕조의 마지막 왕.

남아주(Namazu) 라가쉬 1왕조의 왕 우르-난쉐의 신하, 최초의 왕실 필경사.

낭이쉬리쉬마(Nangishlishma) 키쉬 1왕조의 왕.

누르-닌슈부르(Nur-Ninšubur) 〈수메르 왕명록〉을 개작한 필경사, 영국 옥스퍼드대학 에쉬몰리언박물관의 〈수메르 왕명록 Ashm 1923-0444〉의 저자, 이씬 왕조의 왕 쑤엔-마기르(씬-마기르) 시절의 필경사.

닌게쉬킴티(Ningeškimti) 라가쉬 1왕조의 왕 루갈안다의 왕비 바라남타라와 교류를 하던 아답의 왕비.

닌반다(Ninbanda) 우르 1왕조의 사제 또는 왕비.

닌알라(Ninalla) 라가쉬 2왕조의 왕 구데아의 왕비, 구데아의 전왕 우르-바바의 공주.

닌우수(Ninusu) 라가쉬 1왕조의 왕 우르-난쉐의 공주.

닌칼라(Ninkala) 우르 3왕조의 왕 슐기의 후궁.

닌키살시(Ninkisalsi) 키쉬 1왕조의 왕 메실림의 지배를 받은 아답 왕.

닌헤두(Ninḫedu) 라가쉬 2왕조의 왕 남막하니의 왕비, 구데아의 전왕 우르-바바의 공주.

닌힐수드(Ninhilsud) 라가쉬 1왕조의 왕 엔메테나의 왕비.

다구(Dagu) 악카드 왕조의 왕 사르곤이 정복한 바락슘 왕의 형제.

다다(Dada) 악카드 왕조의 왕 나람-씬에게 봉기한 아피아크 군주.

다믹-일리슈(Damiq-ilišu) 이씬 왕조의 마지막 왕.

두두(Dudu) '라가쉬의 성도' 기르수의 닌기르수 신전의 행정 총책임자.

두두(Dudu) 악카드 왕조의 왕.

두무지(Dumuzi(d)) 대홍수 이전의 도시 바드티비라의 왕.

딤투르(Dimtur) 라가쉬 1왕조의 왕 엔엔타르지의 왕비.

라바슘(Labašum) 우루크 1왕조의 왕.

라에라붐(La-e-rabum) / 라시랍(Lasirab) 구티 왕조의 왕.

라이붐(La'ibum) 악카드 왕조의 태조 사르곤의 아버지.

루갈갈주(Lugalgalzu) 악카드 왕조의 왕 리무쉬에게 제압당한 자발라의 군주.

루갈남니르숨(Lugal-namnir-sum) 키쉬 1왕조의 왕.

루갈닉주(Lugalnigzu) 악카드 왕조의 왕 나람-씬에게 봉기한 니푸르의 군주.

루갈달루(Lugal-dalu) 아답 왕조의 왕.

루갈반다(Lugalbanda) 우루크 1왕조의 왕, 길가메쉬의 아버지.

루갈샤엔구르(Lugalšaengur) 라가쉬 1왕조의 왕.

루갈-샬라투쿠(Lugal-šalatuku) 라가쉬 1왕조의 왕 우루카기나 시절의 어부.

루갈안나툼(Lugalannatum) / 루갈안나투마(Lugalannatuma) 움마 2왕조의 왕.

루갈안네문두(Lugalannemundu) 아답 왕조의 왕, 수메르 통일 황제.

루갈안다(Lugalanda) 라가쉬 1왕조의 왕, 엔엔타르지의 아들, 최악의 폭정을 저지른 부패한 왕.

루갈에젬(Lugal-ezem) 라가쉬 1왕조의 왕 우르-난쉐의 아들.

루갈우드(Lugal-ud) 키쉬 1왕조의 왕.

루갈-우슘갈(Lugal-ušumgal) 악카드 왕조의 왕 나람-씬과 샤르칼리샤리에게 충성한 라가쉬 2왕조의 지배자.

루갈자게씨(Lugalzagesi) 움마 왕, 우루크 3왕조의 왕, 수메르 통일 황제.

루갈-카(Lugal-KA) 악카드 왕조의 왕 리무쉬에게 봉기한 키안의 군주.

루갈키갈라(Lugalkigalla) 라가쉬 1왕조의 왕 엔헤갈과 부동산 거래를 한 닌기르수 신전의 사제.

루갈키니쉐두두(Lugalkinišedudu) / 루갈우레(Lugal-ure) 라가쉬 1왕조의 왕 엔메테나와 의형제국을 맺은 우루크 2왕조의 왕.

루갈키툰(Lugalkitun) 우루크 1왕조의 왕.

루굴라(Lugula) 라가쉬 2왕조의 왕.

루-바바(Lu-Baba) 라가쉬 2왕조의 왕.

루사가(Lu-saga) 우르 2왕조의 왕.

루엔나(Luenna) 라가쉬 왕조의 왕 엔안나툼 2세 통치시기에 엘람의 습격을 물리친 '라가쉬의 도시' 구압바에 있던 닌마르 신전의 행정 총책임자.

루키나툼(Lukinatum) 라가쉬 1왕조의 왕 우르-난쉐가 신전을 지을 때 대동한 사람 또는 우르-난쉐의 왕자.

루키샨(Luḫis'an) 악카드 왕조의 태조 사르곤이 정복한 엘람 왕의 아들.

루파(Lupa) 라가쉬 1왕조의 왕 우르-난쉐와 전쟁을 벌인 움마 1왕조의 장군.

룸마(Lum-ma) 아답 왕조의 왕.

룸마(Lumma) 라가쉬 1왕조의 왕으로 수메르 통일 황제가 된 에안나툼의 다른 이름.

룸마투르(Lummatur) 라가쉬 1왕조의 왕 엔안나툼의 아들.

리그무쉬-알슈(Rigmuš-alšu) 악카드 왕조의 왕 나람-씬의 왕자.

리다-아다드(Rida-Adad) 악카드 왕조의 왕 나람-씬과 싸운 시리아의 고대 도시 아르만의 군주.

리루울단(LI-lu-ul-DAN) 실체가 불분명한 악카드 왕조의 왕.

리무쉬(Rimuš) 악카드 왕조의 왕, 사르곤의 아들.

리위르미따슈(Liwirmittašu) 우르 3왕조의 왕 슐기의 딸, 슐기가 정략결혼을 시킨 마르하쉬의 왕비.

리푸쉬-이아움(Lipuš-ia'um) 악카드 왕조의 왕 나람-씬의 손녀, 나람-씬의 왕자 나비-울마쉬의 딸, 하프 연주자.

림-씬 1세(Rim-Sin I) 바빌론의 왕 함무라비에게 패한 라르싸 왕조의 왕.

마니쉬투슈(Maništušu) 악카드 왕조의 왕, 사르곤의 아들, 리무쉬의 형.

마니움(Manium) 악카드 왕조의 왕 나람-씬에게 정복당한 마간의 왕.

마쉬다(Mašda) 키쉬 1왕조의 왕.

메두르바(Me-durba 또는 Me-ba-LAK 551) 아답 왕조의 왕.

메쉬키악가쉐르(Meškiaggašer) 우루크 1왕조의 태조.

메쉬헤(Meš-ḫe) 우루크 1왕조의 왕.

메스안네파다(Mesannepada) 우르 1왕조의 태조.

메스칼람두(Meskalamdug) 우르 1왕조의 왕, 메스안네파다의 아버지.

메스키갈라(Meskigala) 아답 왕조의 왕.

메스키악-난나(Meskiag-Nanna) 우르 1왕조의 왕, 메스안네파다의 아들.

메실림(Mesilim) / 메살림(Mesalim) 최초로 라가쉬-움마 전쟁의 휴전을 중재한 키쉬 1왕조의 왕.

메안네두(Meannedu) 움마 1왕조의 왕, 움마 중심 도시 기샤의 군주.

메안네시(Meannesi) 라가쉬 1왕조의 왕 엔안나툼(1세)의 아들.

메울마쉬(Me-Ulmaš) 악카드 왕조의 왕 나람-씬의 공주.

멘바라압주(Menbaraabzu) 라가쉬 1왕조의 왕 우르-난쉐의 왕비.

멘우수(Men-usu) 라가쉬 1왕조의 왕 우르-난쉐의 아들.

멜렘안나(Melem-anna) 우루크 1왕조의 왕.

멜렘-키쉬(Melem-Kiš) 키쉬 1왕조의 왕.

무쿠르슈바타(Mu-kuršubata) 라가쉬 1왕조의 왕 우르-난쉐의 아들.

묵씨(Mug-si) 아답 왕.

바라남타라(Baranamtarra) 라가쉬 1왕조의 왕 루갈안다의 왕비.

바라사그누디(Barasagnudi) 라가쉬 1왕조의 왕 우르-난쉐의 아들 또는 고위 관료.

바라이르눈(Barairnun) 움마 1왕조의 왕 기샤키두의 왕비, 기샤키두의 전전 왕 우르룸마의 딸.

바라키수문(Bara-kisumun) 라가쉬 1왕조의 왕 엔안나툼의 최고위 관료.

바라헤니두(Bara-ḫenidu) 아답 왕조의 왕.

바르살눈나(Barsalnunna) 키쉬 1왕조의 왕.

바붐(Babum) 키쉬 1왕조의 왕.

발루(Balu) 라가쉬 1왕조의 왕 우르-난쉐 시절의 관료, 뱀을 다루는 주술사 대표.

발릭(Baliih) 키쉬 1왕조의 왕.

벨리쉬-티칼(Beliš-tikal) 키쉬 4왕조의 왕 우르-자바바 시절의 대장장이.

빈-칼리-샤리(Bin-kali-šarri) 악카드 왕조의 왕 나람-씬의 아들.

빌라라(Billala) 라가쉬 1왕조의 왕 우르-난쉐와 전쟁을 벌인 움마 1왕조의 장수.

사가두(Sagadu) 악카드 왕조의 태조 사르곤의 공주 엔헤두안나의 필경사.

사그딘기르투쿠(Sag-dingir-tuku) 라가쉬 1왕조의 왕 우르-난쉐의 신하.

사남-쉬무트(SaNAM-šimut) 악카드 왕조의 태조 사르곤이 정복한 엘람의 군주.

사르곤(Sargon) 악카드 왕조의 태조.

사투니(Satuni) 악카드 왕조의 왕 나람-씬과 싸운 룰루비의 왕.

샤르가피(Šargapi) 악카드 왕조의 왕 리무쉬에게 봉기한 자하라의 장군.

샤르라갑(Šarlagab) / 자르라갑(Zarlagab) 악카드 왕조의 왕 샤르칼리샤리가 싸워 사로잡은 구티 왕조의 왕.

샤르칼리샤리(Šar-kali-Šarri) 악카드 왕조의 왕, 나람-씬의 아들.

샤샤(Ša-ša) 라가쉬 1왕조의 왕 우루카기나의 왕비.

샬임-벨리(Šalim-bēlī) 악카드 왕조의 왕 나람-씬에게 봉기한 키리타브의 군주.

수무-아붐(Sumu-Abum) 고바빌로니아(바빌론 1왕조) 1대왕.

슈니알두구드(Šuni-aldugud) 라가쉬 1왕조의 왕 엔안나툼의 미용 담당 관료, 이발사.

슈따바니(Šuddabani) 우르 3왕조의 속국 바쉬메의 군주.

슈-쑤엔(Šu-Suen) 아크샤크 왕조의 왕.

슈-씬(Šu-Sin) / 슈-쑤엔(Šu-Suen) 우르 3왕조의 왕.

슈-엔릴(Šu-Enlil) 악카드 왕조의 태조 사르곤의 아들.

슈-일리슈(Šu-ilišu) 이씬 왕조의 왕, 이쉬비-에라의 아들.

슈쿠르툼(Šuqurtum) 우르 3왕조의 왕 슐기의 후궁.

슈투룰(Šu-turul) / 슈두룰(Šu-durul) 악카드 왕조의 마지막 왕.

슈트룩-나훈테(Šutruk-Nahunte) B.C.E. 1158년경 카시트 왕조의 바빌론을 멸망시키고 나람-씬 승전비와 〈함무라비 법전〉을 도굴한 엘람 왕.

슐기(Šulgi) / 둔기(Dungi) 우르 3왕조의 왕.

슐기씸티(Šulgisimti) 우르 3왕조의 왕 슐기의 세 번째 왕비.

슐메(Šulme) 구티 왕조의 왕.

슘샤니(Šumšani) 악카드 왕조의 왕 나람-씬의 공주, 씨파르의 샤마쉬 신전의 고위직 사제.

습지대 아랍인(Marsh Arabs) 이라크 최남단 습지대에 사는 원주민.

쑤엔-마기르(Suen-Magir) / 씬-마기르(Sîn-Magir) 이씬 왕조의 왕.

씨드가우(Sidga'u) / 씨잇가우(Si-it-ga-u$_2$) 악카드 왕조의 태조 사르곤이 정복한 바락슘의 장군.

씨아-툼(SI.A-tum) / 와타르툼(Watartum) 우르 3왕조의 왕 우르-남무가 정략결혼을 한 마리 출신의 왕비.

씨우(Si'u) / 씨움(Si'um) 구티 왕조의 왕.

씰룰루메쉬(Silulumeš) 구티 왕조의 왕.

씸아테아(Simatea) 우르 3왕조의 왕 슐기의 후궁.

아가(Aga) 우루크 1왕조의 왕 길가메쉬와 전쟁을 벌인 키쉬 1왕조의 마지막 왕.

아눈파(Anunpa) 라가쉬 1왕조의 왕 우르-난쉐의 아들.

아니쿠르라(Anikurra) 라가쉬 1왕조의 왕 우르-난쉐의 아들.

아니타(Anita) 라가쉬 1왕조의 왕 우르-난쉐의 신하.

아드다투르(Addatur) 라가쉬 1왕조의 왕 우르-난쉐의 아들.

아랄가르(Alalgar) 대홍수 이전의 도시 에리두 왕조의 왕.

아룰림(Alulim) 대홍수 이전의 도시 에리두 왕조의 태조, 수메르 최초의 왕.

아르위움(Ar-wi-u_2-um) 키쉬 1왕조의 왕.

아마르-기리(Amar-giri) 라가쉬 1왕조의 왕 우루카기나의 왕실 요리사.

아마르-기리드(Amar-girid) 악카드 왕조의 왕 나람-씬에게 봉기한 우루크 4왕조의 왕, 수메르 독립전쟁을 이끈 남부연합군의 대표로 수메르 왕으로 옹립됨.

아마르-씬(Amar-Sin) / **아마르-쑤엔(Amar-Suen)** 우르 3왕조의 왕, 슐기의 아들.

아마바라시(Amabarasi) 라가쉬 1왕조의 왕 우르-난쉐와 전쟁을 벌인 우르 1왕조의 장군, 인장관리자.

아발가마쉬(Abalgamaš) 악카드 왕조의 왕 리무쉬에게 봉기한 바락슘의 왕.

아브다(Abda) 라가쉬 1왕조의 왕 우르-난쉐의 공주, 여사제.

아브람(Abram) 고대 이스라엘 최초의 족장, 아브라함의 본명.

아샤레드(Ašared) 악카드 왕조의 왕 리무쉬에게 봉기한 카잘루의 지배자.

아슈르멘(Ašurmen) 라가쉬 1왕조의 왕 엔안나툼(1세)의 왕비.

아안네파다(A'annepada) 우르 1왕조의 왕, 메스안네파다의 아들.

아-안주(A-Anzu) / **아-임두구드(A-Imdugud)** 우르 왕조 최초의 왕.

아칼람두(Akalamdug) 우르 1왕조의 왕, 메스칼람두의 아들.

아쿠르갈(Akurgal) 라가쉬 1왕조의 왕, 우르-난쉐의 아들.

아탑(A_2-tab) 키쉬 1왕조의 왕.

아필킨(Apil-kin) 구티 왕조의 왕.

아필킨(Apil-kin) 공주를 우르 3왕조의 왕세자 슐기와 정략결혼을 시킨 마리의 총독.

앗다(Adda) 악카드 왕조의 태조 사르곤의 공주 엔헤두안나를 보좌하던 부동산 관리인.

야르라간다(Yar-laganda) / 이아르라간(Iarlagan) 구티 왕조의 왕.

야르라갑(Yar-lagab) 구티 왕조의 왕.

야를라(Yar-la) 구티 왕조의 왕.

에딘(Edin) 움마 1왕조의 왕, 움마의 중심 도시 기샤의 군주.

에르리두-피지르(Erridu-pizir) 구티 왕조의 태조로 추정.

에리리(e_2-li-li) 우루크 2왕조의 왕으로, 수메르 통일 황제였던 엔샤쿠쉬안나의 아버지.

에마시니(Emaḫsini) 악카드 왕조의 왕 리무쉬에게 봉기한 엘람의 왕.

에쉬품(Ešpum) 악카드 왕조의 왕 마니쉬투슈가 임명한 엘람의 악카드인 총독.

에아니샤(Eaniša) 우르 3왕조의 왕 슐기의 후궁.

에안나툼(Eannatum) 라가쉬 1왕조의 왕, 수메르 통일 황제.

에안다무아(Eandamua) 움마 1왕조의 왕 '일'의 아버지.

에이기님파에(E-IGI.NIM-pa'e) 아답 왕조의 왕.

에타나(E-ta-na) 키쉬 1왕조의 왕.

엔길사(Engilsa) 악카드 왕조의 왕 마니쉬투슈의 오벨리스크 명문에 우루카기나의 아버지로 기록된 라가쉬의 지배자.

엔나일(Enna-il) 키쉬 1왕조의 왕.

엔눈타락안나(En-nun-tarah-an-na) 우루크 1왕조의 왕.

엔니르지안나(Ennirzianna) 우르 3왕조의 왕 슐기가 임명한 난나 신전의 여사제, 슐기의 딸.

엔메눈나(En-me-nun-na) 키쉬 1왕조의 왕.

엔메르카르(Enmerkar) 우루크 1왕조의 왕.

엔메바라게씨(Enmebaragesi) 키쉬 1왕조의 왕, 우루크 1왕조의 왕 길가메쉬와 전쟁을 벌인 키쉬 1왕조의 왕 아가의 아버지.

엔메테나(Enmetena) / 엔테메나(Entemena) 라가쉬 1왕조의 왕, 수메르의 위대한 통치자, 최초의 노예해방자, 최초의 사회개혁가, 최초의 성군.

엔멘갈안나(Enmengalanna) 대홍수 이전의 도시 바드티비라의 왕.

엔멘두르안나(Enmenduranna) 대홍수 이전의 도시 씨파르의 왕.

엔멘루안나(Enmenluanna) 대홍수 이전의 도시 바드티비라의 왕.

엔멘안나(Enmenana) 악카드 왕조의 왕 나람-씬의 딸, 우르의 '씬' 신전의 고위직 사제.

엔비-이쉬타르(Enbi-Ištar) 키쉬 2왕조의 왕.

엔샤쿠쉬안나(Enšakušanna) / 엔샤칸샤안나(Enšakkanšaanna) 우루크 2왕조의 왕, 수메르 통일 황제.

엔시파지안나(Ensipazianna) 대홍수 이전의 도시 라라크의 왕.

엔아칼레(Enakalle) 움마 1왕조의 왕, 라가쉬 1왕조의 왕 에안나툼과 '최초의 불평등조약'을 맺음.

엔안나툼(Enannatum) 라가쉬 1왕조의 왕.

엔안나툼 2세(Enannatum II) 라가쉬 1왕조의 왕, 엔메테나의 아들, 엔안나툼의 손자, 우르-난쉐 세습 왕조의 마지막 왕.

엔안네파다(Enannepada) 라가쉬 2왕조의 왕 우르-바바의 딸, 우르에 있는 난나 신을 모시는 고위직 사제.

엔엔타르지(Enentarzi) 라가쉬 1왕조의 왕, 기르수에 있던 닌기르수 신전의 최고위 신전 행정 총책임자로 우르-난쉐의 세습 왕조를 무너뜨리고 '상가(신전 행정 총책임자) 왕조'를 세움.

엔우다나(**Enudana**) 라가쉬 1왕조의 왕 루갈안다의 왕비 바라남타라를 모시던 관료, 상인(담가르).

엔우부르지안나(**Enuburzianna**) 우르 3왕조의 왕 슐기가 임명한 난나의 여사제, 슐기의 딸, 난나의 여사제로 있던 엔니르지안나의 동생.

엔익갈(**Eniggal**) 라가쉬 1왕조의 왕 우루카기나의 왕실 청지기.

엔타락안나(**En-tarah-an-na**) 키쉬 1왕조의 왕.

엔헤갈(**Enhegal**) 라가쉬 1왕조의 왕, 대부호, 거금을 들여 많은 땅을 사모아 라가쉬를 수메르 대국으로 키움.

엔헤두안나(**Enḫeduanna**) 악카드 왕조의 태조 사르곤의 딸, 우르의 수호신 난나의 고위직 사제, 시인.

엔x(**En-x**) 악카드 왕조의 왕 리무쉬에게 봉기한 '이름을 정확하게 확인할 수 없는' 움마의 군주.

우둘칼라마(**U-dul$_3$-kalam-ma**) 우루크 1왕조의 왕.

우루카기나(**Urukagina**) / **우루이님기나**(**Uruinimgina**) / **이리카기나**(**Irikagina**) / **이리이님기나**(**Iriinimgina**) 라가쉬 1왕조의 마지막 왕.

우루투(**Urutu**) 라가쉬 1왕조의 왕 우루카기나의 아버지.

우르-가르(**Ur-Gar**) 라가쉬 2왕조의 왕.

우르-기기르(**Ur-gigir**) 우루크 4왕조의 왕.

우르-난쉐(**Ur-Nanše**) 라가쉬 1왕조의 왕, 우르-난쉐 세습 왕조의 태조.

우르-남무(**Ur-Nammu**) / **우르-남마**(**Ur-Namma**) 우르 3왕조의 태조, 수메르 통일 황제.

우르눈갈(**Ur-^{d}nun-gal**) 우루크 1왕조의 왕.

우르-니가르(Ur-nigar) / 우르-니긴(Ur-nigin) 우루크 4왕조의 왕.

우르-닌기르수 1세(Ur-Ningirsu I) 라가쉬 2왕조의 왕.

우르-닌기르수 2세(Ur-Ningirsu II) 라가쉬 2왕조의 왕.

우르-닌아주(Ur-Ninazu) 구티 왕조의 왕 티리간이 우루크 5왕조의 왕 우투-헤갈의 공격이 두려워 수메르로 보낸 구티의 장군.

우르-두무(Ur-Dumu) 아답 왕조의 왕.

우르룸마(Urlumma) 움마 1왕조의 왕.

우르-마마(Ur-Mama) 라가쉬 2왕조의 왕.

우르-바바(Ur-Baba) / 우르-바우(Ur-Bau) 라가쉬 2왕조의 왕, 구데아의 전 왕이자 그의 장인.

우르-쑤엔(Ur-Suen) 〈수메르 왕명록〉을 개작한 〈우르-이씬 왕명록〉(노르웨이 쇼엔컬렉션 MS 1686)을 쓴 이씬 왕조의 마지막 왕 다믹-일리슈 시절의 필경사.

우르-쑤엔나(Ur-Suena) 우르 3왕조의 왕 슐기의 아들, 우루크 총독, 데르 총독.

우르-아얍바(Ur-ayabba) 라가쉬 2왕조의 왕.

우르에무쉬(Uremuš) 라가쉬 1왕조의 왕 엔엔타르지·루갈안다·우루카기나를 모시던 대상인.

우르엔키(Urenki) 라가쉬 1왕조의 왕 루갈안다를 모시던 상인.

우르우르(Urur) 아크샤크 왕조의 왕.

우르-우투(Ur-Utu) 구티에게 패배한 우루크 4왕조의 마지막 왕.

우르-자바바(Ur-Zababa) 키쉬 4왕조의 왕.

우르타르시르시르라(Urtarsirsirra) 라가쉬 1왕조의 왕 엔엔타르지의 아들.

우르-파빌쌍(Ur-Pabilsaĝ) 우르 1왕조 초기의 왕, 아-안주 다음의 왕.

우르-푸사그(Ur-pusag) 라가쉬 1왕조의 왕 우르-난쉐와 전쟁을 벌인 움마 1왕조의 장군.

우바라-투투(Ubara-tutu) / 우바르-투투(Ubar-tutu) 대홍수 이전의 도시 슈루파크의 왕.

우빌-이쉬타르(Ubil-Ištar) 악카드 왕조의 태조 사르곤의 형제.

우사르-두(Usar-du) 움마 1왕조의 왕, 움마 중심 도시 기샤의 군주.

우쉬(Uš) 움마 1왕조의 태조.

우슈르두(Ušurdu) 라가쉬 1왕조의 왕 에안나툼과 전쟁을 벌인 움마 1왕조의 왕으로 추정되는 인물.

우슘갈(Ušumgal) 움마의 수호신 샤라를 섬기던 사제.

우씨-와타르(Uṣi-watar) 키쉬 4왕조의 왕.

우-우(U-U) / 부부(Bubu) / 우쿠쉬(Ukuš) 움마 1왕조의 왕, 루갈자게씨의 아버지.

우우우(U_2-U_2-U_2) 라가쉬 1왕조의 왕 우르-난쉐와 전쟁을 벌인 우르 1왕조의 장군 파프우르사그의 아버지.

우킨-울마쉬(Ukīn-Ulmaš) 악카드 왕조의 왕 나람-씬의 아들.

우투크(Utuk) / 욱후브(Uḫub) 키쉬 1왕조의 왕.

우투-헤갈(Utu-ḫegal) / 우투-헨갈(Utu-hengal) 우루크 5왕조의 왕, 구티 왕조의 왕 티리간을 물리치고 수메르의 암흑기를 끝낸 수메르의 해방자.

운달룰루(Undalulu) 아크샤크 왕조의 왕.

운지(Unzi) 아크샤크 왕조의 왕.

울울(Ulul) 악카드 왕조의 태조 사르곤이 정복한 바락슘의 장군.

이게쉬아우쉬(Igešauš) 구티 왕조의 왕.

이니마바케쉬(Inimabakeš) 구티 왕조의 왕.

이디-일룸(Iddi-ilum) 악카드 왕조의 왕 나람-씬에게 봉기한 쿠타의 군주.

이딘-다간(Iddin-Dagan) 이씬 왕조의 왕.

이라룸(Irarum) 구티 왕조의 왕.

이룰루(Ilulu) 악카드 무정부 시대에 권력을 휘두른 4인 중의 한 명.

이르기기(Irgigi) 악카드 무정부 시대에 권력을 휘두른 4인 중의 한 명.

이미(Imi) 악카드 무정부 시대에 권력을 휘두른 4인 중의 한 명.

이바테(Ibate) 구티 왕조의 왕.

이브라눔(Ibranum) 구티 왕조의 왕.

이쉬메-샤마쉬(Išme-Šama) 키쉬 4왕조의 왕.

이쉬비-에라(Išbi-Erra) 이씬 왕조의 태조, 우르 3왕조 마지막 왕 입비-씬의 신하, 마리 노예 출신의 악카드인, 상인, 우르의 자본(보리)을 빼돌려 나라를 세운 수메르의 배신자.

이쉬타르-무티(Ištar-mūtī) 키쉬 4왕조의 왕.

이슈일(Išu-il) 아크샤크 왕조의 왕.

이타-일룸(Ita-ilum) 악카드 왕조의 왕 나람-씬에게 봉기한 딜바트의 군주.

이프크르-키쉬(Ipḫur-Kiš) 악카드 왕조의 왕 나람-씬에게 봉기한 키쉬 5왕조의 왕, 수메르 독립전쟁을 이끈 북부연합군의 대표로 수메르 왕으로 옹립됨.

인키슈쉬(Inkišuš) 구티 왕조의 왕.

일(Il) 움마 1왕조의 왕, 움마의 왕위 찬탈자.

일라바이쉬-타칼(Ilaba'iš-takal) 악카드 왕조의 태조 사르곤의 아들.

일룸-단(Ilum-dan) 악카드 왕조의 왕 나람-씬에게 봉기한 보르씨파의 군주.

일룸 팔일이스(Ilum Palilis) 악카드 왕조의 태조 사르곤의 딸 엔헤두안나를 모시던 관료, 미용사.

일리쉬-타칼(Iliš-takal) 악카드 왕조의 왕 나람-씬에게 봉기한 씨파르의 군주.

일슈-라비(Ilšu-rabi) 악카드 왕조의 왕 마니쉬투슈가 임명한 고대 이란의 국경도시 파쉬메의 악카드인 총독.

일쿠(il-ku-u_2) 키쉬 1왕조의 왕.

일타사둠(Il-ta-sa-dum) 키쉬 1왕조의 왕.

임타(Imta) / 니비아(Nibia) 구티 왕조의 왕.

입비-씬(Ibbi-Sin) / 입비-쑤엔(Ibbi-Suen) 우르 3왕조의 왕, 수메르의 마지막 왕.

자그로스 종족 동맹군 우르 3왕조를 멸망시킨 자그로스산맥과 그 주변에 살던 종족들의 군대.

자르리쿰(Zarriqum) 우르 3왕조의 왕 슐기가 파견한 수사의 총독, 우르 3왕조의 왕 아마르-씬이 앗슈르의 군정 사령관으로 파견했다가 다시 수사의 총독으로 돌아감.

자묵(Zamug) 키쉬 1왕조의 왕.

주주(Zuzu) 아크샤크 왕조의 왕.

주콰킾(Zu_2-qa_2-qi_4-ip) 키쉬 1왕조의 왕.

지나(Zina) 악카드 왕조의 태조 사르곤이 정복한 후지X(정확한 국명이 알려지지 않음)의 군주.

지무다라(Zimudara) 키쉬 4왕조의 왕.

지우쑤드라(Ziusudra) / 우트나피쉬팀(Utnapishitim) / 아트라하시스(Atra-Hasis) 대홍수 이전의 도시 슈루파크의 왕, 대홍수의 생존자, 우바라-투투의 아들.

진눔(Zinnum) '자그로스 종족 동맹군'을 이끌고 수메르로 쳐들어온 수바르투 왕.

카쿠(Kaku) / 카-쿠(KA-ku) 악카드 왕조의 왕 리무쉬에게 봉기한 우르 왕.

카쿠(Kaku) 라가쉬 2왕조의 왕.

칼루뭄(Ka-lu-mu-um) 키쉬 1왕조의 왕.

칼리붐(Ka_3-li_2-bu-um) 키쉬 1왕조의 왕.

쿠다(Kuda) 우루크 4왕조의 왕.

쿠룸(Kurum) 구티 왕조의 왕.

쿠-바바(Ku-Baba) / 쿠-바우(Ku-Bau) 키쉬 3왕조의 여왕.

쿤두품(Kundupum) 악카드 왕조의 태조 사르곤이 정복한 바락슘의 재판관.

쿤쉬-마툼(Kunši-matum) 우르 3왕조의 왕 슈-씬의 딸, 우르 3왕조의 속국 씨마눔 왕의 며느리.

쿨라씨나-벨(Kul_2-la-si_2-na-be-el) 키쉬 1왕조의 왕.

키슘(Qīšum) 악카드 왕조의 왕 나람-씬에게 봉기한 에레쉬의 군주.

키타(Khita) 악카드 왕조의 왕 나람-씬과 평화조약을 체결한 엘람 왕.

키투쉬-이드(Lituš-id) 악카드 왕조의 왕 리무쉬에게 봉기한 라가쉬의 군주.

킨다투(Kindattu) 엘람의 쉬마쉬키 왕조의 6대왕, 우르 3왕조를 정복한 '자그로스 종족 동맹군'의 수장.

타람슐기(Taram-Šulgi) 우르 3왕조의 왕 슐기의 셋째 딸, 우르의 속국 바쉬메의 왕 슈따바니와 정략결혼한 왕비.

타람아가데(Taram-Agade) 악카드 왕조의 왕 나람-씬이 옛 시리아 땅에 있던 우르케쉬의 우두머리(후리족)와 정략결혼시킨 공주.

타람우람(Taram-Uram) 우르 3왕조의 왕 슐기의 왕비, 마리 총독 아필킨의 딸.

타빠다락(Tappa-Daraḫ) 우르 3왕조의 왕 슐기가 파괴한 씨무르룸의 군주.

타쉬룰툼(Tašlultum) 악카드 왕조의 태조 사르곤의 왕비.

투킨-하띠-미그리샤(Tukin-hatti-migriša) 우르 3왕조의 왕 입비-씬의 딸, 엘람의 도시 자브샬리 군주와 정략결혼함.

투타-나프숨(Tūta-napšum) 악카드 왕조의 왕 나람-씬의 딸, 엔릴 신전의 고위직 사제.

티리간(Tirigan) / 티리가(Tiriga) 구티 왕조의 마지막 왕.

티즈콰르(ti-iz-qar) 키쉬 1왕조의 왕.

파빌갈투쿠(Pabilgaltuku) 움마 1왕조의 왕.

파프우르사그(Papursag) 라가쉬 1왕조의 왕 우르-난쉐와 전쟁을 벌인 우르 1왕조의 장군, 우우우의 아들.

푸아비(Puabi) 우르 1왕조의 여사제 또는 메스칼람두 왕의 후궁.

푸안눔(Pu-an-nu-um) 키쉬 1왕조의 왕.

푸주르-누무쉬다(Puzur-Numušda) 악카드 왕조의 왕 나람-씬에게 봉기한 카잘루의 군주.

푸주르-니랔(Puzur-Niraḫ) 아크샤크 왕조의 왕.

푸주르-닌갈(Puzur-Ningal) 악카드 왕조의 왕 나람-씬에게 봉기한 티와의 군주.

푸주르-마마(Puzur-Mama) / 푸제르-마마(Puzer-Mama) 악카드의 압제로부터 독립을 선언한 라가쉬 2왕조의 왕.

푸주르-슐기(Puzur-Šulgi) / 푸주르-누무쉬다(Puzur-Numušda) 우르 3왕조의 왕 슐기의 지시로 쌓은 장성의 사령관, 우르 3왕조의 왕 입비-씬의 신하, 카잘루의 군주.

푸주르-쑤엔(Puzur-Suen) 구티 왕조의 왕.

푸주르-씬(Puzur-Sîn) / 푸주르-쑤엔(Puzur-Suen) 키쉬 4왕조의 왕.

푸주르-이쉬타르(Puzur-Ishtar) 악카드 왕조의 왕 샤르칼리샤리가 엔릴 신전의 완공을 위해 임명한 니푸르 총독.

푸주르-인슈쉬나크(Puzur-Inšušinak) 악카드로부터 독립을 선언한 엘람 왕, 엘람어로는 쿠티크-인슈쉬나크((Kutik-Inšušinak).

푸주르-일리(Puzur-ilī) 우루크 4왕조의 왕.

피리그-메(Pirig-me) 라가쉬 2왕조의 왕.

하블룸(ḫablum) 구티 왕조의 왕.

함무라비(Hammurabi) / 함무라피(Hammurapi) 고바빌로니아(바빌론 1왕조)의 6대왕.

헤로도토스(Herodotos) 고대 그리스의 역사가.

헤바바(Hebaba) 라가쉬 1왕조의 왕 우루카기나의 누이.

후르삭쉐막(Ḫursagšemaḫ) 라가쉬 1왕조의 왕 우르-난쉐와 전쟁을 벌인 움마 1왕조의 왕 파빌갈투쿠의 신하, 움마 포로들 중 유일한 생존자, 움마 1왕조의 대상인에서 라가쉬 1왕조의 대상인으로 신분을 세탁한 자.

히다리아(Hidaria) 악카드 왕조의 태조 사르곤이 정복한 구닐라하의 군주.

히쉬브라시니(Hišibrasini) 악카드 왕조의 태조 사르곤이 정복한 엘람 왕.

이 책에 나오는 도시·국가·유적지

가에쉬(Gaeš) 우르 근교에 있는 작은 도시.

괴베클리 테페(Göbekli Tepe) 터키의 선사시대 유적지.

구닐라하(Gunilaḫa) 악카드 왕조의 태조 사르곤이 정복한 이란의 고대도시.

구블라(Gubla) / 비블로스(Byblos) 지중해 연안에 있는 우르 3왕조의 속국.

구비(Gubi) 라가쉬 2왕조의 성군 구데아가 교류하던 인도의 서부 연안 지방으로 지금의 고아(Goa) 지방.

구압바(Guabba) 라가쉬 최남단의 도시.

구티(Guti) 악카드 왕조를 멸망시킨 호전적인 산악 민족이 살던 수메르 북동쪽 자그로스산맥의 한 지방.

구핀(Gupin) 악카드 왕조의 왕 리무쉬에게 반기를 든 위치가 불분명한 이란의 옛 도시.

기르수(Girsu) 라가쉬 북서부의 도시, 라가쉬의 신앙과 종교의 중심지인 성도(聖都).

기샤(Giššа) 움마 1왕조의 중심 도시.

남눈다-키가라(Namnunda-kigara) 라가쉬 북서쪽에 있는 국경 언덕.

누투르(Nutur) 우르 3왕조 때 수도 우르 지척의 도시, 지금의 텔 알-우바이드.

니네베(Nineveh) 이라크 북부 고대 앗시리아의 수도.

니푸르(Nippur) 수메르의 신앙과 종교의 중심 도시(성도).

닝인(Niĝin) / 닌아(Nina) / 시라라(Sirara) 라가쉬 남동부의 도시.

다브룸(Dabrum) / 두브룸(Dubrum) 구티의 마지막 왕 티리간이 우루크 왕 우투-헤갈의 공격을 피해 도망간 움마 북쪽의 도시.

데르(Der) 수메르와 엘람의 경계선에 접해 있던 수메르 북동쪽의 도시국가.

디카르주(Dhi Qar Governorate) 이라크 남부의 주(州).

딜문(Dilmun) 지금의 바레인에 있던 고대 해상무역의 요충지.

딜바트(Dilbat) 악카드 왕조의 왕 나람-씬에게 봉기한 수메르 북부의 도시.

라가쉬(Lagash) 1 라가쉬의 국명.

라가쉬(Lagash) 2 라가쉬 1왕조의 수도.

라라크(Larak) 대홍수 이전의 수메르 도시.

라르싸(Larsa) 수메르 남부의 도시.

룰루비(Lullubi) / 룰루붐(Lullubum) 정확한 위치는 알 수 없으나 디얄라강 상류와 이라크 북동부 슐레이마니아주 사이의 지역으로 자그로스산맥 서쪽의 호전적인 민족이 살던 지방.

마간(Magan) 호르무즈해협 부근(지금의 오만)에 있던 고대 해상무역의 요충지.

마르다만(Mardaman) 악카드가 지배하던 메소포타미아 북부의 도시로, 지금의 바셋키(Bassetki).

마르투(Martu) 메소포타미아 서부의 통칭.

마리(Mari) 메소포타미아 북서부에 있던 무역도시.

메소포타미아(Mesopotamia) '강 사이의 땅'을 의미하는 그리스어.

멜루하(Meluḫḫa) 고대 인도의 북서부 인더스강 주변의 하라파 문화 권역.

미쉬메(Mišime) 라가쉬 1왕조의 왕 에안나툼이 정복한 이란의 고대도시.

바드티비라(Bad-tibira) 수메르 남부의 도시.

바락슘(Barahšum) / 파락슘(Paraḫšum) 악카드 왕조의 태조 사르곤이 정복한 이란의 고대도시. 수메르어로는 마르하쉬(Marhaši).

바빌론(Babylon) 아무르인이 건설한 이라크 중부의 고대도시.

보르씨파(Borsippa) 악카드 왕조의 왕 나람-씬에게 봉기한 수메르 북부의 도시.

분반(Bunban) 악카드 왕조의 태조 사르곤이 정복한 이란의 고대 도시.

비툼-라비움(Bitum-rabium) 우르 3왕조의 왕 아마르-씬이 파괴한 엘람의 도시.

사굽(Sagub) 라가쉬 북서쪽의 국경도시.

사마라(Samarra) 이라크 중부의 선사시대 유적지.

사붐(Sabum) / 사품(Sapum) 악카드 왕조의 태조 사르곤이 정복한 이란의 고대도시, 우르 3왕조의 군정도시.

살리아무(Sali'amu) 악카드 왕조의 태조 사르곤이 정복한 이란의 고대도시.

샤쉬룸(Šašrum) 우르 3왕조의 왕 슐기가 파괴한 도시, 이라크 북동부 소(小)자브강 상류에 있던 도시.

수메르(Sumer) 역사상 최초의 문명국.

수바르투(Subartu) / 수-비르(Su-bir) / 수바르(Subar) / 슈부르(Šubur) 메소포타미아 북부의 통칭.

수사(Susa) 이란의 고대도시, 엘람의 수도.

쉬리훔(Širiḫum) / 쉐리훔(Šerihum) 페르시아만 해안에 있던 이란의 고대도시.

쉬마쉬키(Šimašiki) 안샨 북쪽에 있던 이란의 고대도시.

슈루트훔(Šuruthum) 우르 3왕조의 왕 아마르-씬이 파괴한 이라크 북동부의 도시.

슈루파크(Šuruppak) 수메르 중부의 도시.

슈메리(Šumeri$_2$) / 슈메루(šumerû) 악카드어의 수메르 국명.

씨마눔(Simanum) 메소포타미아 북부의 도시, 우르 3왕조의 속국.

씨무다르(Simudar) 수메르 북동쪽 디얄라강 주변의 도시.

씨무르룸(Simurrum) 수메르 북동쪽 디얄라강 상류와 티그리스강 상류 사이에 있던 지방.

씨파르(Sippar) / **짐비르(Zimbir)** 수메르 북부의 도시.

아가데(Agade) 악카드 왕조의 수도 또는 악카드 왕조.

아나무스(Anamus) 터키의 아마누스산맥.

아담둔(Adamdun) 우르 3왕조의 왕 입비-씬이 정벌한 이란의 고대도시.

아답(Adab) 수메르 중부의 도시.

아라와(Arawa) / **우루와(Uruwa, Uru'a)** 라가쉬 1왕조의 왕 에안나툼이 정복한 이란의 고대 무역도시.

아라타(Arrata) 우루크 1왕조의 왕 엔메르카르와 외교전을 펼친 미지의 도시.

아루아(Arua) 라가쉬 1왕조의 왕 에안나툼이 정복한 이란의 고대도시.

아르만(Arman) 악카드 왕조의 왕 나람-씬이 정복한 시리아의 고대도시.

아무르(Amurru) 메소포타미아 북서부로 아모리, 마르투의 다른 이름.

아완(Awan) 이란의 고대도시.

아주피라누(Azupirānu) 악카드 왕조의 태조 사르곤 왕 사후에 기록된 악카드어판 '사르곤 전설'에 나오는 사르곤의 출생지.

아크샤크(Akšak) 수메르 북부의 도시.

아피아크(Apiak) 악카드 왕조의 왕 나람-씬에게 봉기한 수메르 북부의 도시.

악카드(Akkad) 수메르 초기 왕조를 무너뜨리고 사르곤이 세운 왕국.

안샨(Anšan) 이란의 고대도시.

앗슈르(Aššur) 니네베 남쪽에 있는 이라크의 고대도시.

에닌키마르(Eninkimar) 라가쉬 최남단의 항구도시.

에레쉬(Eresh) 악카드 왕조의 왕 나람-씬에게 봉기한 수메르 북부의 도시.

에리두(Eridu) 수메르 남부의 도시, 수메르 최초의 도시.

에블라(Ebla) 시리아의 고대 왕국.

에쉬눈나(Ešnunna) 수메르 북서쪽의 도시.

에쉬슈(Eššu) / 아쉬슈(Aššu) 우르 3왕조의 수도 우르 근교의 작은 도시.

엘람(Elam[ki]**)** 이란의 고대 문명국.

예리코(Jericho) 팔레스타인 요르단강 서안의 유적지.

오우에일리('Oueili) / 텔 엘-오우에일리(Tell el'Oueili) 이라크 남부에 있는 원(原)수메르 문화의 출발지.

우루아즈(Uruaz) 라가쉬 1왕조의 왕 에안나툼이 정복한 이란의 고대도시.

우루크(Uruk) 수메르 남부의 도시.

우르(Ur) 수메르 남부의 도시.

우르빌룸(Urbilum) 우르 3왕조의 왕 슐기가 파괴한 이라크 북부의 고대도시로 지금의 에르빌.

우바이드(Ubaid) 이라크 남부의 선사시대 유적지.

움마(Umma) 1 라가쉬에 인접한 수메르의 도시국가.

움마(Umma) 2 움마의 도시, 움마 2왕조의 수도.

이씬(Isin) 우르 3왕조의 왕 입비-씬의 신하였던 마리 출신의 상인 이쉬비-에라가 우르를 배신하고 우르의 마지막 자본(보리)을 빼돌려 세운 도시.

이아르무티(Iarmuti) 악카드 왕조의 태조 사르곤이 점령한 메소포타미아 북서부의 도시.

이아브루(Iabru) / 자브루(Jabru) 우르 3왕조의 왕 아마르-씬이 파괴한 이란의 고대도시.

자르모(Jarmo) 자그로스산맥 산기슭에 있는 이라크의 선사시대 유적지.

자발라(Zabala) / 자발람(Zabalam) 움마의 위성도시.

자브샬리(Zabšali) 이란의 고대도시, 우르 3왕조의 속국.

자하라(Zahara) 이란의 고대도시.

차탈휘익(Çatalhöyük) 터키의 선사시대 유적지.

카라하르(Karahar) 우르 3왕조의 왕 슐기가 파괴한 도시로, 위치는 알려져 있지 않으나 디얄라강 상류의 지류와 자그로스산맥 사이에 있던 도시.

카르데데(Kardede) 악카드 왕조의 태조 사르곤이 정복한 이란의 고대도시.

카르지다(Karzida) 우르 3왕조의 수도 우르 근교에 있던 작은 도시 가에쉬의 부두.

카잘루(Kazallu) 이라크 중부의 고대도시.

케쉬(Keš) 키쉬의 다른 이름 또는 수메르의 작은 도시.

쿠아라(Kuara) 수메르 남부의 도시.

쿠타(Kutha) 악카드 왕조의 왕 나람-씬에게 봉기한 수메르 북부의 도시.

쿨라바(Kullaba / Kulaba / Kulab) 수메르 신들의 아버지 '안'을 모시던 우루크의 도시.

키리타브(Kiritab) 악카드 왕조의 왕 나람-씬에게 봉기한 수메르 북부의 도시.

키마쉬(Kimaš) 수메르 북동쪽 자그로스산맥 주변에 있던 이란의 고대도시.

키쉬(Kiš) 수메르 북부의 도시.

키안(ki'an) 움마의 위성도시.

키엔기(Kiengir) 수메르의 수메르어 국명.

키우투(Kiutu) 라가쉬 1왕조의 왕 에안나툼이 정복한 미지의 수메르 도시.

타반(Taban) 수메르 북동쪽 디얄라 지방의 일부.

테페 가우라(Tepe Gawra) 이라크 북부의 선사시대 유적지.

투투(Tutu) / 투툽(Tutub) 수메르 북서쪽의 도시 에쉬눈나에 속해 있던 작은 도시.

투툴(Tutul) 메소포타미아 북서부의 고대도시.

툼말(Tummal) 우르 3왕조 시절의 니푸르 외곽으로, 엔릴의 부인 닌릴을 모시던 신성구역.

티드눔(Tidnum) 메소포타미아 서부 마르투의 다른 이름.

티와(Tiwa) 악카드 왕조의 왕 나람-씬에게 봉기한 수메르 북부의 도시.

파쉬메(Pašime) / 바쉬메(Bašime) 고대 이란과 이라크의 국경도시.

푸즈리쉬-다간(Puzriš-Dagan) 우르 3왕조 시절 니푸르 외곽의 도시로, 우르 제국의 물류 재분배센터.

하르쉬(Harši) 우르 3왕조의 왕 슐기가 파괴한 도시. 정확한 위치는 알 수 없으나 수메르 북동쪽 자그로스산맥에 있던 이란의 고대도시.

하수나(Hassuna) 이라크 북부의 선사시대 유적지.

할라프(Halaf) 메소포타미아 북부의 선사시대 유적지.

헤니(Heni) 악카드 왕조의 태조 사르곤이 정복한 이란의 고대도시.

후르티(Hurti) 우르 3왕조의 왕 슐기가 파괴한 도시. 정확한 위치는 알 수 없으나 자그로스산맥 중부와 후리 국경지대 부근의 도시.

후리(Hurri) 메소포타미아 북부 하부르강에서 자그로스산맥 기슭 사이에 살던 족속의 지방.

후지X(Huzi...) 악카드 왕조의 태조 사르곤이 정복한 이란의 고대도시.

훅누리(Huḫnuri) 우르 3왕조의 왕 아마르-씬과 입비-씬이 파괴한 엘람의 도시.

이 책에 나오는 신

* 신명(神名) 앞에 붙는 'dingir(신)'의 위첨자 'd'는 생략했다.

가툼두(Gatumdu(g)) 라가쉬의 모신, 풍요와 다산의 여신.

난쉐(Nanše) 라가쉬의 도시 닝인의 수호신, 새·물고기·습지의 신.

네르갈(Nergal) 전쟁의 신이자 저승의 신, 쿠타의 수호신.

누무쉬다(Numušda) 카잘루의 수호신.

니싸바(Nisaba) 필경술과 학문의 신이자 곡물(수확)의 신, 움마의 여신, 니바다(Nibada)의 다른 이름.

닌구발락(Ningubalag) 태양신 우투의 다른 이름.

닌구블라가(Ningubalaga) 달의 신 난나의 아들, 우르의 신.

닌기르수(Ningirsu) 라가쉬의 국가 수호신, '라가쉬의 성도' 기르수의 수호신.

닌기림(Ningirim) 움마 1왕조의 왕 루갈자게씨를 지원한 우루크의 여신.

닌기쉬지다(Ningišzida) 라가쉬 2왕조의 왕 구데아의 개인 수호신.

닌다르(Nindar) / 닌다라(Nindara) 라가쉬의 신, 난쉐의 배우자.

닌두바(Ninduba) 수메르 건축의 신.

닌릴(Ninlil) '수메르 신들의 제왕' 엔릴의 배우자.

닌마르(Ninmar) / 닌마르키(Ninmarki) 라가쉬의 도시 구압바의 수호신.

닌막(Ninmah) '수메르의 모신' 닌후르쌍의 다른 이름, 다산의 여신.

닌무쉬바르(Ninmušbar) 라가쉬의 신.

닌슈부르(Ninšubur) 수메르의 남신이자 여신(자웅동체의 신), 천제 '안'의 고관(남신) 또는 인안나의 시종(여신).

닌아주(Ninazu) 수메르 치유의 신.

닌에갈라(Ninegalla) / 닌에갈(Ninegal) 인안나의 다른 이름.

닌우라(Ninura) 움마의 여신으로 '움마의 수호신' 샤라의 배우자.

닌우르타(Ninurta) 수메르 농업의 신, 닌기르수의 다른 이름.

닌카락(Ninkarak) 천제 '안'의 딸.

닌쿠눈나(Ninkununa) 인안나의 별칭.

닌키(Ninki) 땅의 여신, '지혜의 신' 엔키의 배우자.

닌후르쌍(Ninḫursaĝ) / 닌후르싹가(Ninhursagga) 수메르의 모신, 키쉬의 수호신.

두무지(Dumuzi(d)) 인안나의 남편, 엔키의 아들, 도시 바드티비라의 수호신.

두무지-압주(Dumuzi-Abzu) 라가쉬의 여신으로 도시 키니르샤의 수호신, 동명(同名)의 남신으로는 엔키의 아들 두무지.

루갈에무쉬(Lugalemuš) 두무지의 다른 이름.

루갈우룹(Lugalurub) 라가쉬의 신.

마르둑(Marduk) 바빌론의 수호신.

메스람타에아(Meslamtaea) 쿠타의 수호신, 우르 3왕조 때에는 네르갈과 동일시됨.

바바(Baba) / 바우(Bau) '라가쉬의 수도' 라가쉬의 수호신.

샤라(Šara) 움마의 수호신.

숄샤가나(Šulšagana) / 숄샤가(Šulšaga) 라가쉬의 신, 닌기르수와 바바(바우)의 아들.

슐우툴라(Šulutula) / 슐우툴(Šulutul) 라가쉬의 신, 우르-난쉐 세습 왕조의 개인 수호신.

쑤엔(Suen) 달의 신으로 '씬(Sîn)'과 '난나(Nanna)'의 다른 이름. 엔릴의 아들이며 우르의 수호신.

아마게쉬티나(Amageština) / 아마게쉬틴안나(Amageštinanna) 수메르의 여신.

안(An) 천제(天帝), 하늘의 신, 신들의 아버지.

에지나(Ezina) 수메르 곡식의 여신.

엔릴(Enlil) 수메르 신들의 제왕으로 바람의 신, 니푸르의 수호신, 천제 '안'의 아들.

엔키(Enki) 인간의 창조주로 지혜·생명·물(지하수)의 신, 천제 '안'의 아들이며 악카드어의 에아(Ea).

우투(Utu) 수메르의 태양신.

이그알림(Igalim) 라가쉬의 신, 닌기르수와 바바의 아들.

이쉬쿠르(Iškur) 천제 '안'의 아들로 폭풍과 비의 신.

이쉬타란(Ištaran) 도시 데르의 수호신, 수메르의 국경선을 관장하는 신.

이쉬타르(Ištar) 악카드의 수호신, 인안나의 악카드어 이름.

인슈쉬나크(Inšušinak) 엘람의 신, 도시 수사의 수호신.

인안나(Inanna) 위대한 수메르의 여신, 하늘과 땅의 여왕, 전쟁의 여신, 두무지의 배우자.

자바바(Zababa) 키쉬의 수호신으로 전쟁의 신.

타그눈(TAG-nun) 움마의 여신.

헨두르쌍(Ḫendursaĝ) 라가쉬의 신, 엔키의 전령.

이 책에 나오는 신전·왕궁

두그루(Dugru) '라가쉬의 국가 수호신' 닌기르수를 모시는 신전 지성소.

딤갈압주(Dimgalabzu) 신전 / 에딤갈압주(Edimgalabzu) 라가쉬 변경 '구에덴나의 전령'의 신전.

바가라(Bagara) 신전 / 에바가라(Ebaraga) '라가쉬의 국가 수호신' 닌기르수를 모시는 '라가쉬의 성도' 기르수의 신전.

시라라(Sirara) 신전 / 에시라라(E-sirara) 라가쉬의 도시 '닝인의 수호신' 난쉐를 모시는 신전.

아후쉬(Aḫuš) 신전 움마 1왕조의 왕 루갈자게씨가 약탈한 라가쉬의 신전.

안타수라(Antasura) 신전 '라가쉬의 성도' 기르수 변방의 신전.

압주반다(Abzu-banda) 신전 움마 1왕조의 왕 루갈자게씨가 약탈한 라가쉬의 신전.

에-갈(e_2-gal) 라가쉬의 왕궁.

에누투라(Enutura) 우르 3왕조의 수도 우르 지척에 있는 '누투르의 수호신' 닌후르싹가(닌후르쌍)를 모시는 신전.

에눈나(Enunna) 우르 3왕조의 수도 '우르 수호신' 난나를 모시는 신전.

에닌누(Eninnu) / E-50 신전 '라가쉬의 국가 수호신' 닌기르수를 모시는 '라가쉬의 성도' 기르수의 신전.

에막(Emah) 신전 '움마의 수호신' 샤라를 모시는 신전.

에-무누스(e_2-munus) / 에-미(e_2-MI_2) 라가쉬의 내궁.

에무쉬(Emuš) 신전 '바드티비라의 수호신' 루갈에무쉬를 모시는 신전.

에밥바르(Ebabbar) 신전 태양신 우투를 모시는 라르싸와 움마의 신전.

에사르(Esar) 신전 인안나를 모시는 아답의 신전.

에안나(Eanna) 신전 '우루크의 수호신' 인안나를 모시는 우루크의 신전.

에압주(Eabzu) 신전 '에리두의 수호신' 엔키를 모시는 에리두의 신전.

에엔구라(E-engura) 신전 에압주의 다른 이름.

에카르지다(Ekarzida) 신전 '우르 3왕조의 수도' 우르 근교에 있는 작은 도시 가에쉬의 부두에 지은 난나를 모시는 신전.

에쿠르(Ekur) 신전 '신들의 제왕' 엔릴을 모시는 니푸르의 신전.

에파(E-PA) 신전 움마와 키안의 신전.

에파(e_2-PA) 신전 라가쉬 2왕조의 왕 구데아가 기르수에 지은 닌기르수를 모시는 신전.

에후르쌍(Ehursaĝ) 왕궁 우르 3왕조의 왕 슐기가 지은 왕궁.

이브갈(Ibgal) 신전 라가쉬 1왕조의 왕 우르-난쉐가 지은 인안나를 모시는 신전.

티라쉬(Tiraš) 신전 라가쉬의 우르-난쉐 세습 왕조의 개인 수호신 슐우툴라를 모시는 신전.

이 책에 나오는 강·운하·해협·바다·산

구빈산맥(Gubin Mountains) 자그로스산맥의 옛 이름.

닌아기나(Ninagina)운하 자발라와 라가쉬의 여러 도시를 관통하는 운하.

닝인두아(id$_2$-niĝin.KI-du-a, Niĝindua)운하 / 이닌아두아(i$_7$-nina^{ki}-du-a, Ininadua) 기르수와 닝인을 연결하는 운하.

대(大)자브(Great Zab)강 터키와 이라크 북동부를 흐르는 강.

디얄라강(Diyala River) 수메르 북동부 디얄라 지방의 강.

룸마기르눈타(Lumma-Girnunta) 라가쉬 국경지대의 운하.

룸마긴두(Lummagindu) 라가쉬 국경지대의 운하.

바샤르(Bašar)산 시리아 북동부 유프라테스강 서쪽의 고지대로 마르투인의 본거지.

보스포루스해협(Bosporus Strait) 터키의 도시 이스탄불을 가로지르는 해협.

살라(Sala / sal$_4$) 기르수의 구에덴나 근처를 흐르는 운하.

샤트알아랍(Shatt al-Arab)강 유프라테스강과 티그리스강의 합류점에서 페르시아만으로 흘러들어가는 강.

소(小)자브(Little Zab)강 이란과 이라크 북동부를 흐르는 강.

아-닌투(A-Nintu) 우르 3왕조의 왕 우르-남무가 건설한 운하.

아라비아해(Arabian Sea) 아라비아반도에서 인도를 잇는 인도양의 북쪽 바다.

아래쪽 바다(a-ab-ba-sig-sig) 페르시아만.

위쪽 바다(a-ab-ba-IGI.NIM) 지중해.

유프라테스강(Euphrates river / Buranun / Id-Ugina / Purattu / Ufrātu) 메

소포타미아에서 가장 긴 강, 구리의 강, 푸른 강.

이드눈(Idnun) 에덴의 구에덴나로 흐르는 운하.

이투룬갈(Iturungal)운하 아답, 움마, 기샤, 바드티비라, 라르싸를 관통하는 운하.

인더스강(Indus river) 인도 서북부의 강.

잉어 물길(a-suḫur^{ku6}) 라가쉬 국경지대의 운하.

자그로스산맥(Zagros Mountains) 이란 서부의 남북에서 터키 남동부로 연결된 거대한 산맥.

타반강(Taban river) 수메르 북동부 디얄라 지방의 강.

티그리스강(Tigris river / idigna / idiqlat / Tigrā) 메소포타미아의 강, 화살 같은 강.

하부르강(Khabur river) 터키 남동부에서 시리아 남부로 흐르며, 유프라테스강과 합류하는 강.

호르무즈해협(Strait of Hormuz) 페르시아만과 오만만을 잇는 해협.

이 책에 나오는 기타 목록

검은 개의 언덕(du$_6$ ur ge$_6$-ga-ke$_4$) 움마 왕 우르룸마가 라가쉬를 침공하며 공략한 곳.

게슈가(Gešugga) 라가쉬 왕 에안나툼이 에덴을 지키기 위해 경계비를 세운 들판.

경계비 수메르어의 '나루아(na-ru$_2$-a: na-du$_3$-a: narua)'이며, 악카드어의 '나루(narû)'이다. 일반적으로 악카드어에서 '경계'를 뜻하는 '쿠두루(kudurru)'가 '비문이 실린 경계비'로 표현된다.

구루(guru) 라가쉬 1왕조의 부피 단위. '1구루'는 약 7,800헥토리터(7,800×100리터).

구르(gur) 우르 3왕조의 부피 단위. 1구르는 300씰라로 약 300리터 또는 252리터.

구에덴나(Gu'edena / Guedenna) 라가쉬의 기르수와 움마의 기샤 사이에 있던 에덴의 길목.

군대(ugnim) 〈수메르 왕명록 Ashm 1923-0444〉의 필경사가 구티 왕조를 비아냥거리며 사용한 수메르어.

군 마다(gun$_2$ ma-da) 우르 3왕조가 군정도시에서 거두어들인 지방 공물.

군정 사령관(GIR.NITA) 우르 3왕조 왕들이 우르의 군정도시에 파견한 통치자.

남눈다-키가라(Namnunda-kigara) 닌기르수의 국경 언덕.

남-루갈(nam-lugal) 수메르 전체에 영향력 있는 강력한 왕권.

남-엔시(nam-ensi$_2$) 수메르 도시의 일반적인 왕권.

누반다(nubanda) 장수, 지휘관, 감독관.

닌단(nindan) 길이 단위. 1닌단은 약 6미터.

단나(danna) / 다나(da-na) 길이 단위. 1단나는 약 10킬로미터.

담가르(damgar) 상인이자 공인.

담가르갈(damgargal) 대상인이자 공인.

대추야자나무(^{ĝeš}ĝešnimbar) 수메르에서 자라는 생명의 나무.

루갈(lugal) 수메르의 여러 도시에 막강한 정치력을 행사할 수 있는 강력한 왕에게 붙이는 칭호.

루쿠르(lukur) 우르 3왕조 슐기 왕이 행차할 때 동행하던 후궁.

마(Ma) 배.

마구르(ma$_2$-gur$_8$) 배, 행렬을 이루고 있는 여러 척의 배.

마쉬다레아(mašdarea) / 마쉬다리아(mašdaria) 라가쉬 1왕조 루갈안다 통치 시기에 라가쉬 상류사회에 만연해 있던 공공연한 부조(扶助).

메(Me) 가장 신성한 권능과 권위, 삼라만상의 총체적인 질서, 하늘과 땅의 모든 기득권. 인안나가 에리두의 엔키를 유혹해 탈취해서 우루크로 가지고 왔다(6,000년 전 우루크가 에리두를 누르고 수메르 문화의 중심지가 된 일을 말함).

미나(mina) 수메르어의 마나(mana)로 1미나는 약 500그램.

미쇼의 돌(Caillou Michaux) 1782년 프랑스의 식물학자 A. 미쇼(André Michaux)가 바그다드에서 구입한 유럽에 알려진 최초의 설형문자 유물. 경계비로 토지 양도의 명문이 담겨 있다.

바드-이기-후르싹가(Bad-igi-ḫursagga) 우르 3왕조 슐기 왕과 그의 신하 푸주르-슐기가 쌓은 장성.

발라(bala) '순환, 교대'라는 뜻으로, 우르 3왕조 때 시행된 과세제도.

부르(bur) 1부르는 약 6.48헥타르.

상가(saĝĝa / sanga) 신전 행정 총책임자.

상가 막(saĝĝa mah) 최고위 상가.

샤기나(šagina) 악카드어의 샤카낙쿠(Šakkanakku)로 악카드와 우르 3왕조의 속국에 임명된 총독.

숙칼(sukkal) 고위 관료 비서.

숙칼 막(sukkal mah) 최고위 관료, 왕의 비서실장.

쉐(še) 무게 단위. 1쉐는 약 0.047그램.

쉐켈(šekel) 무게 단위. 수메르어의 긴(gin_2) 또는 깅($gi\hat{g}_4$)으로 1쉐켈은 8.40±0.34g.

슐기-난나(Šulgi-Nanna) 우르 3왕조 슐기 왕이 도시 데르를 파괴하고 지은 요새.

씰라($sila_3$) 1씰라는 약 1리터로 우르 3왕조 때는 0.84리터.

아마-기($ama\text{-}gi_4$)/ 아마-아르-기($ama\text{-}ar\text{-}gi_4$) 자유, 보리 빚 탕감제도.

안주(Anzu) / 임두구드(Imdugud) 신조(神鳥), 괴조(怪鳥).

암바르($ambar^{ki}$) 라가쉬 사제들이 세금을 거두는 큰 창고가 있는 장소.

압주(abzu) 엔키 신전의 이름, 엔키의 집. 염분이 없는 지하수(담수)와 신화 속 원시의 물.

에(e_2) 집, 신전.

에덴(Eden) / 에딘(edin) 수메르의 곡창지대, 물이 흐르는 비옥토.

에쉐쉬($eš_3\text{-}eš_3$) 매달 1일, 7일, 15일에 열린 우르 3왕조의 축제.

에테멘니구루(Etemenniguru) 우르-남무가 우르에 지은 지구라트.

엔(en) 대사제 겸 통치자.

엔시(**ensi$_2$=PA.TE.SI**) 군주, 지배자, 총독.

엔시-가르(**ensi-gar=GAR.PA.TE.SI**) 수메르의 권력자 루갈이 임명한 군주, 지배자, 총독.

엔시 마구르(**ensi$_2$ ma$_2$-gur$_8$**) 해군 사령관.

우기가(**ugiga**) 라가쉬 1왕조의 왕 엔안나툼과 엔메테나가 움마 왕 우르룸마와 싸운 들판.

우-니르(**u$_6$-nir**) 지구라트의 수메르어.

이쉼-슐기(**Išim-Šulgi**) 우르 3왕조 슐기 왕이 도시 데르를 파괴하고 지은 요새.

종려주일(**Palm Sunday**) 예수가 죽기 일주일 전에 예루살렘으로 입성한 날을 기념하기 위해 가톨릭에서 섬기는 부활절 일주일 전의 일요일.

칠십인역(**Septuagint**) 히브리 성서 최초의 그리스어 번역본.

칼람(**kalam**) 수메르의 땅.

키쉬브(**kišib$_3$**) (암석으로 만든) 원통 인장. 악카드어로는 쿠눅쿠(Kunukku)라고 한다. 악카드 왕 리무쉬가 쿠눅쿠에 맞아 죽었다는 기록이 있다.

키쉬브갈(**Kišibgal**) 인장 관리자.

키아나그(**ki-a-nag**) 라가쉬의 죽은 왕과 왕족에게 제사를 지내는 장소.

키엔기(**kiengir**) '수메르'의 수메르어. '수메르'는 악카드어로 '슈메리, 슈메루'이다.

킨다(**kinda**) 이발사.

킨다갈(**kindagal**) 왕실의 최고위 미용 담당 관료.

탈렌트(**talent**) 수메르어의 군(gun$_2$)으로 1군(탈렌트)은 약 30킬로그램. 1긴(쉐켈)의 3,600배.

이 책에 나오는 박물관·컬렉션

AO Louvre Museum, Paris, France: Antiquités orientales

Ashm Ashmolean Museum of Art and Archaeology: the University of Oxford's museum of art and archaeology, Oxford, England

BLMJ Bible Lands Museum, Jerusalem

BM British Museum, London

CBS University of Pennsylvania Museum of Archaeology and Anthropology, Philadelphia, Pennsylvania, USA

CUNES Department of Near Eastern Studies, Cornell University, Ithaca, New York, USA

Erm State Hermitage Museum, St. Petersburg, Russian Federation

ETCSL Electronic Text Corpus of Sumerian Literature. https://etcsl.orinst.ox.ac.uk/

HS Hilprecht Collection, University of Jena, Germany

IM National Museum of Iraq, Baghdad, Iraq

Ist EŞEM Arkeoloji Müzeleri, Istanbul, Turkey: Istanbul Archaeology Museum

MET / MMA Metropolitan Museum of Art, New York, USA

MS Schøyen Collection, Oslo, Norway

NBC Nies Babylonian Collection, Yale Babylonian Collection, New Haven, Connecticut, USA

OIM Oriental Institute, University of Chicago, Chicago, Illinois, USA

SM Semitic Museum, Harvard University, Cambridge, Massachusetts, USA

VAT Vorderasiatisches Museum, Berlin, Germany

YBC Yale Babylonian Collection, New Haven, USA

사진 출처

1부 최초의 도시문명국

- **1** *Iraq, vol. 70,* (British Institute for the Study of Iraq, 2008) 226쪽(좌)+ Jean-Louis Huot. "The First Famers at 'Oueili." Biblical Archaeologists 55 (1992) 191(중앙), 192(우).
- **2** 저자 제공
- **3** 임근선 일러스트레이터
- **4** David Stanley, CC BY, https://www.flickr.com/photos/davidstanleytravel/30781766991
- **5** 저자 제공
- **6** 임근선 일러스트레이터
- **7** 저자 제공
- **8** David Stanley, CC BY, https://www.flickr.com/photos/davidstanleytravel/30744982822/
- **9** Denise Schmandt-Besserat, *Archaeology. May/June 1979*, Vol. 32, No. 3, 22.
- **10** Hans J. Nissen, *World Archaeology*, Vol. 17, No. 3, Early Writing Systems (Feb., 1986), 320, 330.
- **11** (1)Yale Peabody Museum of Natural History, Babylonian Collection. YPM BC 037566. https://collections.peabody.yale.edu/search/Record/YPM-BC-037566 (2)Yale Peabody Museum of Natural History, Babylonian

Collection. YPM BC 037566. https://collections.peabody.yale.edu/search/Record/YPM-BC-005552 (3)Ashmolean Museum, Antiquities AN1964.744.b, https://collections.ashmolean.org/collection/search/per_page/100/offset/0/sort_by/relevance/object/140059

- **12** Hans J. Nissen, *World Archaeology*, Vol. 17, No. 3, Early Writing Systems (Feb., 1986), 325.
- **13** Aziz1005, CC, https://commons.wikimedia.org/wiki/File:20151228-Euphrates_9283.jpg
- **14** Florence Malbran-Labat. *Manuel d'épigraphie akkadienne*: (signes, syllabaire, idéogrammes) (Paris: P. Geuthner, 1976), 114.
- **15** Rama, CC BY-SA, https://commons.wikimedia.org/wiki/File:Gebel_el-Arak_Knife.jpg
- **16** 저자 제공
- **17** 저자 제공

2부 최초의 역사

- **1** "flood_deposits" Expedition Magazine. (2014): n. pag. *Expedition Magazine*. Penn Museum, 2014 Web. 20 Oct 2021. http://www.penn.museum/sites/expedition/?p=16716
- **2** 저자 제공
- **3** S. H. Langdon, *Historical inscriptions, containing principally the chronological prism, W-B 444* (Oxford editions of cuneiform texts, v. 2. PL Ⅰ. (London:

Oxford University Press, 1923)

- **4** Ashmolean Museum, Ashm 1923-0444, 39~42
- **5** 임근선 일러스트레이터
- **6** Matson Collection, public domain, https://commons.wikimedia.org/wiki/File:Iraq._Kish._(Tel-Uhaimir)._The_ruling_city_immediately_after_the_deluge._The_ancient_ruins_showing_extensive_remains_LOC_matpc.16176.jpg
- **7** Osama Shukir Muhammed Amin FRCP(Glasg, CC BY-SA, https://commons.wikimedia.org/wiki/File:Priest-king_from_Uruk,_Mesopotamia,_Iraq,_c._3000_BCE._The_Iraq_Museum_(transparent).png
- **8** 저자 제공
- **9** Darafsh, CC BY-SA, https://commons.wikimedia.org/wiki/File:Gilgamesh_subduing_a_lion.jpg
- **10** 저자 제공
- **11** David Stanley, CC BY, https://www.flickr.com/photos/davidstanleytravel/22795101268/
- **12** Ernest de Sarzec, https://commons.wikimedia.org/wiki/File:Girsu_Circular_relief.jpg
- **13** E. Sollberger. *Journal of Cuneiform Studies 21* (1967), 287-291 (BM 23103 명문 필사본 17~31행)+Øyvind André Fagerli. *The Rulers of Lagaš in Light of Related Sources* (Copenhagen: University of Copenhagen, 2017), 44.
- **14** USAID(CC0)+Drahoslav Hulinek & Eva Hulinkova Ťuchova, eds. *Preliminary Report, Archaeological project SAHI – Tell Jokha, 2017 (Season 2)*, (Al-Rifai, Tell Jokha Bratislava SAHI Slovakia 2018), 125

- **15** (1)임근선 일러스트레이터 (2)IM 134790 (Hans J. Nissen) (3)Rene Labat & Florence Malbran-Labat. *Manuel d'épigraphie akkadienne*: (signes, syllabaire, idéogrammes) (Paris: P. Geuthner, 1976), 108
- **16** George A. Barton. *Sumerian Business and Administrative Documents from the Earliest Times to the Dynasty of Agade*, Publications of the Babylonian Section, Vol. 9, No. 1, University of Pennsylvania Press, LXVI-LXVII. (1915).
- **17** George A. Barton. *Sumerian Business and Administrative Documents from the Earliest Times to the Dynasty of Agade*, Publications of the Babylonian Section, Vol. 9, No. 1, University of Pennsylvania Press, LXVI. (1915)
- **18** 저자 제공
- **19** 저자 제공
- **20** Encyclopædia Britannica. https://www.britannica.com/place/Adab-ancient-city-Iraq/images-videos#/media/1/4879/4088
- **21** Frayne, Douglas R. RIME 1.08.01.01, ex. 01. https://cdli.ucla.edu/dl/photo/P222741.jpg
- **22** Frayne, Douglas R. RIME 1.09.09.01, ex. 01. https://cdli.ucla.edu/dl/photo/P222607_d.jpg
- **23** Frayne, Douglas R. RIME 1.09.05.01, ex. 02. https://cdli.ucla.edu/dl/photo/P222533.jpg
- **24** Frayne, Douglas R. RIME 1.09.05.01, ex. 01. https://cdli.ucla.edu/dl/lineart/P222532_l.jpg
- **25** 임근선 일러스트레이터
- **26** Frayne, Douglas R. RIME 1.09.01.01, ex. 01. https://cdli.ucla.edu/dl/

photo/P222340.jpg

- **27** 저자 제공
- **28** Frayne, Douglas R. RIME 1.09.01.17, ex. 01. https://cdli.ucla.edu/dl/lineart/P222363_l.jpg
- **29** Joint Expedition of the British Museum and of the Museum of the University of Pennsylvania to Mesopotamia Hall, H. R. (Harry Reginald), 1873-1930, ed Woolley, Leonard, Sir, 1880-1960 Legrain, Leon, 1878- ed
- **30** Ernest de Sarzec (1886)
- **31** 저자 제공
- **32** 임근선 일러스트레이터
- **33** 저자 제공
- **34** Frayne, Douglas R. RIME 1.09.01.02, ex. 01. https://cdli.ucla.edu/dl/photo/P222359.jpg
- **35** Frayne, Douglas R. RIME 1.09.01.05, ex. 01. https://cdli.ucla.edu/dl/photo/P222362.jpg
- **36** 저자 제공
- **37** 저자 제공
- **38** Frayne, Douglas R. RIME 1.09.01.07, ex. 02. https://cdli.ucla.edu/dl/photo/P222342.jpg
- **39** Jastrow, Public domain, https://en.wikipedia.org/wiki/File:Inlay_Akurgal_Louvre_AO11249.jpg
- **40** 저자 제공
- **41** 0x010C, CC BY-SA, https://commons.wikimedia.org/wiki/File:2015-

12_Galet_A_de_fondation_d%27Eanatum_AO_2677_(2).jpg

- **42** Eric Gaba. CC BY-SA, https://commons.wikimedia.org/wiki/File:Stele_of_the_Vultures_in_the_Louvre_Museum_(enhanced_composite).jpg
- **43** Eric Gaba, CC BY-SA, https://commons.wikimedia.org/wiki/File:Stele_of_Vultures_detail_02.jpg
- **44** 저자 제공
- **45** 저자 제공
- **46** 저자 제공
- **47** 저자 제공
- **48** Ernest de Sarzec (1832-1901). https://commons.wikimedia.org/wiki/File:Stele_of_the_vultures_(inscriptions).jpg
- **49** Ernest de Sarzec (1832-1901). https://commons.wikimedia.org/wiki/File:Stele_of_the_vultures_(phalanx).jpg
- **50** Ernest de Sarzec (1832-1901). https://commons.wikimedia.org/wiki/File:Eannatum_composite.jpg
- **51** Ernest de Sarzec (1832-1901). https://commons.wikimedia.org/wiki/File:Stele_of_the_vultures_(burial).jpg
- **52** Kikuyu3. https://commons.wikimedia.org/wiki/File:St%C3%A8le_aux_vautours_33_Face_historique_D%C3%A9tail_bas.jpg
- **53** Eric Gaba. CC BY-SA, https://commons.wikimedia.org/wiki/File:Stele_of_the_Vultures_in_the_Louvre_Museum_(enhanced_composite).jpg
- **54** 저자 제공
- **55** 저자 제공

- **56** 저자 제공
- **57** 저자 제공
- **58** John Henry Haynes (1893). https://commons.wikimedia.org/wiki/File:John_Henry_Haynes._Nippur,_circa_1899.jpg
- **59** 저자 제공
- **60** C. L. Woolley. *Ur excavations* (*VOL.* Ⅱ): *THE ROYAL CEMETERY* (*plates*). A report on the Predynastic and Sargonid Graves excavated between 1926 and 1931. (Oxford University Press, 1934)
- **61** 임근선 일러스트레이터
- **62** 저자 제공
- **63** 저자 제공
- **64** 저자 제공
- **65** 저자 제공
- **66** 저자 제공
- **67** 저자 제공
- **68** 저자 제공
- **69** 저자 제공
- **70** 저자 제공
- **71** 저자 제공
- **72** David Stanley, CC BY, https://flickr.com/photos/79721788@N00/30658120300
- **73** 저자 제공
- **74** C. J. Gadd (1930), The Trustees of the British Museum, https://www.

britishmuseum.org/collection/object/W_1930-0414-2

- **75** Frayne, Douglas R. RIME 1.14.17.03, ex. 01. https://cdli.ucla.edu/dl/photo/P222884.jpg
- **76** Maurice Lambert, "*L'expansion de Lagash au temps d'Entemea*", *Rivista deli Studi Orientali* 47, 1ff. (1972), 3.
- **77** 저자 제공
- **78** 저자 제공
- **79** 저자 제공
- **80** 저자 제공
- **81** Frayne, Douglas R. RIME 1.09.09.03, ex. 01. https://cdli.ucla.edu/dl/lineart/P222610_l.jpg
- **82** 저자 제공
- **83** 저자 제공
- **84** Rama, CC BY-SA, https://commons.wikimedia.org/wiki/File:Vase_dedicated_to_Ningirsu_by_Entemena-AO_2674-IMG_9129-black.jpg
- **85** Jastrow, https://commons.wikimedia.org/wiki/File:Relief_Dudu_Louvre_AO2394.jpg
- **86** 저자 제공
- **87** Joan Aruz & Ronald Wallenfels. *Art of the first cities*: the third millennium B.C. from the Mediterranean to the Indus. New York, Metropolitan Museum of Art. (2003). 30
- **88** Dr. Donald P. Hansen & Dr. Vaughn Crawford, The Al-Hiba Expedition, a joint-project of the Institute of Fine Arts at New York University and the

Metropolitan Museum of Art

- **89** Jastrow, https://commons.wikimedia.org/wiki/File:Letter_Luenna_Louvre_AO4238.jpg
- **90** 저자 제공
- **91** 저자 제공
- **92** Gary Todd, https://www.flickr.com/photos/101561334N08/27674053913/
- **93** 저자 제공
- **94** 저자 제공
- **95** (1)Jastrow, https://commons.wikimedia.org/wiki/File:Seal_Lugalanda_Louvre_AO13219.jpg (2)Jastrow, https://commons.wikimedia.org/wiki/File:Seal_Barnamtarra_Louvre_AO13222.jpg
- **96** 저자 제공
- **97** 저자 제공
- **98** (1)Thureau-Dangin, François. RTC 019. https://cdli.ucla.edu/dl/photo/P221416.jpg (2)Nikol'skij, Mikhail V. Nik 1, 085. https://cdli.ucla.edu/dl/photo/P221854.jpg
- **99** (1)Frayne, Douglas R. RIME 1.09.09.01, ex. 02. https://cdli.ucla.edu/dl/photo/P222608_d.jpg (2)Frayne, Douglas R. RIME 1.09.09.01, ex. 01. https://cdli.ucla.edu/dl/photo/P222607_d.jpg
- **100** Allotte de la Fuÿe, François M. DP 056. https://cdli.ucla.edu/dl/photo/P220706.jpg
- **101** Allotte de la Fuÿe, François M. DP 304. https://cdli.ucla.edu/dl/photo/

P220954.jpg

- **102** Förtsch, Wilhelm. VS 14, 137. https://cdli.ucla.edu/dl/photo/P020152.jpg
- **103** Marzahn, Joachim. VS 27, 085. https://cdli.ucla.edu/dl/photo/P020398.jpg
- **104** Rama, CC BY-SA, https://commons.wikimedia.org/wiki/File:Gishakidu_(name).jpg
- **105** (1)Frayne, Douglas R. RIME 1.12.06.02, ex. 01. https://cdli.ucla.edu/dl/photo/P222906.jpg (2)Frayne, Douglas R. RIME 1.12.06.02, ex. 02. https://cdli.ucla.edu/dl/photo/P222907.jpg
- **106** Rama, CC BY-SA, https://commons.wikimedia.org/wiki/File:Votive_plaque_of_a_beard-IMG_6857.JPG
- **107** Bartash, Vitali. CUSAS 35, 385. https://cdli.ucla.edu/dl/photo/P251871.jpg
- **108** 저자 제공
- **109** 저자 제공
- **110** Frayne, Douglas R. RIME 1.12.07.01, ex. 01. https://cdli.ucla.edu/dl/photo/P247678_d.jpg
- **111** Nikol'skij, Mikhail V. Nik 1, 227. https://cdli.ucla.edu/dl/photo/P221996.jpg
- **112** Rama, CC BY-SA, https://commons.wikimedia.org/wiki/File:Lament_of_Lagash-AO_4162-IMG_9176-black.jpg
- **113** Frayne, Douglas R. RIME 1.09.09.05, ex. 01. https://cdli.ucla.edu/dl/

lineart/P222618_l.jpg

- **114** 저자 제공
- **115** Frayne, Douglas R. RIME 1.14.20.02, ex. 01. https://cdli.ucla.edu/dl/photo/P222908.jpg
- **116** 저자 제공
- **117** Abbé Henri de Genouillac (1930)+Jerrold S. Cooper & Wolfgang Heimpel. "*The Sumerian Sargon Legend.*" Journal of the American Oriental Society 103, no. 1 (1983): 68~72
- **118** Pierre Amiet. *L'Art d'Agadé au Musée du Louvre*, (Paris: Ed. des Musées nationaux, 1976) PL 6a-d
- **119** Leon Legrain. *Publications of the Babylonian Section*, University Museum, University of Pennsylvania, 15 vols. Philadelphia, (1926).

3부 수메르 암흑기

- **1** 저자 제공
- **2** Frayne, Douglas R. RIME 2.01.01.01, ex. 01. https://cdli.ucla.edu/dl/photo/P227509.jpg
- **3** L. W. King. *Chronicles Concerning Early Babylonian Kings*: Vol. I. Luzac & Co. p. iv. (1907)
- **4** Rama, CC BY-SA, https://commons.wikimedia.org/wiki/File:Victory stele-AO 2678-IMG 9053-gradient.jpg

https://commons.wikimedia.org/wiki/File:Victory stele-AO 2678-IMG

9053-gradient.jpg

- **5** Mbzt, CC BY, https://commons.wikimedia.org/wiki/File:P1050576 Louvre Oblélisque de Manishtusu rwk.JPG
- **6** Morris Jastrow, Aspects of religious belief and practice in Babylonia and Assyria (New York: G.P. Putnam's Sons, 1911) 86
- **7** 저자 제공
- **8** Rama, CC BY-SA, https://commons.wikimedia.org/wiki/File:Victory_stele_of_Naram-Sin_of_Akkad-Sb_4-IMG_0556-black.jpg
- **9** Osama Shukir Muhammed Amin FRCP(Glasg), CC BY-SA, https://commons.wikimedia.org/wiki/File:Gishakidu_(name).jpg
- **10** 저자 제공
- **11** 임근선 일러스트레이터
- **12** 저자 제공
- **13** 저자 제공
- **14** 저자 제공
- **15** Jean-Pol GRANDMONT, CC BY, https://commons.wikimedia.org/wiki/File:0 Gudéa, prince de l'État de Lagash - AO 29155.JPG
- **16** Ramessos, https://en.wikipedia.org/wiki/File:GudeaZylinder.jpg
- **17** Jastrow, CC BY, https://commons.wikimedia.org/wiki/File:Statue_Gudea_BM_WA122910.jpg
- **18** Garry Todd, CC0, Michel wal, CC BY-SA, https://commons.wikimedia.org/wiki/File:Gudea_04.jpg

4부 해방과 통일, 그리고 종말

- **1** 저자 제공
- **2** Gift of Mrs. William H. Moore, 1947. The Metropolitan Museum of Art. https://www.metmuseum.org/art/collection/search/329067
- **3** Thureau-Dangin, François. RTC 263. https://cdli.ucla.edu/dl/photo/P128418.jpg
- **4** The Schoyen Collection, https://www.schoyencollection.com/law/sumerian/ur-nammu-ms-2064
- **5** Rogers Fund, 1959. The Metropolitan Museum of Art. https://www.metmuseum.org/art/collection/search/324831
- **6** Albrecht Goetze. "The Chronology of Šulgi Again." Iraq, vol. 22, 1960. PLATE XVIII
- **7** Sailko (CC BY), Hermann V. Hilprecht (1896) https://commons.wikimedia.org/wiki/File:Sumeri, testa di re shulgi, in quarzite, mica e clorite, 2029-1982 ac ca.jpg
- **8** 저자 제공
- **9** 저자 제공
- **10** (1)CDLI Literary 000557, ex. 004. https://cdli.ucla.edu/dl/photo/P345809.jpg (2)CDLI Literary 000558, ex. 001. https://cdli.ucla.edu/dl/photo/P345808.jpg
- **11** CDLI Literary 000560, ex. 002. https://cdli.ucla.edu/dl/photo/P269193.jpg
- **12** CDLI Literary 000379, ex. 024. https://cdli.ucla.edu/dl/photo/P346224.

jpg

• **13** 저자 제공

덧붙이는 글 '최초의 역사'를 되찾은 기쁨

• **1** (1)CDLI. CDLI Literary 000371, ex. 006. https://cdli.ucla.edu/dl/photo/P384786_d.jpg (2)The Schoyen Collection, https://www.schoyencollection.com/history-collection-introduction/babylonian-history-collection/uru-isin-king-list-ms-1686

• **2** Piotr Steinkeller. "*An Ur III Manuscript of the Sumerian King List*", in Literatur, Politik und Recht in Mesopotamien. Festschrift für Claus Wilcke, ed. Sallaberger, W.; Volk, K.; and Zgoll, A. (Orientalia Biblica et Christiana 14). Wiesbaden: Harrassowitz: 2003, 287.

• **3** 저자 제공.

• **4** The Trustees of the British Museum, https://www.britishmuseum.org/collection/object/W_1897-0513-1

• **5** (1)Eugene Pirou, https://commons.wikimedia.org/wiki/File:Jules_Oppert_par_E.Pirou.JPEG (2)Eugene Pirou, https://commons.wikimedia.org/wiki/File:Joseph_Halévy.jpg

• **6** (1)Anonymous, https://commons.wikimedia.org/wiki/File:Ernest_de_Sarzec_001.jpg (2)https://commons.wikimedia.org/wiki/File:Woolley_holding_the_hardened_plaster_mold_of_a_lyre.jpg

참고문헌

국내서

김산해, 《수메르, 최초의 사랑을 위치다》, 휴머니스트, 2007.

———, 《최초의 신화 길가메쉬 서사시》, 휴머니스트, 2020.

데이비드 라이크, 김명주 옮김, 《믹스처-우리는 누구인가에 대한 고대 DNA의 대답》, 동녘사이언스, 2020.

아놀드 C. 브랙만, 안경숙 옮김, 《니네베 발굴기》, 대원사, 1990.

윌 듀런트, 왕수민·한상석 옮김, 《문명이야기-동양문명 1-1, 수메르에서 일본까지》, 민음사, 2011.

국외서

Ascalone, E. Mesopotamia: *Assyrians, Sumerians, Babylonians* (Dictionaries of Civilizations: 1) (Berkeley: University of California Press, 2007).

Bertman, S. *Handbook to life in ancient Mesopotamia* (Oxford University Press, 2005).

Bienkowski, P. & Millard A. (eds.) *Dictionary of the Ancient Near East* (Philadelphia, PA: University of Pennsylvania Press, 2000).

Black. J., Cunningham. G., Robson. E., and Zólyomi. G., (eds.) *The literature of ancient Sumer* (Oxford: New York: Oxford University Press, 2004).

Bottéro, J. *Mésopotamie: l'écriture, la raison et les dieux* (Paris: Gallimard, 1987).

———, *Religion in ancient Mesopotamia* (Chicago: University of Chicago Press, 2001).

———, Finet, A., Lafont, B. & Roux, G. *Everyday Life in Ancient Mesopotamia* (Edinburgh: Edinburgh University Press, Baltimore: Johns Hopkins University Press, 2001).

Bryce, T. *The Routledge handbook of the peoples and places of ancient western Asia*: the Near East from the early Bronze Age to the fall of the Persian Empire (London: New York: Routledge, 2009).

Charvát, Petr. *Mesopotamia Before History* (London: New York: Routledge, 2002).

Chavalas, M. W. (ed.) *The Ancient Near East*: Historical Sources in Translation (Blackwell Sourcebooks in Ancient History: Oxford: Blackwell, 2006).

Crawford, H. *Sumer and the Sumerians* (Cambridge: Cambridge University Press, 2004).

———, *The Sumerian World* (Routledge Worlds: London & New York: Routledge, 2013).

Dalley, S. (ed.) *The Legacy of Mesopotamia* (Oxford: Oxford University Press, 1998).

Ehrlich, C. S. (ed.) *From an Antique Land*: An Introduction to Ancient Near Eastern Literature (Lanham. MD: Rowman & Littlefield, 2009).

Hallo, W, W. *The world's oldest literature*: studies in Sumerian belles-lettres (Leiden: Boston: Brill, 2010).

———, Simpson, W. K. *The ancient Near East*: a history (New York, Harcourt

Brace Jovanovich, 1971).

Hunt, N. B. *Historical Atlas of Ancient Mesopotamia* (Historical Atlas Series: New York: Facts on File, 2003).

Jacobsen, T., *The Sumerian King List* (Assyriological Studies, 11) (The University of Chicago Press: Chicago, Illinois, 1939).

Kramer, S. N. *Cradle of civilization* (New York: Time Incorporated, 1967).

———, *History begins at Sumer* (Garden City, N.Y.: Doubleday, 1959).

———, *Journal of the American Oriental Society*, Vol. 52, No, 2, pp. 110-132, (Jun, 1932).

———, *Sumerian mythology*: a study of spiritual and literary achievement in the third millennium B.C. (Philadelphia: University of Pennsylvania Press, 1997).

———, *The Sumerians*: their history, culture, and character (Chicago: University of Chicago Press, 1963).

Kuhrt, A. *The ancient Near East, c. 3000-330 BC*. (London: New York: Routledge, 1995).

Langdon, S. H. *Historical inscriptions, containing principally the chronological prism, W-B 444*. Oxford editions of cuneiform texts, v. 2. (London: Oxford University Press, 1923).

Leick, G. *Who's who in the Ancient Near East* (London: New York: Routledge, 2002).

———, *A dictionary of ancient Near Eastern mythology* (London: New York: Routledge, 1991).

Liverani, M. *The ancient Near East*: history, society and economy (London: New York: Routledge / Taylor & Francis Group, 2014).

Lloyd, S. *The archaeology of Mesopotamia*: from the Old Stone Age to the Persian conquest (London: Thames and Hudson, 1978).

———, *The art of the ancient Near East* (New York, NY: Praeger, 1961).

———, *Foundations in the dust*: a story of Mesopotamian exploration (New York, N.Y.: Thames and Hudson, 1980).

Margueron, J.-C. *Les Mésopotamiens*. 2e éd. (Paris: Picard, 2003) First edition [same title] in 2 vol. (Collectionn Civilisations: Paris: Colin, 1991).

McIntosh, J. *Ancient Mesopotamia*: New Perspectives (Santa Barbara, Calif.: ABC-CLIO, 2005).

———, *Mesopotamia and the Rise of Civilization: History, Documents, and Key Questions* (ABC-CLIO, 2017).

Nissen, H. J. *Geschichte Altvorderasiens*. 2. vollständig überarbeitete und erweiterte Aufl (Oldenbourg Grundriss der Geschichte, 25: München: Oldenbourg, 2012).

———, *World Archaeology*, Vol. 17, No. 3, Early Writing Systems, pp 317~334, (Feb., 1986).

Nemet-Nejat, K. R. *Daily life in ancient Mesopotamia* (Westport, Conn.: Greenwood Press, 1998).

Oppenheim, A. L. *Ancient Mesopotamia. Portrait of a Dead Civilization*. Revised edition completed by E. Reiner (Chicago / London: University of Chicago Press, 1977 [1964]).

Potts, D. T. (ed.) *A Companion to the Archaeology of the Ancient Near East*. 2 vol. (Blackwell Companions to the Ancient World. Literature and Culture: Chichester, UK & Malden, MA: Wiley-Blackwell, 2012).

Postgate, J. N. *Early Mesopotamia*: society and economy at the dawn of history (London: New York: Routledge, 1992).

———, *The first empires* (Oxford: Elsevier-Phaidon, 1977).

Roux, G. Ancient Iraq (London [etc.]: Penguin, 1992).

Sasson, Jack M. (gen. ed.) *Civilizations of the ancient Near East* (New York: Charles Scribner's Sons, 1995).

Schomp, V. *Ancient Mesopotamia*: the Sumerians, Babylonians, and Assyrians, (New York: Franklin Watts, 2004).

Snell, D. C. *Religions of the Ancient Near East* (Cambridge: Cambridge University Press, 2010).

Thesiger, W. "*The Marshmen of Southern Iraq*", The Geographical Journal, vol. 120, no. 3, 1954, pp. 272-281.

Wilkinson, T. J. *Archaeological Landscapes of the Near East* (Tucson: University of Arizona Press, 2003).

1부. 최초의 도시문명국

Adams, R. M. *Heartland of Cities*: Surveys of Ancient Settlement and Land Use on the Central Floodplain of the Euphrates (Chicago: University of Chicago Press, 1981).

———, and Nissen, H. J. *The Uruk Countryside*: The Natural Setting of Urban Societies (Chicago: University of Chicago Press, 1972).

Al-Zahery, N., et al. *In search of the genetic footprints of Sumerians*: a survey of Y-chromosome and mtDNA variation in the Marsh Arabs of Iraq, (BMC Evolutionary Biology volume 11, Article number: 288, 2011).

Algaze, G. *The Uruk world system*: the dynamics of expansion of early Mesopotamian civilisation (Chicago: London: The University of Chicago Press, 1993).

American Schools of Oriental Research (ed.), Meyers, E. M. (ed.) *The Oxford Encyclopedia of Archaeology in the Near East* (Five Volume Set) 1st Edition, (1996).

Curtis, John, et al. "*An Assessment of Archaeological Sites in June 2008: An Iraqi-British Project*", Iraq, vol. 70 (British Institute for the Study of Iraq, 2008), pp. 215-237.

Durant, W. & Durant, A. *The Story of Civilization, I. Our Oriental Heritage*: The Establishment of Civilization (MJF, 1997).

Ehrenberg, E. (ed.) *Leaving No Stones Unturned*: Essays on the Ancient Near East and Egypt in Honor of Donald P. Hansen (Winona Lake, Ind.: Eisenbrauns, 2002).

Glassner, J-J. *The invention of cuneiform*: writing in Sumer (Baltimore: Johns Hopkins University Press, 2003).

Hall, J. W. (ed.) "*The Ancient Near East*", *History of the World*: Earliest Times to the Present Day (USA: World Publications Group 2005).

Heyerdahl, T. *The Tigris Expedition*: In Search of Our Beginnings (Doubleday: 1st edition, August 1, 1984).

———, *In the Footsteps of Adam*: A Memoir (Warwick Publishing, 2002).

Huot, J.-L. *Tell el'Oueili (Iraq)*: les Premiers Résultats, (Paléorient, vol.6, 1980).

———, "*The First Famers at 'Oueili*", Biblical Archaeologists 55 (1992): 188~195.

Issar, A. S. & Zohar, M. *Climate Change-Environment and History of the Near East*, (Berlin: New York: Springer, 2007).

Kramer, S. N. "*Reflections on the Mesopotamian Flood*", Expedition Magazine 9.4, 1967, 17p.

Kubba, S. *Mesopotamian architecture and town planning*: from the Mesolithic to the end of the Proto-historic period, c. 10,000-3,500 B.C. (Oxford, England: B.A.R, 1987).

———, *The Iraqi Marshlands and the Marsh Arabs*: the Ma'dan, Their Culture and the Environment (Reading, UK: Ithaca Press, 2011).

Labat, Rene & Malbran-Labat, Florence, *Manuel d'épigraphie akkadienne*: (signes, syllabaire, idéogrammes) (Paris: P. Geuthner, 1976).

Leick, G. Mesopotamia: *Invention of the City* (London and New York: Penguin, 2002).

Liverani, M. Uruk: *The First City*, Translated by Zainab Bahrani and Marc Van de Mieroop (London: Equinox. LIV, 2006).

Maisels, C. K. *The Emergence of Civilisation*: From Hunting and Gathering to Agriculture, Cities and the State of the Near East, (London: New York:

Routledge, 1993).

———, *The Near East*: archaeology in the "Cradle of Civilization" (London: New York: Routledge, 1993).

Moore, A. M. T. "*Pottery Kiln Sites at al 'Ubaid and Eridu*", Iraq. 64: pp. 69-77. doi:10.2307/4200519. JSTOR 4200519 (2002).

Nissen, H. J. *The Early History of the Ancient Near East, 9000-2000 B.C.* (Chicago: University of Chicago Press, 1990).

Oates, J. "*Ur and Eridu: the Prehistory*", Iraq, 22.

Ochsenschlager, E. L. *Iraq's Marsh Arabs in the Garden of Eden* (Philadelphia, Pennsylvania: University of Pennsylvania Museum of Archaeology and Anthropology, 2004).

Pollock, S. *Ancient Mesopotamia*: The Eden That Never Was (Cambridge University Press, 1999).

Potts, D. T. *Mesopotamian Civilization*: The Material Foundations (Cornell University Press, 1997).

Scarre, C. (ed.) Past Worlds - *The Times Atlas of Archaeology Mesopotamian section* (Guild Publishing. London, 1989).

Schmandt-Besserat, D. *How writing came about* (Austin: University of Texas Press, 1996).

———, *When writing met art*: from symbol to story (Austin: University of Texas Press, 2007).

———, *Before writing* (Austin: University of Texas Press, 1992).

Steele, P. *Eyewitness Guides*: Ancient Iraq (Dorling Kindersley, 2007).

Stewart, C. T, Jr. *Discovery and Invention*: A Comparative Study of Civilizations (Xlibris US, 2019).

Stone, E. C., (ed.) *Settlement and Society*: Essays dedicated to Robert McCormick Adams (Cotsen Institute, UCLA, and Oriental Institute, University of Chicago, 2007).

Vallet, R.: Huot, J.-L. *Les Habitations à salles hypostyles d'époque Obeid 0 de Tell El'Oueili* (Paléorient, vol. 16, 1990).

Van de Mieroop, M. *A history of the ancient Near East, ca. 3000-323 B.C.* (Malden, MA: Blackwell Pub, 2004).

Woods, C. (ed.) *Visible Language*: Inventions of Writing in the Ancient Middle East and Beyond (Christopher Woods, Ed., Oriental Institute Museum Publications, Oriental Institute of the University of Chicago, October 15, 2010).

2부. 최초의 역사

Almamori, H. O. "*Gišša (Umm Al-Aqarib), Umma (Jokha), and Lagaš in the Early Dynastic III Period*" (Al-Rāfi dān 35, pp. 1-37, 2014).

———, "*The Early Dynastic Monumental Buildings At Umm Al-Aqarib*", Iraq, 76, pp. 149-187 (December 2014).

Allotte de la Fuÿe, M. F. *Documents présargoniques, 381* (Paris, 1908-1920).

Alster, B. *Images and Text on the Stele of the Vultures*, (AfO 50: 2004, pp. 1-10).

———, *Proverbs of ancient Sumer*: the world's earliest proverb collections

(Bethesda, Md.: CDL Press, 1997).

———, *Wisdom of ancient Sumer* (Bethesda, MD: CDL Press, 2005).

———, Geller, M. J. *British Museum, Cuneiform texts from Babylonian tablets in the British Museum* (London: Published for the trustees of the British Museum by British Museum Publications, 1990).

Amiet, P. *L'Art antique du Proche-Orient* (Paris, Mazenod, 1977).

———, *L'Art d'Agadé au Musée du Louvre* (Paris: Ed. des Museés nationaux, 1976).

ARUZ, J. & WALLENFELS, R. *Art of the first cities*: the third millennium B.C. from the Mediterranean to the Indus (New York, Metropolitan Museum of Art, 2003).

Bailkey, N. M. *Early Mesopotamian Constitutional Development* (The American Historical Review, Vol. 72. No. 4, Jul 1967, pp. 1211-1236).

Barrelet, M-T. *Peut-On Remettre en Question la "Restitution Matérielle de la Stèle des Vautours?"*, Journal of Near Eastern Studies (in French), 29 (4): pp. 233-258. doi:10.1086/372081 (JSTOR 543336, 1970).

Bartash, V. *Cornell University Studies in Assyriology and Sumerology*: CUSAS 35, 385 (Bethesda, 2007).

———, *On the Sumerian City UB-meki, the Alleged "Umma", Cuneiform Digital Library Bulletin 2015:2* (Cuneiform Digital Library Initiative, November 2015).

Barton, G. A. *Sumerian Business and Administrative Documents from the Earliest Times to the Dynasty of Agade*, Publications of the Babylonian Section,

Vol. 9, No. 1 (University of Pennsylvania Press, 1915).

Bauer, J. *Altsumerische Wirtschaftstexte aus Lagash* (Studia Pohl 9, 1972).

Beld, S. G. "*The Queen of Lagash: Ritual Economy in a Sumerian State*," PhD diss (University of Michigan, 2002).

Biggs, R. D. *Inscriptions from Tell Abū Ṣalābīkh*, University of Chicago Oriental Institute publications, v. 99 (Chicago: University of Chicago Press, 1974).

———, "*Inscriptions from al-Hiba-Lagash: the first and second seasons*", Bibliotheca Mesopotamica, v. 3 (Malibu, Ca.: Undena Publications, 1976).

———, *Seals and sealing in the ancient Near East* (Malibu, Ca.: Undena Publications, 1977).

———, *The Organization of power*: aspects of bureaucracy in the ancient Near East (Chicago, Ill.: Oriental Institute of the University of Chicago, 1987).

Carter, E. "*A surface survey of Lagash, al-Hiba*", 1984, Sumer, vol. 46/1-2, pp. 60-63, (1990).

———, Stolper, M. W. Elam: *Surveys of Political History and Archaeology* (Near Eastern Studies, 25: Berkeley: University of California Press, 1984).

Chavalas, M. W. *The Ancient Near East*, Historical Sources in Translation (Blackwell Sourcebooks in Ancient History), (Malden, MA etc.: Blackwell Publishing Ltd, 2006).

Charvát, P., Vlčková, P., Archeologický ústav (Akademie věd České republiky), *Who was King? Who was not King?*: the rulers and the ruled in the ancient Near East (Prague: Institute of Archaeology of the Academy of Sciences of the Czech Republic, 2010).

Cooper, J. S. '*Medium and Message: Inscribed Clay Cones and Vessels from Presargonic Sumer*' (Revue d'Assyriologie 79, 1979, pp. 97-114).

———, *Reconstructing History from Ancient Inscriptions*: The Lagash-Umma Border Conflict (SANE 2, I) (Malibu: Undena Publications, 1983).

———, *Sumerian and Akkadian Royal Inscriptions, I* (The American Oriental Society. Translation Series, 1) (New Haven, Connencticut: The American Oriental Society, 1986).

——— & Heimpel, Wolfgang. "*The Sumerian Sargon Legend*", Journal of the American Oriental Society 103, no. 1 (1983).

Crawford, V. E. '*Inscriptions from Lagash, Season Four, 1975-76*', (JCS 29, 1977, pp. 189-222).

———, "*Lagash*", Iraq, vol. 36, no. 1/2, pp. 29-35, (1974).

Edwards, I. E. S., Gadd, C. J., & Hammond, N. G. L. (eds.) *The Cambridge Ancient History Volume 1, Part 2*: Early History of the Middle East 3rd Edition (Cambridge University Press, 1971).

Englund, R. K. *Proto-Cuneiform Texts from Diverse Collections* (=Materialien zu den frühen Schriftzeugnissen des Vorderen Orients 4: Berlin 1996).

Fagerli, Øyvind André, The Rulers of Lagaš in Light of Related Sources (Copenhagen: University of Copenhagen, 2017).

Finkelstein, J. J. "*The Antediluvian Kings: A University of California Tablet*", (Journal of Cuneiform Studies, 1963, pp. 39-51).

Frankfort, H. *The Art and Architecture of the Ancient Orient* (The Pelican History of Art) (Harmondsworth, Middlesex: Penguin Books Ltd, 1970).

Frayne, D. R. *Presargonic Period (2700-2350 BC)* (Royal Inscriptions of Mesopotamia, Early Periods, 1) (Toronto: University Press of Toronto, 2007).

———, *Sargonic and Gutian periods (2334-2113 B.C.)* (The Royal Inscriptions of Mesopotamia, Early Periods, 2) (Toronto: University Press of Toronto, 1993).

Friberg, J. "*The Beginning and the End of the Sumerian King List, in A remarkable collection of Babylonian mathematical texts*": Manuscripts in the Schøyen Collection Cuneiform Texts I (Springer, 2007).

Gabriel, R. A. *The Great Armies of Antiquity*, (Praeger, 2002).

Gelb, I. J. "*Household and Family in Early Mesopotamia*," in E. Lipinski, ed., State and Temple Economy in the Ancient Near East (OLA 5, 1979, pp. 1-97).

———, Steinkeller, P. & Whiting, R. M., Jr. *EARLIEST LAND TENURE IN THE NEAR EAST: ANCIENT KUDURRUS*, (THE ORIENTAL INSTITUTE OF THE UNIVERSITY OF CHICAGO, CHICAGO, ILLINOIS, 1991).

Glassner, Jean-Jacques. *Mesopotamian chronicles* (Atlanta: Society of Biblical Literature, 2004).

Hallo, W. W. '*The Royal Inscriptions of Ur: A Typology*' (HUCA 33, 1962, pp. 1-43).

———, "*Beginning and End of the Sumerian King List in the Nippur Recension*", Journal of Cuneiform Studies 57, pp. 52-57, (1963).

Hamblin, W. J. *Warfare in the Ancient Near East to 1600 BC*: Holy Warriors at the Dawn of History (Routledge, 2006).

Hansen, D. P. "*Royal building activity at Sumerian Lagash in the Early Dynastic Period*", Biblical Archaeologist, vol. 55, pp. 206-11, (1992).

Horne, C. F. *The Sumerian Texts: The Royal Inscriptions Of Lagash (3000 B.C.)* (Kessinger Publishing Co, 2005).

Hulínek, Drahoslav & Hulínková Ťuchová, Eva, (eds.) Preliminary Report, Archaeological project SAHI-Tell Jokha, 2017 (Season 2), (Al-Rifai, Tell Jokha Bratislava SAHI Slovakia 2018).

Hussey, M. *Sumerian Tablets of the Harvard Semitic Museum, 30* (Cambridge, Mass, 1912-1915).

Irani, K. D. & Morris, S. (ed.) *Social Justice in the Ancient World* (Westport, Conn.: Greenwood Press, 1995).

Jacobsen, T. "*Early Political Development in Mesopotamia*", Zeitschrift für Assyriologie 52, (1957).

Jagersma, B. *The calendar of the funerary cult in ancient Lagash* (Bibliotheca Orientalis 64, 3/4: 2007, pp. 289-307).

Lambert, M. "*L'expansion de Lagash au temps d'Entemea", Rivista deli Studi Orientali* 47, 1ff. (1972).

Lambert, W. G. "*The Names of Umma*" (JNES 49, 1990, pp. 75-80).

Legrain, Leon. *Publications of the Babylonian Section*, University Museum,

University of Pennsylvania, 15 vols. Philadelphia, (1926).

Michalowski, Piotr. '*Early Mesopotamia*', in A. Feldherr — G. Hardy, eds. Oxford History of Historical Writing. Volume 1: Beginnings to AD 600 (Oxford: Oxford University Press, 2011, pp. 5-28).

Marchesi, G. *LUMMA in the onomasticon and literature of ancient Mesopotamia* (Padova: Sargon, 2006).

———, "*The Sumerian King List and The Early History of Mesopotamia*", in M.G. Biga and M. Liverani (eds), Ana turri gimilli-Studies dedicated to Padre Werner R. Mayer, University of Rome: 231-249, (2010).

Marzahn, J. *Altsumerische Verwaltungstexte und ein Brief aus Girsu-Lagaš*, Vorderasiatische Schriftdenkmäler der Staatlichen Museen zu Berlin, n.F., Heft 11 (Berlin: Von Zabern, 1996).

Monaco, S. *Some new light on pre-Sargonic Umma* (CRRAI 55, 2010).

Nissen, H. J. "*Eine neue Version der Sumerischen Königliste*" (Zeitschrift für Assyriologie 17, 1965).

Ozaki, T. *Three Early Dynastic Sumerian Sales Contracts of Immovable Houses in the Okayama Orient Museum*, Journal of Ancient Civilizations 23, pp. 55~64, (2008).

Parrot, A. *Tello, Vingt campagnes de fouille (1877-1933)* (Paris, Albin Michel, 1948).

Partow, H. "*The Mesopotamian Marshlands: Demise of an Ecosystem*" (UNEP Publication UNEP/DEWA/ TR.01-3. Nairobi, Kenya, 2001).

Pollock, S. *Ancient Mesopotamia. The Eden that Never Was*, Case Studies in Early

Societies (Cambridge: Cambridge University Press, 1999).

Pomponio, F. et AL. *Le tavolette cuneiformi di Adab delle Collezioni della Banca d'Italia*, (Vol. I): Tavolette cuneiformi di varia provenienza delle collezioni della Banca d'Italia, (Vol. II), Roma: Centro Stampa della Banca d'Italia, 2006.

Pouysségur, P. (ed.) "*Perforated Relief of King Ur-Nanshe*", Lourve Museum (Louvre Museum, Web, 13 Mar 2013).

Powell, M. A. *Review: Elusive Eden: Private Property at the Dawn of History*, Journal of Cuneiform Studies, Vol. 46. 1994, pp. 99-104.

———, *Sumerian Numeration and Metrology*, Ph.D thesis (University of Minnesota, 1971).

Prentice, Rosemary. *The exchange of goods and services in pre-Sargonic Lagash* (Münster: Ugarit-Verlag, 2010).

Radner, K. & Robson, E., (eds.) *The Oxford Handbook of Cuneiform Culture* (Oxford University Press, 2011).

Rakic, Y. (ed.) *The Metropolitan Museum of Art Bulletin*, v. 68, no. 1 (Summer 2010).

Romano, L. *La Stele degli Avvoltoi. Una rilettura critica, in Vicino Oriente*, XIII, pp. 205-212, 3-23, (2007).

Rusev, P. *Mesalim, Lugal Na Kish*: Politicheska Istoriia Na Ranen Shumer (XXVIII-XXVI V. Pr. N. E.) (Faber, 2001).

Sarzec, Ernest de (Ernest). *Découvertes en Chaldée* (Paris, E. Leroux, 1884-1912).

Schroer, S. *Images and gender: contributions to the hermeneutics of reading ancient art* (Fribourg: Academic Press: Göttingen: Vandenhoeck & Ruprecht, 2006).

Selz, G. *Untersuchungen zur Götterwelt des altsumerischen Stadtstaates von Lagaš* (OPSNKF 13/ Philadelphia, 1995).

Sollberger, E. *Journal of Cuneiform Studies 21*, pp. 287-291, BM 23103, (1967).

———, *Le système verbal dans les inscriptions "royales" présargoniques de lagaš*, Université de Genève, Faculté de Lettres 1952, Thèse, no. 146 (Geneève: E. Droz, 1952).

———, Kupper, J. R. *Inscriptions royales sumeriennes et akkadiennes* (Literatures anciennes du Proche-Orient) (Paris: Les Éditions du Cerf, 1971).

Steible, Horst. *Die neusumerischen Bau- und Weihinschriften, I-II* (Freiburger altorientalische Studien, 9) (Stuttgart: Franz Steiner Verlag, 1991).

———, *Die altsumerischen Bau- und Weihinschriften, I-II* (Freiburger altorientalische Studien, 5) (Wiesbaden: Franz Steiner Verlag, 1982).

Steinkeller, P. "*City and Countryside in Third Millennia Southern Babylonia*", in E. C. Stone, ed., Settlement and Society: Essays dedicated to Robert McCormick Adams pp. 185-211 (Cotsen Institute, UCLA, and Oriental Institute, University of Chicago, 2007).

Stillman, N. & Tallis, N. *Armies of the ancient Near East, 3000 B.C. to 539 B.C.*: Organisation, Tactics, Dress and Equipment (Wargames Research Group, 1984).

Thureau-Dangin, F. *Die sumerischen und akkadischen Königschriften,*

Vorderasiatische Bibliothek, I. Bd., Abt. 1 (Leipzig: J.C. Hinrichs'sche Buchhandlung, 1907).

Van de Mieroop, M. *Cuneiform Texts and the Writing of History* (Approaching the Ancient World) (London and New York: Routledge, 1999).

Vincente, Claudine-Adrienne. "*The Tall Leilan Recension of the Sumerian King List*" (Zeitschrift für Assyriologie 50, 1995, pp. 234-270).

Wilcke, C. *Early Ancient Near Eastern Law. A History of its Beginnings*: The Early Dynastic and Sargonic Periods (BAW, Phil.hist. Kl. Sitzungsberichte, 2003, II) (München: Verlag der Bayerischen Akademie der Wissenschaften, 2003).

Winter, I. J. '*After the Battle is Over*: The Stele of the Vultures and the Beginning of Historical Narrative in the Art of the Ancient Near East', in I. J. Winter, On Art in the Ancien Near East, II (Leiden: E.J. Brill, 2010, pp. 3-52).

Woolley, C. L. *The Sumerians* (New York: W.W. Norton & Company, 1965).

———, *Ur excavations (VOL. II): THE ROYAL CEMETERY (plates)*. A report on the Predynastic and Sargonid Graves excavated between 1926 and 1931 (Oxford University Press, 1934).

———, *Ur of the Chaldees*: a record of seven years of excavation (New York: W.W. Norton, 1965).

3부. 수메르 암흑기

Cooper, J. S. *The Curse of Agade* (Baltimore: Johns Hopkins University Press, 1983).

Chandler, T. *Four Thousand Years of Urban Growth*: An Historical Census (Edwin Mellen Press, 1987).

Edzard, D. O. *Gudea and His Dynasty* (The Royal Inscriptions of Mesopotamia, Early Periods, 3, I) (Toronto – Buffalo – London: University of Toronto Press, 1997).

Foster, B. R. *The Age of Agade*: inventing empire in ancient Mesopotamia (London: New York, NY: Routledge/Taylor & Francis Group, 2016).

Frayne, D. R. *Sargonic and Gutian Periods (2334–2113 B.C.)* (The Royal Inscriptions of Mesopotamia, Early periods, 2) (Toronto – Buffalo – London: University of Toronto Press, 1993).

Glassner, Jean-Jacques. *Mesopotamian Chronicles* (Atlanta: Society of Biblical Literature, 2004).

Goetze, A. *Old Babylonian Omen Texts. New Haven and London*, (1947).

Goff, Beatrice L. "*The Rôle of Amulets in Mesopotamian Ritual Texts*", Journal of the Warburg and Courtauld Institutes, vol. 19, no. 1/2, 1956, pp. 1-39.

Grégoire, J-P. *La Province méridionale de l'État de Lagash*, Impr, Bourg-Bourger, Luxembourg (1962).

Harper, P. O. *Royal City of Susa: Ancient Near Eastern Treasures in the Louvre* (New York: Metropolitan Museum of Art: Distributed by H.N. Abrams, 1992).

Hawkes, J. *The first great civilizations: life in Mesopotamia, the Indus Valley, and Egypt* (New York: Knopf: distributed by Random House, 1973).

King, L. W. *Chronicles Concerning Early Babylonian Kings*: Vol. I. Luzac & Co. (1907).

Liverani, M., (ed.) *Akkad: The First World Empire: Structure, Ideology Traditions* (Padova, Sargon, 1993).

Michalowski, P. Piotr Michalowski. *New Sources concerning the Reign of Naram-Sin*, Journal of Cuneiform Studies, vol. 32, no. 4, pp. 233-246, (Oct, 1980).

Nigro, L. "*The Two Steles of Sargon: Iconology and Visual Propaganda at the Beginning of Royal Akkadian Relief*" (Iraq. British Institute for the Study of Iraq. 60, 1998, pp. 85-102).

Suter, C. E. *Gudea's Temple Building*. The Representation of an Early Mesopotamian Ruler in Text and Image (Cuneiform Monographs, 17) (Groningen: Styx Publications, 2000).

Thureau-Dangin, F. "*LA FIN DE LA DOMINATION GUTIENNE*", Revue D'Assyriologie Et D'archéologie Orientale, vol. 9, no. 3, 1912, pp. 111-120.

Westenholz, *A. Old Sumerian and Old Akkadian Texts in Philadelphia, Chiefly from Nippur. Part One*: Literary and Lexical Texts, and the Earliest Administrative Documents from Nippur, Malibu (1975).

———, *Old Sumerian and Old Akkadian Texts in Philadelphia. Part Two*: The 'Akkadian' Texts, the Enlilemaba Texts, and the Onion Archive (=CNI Publications 3), Copenhagen (1987).

———, *Early Cuneiform Texts in Jena*.: pre-Sargonic and Sargonic documents from Nippur and Fara in the Hilprecht-Sammlung vorderasiatischer Altertümer, Institut fur Altertumswissenschaften der Friedrich-Schiller-Universität, Jena, Copenhagen (1975).

4부. 해방과 통일 그리고 종말

Crawford, H. E. W. *Ur: The City of the Moon God* (London: Bloomsbury Academic, 2015).

De Zorzi, Nicla. *THE DEATH OF UTU-HEGAL AND OTHER HISTORICAL OMENS*, JCS 68, (2016), 129-151.

Flückiger-Hawker, E. *Urnamma of Ur in the Sumerian Literary Tradition (OBO 166)* (Fribourg, Suisse: Editions Universitaires / Göttingen: Vandenhoeck & Ruprecht, 1999).

Frayne, D. R. *Ur III Period (2112-2004)* (The Royal Inscriptions of Mesopotamia. Early Periods, 3, 2) (Toronto, etc.: University Press of Toronto, 1997).

Goetze, A. '*The Chronology of Šulgi again*', Iraq 22, pp. 151-6 and pl. XVIII-XX, (1960).

Gomi, T. "*On the Critical Economic Situation at Ur Early in the Reign of Ibbisin*", Journal of Cuneiform Studies, vol. 36, no. 2, 1984, pp. 211-242.

Jacobsen, T. "*The reign of Ibbī-Suen*", Journal of Cuneiform Studies, 7 (2): 36-47. (1953); Haywood, J., Chronicles of the Ancient World (Quercus Publishing Ltd, 2015).

Kramer, S. N. *Lamentation Over the Destruction of Ur* (Assyriological Studies, 12) Chicago University Press: Chicago, 1940, pp. 16-71.

———, "*THE OLDEST LAWS*", Scientific American, vol. 188, no. 1, 1953, pp. 26-29.

———, Orientalia 23, 1953, pp. 40-48.

———, "*The Death of Ur-Nammu and His Descent to the Netherworld*", Journal of Cuneiform Studies, vol. 21, 1967, pp. 104-122.

Kraus, F. R. '*Zur Chronologie der Könige Ur-Nammu und Šulgi von Ur*', OrNS 20, 1951, pp. 385-98.

Maeda, T. '*The Defense Zone during the Rule of the Ur III Dynasty*', Acta Sumerologica, 14 (1992).

Michalowski, P. Piotr Michalowski. "*The Royal Correspondence of Ur*", Yale University: 1976 (PhD Dissertation).

———, "*The Death of Shulgi*", Orientalia 46 (1977) 220-225.

———, *The Lamentation Over the Destruction of Sumer and Ur* (Winona Lake: Eisenbrauns, 1989).

Potts, D. T. *The Archaeology of Elam*: Formation and Transformation of an Ancient Iranian State (Cambridge World Archaeology) Cambridge University Press; 2nd edition (November 12, 2015).

Schneider, N. *Die Zeitbestimmungen der Wirtschaftsurkunden von Ur III*, AnOr 13, Rome: Editrice Pontificio Istituto Biblico, (1936).

Sigrist, R. M. *Les sattukku dan l'Ešumeša durant la période d'Isin et Larsa*, Bibliotheca Mesopotamica 11. Malibu: Undena Publications, (1984).

Sollberger, E. '*Sur la Chronologie des Rois d'Ur et Quelques Problèmes Connexes*', AfO 17, 1954-1956, pp. 10-48.

Stępień, M. *From the history of state system in Mesopotamia: the kingdom of the Third Dynasty of Ur*, Instytut Historyczny UW (2009).

Strawn, B. (ed.) *The Oxford Encyclopedia of the Bible and Law*, Oxford University Press; 1st edition (January 30, 2015).

VACÍN, L. *Šulgi of Ur: Life, Deeds, Ideology and Legacy of a Mesopotamian Ruler As Reflected Primarily in Literary Texts*, PhD diss, SOAS (University of London, 2011).

Witzel, Maurus, "*Die Klage über Ur*", Orientalia 15 (1946), 46-63.

Yildiz, Fatma. "*A Tablet of Codex Ur-Nammu from Sippar*", Orientalia, vol. 50, no. 1, 1981, pp. 87-97.

덧붙이는 글

Cooper, J. S. '*Sumerian and Aryan. Racial theory, academic politics and Parisian Assyriology*', Revue de l'Histoire des Religions, vol. 210, no. 2 (1993).

Frayne, D. R. *Old Babylonian Period (2003-1595 B.C.)*: The Royal Inscriptions of Mesopotamia Early Periods Volume IV (University of Toronto Press, Scholarly Publishing Division, December 15, 1990).

Marchesi, M. "*THE SUMERIAN KING LIST AND THE EARLY HISTORY OF MESOPOTAMIA*", in Quaderni di Vicino Oriente V 231-248 (2010).

Singer, I. *The Jewish Encyclopedia* (1906).

Steinkeller, P. "*An Ur III Manuscript of the Sumerian King List*", in Literatur, Politik und Recht in Mesopotamien, Festschrift für Claus Wilcke, ed. Sallaberger, W.; Volk, K.; and Zgoll, A. (Orientalia Biblica et Christiana 14), Wiesbaden: Harrassowitz: 267-292 (2003).

최초의 역사 수메르

1판 1쇄 발행일 2021년 12월 27일
1판 4쇄 발행일 2023년 10월 18일

지은이 김산해

발행인 김학원
발행처 (주)휴머니스트출판그룹
출판등록 제313-2007-000007호(2007년 1월 5일)
주소 (03991) 서울시 마포구 동교로23길 76(연남동)
전화 02-335-4422 **팩스** 02-334-3427
저자·독자 서비스 humanist@humanistbooks.com
홈페이지 www.humanistbooks.com
유튜브 youtube.com/user/humanistma **포스트** post.naver.com/hmcv
페이스북 facebook.com/hmcv2001 **인스타그램** @humanist_insta

편집주간 황서현 **편집** 하빛 박민애 **디자인** 김태형 **지도** 임근선
조판 홍영사 **용지** 화인페이퍼 **인쇄** 삼조인쇄 **제본** 경일제책

ⓒ 김산해, 2021

ISBN 979-11-6080-768-4 03910

• 이 책은 저작권법에 따라 보호받는 저작물이므로 무단 전재와 무단 복제를 금합니다.
• 이 책의 전부 또는 일부를 이용하려면 반드시 저자와 (주)휴머니스트출판그룹의 동의를 받아야 합니다.